中国专利典型案例启示录
外观设计篇

国家知识产权局专利局外观设计审查部　组织编写

林笑跃　主编

知识产权出版社

全国百佳图书出版单位

图书在版编目（CIP）数据

中国专利典型案例启示录. 外观设计篇/林笑跃主编. —北京：知识产权出版社，2015.1
ISBN 978-7-5130-3140-0

Ⅰ.①中… Ⅱ.①林… Ⅲ.①外观设计－专利法－案例－中国 Ⅳ.①D923.425

中国版本图书馆 CIP 数据核字（2014）第 262474 号

内容提要

本书分为三部分，包括 66 个外观设计专利典型案例，涉及外观设计专利无效与侵权案件、优秀外观设计专利产品、企业外观设计专利战略等内容，旨在展示中国外观设计专利创新、应用和保护的部分成果，推广应用专利制度保护创新的经验。

读者对象：企业管理人员、研发人员、专利法律工作者。

责任编辑：黄清明　王剑宇　　　　责任校对：韩秀天
装帧设计：吴　溯　　　　　　　　责任出版：刘译文

中国专利典型案例启示录·外观设计篇
Zhongguo Zhuanli Dianxing Anli Qishilu Waiguansheji Pian
国家知识产权局专利局外观设计审查部　组织编写
林笑跃　主编

出版发行：知识产权出版社有限责任公司　　网　　址：http://www.ipph.cn
社　　址：北京市海淀区马甸南村 1 号　　　邮　　编：100088
责编电话：010-82000860 转 8117　　　　　责编邮箱：hqm@cnipr.com
发行电话：010-82000860 转 8101/8102　　发行传真：010-82000893/82005070/82000270
印　　刷：三河市国英印务有限公司　　　　经　　销：各大网上书店、新华书店及相关专业书店
开　　本：720mm×1000mm　1/16　　　　　印　　张：24.25
版　　次：2015 年 1 月第 1 版　　　　　　　印　　次：2015 年 1 月第 1 次印刷
字　　数：468 千字　　　　　　　　　　　定　　价：88.00 元
ISBN 978-7-5130-3140-0

本书编委会

主　编　林笑跃

副主编　王晓云　贾海岩

编　委　张跃平　周　佳　赵　亮
　　　　黄婷婷　张　威　周　芸
　　　　石　岩　李媛媛

序

　　随着知识经济和经济全球化深入发展，知识产权作为国家发展的战略性资源和国际竞争力的核心要素，成为国家创新驱动发展战略的重要支撑。我国的知识产权事业经过改革开放 30 多年的发展，取得了举世瞩目的成就。其中专利制度作为重要的组成部分，对推动社会经济发展、提升国家核心竞争力起到了重要作用。特别是《国家知识产权战略纲要》的颁布实施以及《专利法》的第三次修订，标志着我国专利法律制度日臻完善，专利权保护得到进一步加强。

　　外观设计专利作为我国知识产权制度中的三种专利之一，是保护工业品外观设计创新的有效工具。随着我国物质财富日益丰富，人们生活水平逐步提高，追求产品的实用功能已经不再是唯一需求，产品美学功能的重要性逐步提高，这种发展趋势不仅促使工业品外观设计不断创新发展，也加快了外观设计专利制度前进的步伐。在 30 多年的发展历程中，外观设计专利制度在创新驱动发展、转变经济发展方式中发挥着越来越重要的作用，受到企业和设计者的普遍认可。同时，也屡有外观设计专利侵权、无效案件发人深省。为此，国家知识产权局专利局外观设计审查部组织编写了《中国专利典型案例启示录·外观设计篇》一书。全书以大量鲜活的案例为基础，内容翔实，条理清楚，语言精练，用词达意，使读者既可以初步了解我国工业品外观设计的发展现状，也可以借鉴企业关于外观设计知识产权保护的成功战略和经验，同时还能透过一些外观设计知识产权典型案例，了解中国法院、国家知识产权局专利复审委员会的审判标准与观点。

　　提高自主创新能力、实现创新驱动发展亟待树立良好的中国专利形象、维护中国专利的信誉、提升中国专利的价值。希望本书的出版能够带给企业以及设计者一些启发和思考，使外观设计专利制度作为激发社会创新活力的重要法律制度，在转变经济发展方式的进程中发挥更加积极有效的作用。

国家知识产权局副局长　杨铁军

2014 年 9 月

前　言

随着我国知识产权战略实施的日益深入，专利创新对社会经济发展的推动和促进作用愈加显著。在新形势下，党的十八大作出了"实施创新驱动发展战略"的重要部署。外观设计专利作为我国三种专利的重要组成部分之一，是工业设计创新的主要法律保护屏障。我国自 20 世纪 80 年代引入专利保护制度以来，不仅涌现出大量优秀的外观设计专利，还出现过一些具有较大社会影响力的外观设计专利无效、侵权案件，本书将其部分收录并成以文字，以期有助于进一步促进外观设计的创新和应用。

国家知识产权局专利局外观设计审查部成立编委会，面向社会广泛征集优秀的外观设计专利和较有影响力的外观设计专利案件，历经稿件征集、筛选、审稿等阶段，最后集结成 66 个外观设计专利典型案例。本书分为"外观设计专利的诉讼与保护"、"优秀外观设计专利"和"外观设计专利的创新与运用" 3 个部分，涉及外观设计专利无效与侵权案件、优秀外观设计专利产品、企业外观设计专利战略等内容，旨在通过本书展示中国外观设计专利创新、应用和保护的部分成果，推广应用专利制度保护创新的经验。本书选入的案例覆盖领域广泛，颇具代表性，其中不乏最高人民法院提审案件、中国专利奖及专利大赛获奖产品等。本书作者有的是知识产权法官、律师或代理人，有的是企业设计人员或知识产权管理人员，还有国家知识产权局专利局的审查员，他们均有深厚的知识产权专业知识或者丰富的工业设计及设计管理经验。

本书在编纂过程中，得到了企业、法院、国家知识产权局专利复审委员会等多方的支持与帮助，在此致以衷心的感谢。本书力求尽可能从多角度展现不同类型的案例，但由于编写者水平所限，恐有不全面或不当之处，敬请广大读者多提宝贵意见与建议。他山之石，可以攻玉。本书以外观设计专利典型案例为核心内容，期待能为关注外观设计专利的读者提供些启示，以更好地促进外观设计的创新。

国家知识产权局专利局外观设计审查部

2014 年 9 月

▶ 彩图2
水龙头阀体
（正文图36-1）

▲ 彩图1 沙发（正文图31-1）

▲ 彩图3 手表（正文图37-1）

▲ 彩图4 手摇电筒（正文图38-1）

▲ 彩图5 咖啡机（正文图39-1）

▲ 彩图6 智能饮水机
（正文图40-1）

▲ 彩图7 安防机器人
（正文图41-1）

▲ 彩图8 监控摄像机
（正文图42-1）

▲ 彩图9　球泡灯
（正文图43-1）

▲ 彩图10
移动终端（正文图44-1）

▲ 彩图11　笔记本电脑（正文图45-1）

▲ 彩图12　空调室内机（正文图46-1）

◀ 彩图13　制氧机
（正文图47-1）

▲ 彩图15　巷道掘进机（正文图49-1）

▲ 彩图14　摩托车（正文图48-1）

▲ 彩图16　消防车（正文图50-1）

▲ 彩图17 平弯组合钢化玻璃炉（正文图51-1）

▲ 彩图18 美的空调（正文图52-3）

▲ 彩图20 创维电视机（正文图54-1）

▲ 彩图19 海尔冰箱（正文图53-1）

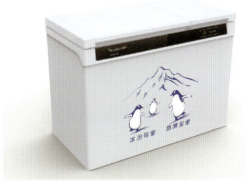

▲ 彩图22
灿坤早餐机（正文图56-1）

▲ 彩图21 海信冰柜（正文图55-1）

▲ 彩图23 好孩子手推车（正文图57-1）

▲ 彩图24 中兴手机（正文图58-1）

▲ 彩图25　爱国者MP3播放器
（正文图59-1）

▲ 彩图26　宇朔"风行系列"移动闪存盘
（正文图60-1）

▲ 彩图27　杭州中艺"天
鹅"吧台椅（正文图61-1）

◀ 彩图28
宁波赛嘉便携式声波电动牙刷（正文图62-1）

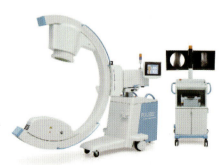

▲ 彩图29
南京普爱等中心C形臂X射线机
（正文图63-1）

▲ 彩图30　嘉兰图产品（正文图64-1）

▲ 彩图31　长城汽车"哈弗H6"
（正文图65-1）

▲ 彩图32
宇通客车（正文图51-1）

目　　录

第一部分　外观设计专利的诉讼与保护

第二部分　优秀外观设计专利

第三部分　外观设计专利的创新与运用

第一部分

外观设计专利的诉讼与保护

案例一 关于网络证据真实性的认定
——自动鞋套机外观设计专利无效行政纠纷案

专利名称：自动鞋套机
专 利 号：ZL200530072779.X
授权日期：2006 年 8 月 16 日
专利权人：李金鹏

【案例要点】

本案涉及一款自动鞋套机的外观设计专利无效行政纠纷案件，请求人在提出外观设计专利权无效宣告请求时，仅提交了一份经公证的网页保全证据，由于缺少相关佐证，难以证明在本专利申请日前网站所公开的内容，故没有得到国家知识产权局专利复审委员会（以下简称专利复审委员会）的支持。请求人不服该无效决定，向北京市第一中级人民法院提起行政诉讼，法院在请求人提交新证并形成较为完整证据链的情况下，对请求人的主张予以了支持。

在上诉过程中，请求人出具了 3 份新证据，在各证据相互印证、形成较为完整证据链的情况下，其主张得到法院支持，认为：赛门国际商贸网是经过 IPC 备案的合法经营者，网站采用 B to B 经营模式，一般情况下，其信息的发布时间都是由服务器自动生成的，并且当网页已经公证程序认证后，若无其他相反证据足以推翻其结论的情况下，该公证书具有法律效力，其公证的事实应当予以认定。

【案情简介】

李金鹏（以下简称专利权人）于 2005 年 10 月 13 日向国家知识产权局提出产品名称为"自动鞋套机"的外观设计专利申请，并于 2006 年 8 月 16 日被公告授予专利权。

针对本专利，深圳市恒金源实业有限公司（以下简称请求人）于 2007 年 8 月 22 日向专利复审委员会提出宣告本专利权无效的请求，并提交一系列证据用于证明与本专利相近似的产品在本专利申请日前已经被公开发表并销售，因此本专利不符合 2000 年修订的《中华人民共和国专利法》（以下简称《专利法》）第 23 条的规定，其中证据 3 为：广东省深圳市公证处出具的（2007）深证字第 166665 号公证书，内容为深圳市邦杰机电技术有限公司在赛门国际商贸网站（以下简称赛门网）发表了型号为"BJ—V3—01"的鞋套机照片。

专利权人不认可该证据的真实性和合法性，认为网页中的赛门网是任何人皆可随意发布信息的平台，请求人，即深圳市恒金源实业有限公司于 2006 年 1 月 18 日成立，晚于在赛门网上发布产品的日期，故该证据是虚假的，并提交了两份反证用于证明此观点。

专利复审委员会认为，互联网中的网页信息具有很强的可编辑性和时效性，对相同网站内的网页可随时进行修改、更新，故同一网站内的网页在不同时间内会呈现不同的内容。鉴于双方当事人皆承认证据 3 中所附网页记载的赛门网在注册时不需要提供任何身份认证，任何人都可以随时发布信息，这样愈发提高了所述网站中内容的可更改性。请求人在公证日当天登录赛门网并对其网页内容所作的公证，只能证明公证当时网页的页面情况，在没有其他佐证补充证明的情况下，不能直接推断出其他时刻同一网页中的内容与公证时相应的网页内容是否一致，即无法证明上述网页在本专利申请日（2005 年 10 月 13 日）之前公开的具体内容。因此，仅以在本专利申请日之后某一时刻对相关网页进行证据保全无法证明在本专利申请日前已有与其相同或相近似的产品被公开发表。

请求人因不服专利复审委员会作出的无效宣告请求审查决定，向北京市第一中级人民法院（以下简称一中院）提起行政诉讼。双方争议的焦点在于证据 3 的公证书中所记载的产品名称、型号、发布日期及照片等内容是否可以采信。

请求人称，证据 3 中的信息来源于赛门网，该网站信息发布的日期是计算机自动加载的，在信息发布后任何人无法进行更改。若用户对发布内容进行更改维护，则发布日期会随之自动更新为修改时的日期。为了进一步证明该主张，请求人出具了 3 份新证据，其中新证 1 是由深圳易拓博达网络科技有限公司出具的证明，用于说明赛门网属于深圳易拓博达网络科技有限公司所有，该网站发布的信息是真实的，信息发布日期是计算机自动加载的，在信息发布后任何人无法进行更改，用户可以对发布信息进行更新，但在更新后发布日期将随之改为当时的日期。网站上显示的发布日期，并非用户所使用电脑的日期，而是当前的标准日期。

法院认为，请求人将其在赛门网中发表的产品型号为"BJ—V3—01"鞋套机的照片、发布日期为"2005 年 3 月 28 日"的网页进行了公证，公证书的内容已经反映出了网页上所记载的产品的照片及发布日期等基本信息。赛门网是经过 IPC 备案的合法经营者，网站采用 B to B 模式，一般情况下，信息的发布日期都是由服务器自动生成的，并且原告对网页进行了公证，在无其他相反证据足以推翻的情况下，该公证书具有法律效力，其公证的事实应当予以认定。关于专利权人及专利复审委员会主张的网页的发布日期很容易被修改的问题，法院认为，由于没有提供证据证明赛门网与请求人对公证网页内容进行了修改，仅以网页内容存在可更改的可能性为由认为申请日之前网页的内容与公证书所公证的内容不一致，不能得到支持。

【案例评析】

一、网络证据的特殊性

随着互联网技术的应用和推广，计算机网络成为人类生活的一部分，甚至成为现代文明的象征。这种快捷、高效的信息传播媒介，越来越受到人们的追捧，因此其上所涵盖的信息也越来越多。网络证据应运而生，日趋成为专利法领域中一种重要的证据形式，普遍出现在专利权无效宣告案件及专利侵权、确权案件中。而在网络证据真实性的认定方面，存在诸多争议，已经成为当前知识产权界的研究热点。[1]

如本案所涉及的焦点，就在于网络证据的真实性认定，其核心问题是网络证据公开时间的认定。请求人出具的公证书中，显示 2005 年 3 月 28 日在赛门网中公开了一款型号为 BJ—V3—01 的鞋套机，并以此作为证据，请求宣告本专利无效。专利复审委员会认为，由于网页信息具有很强的可编辑性，而赛门网对信息发布者的管理又不严格，因此，进一步降低了该证据的真实性，最后以此为据，作出了维持专利权有效的无效宣告请求审查决定。请求人则认为，网站信息的发布是受计算机后台管理模式限制的，因此普通用户无法对信息进行随意更改，而倘若对发布信息进行修改，计算机必然会自动更新信息发布时间。为了使该主张得到进一步支持，请求人在向一中院提起行政诉讼时，提交了由赛门网所属的深圳易拓博达网络科技有限公司出具的证言作为新证，并最终得到了法院的支持。

网络证据在真实性认定方面存在一定的特殊性，其原因之一主要在于：[2]由于网络证据对计算机系统的依赖性很大，信息的生成、存储、传递都必须借助计算机才能完成，而计算机的数据确实存在被篡改的可能性，被篡改的信息又很难被人们察觉，因此与传统证据相比，人们对网络证据是否真实可

---

[1]　张今，等．专利法及专利法实施细则第三次修改专利研究报告（上卷）[M]．北京：知识产权出版社，2006：246—279.

[2]　汪振林．网络证据认定问题研究 [J]．重庆邮电大学学报：社会科学版，2010，22 (1).

靠存在诸多顾虑。

从网站的设置结构来看，一般网站的基本结构包括三层：❶ 用于处理显示逻辑的显示层、用于处理业务逻辑的业务层和用于处理数据逻辑的数据层。在 B to B 以及 B to C 的电子商务网站中，网页部分内容由网络使用者加以发布，栏目管理员负责对所发布的网页内容进行事前审核或者事后审核。该网页内容同样被存储在数据层的数据库中，业务层从数据库中提取该数据，并且由显示层将该数据展现给网络使用者。网页数据的修改也是采用上述流程进行，网页内容的上传以及访问等操作由网站记录在日志文件中。❷ 生活中常见的这类网站，如京东网、亚马逊网、当当网等。

通过对网站信息发布的后台技术原理分析，可以看出，在网页上发布的信息，网站的栏目管理员或者系统管理员具有改动部分数据或者全部数据的权限。由此，网站的资质、网站与当事人的关系等客观要素，在推断网站管理过程中是否存在篡改发布信息内容的可能性时，就显得尤为重要。举例来讲，若某网站的资质较高，管理规范，并且网站的所有者对于网站的栏目管理员或者系统管理员有明确的操作规范和妥善的监控措施，则该网站上所发布的信息虚假性和随意篡改性都会较低，反之则较高。又例如，若发布信息的网站与当事人之间并不存在明显的利害关系，那么网站的栏目管理员或者系统管理员就不具有篡改数据的动机，那么网站上的信息被篡改的可能性就低。

二、本案中网络证据的逐步完善

回顾本案，请求人在首次提出无效宣告请求的时候，仅提交了一份经过公证的网页保全文件，且内容存在一定的瑕疵，这成为专利权人质疑其真实性的主要依据，也使得专利复审委员会在认定该证据的真实性上产生了一定的疑虑。通过口头审理，专利复审委员会进一步了解到，该网站的管理并不规范，使用者在网站注册时无须提供任何身份认证，任何人都可以以一种虚拟的身份通过网站对外发布信息，网站也并非在业界享有盛名。在这种种因素的影响下，专利复审委员会所作出的无效宣告请求审查决定相对公平，在无法确认网页内容是否经过修改的情况下，作为无效宣告请求人一方的深圳市恒金源实业有限公司，并没有尽到完善证据的举证责任，因此，专利复审委员会给出了不依此作为判定本专利是否符合《专利法》（2000 年修订）第23 条规定的证据是与客观情况相符的。

---

❶ 参见一中院（2006）一中行初字第 1393 号判决、北京市高级人民法院（2006）高行终字第 245 号判决。

❷ 张鹏．论网络证据的公开性及公开时间的认定 [J]．电子知识产权，2008（10）.

请求人也意识到自己举证不足的问题，因此，在向一中院提起行政诉讼的时候，补充提交了新证据。其中，作为赛门网运营者的深圳市易拓博达科技有限公司出具证明，证明使用者在赛门网发布信息时，是不能对信息发布时间进行编辑的，网页所显示的信息发布时间，是计算机自动加载上的，且是当前的标准时间。使用者可以更新其发布的信息内容，但发布时间也会同步更新。在证明中，深圳市易拓博达科技有限公司对网站的模式也进行了阐述，该网站是 B to B 电子商务网站。请求人还将在赛门网注册及信息发布的全过程作为佐证提交，以进一步证实网页的发布时间是自动添加的，信息发布者不可编辑。从新证据中可以了解到赛门网是 B to B 电子商务网站，这说明网站属于企业之间进行产品、服务及信息交换的平台，即网站的运营者并不直接与企业接触，仅为各企业提供一个业务往来的平台。一般来讲，这类网站所服务的企业是不定的，任何企业都可以参与到交易中，因此网站的运营者一般不会与企业产生直接的利益瓜葛，这也就意味着作为网站的栏目管理员或者系统管理员没有恶意篡改交易信息的动机。另一方面，从网站运营者提供的证明中可以了解到该网站信息发布时间是由计算机自动生成的，这个时间作为网站的使用者无法编辑，也不能因调整自己所使用的计算机时间而影响到网页上自动生成的时间。倘若信息发布者对网页信息进行了更改，则网站会自动更新信息发布时间。一系列的证据均指向一点：请求人在无效宣告请求时所提交的证据 3 中显示的信息发布时间是信息的起始时间。也正是通过上述证据的相互佐证，形成了一条较为完整的证据链，最终使请求人的主张得到法院判决的支持。

三、如何有效利用网络证据

通过对本案的梳理和分析，笔者总结出以下几点经验，对专利权无效宣告案件及专利侵权、确权案件中如何使用网络证据，具有一定的启示作用：

首先，所使用的网络证据应当经过公证处公证。根据审查实践和司法实践，能够证明网络证据公开的方式主要有：使用公证书的方式证明计算机可以访问某网络地址，并获得网络证据所记载的内容；直接通过搜索引擎找到某网页链接，并获得网络证据所记载的内容；通过正常的注册手续获得用户名和密码，便可访问网站进行浏览，并获得网络证据所记载的内容等几种途径。《中华人民共和国公证法》第 36 条规定，经公证的民事行为、有法律意义的事实和文书，应当作为认定事实的根据。根据规定，最为规范的网络证据举证做法就是通过公证认证途径，将网络证据固化。也只有这种途径，才能最有效地防范证据获取后他人通过一些不法手段篡改、删除证据中的内容。以某款运动护膝的外观设计专利案件为例，由于当事人提交的是未经公证认证的经搜索引擎找到并下载的网页信息，专利复审委员会以"网页内容未履行公证或相应的证明手续，不能确认其真实性。网页的可更改性和不确定性，说明标示的时间并不必然对应产品的实际制造时间"为理由，没有支持其主张。上诉到一中院后，也因"基于计算机技术，可以对互联网网站上的相关信息进行任意的修改、删除等操作"而维持了专利复审委员会的无效宣告审查决定。其次，应当尽量使用知名度较高、资质较高的网站信息。随着互联网的普及发展，我国互联网应用领域极为广泛，用户规模增长迅猛。以商务类网站为例，仅网络购物的用户年增长高达 48.6%。潮流所向、市场需求，诸多因素导致各类网站如雨后春笋般涌现。小到个人微博，大到官方网站，都承载着大量信息资源，成为人们寻找证据的一种途径。但并非所有的信息都具有较高的可信度，能够成为专利法领域确凿的证据使用。例如，同样是通过网络公开了某款产品的图片，通过政府网站、国内外知名网站和个人主页 3 种不同的网络途径发布，其可信度自然不同。所谓政府类网站，是指在各政府部门的信息化建设基础上，建立起跨部门、综合的业务应用系统，使公民、企业与政府工作人员都能快速便捷地接入所有相关政府部门的业务应用、组织内容与信息的服务。因此，通过政府网站发布的信息，普遍具有较高的权威性和可靠性，在没有确凿反证的情况下，应当认可其内容的真实性。相比而言，虽然在国内外知名网站上发布的信息，其权威性不如政府类网站，但同样具有较高的信誉度。这种信誉，一方面来自于网站的规范化管理，一方面则来源于长时间的用户检验。如由阿里巴巴集团所经营的阿里巴巴网站，是一个知名的 B to B 商业网站，该网站具有较为规范的管理体制，网站管理员会对在其网站上发布的信息进行基本的审核，如网站上所发布的信息被修改，则信息修改的时间、内容等重要事件，将会被存储在数据层的数据库中，而这层数据信息，作为一般用户是很难篡改或删除的，通过这些基本的保障措施，使其网站上发布的信息具有较高的可信度，在无反证推翻的情况下，一般会认可其内容的真实性。而上述这些优势，对于不知名的小网站或者个人网页来讲，是很难具备的，正是此类网页设计和修改的随意性，使社会公众对其内容的真实性不得不产生必要的质疑。

最后，应尽可能地提供多重证据，形成完整的证据链，相互佐证，强化证据的可信度。正所谓孤掌难鸣，仅凭片面之词、单一证据，往往很难让人信服自己的主张，尤其当我们了解到网络证据的特殊性后，更容易理解完善证据链的必要性。回顾本案，请求人主张的核心内容是在赛门网上公开发布的一款产品的图片，依此为据证明本专利不符合《专利法》（2000 年修订）第23 条的规定。但在专利复审委员会和一中院得到的结论却是截然相反的，是专利复审委员会或者一中院中的一方认定有误吗？显然不是。通过对案情的梳理和分析，造成不同结果的原因，正是因为请求人在两次诉讼中所提交的证据不同，单独凭借赛门网网页的公证保全件，是无法让专利复审委员会信服其内容的真实性的。而到了一中院，请求人通过完善证据的方式，以赛门网的公证保全件为基础，又提供了其他新证据作为佐证，最终使人民法院认可了网页的真实性。在一中院审理的另外一起案件中，作为原告的某公司，同样以某网页的公证文件作为证据，主张某专利产品在申请日前已经被公开销售。但无论是在专利无效宣告请求中，还是一中院的行政诉讼中，最终都因"在没有其他证据佐证的情况下，无法证明登载有该产品信息的网页的内容已经公开"，而没有得到支持。

【典型意义】

　　通过对本案的梳理分析，让我们了解到网络证据的特殊性，并为如何使用网络证据来支持诉求主张提供了思路。同样一份网站的网页保全件，正是由于诉求人举证责任完成程度的不同，而得到了不同的认定结果。正是通过由失败走向成功的现实案例，让我们清楚地认识到，鉴于网络证据的特殊性，当事人在选择网络证据时，应尽量选择大型知名网站上公开的信息，通过公证认证程序将证据固化，避免信息意外丢失的潜在危险，并在可能的情况下，提供充足的佐证，提高信息可信度。

　　　　　　　　　（撰稿人：国家知识产权局专利局　张威　联络人：周佳）

案例二　互联网页面公开日的认定

——手机背盖外观设计专利无效行政纠纷案

专利名称：手机背盖
专利号：ZL200530004713.7
授权日期：2005 年 12 月 14 日
专利权人：诺基亚有限公司

【案例要点】

本案涉及互联网公开证据能否以网页显示内容为准，以及互联网公开信息时间的确定是否应以北京时间为基准两个问题。通常情况下，系统自动生成的发布时间可以作为认定有关内容实际上传到互联网的时间的依据。依据中国《专利法》判断在中国申请专利的专利性，其互联网信息公布时间的确定应以中国标准时间即北京时间为基准。

【案情介绍】

本专利为 2005 年 12 月 14 日授权公告的、名称为"手机背盖"的外观设计专利（以下简称本专利），其专利号为 ZL200530004713.7，申请日为 2005 年 2 月 15 日，优先权日为 2004 年 8 月 17 日，专利权人为诺基亚有限公司。2006 年 7 月 17 日，深圳市天时达移动通讯工业发展有限公司（以下简称天时达公司）就本专利向专利复审委员会提出无效宣告请求，其理由为在本专利优先权日之前已经在出版物上公开发表的一款诺基亚手机外形与本专利相近似，故本专利不符合 2000 年修订的《专利法》第 23 条的规定。其中使用的对比文件为附件 4——广东省深圳市龙岗区公证处出具的（2006）深龙证字第 1357 号公证书。该公证书中载明："申请人深圳市天时达移动通讯工业发展有限公司的委托代理人王小娟于二〇〇六年七月二十四日上午十一时来到我处称：诺基亚公司诉申请人生产的手机产品侵犯专利权，其实该产品诺基亚 7260 手机的外观图形在起诉方公司生产的产品上市前或申请专利之前已经存在。我公司在 http://www.it023.com/mobile/news/2004－08－17/1092712 633d27738.html 网址上发现有'诺基亚手机'的图片，且该信息是 2004 年 8 月 17 日发布的。因此，为了证明我公司不构成专利侵权，故向公证处申请对上述网页的内容进行证据保全公证。"之后天时达公司的委托代理人王小娟使用该公证处的计算机登录相关网站进行操作，主要操作步骤及显示内容如下：①在"Internet Explorer"浏览器中打开 http：//verycd. 265. com 进入网页；②点击该页面"名站导航"标题中的 Google，在 Google 的搜索栏输入"NOKIA7610S402004－087260"进行搜索；③打开搜索结果第 4 页，点击"诺基亚 7610 兄弟机器 7260 真机现身的评论"，进入"中关村在线重庆站"网站的 http：//www. it023. com/mobile/news/2004－08－17/1092712633d27738. html 的页面，该页面登载了一篇标题为"诺基亚 7610 兄弟机器 7260真机现身"的文章，文章包含有介绍性文字若干及诺基亚 7260 手机图片等内容。文章结尾处显示文字上传信息"2004－08－179：45：27 文/タンテ"。附件 3 为广东省深圳市龙岗区公证处出具的（2006）深龙证字第 1350 号公证书。该公证书中载明天时达公司的委托代理人王小娟使用该公证处的计算机登录相关网站进行操作，并打印了相关显示页面。该公证书的公证事项部分与（2006）深龙证字第 1357 号公证书的公证事项部分大致相同，均陈述了天时达公司进行公证的目的及所要证明的事项。

诺基亚公司为证明 2004 年 8 月 17 日没有抓拍到"诺基亚 7610 兄弟机器7260 真机现身"文章，提交了反证 5，为中华人民共和国长安公证处出具的（2007）长证内经字第 2089 号公证书。该公证书中载明 2007 年 3 月 26 日上海市方达律师事务所北京分所的委托代理人杨璞到中华人民共和国长安公证处，使用公证处电脑登录相关网站进行操作，主要操作步骤及显示内容如下：①在"Internet Explorer"浏览器地址栏中输入 archive. org，进入该网站页面；②在页面中的"Web"项下的输入栏中输入 http：//www. it023. com，点击"TakeMeBack"，出现相应页面；③点击页面中的"Aug17. 2004"，出现相应页面，点击 IE 浏览器"查看"项下的"编码"项中的"简体中文"，出现相应页面；④将 IE 浏览器地址栏中"http：//web. archive. org/web/20040817003654/http：//www. it023. com/index. html"中的"http：//www. it023. com/index. html"部分变更为"http：//www. it023. com/mobile/news/2004－08－17/1092712633d27738. html"，点击回车，出现相应页面；⑤点击 IE 浏览器"查看"项下的"编码"项中的"简体中文"，出现相应页面，该页面系对 http：//www. it023. com/mobile/news/2004－08－17/1092712633d27738. html 页面的抓拍记录，此时 IE 地址栏中显示"http：//web. archive. org/web/20040818201134/www. it023. com/mobile/news/2004－08－17/1092712633d27738. html"；⑥点击 IE 浏览器"查看"项下的"源文件"。

2007 年 9 月 25 日，专利复审委员会作出第 10616 号决定，认为：附件 3、附件 4、反证 5 互相印证，证明标题为"诺基亚 7610 兄弟机器 7260 真机现身"的文章已于北京时间 2004 年 8 月 17 日 9 时 45 分 27 秒在互联网上公开。并且，在美国可以看到相关信息。根据互联网的特性，文件一旦上传应该是在世界范围内同时看到。尽管诺基亚公司认为互联网证据易于伪造篡改，但基于双方当事人提供的证据，诺基亚公司提交的反证 5 页面显示的文字内容对天时达公司提交的证据的真实性是一个印证。并且，相关信息在不同网站都得到了印证，因此，如果认为附件 4 内容是不真实的，应有反证证明。诺基亚公司提交的反证 5 也证实确有相关文章在网上曾被上传公开，因此，对于网上曾公开过相关信息的事实应予认定。关于相关信息公开的时间，双方争议较大。诺基亚公司以反证 5 证实在美国的互联网上是 2004 年 8 月 18 日看到的。因为从反证 5 中看到，在 2004 年 8 月 17 日的抓拍记录中没有记载"诺基亚 7610 兄弟机器 7260 真机现身"的文章，在 2004 年 8 月 18 日抓拍记录中却记载有该文章。但是，专利复审委员会认为，这并不足以证明在北京时间 2004 年 8 月 17 日 9 时在美国互联网上一定没有相关信息披露。基于时差的判断，北京时间 2004 年 8 月 17 日 9 时 45 分对于美国东部时间（也是美国最早的时间）而言，在理论上是 2004 年 8 月 16 日 20 时 45 分，法定时间是 21 时 45 分。因此，此时应是美国官方时间 2004 年 8 月 16 日，在本专利优先权日之前。即附件 4 公证书中所附网页打印件页码 2/3 页显示的"诺基亚 7610 兄弟机器 7260 真机现身"图片（以下简称在先设计）在本专利优先权日之前公开，属于本专利申请日之前的公开发表，该证据适用于本案，可适用《专利法》（2000 年修订）第 23 条的规定评价本专利的专利性。经过相同和相近似比较后，专利复审委员会认为本专利与在先设计属于相近似的外观设计，本专利不符合《专利法》（2000 年修订）第 23 条的规定。故专利复审委员会宣告本专利权全部无效。

诺基亚公司不服该决定，向北京市第一中级人民法院提起诉讼，北京市第一中级人民法院经审理认为：❶ 本专利的优先权日为 2004 年 8 月 17 日，应以其优先权日作为判断其新颖性的时间标准。如记载有外观设计的国内外出版物的公开日期早于本专利的优先权日，则该外观设计可以作为本专利的在先设计，用来评价本专利的新颖性；如记载有外观设计的国内外出版物的公开日期晚于本专利的优先权日或与本专利的优先权日为同一日，则该外观设计不能作为本专利的在先设计，不能用来评价本专利的新颖性。但鉴于本案系依据中国《专利法》判断在中国申请专利的专利性，故互联网信息公布时间的确定应以中国标准时间即北京时间为基准。现有证据表明附件 4 中所记载的外观设计（即诺基亚 7260 手机图片）在中国网站上载，上载时间为北京

---

❶ 北京市第一中级人民法院（2008）一中行初字第 437 号。

时间 2004 年 8 月 17 日 9 时 45 分 27 秒，可知该外观设计的公开日期为 2004 年 8 月 17 日，故附件 4 中所记载的外观设计的公开日期与本专利的优先权日为同一日，附件 4 中所记载的外观设计不能作为本专利的在先设计，不能用来评价本专利的新颖性。第 10616 号决定将北京时间 2004 年 8 月 17 日 9 时 45 分 27 秒转换为美国官方时间 2004 年 8 月 16 日再与本专利优先权日进行比较，进而认定附件 4 中所记载外观设计的公开日期早于本专利优先权日没有法律依据，其认定是错误的。综上所述，附件 4 中所记载的外观设计不能作为本专利的在先设计，故本专利不符合《专利法》（2000 年修订）第 23 条规定的认定错误，导致第 10616 号决定错误，应当依法撤销。

专利复审委员会、天时达公司不服该判决向北京市高级人民法院提起上诉，北京市高级人民法院经审理作出二审判决：驳回上诉，维持原判。

【案例评析】

本案涉及两个问题，一个是互联网证据的公开日期的认定问题，一个是判断公开日应当以何种时区的时间为标准。

一、关于互联网证据的公开日的认定

互联网公开和传统的出版物方式公开有很大的区别，其中之一就是网页内容易于修改和删除，而各个网站为了保持点击率和提高知名度，也会随时保持对其网页内容的更新，因而相同网页的内容会随时存在着修改和更新的可能性。这就引发一个问题，互联网网页公开日如何确定？由于网页存在的上述特点，当事人往往会通过公证书来公证当时网站的内容，但公证书只能证明当时网站上确实存在如公证书所载的内容，而无法证明网页上记载公开日期的真实性。网页公开日期还需要结合其他因素或证据来考虑。

如果网页本身没有显示其记载时间的信息，如无其他证据佐证即无法确定其公开日。在网页上显示了其记载信息的发布时间时，由于存在修改的可能性，当然不能由此百分之百地确定该发布时间的记载是真实的，对所记载的时间是否公开了相同的内容仍可能存在疑义。但不能因此认为无法确定公开日，这涉及诉讼中证明标准的问题。诉讼过程的证明是对过去发生事情的一种历史性的证明，由于受到认识能力和举证方法等的限制，不可能完全还原历史。诉讼中的证明与自然科学中的证明不同，后者要达到一点疑义都不允许的程度，而前者只要能对特定事实给出高度盖然性的证明，使普通人毫无疑义地相信其真实性即可。具体到互联网公开时间的认定，首先要判断网页记载的发布日期是系统自动生成的还是用户可以编辑的。如果是用户自行编辑的，由于可以方便地进行修改，不能用于证明其公开日。如果是由系统自动生成的，通常情况下当网页被修改时其发布时间也会相应地自动更新。

在互联网环境中，虽然除了网站管理员有权对网页进行修改、删除外，黑客或者计算机病毒也能对计算机系统进行相应操作，但此绝非易事和常态，特别是采取了高科技的安全保障措施的网站，外界更是难以侵入。因此，通常情况下，系统自动生成的发布时间可以作为认定有关内容实际上传到互联网的时间的依据。在具体案件中，可以结合网页页面的内容、网站规模的大小、网站的安全保障措施的强弱、更改该网站信息的难易程度等因素综合判断，一般而言，对于规模大、安全性能好的网站，如大型门户网站、国际组织、公共组织、政府机构、学术机构、长期发表出版物的出版商等的网站，其网页内容的可信度高，可以认为其网页记载的发布时间就是实际的公开时间，对于一些形式上明显存在疑点或者安全性差的网站，其网页内容可信度差，对其网站上记载的发布时间应认真进行审查，不能轻易予以认定。

此外，对于网页公开日的证明，还应当适当地降低证明度的要求。因为要证明互联网上信息公开的具体时间这一证明事项本身就是非常困难的。人们一般不会在某信息最初上传到互联网上时就对其进行公证或保留证据，通常只有在发生纠纷时想到对相关网页进行证据保全，而此时除了网页本身自动生成的信息上传时间外，很难找到其他替代手段证明网页公开的时间，所以不宜对网页公开时间的确定设立过高的证明标准。在诉讼中，对在先设计的公开日负举证责任的一方当事人只要能提出载有发布日期的网页页面，除属于明显存有疑点的网页外，均可以认为已经提供了在先设计在互联网上公开日期的初步证据，已经完成了其举证义务。如果对方当事人对网页记载的发布时间有疑义的，不能仅以网页可能被修改为由予以否认，应当就网页存在被系统管理员修改或者因黑客入侵、感染病毒而遭到修改等进行证明，至少也应当举出网页有被修改可能性的证据或者其他证明在先设计未在网页记载的发布时间被公开的反证，否则其异议不能成立。

本案中，无效宣告请求人提交的附件3包含对比设计的网页文章结尾处显示文字上传信息"2004－08－17 9：45：27"，专利权人提交的抓拍网站上也有同样的显示。专利权人虽然提交了证据证明www.archive.org网站2004年8月17日并未抓取该页面，而是8月18日才抓取，但不能说明北京时间2004年8月17日9时45分27秒互联网上没有披露上述文章，专利权人亦未提交其他反证。故专利复审委员会和法院均将附件3中网页页面记载的"2004－08－17 9：45：27"认定为对比设计公开的实际时间。

二、关于互联网公开时间与时差

由于按照《专利法》判断现有技术依据的时间单位是日，故一般情况下，时差问题对现有技术的判断没有影响。而本案中，对比设计的公开日与本专利的优先权日为同一日，作为优先权基础的在先申请所在的美国又与我国时差不同，涉及了互联网公开的时间应当换算成何种时区的时间的问题。这也是法院和专利复审委员会意见存在分歧之处。

由于专利复审委员会或者法院的审查均是基于中国的《专利法》判断在中国申请的专利的效力，对比设计能否作为在先设计需要比较的两个时间，即互联网信息公布时间和涉及专利的申请日或优先权日均应以中国标准时间即北京时间为基准。而且，《专利法》并未要求作为优先权要求的外国申请是已获得该外国授权的专利。即使作为本专利要求优先权的美国申请依照美国时差进行审查，可能出现因对比设计的公开日依据美国时间早于其申请日而导致该申请不能授权或者授权后宣告无效的情况，也不影响我国专利仍然可以享受该优先权日。作为优先权基础的外国申请的效力也不影响我国专利的效力，如《保护工业产权巴黎公约》第4条之二第（2）款规定，在优先权期限内申请的各项专利，就其无效和丧失权利的理由是互相独立的。故本案的审查无需考虑美国申请能否授权的问题，也就没有必要将对比设计公开的时间再换算成美国时间。因此，第10616号决定将北京时间2004年8月17日9时45分27秒转换为美国官方时间2004年8月16日再与本专利优先权日进行比较，进而认定附件4中所记载外观设计的公开日期早于本专利优先权日没有法律依据，法院认为应当以中国时间进行判断是正确的。

【典型意义】

随着互联网的不断发展，出现了越来越多的互联网证据，如何认定互联网证据的公开时间以及是否考虑不同国家的时差是此类案件审理过程中必须要考虑的问题，本案提供了相关问题的判断标准，对此类案件的审理起到一定的借鉴作用。

（撰稿人：北京市第一中级人民法院　严哲　联络人：张跃平　石岩）

案例三　外观设计对比中的产品类别的确认问题
——毛巾架外观设计专利无效行政纠纷案

专利名称：毛巾架（D1331）
专　利　号：ZL200730334447.3
授权时间：2009 年 2 月 4 日
专利权人：王慧娟

【案例要点】

王慧娟系"毛巾架（D1331）"外观设计专利的权利人，浙江雅鼎卫浴股份有限公司（以下简称雅鼎公司）以涉案专利违反 2000 年修订的《专利法》第 23 条的规定为由，向专利复审委员会提出无效宣告请求，专利复审委员会经审查作出第 15494 号无效宣告请求审查决定（以下简称第 15494 号决定），宣告涉案专利权无效。王慧娟不服，提起行政诉讼，法院判决维持第 15494 号决定。

在先设计为纸巾架的外观设计，涉案专利为毛巾架的外观设计，毛巾架与纸巾架均属于卫浴产品，均是为放置卫浴用品而设计的架子，且毛巾架与纸巾架在《类似产品及服务区分表》中均为第 21 类第 2106 "家庭日用及卫生器具"群组的商品，虽然二者名称不同，但二者用途近似，应当认定为相近种类的商品。

【案情简介】

涉案专利的专利号为 ZL200730334447.3，其产品名称为"毛巾架（D1331）"。针对涉案专利，雅鼎公司于 2010 年 4 月 9 日由向专利复审委员会提出无效宣告请求，理由为涉案专利不符合《专利法》（2000 年修订）第 23 条的规定，并提交了 4 份证据。专利复审委员会在决定中认定：虽然证据 1 的产品名称与涉案专利产品名称不同，但是二者都属于卫浴产品，其用途都是放置卫浴用品的架子，并且二者的分类号相同，因此综合分析，证据 1 与涉案专利产品种类相同。经过比对认为涉案专利与证据 1 中的外观设计相近似，涉案专利不符合《专利法》第 23 条的规定。为此作出宣告涉案专利权全部无效的审查决定。

专利权人王慧娟不服专利复审委员会的决定，向北京市第一中级人民法院提起行政诉讼，原告认为在有关产品类别认定方面专利复审委员会认定证据1与涉案专利产品种类相同属于认定错误，判断产品是否为同一类别主要看用途是否完全相同，分类号只是作为参考，而专利复审委员会仅根据分类号相同就认定产品类别相同属认定错误，本案专利是毛巾架，而对比文件1是纸巾架，用途不相同，毛巾架至少要能够挂一条毛巾，其横杆的长度至少要几十厘米，而纸巾架的横杆的长度只要 10 厘米左右，两者不可能放在一起比较。

北京市第一中级人民法院经审理，依据《行政诉讼法》第 54 条第（一）项的规定，判决维持第 15494 号决定。一审判决❶后，王慧娟未提出上诉。

【案例评析】

一、产品用途是区分外观设计中产品类别的依据

外观设计，是指对产品的形状、图案或者其结合以及色彩与形状、图案的结合所作出的富有美感并适于工业应用的新设计。外观设计专利权的保护范围以表示在图片或者照片中的该产品的外观设计为准。外观设计应当以产品为依托，不能脱离产品独立存在，因此在外观设计对比时存在判断产品类别是否相同或相近的问题。《专利法》及《专利法实施细则》对产品类别均未作明确的规定，而《审查指南》中对此进行了明确的规定。《审查指南 2001》规定：外观设计相同，是指涉案专利与对比设计是相同种类产品的外观设计。在确定产品的种类时，可以参考产品的名称、国际外观设计分类以及产品销售时的货架分类位置，但是应当以产品的用途是否相同为准。相同种类的产品是指用途完全相同的产品；相近种类的产品是指用途相近的产品。此后《审查指南 2006》以及《专利审查指南 2010》对此未作修改。可见，产品用途是区分外观设计中产品类别的依据。

本案中，在先设计的产品为纸巾架，涉案专利的产品为毛巾架，二者均属于卫浴产品，均是为放置卫浴用品而设计的架子，且毛巾架与纸巾架在《类似产品及服务区分表》中均为第 21 类第 2106"家庭日用及卫生器具"群组的商品，虽然二者名称不同，但二者用途近似，应当认定为相近种类的商品。

二、外观设计比对中产品类别的考量

对于外观设计专利授权及侵权认定中是否应当考虑产品类型的问题，学术界存在放宽对可比产品种类限制的主张。有学者认为："外观设计专利权保

---

❶　北京市第一中级人民法院（2011）一中知行初字第 211 号。

护的是产品的外观，而不是其技术性能。在技术性能明显不同的产品上采用相同或者近似的外观设计的情况相当常见，不能排除产品的外观明显抄袭或者借用具有不同用途的产品外观的情况。"❶ "只要被控侵权人出于改善其产品的目的，在其产品上采用授权外观设计，使其被控侵权产品在形状、图案或者色彩上与专利产品相同或者实质上相同，就应当认定构成了侵权行为"。❷

外观设计不能单独存在，应当依托于产品，因此在外观设计授权时应将产品类型相同或近似作为能否授权的一个条件，而外观设计专利的保护范围也应限于相同或者相近种类产品的外观设计。在确定外观设计专利产品类别时，应以具有独立存在形态、可以单独销售的产品的用途为依据，而对于用途的相同和近似应当作较为宽泛的认定。对于一些用途上存在关联或者衍生关系的商品，应当适当放宽用途的界限，作适当扩大理解。例如橱柜和冰柜，虽然二者基本用途不同，但冰柜也具有放置物品的功能，可以认定与橱柜存在关联关系，也可以认定为近似种类产品。

总之，在外观设计对比时应当限定产品的类别，但以"用途"区分产品类别时存在一定局限，因此不应严格局限于产品的基本用途，应适当扩大对产品"用途"的理解，以防止盗用、模仿外观设计专利权的行为，尽可能地保护外观设计专利权人的创新成果。

【典型意义】

本案争论的焦点在于纸巾架与毛巾架是否属于相近种类的产品，明确了产品用途是区分外观设计中产品类别的依据。与此同时，笔者从产品外观设计的特点出发，提出"应适当扩大对产品用途的理解"的思路，如果两种产品之间是存在关联关系的产品，则也可以认定二者为相近似种类，这一思路在相关案件的判定中具有借鉴意义。

（撰稿人：北京市第一中级人民法院　杨钊　联络人：张跃平　石岩）

---

❶ 尹新天. 中国专利法详解［M］. 北京：知识产权出版社，2011：300.
❷ 尹新天. 中国专利法详解［M］. 北京：知识产权出版社，2011：644.

案例四　外观设计禁止重复授权的判断标准

——染色机（L）外观设计专利无效行政纠纷案

专利名称：染色机（L）

专　利　号：ZL02333399.5

授权日期：2003 年 2 月 26 日

专利权人：科万商标投资有限公司

【案例要点】

本文涉及佛山市顺德区信达染整机械有限公司诉科万商标投资有限公司的染色机专利无效案件。专利复审委员会和北京市第一中级人民法院均认定 5 项外观设计专利权无效，北京市高级人民法院给出了相反的结论，该案上诉至最高人民法院，最终撤销二审判决，维持一审判决。最高人民法院认为，无论是相同的外观设计，还是相近似的外观设计，也不论是否为同一申请人，判断是否构成重复授权的标准应该是一致的。同样的发明创造只能被授予一项专利，同样的发明创造，既包括相同的外观设计，也包括相近似的外观设计。

【案情介绍】

本文涉及的是科万商标投资有限公司（以下简称科万公司）的产品名称分别为"染色机（A）"、"染色机（J）"、"染色机（K）"、"染色机（L）"、"染色机（M）"、"染色机（N）"的 6 项外观设计专利，专利号分别为 02332561.5、02333397.9、02333398.7、02333399.5、02333400.2、02333501.7。其中"染色机（A）"的申请日为 2002 年 7 月 19 日，染色机（J）"、"染色机（K）"、"染色机（L）"、"染色机（M）"、"染色机（N）"的申请日均为 2002 年 8 月 6 日。染色机（A）于 2003 年 2 月 12 日被授权公告，"染色机（M）"于 2003 年 2 月 5 日被授权公告，"染色机（J）"、"染色机（K）"、"染色机（L）"、"染色机（N）"于 2003 年 3 月 26 日被授权公告。

2005 年 2 月 18 日，佛山市顺德区信达染整机械有限公司（以下简称信达公司）对上述 6 项外观设计专利分别提起无效宣告请求，均以其他 5 项外观设计专利作为证据证明涉案专利不符合 2000 年修订的《专利法》第 23 条和 2001 年修订的《专利法实施细则》第 13 条第 1 款的规定。

2005 年 11 月 16 日，专利复审委员会进行了口头审理。口头审理过程中，专利复审委员会告知并询问科万公司，由于涉案 5 项专利均处于无效程序，在一项专利与其他 4 项外观设计专利被认定为相同或相近似导致重复授权有可能被宣告无效的情况下，是否选择放弃其中一项或多项专利权。科万公司声明不放弃任何一项专利权。

2005 年 12 月 12 日，专利复审委员会作出第 7857、7858、7859、7860、7861、7862 号无效宣告请求审查决定，维持染色机（A）外观设计专利有效，宣告其他 5 项外观设计专利无效。决定中宣告涉案外观设计专利无效的理由均为不符合《专利法实施细则》（2001 年修订）第 13 条第 1 款的规定。用以宣告"染色机（J）"、"染色机（K）"、"染色机（L）"、"染色机（M）"、"染色机（N）"外观设计专利权无效的对比文件依次为第 02333398.7 号"染色机（K）"、第 02333397.9 号"染色机（J）"、第 02333398.7 号"染色机（K）"、第 02333501.7 号"染色机（N）"、第 02333400.2 号"染色机（M）"。

科万公司不服专利复审委员会第 7860 号关于专利号为 ZL02333399.5 的"染色机（L）"的无效决定，于 2006 年 4 月 11 日向北京市第一中级人民法院提起诉讼，其主要观点为专利复审委员会没有告知该专利与哪一件外观设计构成重复授权、该专利与对比的外观设计不相近似、同样的外观设计仅指相同的外观设计，请求法院撤销第 7860 号决定，维持本专利有效。

北京市第一中级人民法院一审❶认为：《专利法实施细则》（2001 年修订）第 13 条第 1 款规定，同样的发明创造只能被授予一项专利。《审查指南 2006》第一部分第三章第 4.5.1 节规定，同样的外观设计是指两项外观设计相同或者相近似。这一规定是完全符合《专利法实施细则》（2001 年修订）第 13 条第 1 款的立法目的。根据口头审理的记录，专利复审委员会已经告知了科万公司可能存在重复授权的有关专利的范围，即科万公司处于无效程序中的 5 项专利，并允许科万公司进行选择，科万公司在合理的时间内仍然坚持不放弃其中任何一项权利，在此情况下，专利复审委既没有权利也不能为其进行选择，故由此导致的法律后果只能由科万公司自行承担。根据染色机类产品的使用情况，对这类产品外观的相同、相近似判断，应采取整体观察对比的方法。本专利与对比的外观设计属于相近似的外观设计。判决维持专利复审委员会第 7860 号决定。

科万公司不服该一审判决，向北京市高级人民法院提起上诉。

---

❶ 北京市第一中级人民法院（2006）一中行初字第 540 号行政判决。

北京市高级人民法院在二审判决中推翻了专利复审委员会和一审法院的观点。二审❶认为，本案中，科万公司于同日就相同产品申请了5项相近似的外观设计。依据《专利法》（2000年修订）第31条第2款关于单一性的规定，科万公司的5项外观设计申请因不符合单一性的规定而不能作为一项专利申请，只能作为5项不同的外观设计申请。但是，专利复审委员会和一审法院又依据《专利法实施细则》（2001年修订）第13条第1款和《审查指南2006》的规定，认为科万公司的5项相近似的外观设计专利构成重复授权，并宣告全部5项专利无效，这一做法显失公平。对于申请人的发明创造，只要符合相关法律规定且没有侵犯国家利益、社会公共利益及他人的合法权益，应当予以保护。

北京市高级人民法院还认为，对于外观设计而言，《审查指南2006》规定"同样的外观设计是指两项外观设计相同或者相近似"。当不同主体就同一产品申请两项以上相近似的外观设计，以及同一主体先后就同一产品申请两项以上相近似的外观设计时，《审查指南2006》的上述规定并无不妥。但是同一主体就相同产品同日申请了两项以上相近似的外观设计时，则《审查指南2006》的上述规定明显与《专利法》及其实施细则的立法本意不符。这种情况下，"同样的外观设计"仅应解释为外观设计相同，而不应包括相近似的情况。因此，二审法院认为科万公司的上诉理由成立，专利复审委员会第7860号决定适用法律错误，应予撤销。一审判决适用法律错误，应予改判。故撤销一审判决和专利复审委员会第7860号决定。

专利复审委员会不服该二审判决，向最高人民法院提起再审。最高人民法院于2008年12月25日作出终审判决。❷

关于对同一申请人于同日申请的两项以上的相近似的外观设计授予专利权，是否违反《专利法实施细则》（2001年修订）第13条第1款关于禁止重复授权的规定这一问题，最高人民法院给出了以下明确的观点。

最高人民法院认为：《专利法实施细则》（2001年修订）第13条第1款系关于禁止重复授权的规定，即：同样的发明创造只能被授予一项专利。就外观设计而言，为防止外观设计专利权之间的相互冲突，无论是相同的外观设计，还是相近似的外观设计，也不论是否为同一申请人，均应按照上述行政法规的规定授予一项专利权。在本案中，二审判决关于同一主体同日就相同产品申请两项以上近似的外观设计不适用《专利法实施细则》（2001年修订）第13条的认定，没有现行法律的依据。专利复审委员会第7860号决定依据

---

❶　北京市高级人民法院（2006）高行终字第469号行政判决。

❷　最高人民法院（2008）行提字第4号。

《专利法实施细则》及《审查指南》的相关规定，将同样的外观设计解释为两项外观设计相同或者相近似，并无不当。

根据《审查指南 2006》的相关规定，任何人认为属于同一专利权人的具有相同申请日的两项专利权不符合《专利法实施细则》（2001 年修订）第 13 条第 1 款规定的，可以请求专利复审委员会宣告其中一项专利权无效。专利权人可以通过选择放弃另一项专利权来维持被请求宣告无效的专利权有效。因此，若本案外观设计专利与科万公司拥有的其他 4 项外观设计专利均为相近似的外观设计，则应当至少维持一项外观设计专利有效，而非将该 5 项外观设计专利全部宣告无效。而且，被宣告无效的专利自始即不存在，不应当再将其作为判断是否重复授权的对比文件。专利复审委员会将已经因重复授权被宣告无效的外观设计专利又作为宣告另一项外观设计专利无效的对比文件，于法不合。因此，专利复审委员会宣告本案专利以及其他 4 项外观设计专利无效的决定均违反了《专利法》（2000 年修订）第 47 条第 1 款以及《专利法实施细则》（2001 年修订）第 13 条第 1 款的规定。

但是，被专利复审委员会第 7857 号决定维持有效的"染色机（A）"外观设计专利与本案专利以及其他 4 项外观设计专利相比较，每个单元的外观设计均相同，所不同的只是单元数量的简单增加或者减少，并且为惯常的排列顺序，故上述外观设计应属于相近似的外观设计。亦即，就染色机（A）外观设计专利而言，本案专利以及其他 4 项外观设计专利均构成重复授权，故专利复审委员会决定宣告本案专利以及其他 4 项外观设计专利无效，在实体处理上并无不当。鉴于此，最高人民法院不再撤销专利复审委员会的第 7860 号决定，亦不再判令专利复审委员会重新作出决定。

最高人民法院最终判决：撤销二审判决，维持一审判决。即仍然宣告科万公司的"染色机（J）"、"染色机（K）"、"染色机（L）"、"染色机（M）"、"染色机（N）"5 项外观设计专利权无效。

【案例评析】

一、案件背景

科万公司与信达公司的上述无效系列案件，是纺织企业之间的一场专利阻击与防卫战。2005 年 2 月 4 日，信达公司收到法院的应诉通知书，原告科万公司指控信达公司生产的印染设备侵犯了其外观设计专利权。科万公司是亚洲最大的染整设备公司——香港立信公司在英属维尔京群岛注册的子公司。其自 2002 年开始申请了一系列染色机的外观设计专利，截至 2011 年，共有 78 件外观设计专利申请获得授权。而自 20 世纪 90 年代起，我国本土的染整行业发展迅速，市场占有率不断提升，对香港立信公司造成很大的冲击，于是从 2005 年起，香港立信公司开始实施专利诉讼战略来阻击中国染整企业的发展势头，其将在国内染整行业具有较高知名度的信达公司作为展开专利诉讼的首要目标。信达公司在接到应诉书后，仔细研究了科万公司的外观设计专利情况，抓住其拥有的多项外观设计专利之间是彼此相似的外观设计因此构成重复授权这一突破口，对信达公司的外观设计专利提起无效宣告请求的反诉，至此，拉开了一场关于外观设计的重复授权审理标准的大讨论。

二、关于"禁止重复授权"原则的法律修订

《专利法实施细则》（2001 年修订）第 13 条第 1 款规定，同样的发明创造只能被授予一项专利。对于同样的发明创造，无论是同一人还是不同人提出的两件以上专利申请，即使在均符合授予专利权条件的情况下，也不能授予两项以上专利权，否则在这些专利权之间就会发生冲突。这就是"禁止重复授权原则"。

"禁止重复授权原则"是专利制度设置的基本原则之一，但其仅在《专利法实施细则》中予以规定。而原《专利法》（2000 年修订）第 9 条规定的是"两个以上的申请人分别就同样的发明创造申请专利的，专利权授予最先申请的人"，即"先申请原则"。"先申请原则"是"禁止重复授权原则"中所指的一种情形，而并没有涉及同人同日或先后就同样的发明创造提出两份以上专利申请，或不同人同日就同样的发明创造提出两份以上专利申请的情况。因此在《专利法》中规定先申请原则，而在《专利法实施细则》中规定更为上位的"禁止重复授权原则"，显然两者的法律位阶不当，故 2008 年修改《专利法》时对此作出了修改。将该条款，即"同样的发明创造只能被授予一项专利"增加至《专利法》第 9 条第 1 款的规定中，从而缕清法律逻辑。至此，无效宣告请求人再以因违反禁止重复授权原则为理由提起无效请求时，不再主张不符合原《专利法实施细则》（2001 年修订）第 13 条第 1 款，而是主张不符合现《专利法》（2008 年修订）第 9 条第 1 款的规定。

此外，《专利审查指南 2010》第四部分第七章规定，任何单位或者个人以某项外观设计专利权与申请在先的另一项外观设计专利权构成同样的发明创造而不符合《专利法》（2008 年修订）第 9 条的规定为由请求宣告无效的，如果申请在先的专利已构成现有设计或者属于任何单位或者个人申请在先公开在后的专利，专利复审委员会可以依据《专利法》（2008 年修订）第 23 条的规定进行审查。因此，在目前的法律实践中，如果无效宣告请求人是以现有设计或抵触申请来主张外观设计无效的，则优先适用《专利法》（2008 年修订）第 23 条进行审查。只在涉及同一专利权人或不同专利权人在同一日申请的专利是否构成重复授权时，才适用《专利法》（2008 年修订）第 9 条第 1 款进行审查。

本文中涉及的 6 项专利因为申请日均在 2009 年 10 月 1 日以前，因此仍适用原《专利法实施细则》进行审理。本文以下讨论的涉及"禁止重复授权"的判断标准，是指原《专利法实施细则》（2001 年修订）第 13 条第 1 款，现《专利法》（2008 年修订）第 9 条第 1 款所涉及的内容。

三、关于"禁止重复授权"原则的判断标准

原《专利法实施细则》（2001 年修订）第 13 条第 1 款规定：同样的发明创造只能授予一项专利权。《审查指南 2006》第一部分第三章第 4.5.1 节规定："同样的外观设计是指两项外观设计相同或者相近似。"那么，对于同一专利权人和不同专利权人同日申请的外观设计，其判断是否构成重复授权的标准是否一致呢？这正是本案在历次判决中争议的焦点，也是二审法院推翻了专利复审委员会和一审判决的结论，而最高人民法院又再次推翻了二审判决的关键所在。

专利复审委员会和一审法院均认为，不论是对同一专利权人还是不同专利权人的专利而言，判断是否构成同样的外观设计的标准是一致的，即同样的外观设计既包括外观设计相同，也包括外观设计相近似。而二审法院则认为，当不同主体就同一产品申请两项以上相近似的外观设计，以及同一主体先后就同一产品申请两项以上相近似的外观设计时，《审查指南》中对于同样外观设计的解释是恰当的。但是，如果是同一主体在同一日申请了两项以上外观设计时，则只有当外观设计相同时，才构成重复授权，而对于相似的外观设计，则不构成重复授权。

对于同一主体和不同主体，在适用禁止重复授权的判断时，其判断标准是否应当一致呢？在本案审结之前，司法界也存在不同的意见。认为应适用不同判断标准的观点，主要是二审法院在判决中所秉持的理由，同一主体为了扩大外观设计专利的保护范围，在同一日就相同产品申请两项以上相近似的外观设计的，并没有侵犯国家利益、社会公共利益和他人的合法权益；另外，申请人的这种做法也是受当时法律规定的限制，因为根据原《专利法》的规定，外观设计专利申请要符合单一性的规定，同一申请人的多项相似的外观设计，不能在一件申请中合案提出，申请人只能选择于同日分别提出申请。因此，如果判定同一主体在同日分别提出的多项相似外观设计彼此构成重复授权，则与《专利法》保护专利权人合法权益的立法本意不符。二审法院的这一理由，主要是基于当时法律规定中存在一个现实的问题，即同一主体想要保护其在同日作出的多项相似的外观设计，但是却因无法满足单一性的要求不能合案申请，因此只能选择在同一日分别提出申请的办法。

而笔者认为，无论对同一主体还是不同主体，判断是否构成重复授权的标准应该一致。专利权的保护范围不因权利主体的差异而有所不同，如果认为同一主体申请的相近似的外观设计不会构成权利冲突，一旦专利权被授予后，若专利权人将专利权进行转让，则又有可能形成不同权利主体持有彼此相近似的外观设计专利权的冲突情形。另外从侵权标准看，2009 年通过的《最高人民法院关于审理侵犯专利权纠纷案件应用法律若干问题的解释》第 8 条规定，侵犯专利权是指采用了与授权外观设计相同或者近似的外观设计。即专利权的保护范围是从与授权专利完全相同的外观设计延及相近似的外观设计，则在授权标准中也应与之对应，即相同或相近似的外观设计会构成重复授权，因此只能被授予一项专利，才能有效地避免外观设计专利权之间的冲突。

本案历经一审、二审，上诉至最高人民法院，由最高人民法院对这一问题给出了最终的明确的司法意见。最高人民法院在判决中指出："就外观设计而言，为防止外观设计专利权之间的相互冲突，无论是相同的外观设计，还是相近似的外观设计，也不论是否为同一申请人，均应按照上述行政法规的规定授予一项专利权。"科万公司的 5 项外观设计专利，整体区别仅在于染色机前表面由方窗和圆窗组成的单元数量不同，其余外观基本相同，属于相似的外观设计，因此构成重复授权。至此，关于重复授权标准的争议有了最终的答案，即不论专利权人是否相同，判定是否构成重复授权时的同样的外观设计，即包括相同的外观设计，也包括相似的外观设计。

当然，我们也要注意到，受到这一法律条款的约束，意味着专利权人对其自身作出的多项外观设计，只能选择拥有一项专利权。而由于设计人进行创作设计时，往往会根据同一设计思路或设计风格，作出很多衍生和变化的外观设计，虽然其具有相似性，但也具有各自不同变化后的独特性，如果只能申请一项外观设计，可能不利于对系列设计产品的最大范围的保护。因此为了充分保障设计人的利益，改变原专利制度中对专利权人的这一不利的现实，《专利法》在 2008 年第三次修改时增加了相似外观设计的申请制度，至此，申请人可以将其自己作出的多项相似的外观设计放在一件专利申请中提出，就可以避免分别申请所带来的彼此构成重复授权的风险。

四、对"作为设计单元按照该种类产品的常规排列方式作重复排列"的理解

本案中，维持有效的染色机（A）与其他 5 项被宣告无效的专利，被最高人民法院认为属于相近似的外观设计，即每个单元的外观设计均相同，所不同的只是单元数量的简单增加或减少，并且为惯常的排列顺序（见图 4—1 至图 4—6）。随着《专利法》的第三次修改，同样的外观设计的判断标准，从相同和相近似的外观设计修改为相同和实质相同的外观设计。这一情形也被认定为构成外观设计实质相同的情形之一：即，外观设计的区别在于将对比设计作为设计单元按照该种类产品的常规排列方式作重复排列或者将其排列的数量作增减变化。

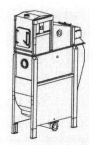 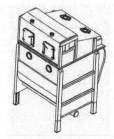 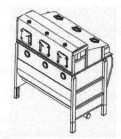

图4-1　染色机（A）附图　图4-2　染色机（J）附图　图4-3　染色机（K）附图

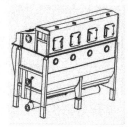 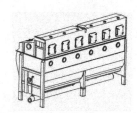 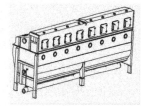

图4-4　染色机（L）附图　图4-5　染色机（M）附图　图4-6　染色机（N）附图

　　本文中涉及的外观设计，区别在于染色机前表面由方窗和圆窗组成的单元数量不同，正是属于该种情形。此时，认定实质相同的几个必要条件是：可以认定设计单元、采用的是重复排列的方式并且为该类产品的常规排列方式。本文中的5项外观设计就是以染色机（A）为单体的设计单元，以方窗和圆窗为两组、三组、四组、六组和八组分别进行重复的增加式排列，这种设计单元简单递增的排列方式为该类产品的一种常规排列方式。需要注意的是，不是所有设计单元数量增加或减少的设计必然构成实质相同，如果采用了非常规的排列方式，从一个设计单元到两个设计单元或多个设计单元的变化也可以产生明显不同的视觉效果。

【典型意义】

　　本案为关于禁止重复授权判断标准的典型案例，历经一审、二审并最终上诉至最高人民法院，最高人民法院在判决中明确了无论专利权人是否相同，禁止重复授权的判断标准应当是一致的。关于同一专利权人的多项相似的外观设计是否会构成重复授权的争议至此停息。因此申请人在今后的专利申请中，如果对自己的设计产品作出了一系列较为相似的设计，应当合理地运用相似外观设计申请制度，将多项相似的设计在一件专利申请中提出，而不要分别进行申请，这样既可以避免重复授权的可能性，也可以对自己的设计产品进行最大程度的保护。

（撰稿人：国家知识产权局专利局　周佳　联络人：张威）

案例五　一般消费者的定位对外观设计专利对比判断的影响

——汽车外观设计专利无效行政纠纷案

专利名称：汽车
专　利　号：ZL01319523.9
授权日期：2002 年 2 月 13 日
专利权人：本田技研工业株式会社

【案例要点】

　　石家庄双环汽车股份有限公司（以下简称双环公司）请求宣告本田技研工业株式会社（以下简称本田公司）的 ZL01319523.9 号"汽车"外观设计专利权无效，该案经过专利复审委员会审理作出了专利权全部无效的决定。该无效决定经过北京市第一中级人民法院（以下简称北京一中院）和北京市高级人民法院（以下简称北京高院）两级司法机关审查后被维持。本田公司向最高人民法院（以下简称最高院）申请再审，2010 年 11 月 26 日，最高院作出终审判决，撤销了此前北京市两级法院的行政判决及专利复审委员会的决定。

　　该案争论的焦点问题在于本专利与对比设计是否属于相近似的外观设计，即，本专利与对比设计之间的区别点是否会对外观设计的整体视觉效果产生显著影响。在判断这些区别点的影响时，"一般消费者"这个主体发挥了不可忽视的作用。从双方的主张、专利复审委员会以及三级法院的决定或判决来看，一般消费者的定位，决定了每一个环节的结论。

【案情介绍】

　　2003 年 12 月 24 日，双环公司就 ZL01319523.9 号"汽车"外观设计专利（简称本专利，见图 5—1）向专利复审委员会提出无效宣告请求，该外观设计专利的权利人为本田公司。无效理由是本专利与证据所示对比设计相近似，不符合 2000 年修订的《专利法》第 23 条的规定。

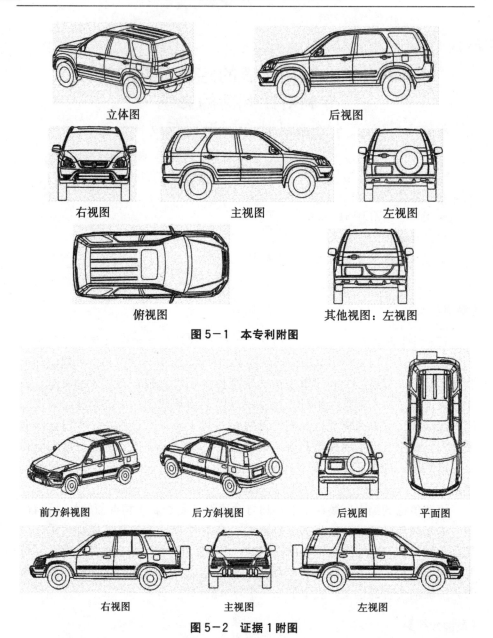

图5－1　本专利附图

图5－2　证据1附图

2006年3月7日，专利复审委员会作出第8105号无效宣告请求审查决定（以下简称第8105号决定），宣告本专利无效。该决定认为：

"将本专利与日本外观设计公报JP1004783（以下简称证据1，见图5－2）进行比较可以看出，两者的汽车各组成部分的形状以及相互之间的比例关系基本相同，整体视觉形状和设计风格基本相同。虽然本专利与证据1产品在外观上存在若干细部差别，例如，本专利前大灯呈近似三角形的不规则四边形，而证据 1 的前大灯呈近似梯形；本专利前保险杠下方的两侧配置有辅助灯，而证据 1 中未见相应配置；本专利与证据 1 的护板都呈倒 U 形，但本专利护板内设有水平隔片，其底部有小护牙，而证据 1 护板内设有数个空格；本专利中间窗玻璃由一边呈直角、另一边线条呈折线状构成不规则梯形，证据 1 中间窗玻璃呈直角梯形；本专利后组合灯从车顶附近一直延伸到后保险杠翘起部，证据 1 后组合灯设于车体上部；从本专利与证据 1 汽车后部线条看，本专利线条略为圆滑；两者后保险杠的形状也略有不同等。但是，本专利与证据 1 的产品在外观上的上述区别均属于局部的差别，根据整体观察、综合判断的原则，上述差别对于汽车的整体视觉形状和风格来说属于较细微的差别，不足以使普通消费者产生明显不同的视觉效果而将两者认定为具有不同款式的产品，而两者的主体部分的相同之处却使普通消费者易于将两者混同。至于本田株式会社强调的"本专利车身较高、重心高，为细长的造型，而证据 1 重心低，属于车身较宽的造型"，从对两者进行整体观察来看，没有产生本田株式会社所述的明显不同的视觉效果，故对本田株式会社的观点不予支持。综上，本专利与证据 1 属于相近似的外观设计，不符合《专利法》（2000 年修订）第 23 条的规定。

本田公司对上述无效决定不服，上诉至北京一中院，北京一中院作出（2006）一中行初字第 779 号行政判决，认为专利复审委员会认定事实清楚，适用法律准确，程序合法，维持专利复审委员会作出的第 8105 号决定。该行政判决书中对于专利与在先设计的相同点和不同点均进行了罗列。相同点为："从整体上观察，两外观设计在汽车各个组成部分的形状、相互之间的比例关系、车身整体形状以及设计风格是大致相同的。"主要差别为："1. 本专利前大灯呈不规则四边形，证据 1 的前大灯呈近似梯形；2. 本专利前保险杠下方的两侧配置有雾灯，证据 1 中相应位置没有该配置；3. 本专利与证据 1 车前部的护板均呈倒 U 形，但本专利护板其内设有水平隔板，其底部有小护牙，证据 1 护板内设有纵向空格；4. 本专利和证据 1 后组合灯均从车顶向下延伸，本专利向下延伸的幅度大，长度大于后车窗的高度，证据 1 后组合灯基本与后车窗的高度相当，此外，两者在格栅、后保险杠、后部车顶轮廓等方面也有较上述差别而言更加细微的不同之处，本田技研工业株式会社在起诉时主张本专利外观设计给人的印象是车身较高、较窄，而且重心高，而证据 1 外观设计则以台阶部为界，其下侧是底座，车身较宽、重心低，给消费者以稳定感的印象则不能从两者视图所反映的汽车外观设计中得到体现。"判决书对于一般消费者如何看待这些相同点和区别点也进行了论述："一般消费者在购买和使用过程中，对汽车的整体进行观察是实际生活中经常出现的情形，故本专利与在先设计的比较应采用整体观察的方式……对汽车整体外观而言，一般消费者更容易对汽车整体的设计风格、轮廓形状、组成部件的相互间比例关系等因素施以更多注意，二者的差别尚不足以使一般消费者对两者整体外观设计产生明显的视觉差异。因此，本专利与证据1属于相近似的外观设计。"

本田公司再次上诉至北京高院。北京高院作出（2007）高行终字第274号行政判决，认为"判断的主体应当是对'汽车'这一类产品有常识性了解的人"，"汽车的整体外形轮廓对一般消费者视觉感受的影响是最为显著的"。并且"汽车车身侧面视图可以反映车身的整体形状，是一般消费者在购买和使用过程中最容易观察到的部位，不应排除在整体观察的范围之外。从车身侧面视图可以看出，本专利与证据1的汽车整体形状、车身高低、车门及车窗的形状等处均相近似。本田株式会社所主张的汽车车身侧面为惯常设计没有事实依据。而汽车的底部、顶部不易被一般消费者观察到，这些部位的差异对整体视觉感受的影响不明显。"对于两者的差别，北京高院认为："一般消费者需要施以特别的关注、反复比对才能区别开来，这样的差别对整体视觉效果不具有显著的影响。所以，在二者整体设计风格、轮廓形状、组成部件的相互间比例关系等相近的情况下，汽车若干个部位的细微差别结合起来也不会产生明显的视觉差异。故本专利与证据1构成相近似的外观设计，本专利应当被宣告无效。"

2008年6月30日，本田公司向最高院申请再审，请求撤销专利复审委员会决定和北京市两级法院的生效判决。

在再审案中，"一般消费者"成为争论的焦点，各方的观点如下。

本田公司认为："本案中，判断外观设计相同或相近似的主体应当是对本案诉争的'运动型多功能汽车'，即对SUV汽车有常识性了解的消费者，即有意愿购买SUV类型汽车的购买者、SUV类型汽车的使用者，而二审判决却将判断主体认定为对汽车这一类产品有常识性了解的人，判断主体认定错误。"

专利复审委员会认为："本案中，一般消费者应当是对'汽车'这类产品有常识性了解的人，其对汽车的外观设计产品之间的形状、图案上的差别具有一定的分辨能力，但仍然不会注意到产品的形状、图案的细小变化。"

双环公司认为："SUV类型汽车是汽车专业人士对这类汽车的称谓，不是一般消费者所能理解和知晓的；国家标准对汽车的分类也只是分为乘用车和商用车两类，二审判决认定的判断主体并无不妥。"

2010年11月26日，最高院作出终审判决，撤销了此前北京市两级法院的行政判决及专利复审委员会决定。对于"一般消费者"的定位，最高院有如下意见：

"基于被比设计产品的一般消费者的知识水平和认知能力，对被比设计与在先设计进行整体观察，综合判断两者的差别对于产品外观设计的视觉效果是否具有显著影响，是《专利审查指南2010》规定的判断外观设计是否相同或者相近似的基本方法。根据《专利审查指南2010》的规定，一般消费者的特点是，对被比设计产品的同类或者相近类产品的外观设计状况具有常识性的了解，对外观设计产品之间在形状、图案以及色彩上的差别具有一定的分辨力，但不会注意到产品的形状、图案以及色彩的微小变化。所谓'常识性的了解'，是指通晓相关产品的外观设计状况而不具备设计的能力，但并非局限于基础性、简单性的了解；所谓'整体'，包括产品可视部分的全部设计特征，而非其中某特定部分；所谓'综合'，是指对能够影响产品外观设计整体视觉效果的所有因素的综合。"这些差别对于本案诉争类型汽车的一般消费者而言是显而易见的，足以使其将本专利图片所示汽车外观设计与证据1所示汽车外观设计的整体视觉效果区别开来。因此，上述差别对于本专利与证据1汽车外观设计的整体视觉效果具有显著的影响，二者不属于相近似的外观设计。"

【案例评析】

一般消费者是一个虚拟的法律主体，在外观设计比对中担任着重要角色，2001年版至2010年版《审查指南》都规定了"他"的特点和能力。

《审查指南2001》规定：

（1）一般消费者具有一般的知识水平和认知能力，能够辨认产品的形状、图案以及色彩，他对被比外观设计产品的同类或者相近类产品的外观设计状况有常识性的了解。（2）一般消费者在购买被比外观设计产品时，仅以被比外观设计产品具有的要素作为辨认是否为同一产品的因素，不会注意和分辨其他产品包含的其他要素，不会注意和分辨产品的大小、材料、功能、技术性能和内部结构等因素。设计的构思方法、设计者的观念以及产品的图案中所使用的题材和文字的含义都不是一般消费者所考虑的因素。（3）判断主体是一般消费者，而不是专家或者专业设计人员，他以一般注意力分辨产品的外观设计，使用时不易见到的部位的外观以及不具有一般美学意义的部位的外观和要素设计不会给其留下视觉印象，他不会注意到产品的形状、图案以及色彩的微小变化。

《专利审查指南2010》规定：

不同种类的产品具有不同的消费者群体，作为某种类外观设计产品的一般消费者应具有以下特点：（1）对涉案专利申请日之前相同种类或者相近种类产品的外观设计及其常用设计手法具有常识性的了解。例如，对于汽车，其一般消费者应当对市场上销售的汽车以及诸如大众媒体中常见的汽车广告中所披露的信息等有所了解。常用的设计手法包括设计的替换、转用以及组合等。（2）对外观设计产品之间在形状、图案以及色彩上的区别具有一定的分辨力，但不会注意到产品的形状、图案以及色彩的微小变化。

这两版《审查指南》对于一般消费者规定的共同之处也是关键之处在于：

第一，一般消费者对同类或者相近类产品的外观设计状况有常识性的了解；

第二，一般消费者不会关注微小变化。

在两版《审查指南》中，都规定了"整体观察、综合判断"的判断原则，而一般消费者的定位实际上还关系到该原则的具体运用。因为不同的一般消费者有不同的常识性了解，对于有些设计内容是否属于微小变化也会有不同的看法，那么在其眼中什么算"整体"以及综合判断时如何权衡相同点和差异的作用，自然也会不同。

一般消费者究竟有哪些常识性了解？什么变化在其眼中算是微小变化而不会关注呢？要想正确回答这两个问题，必须对一般消费者这个虚拟的法律主体进行定位，即确定一般消费者到底是"谁"。一般消费者的不同定位会导致完全相反的结论，双环公司与本田公司的无效宣告请求案鲜明地反映了这一点。

专利复审委员会的决定列举了本专利与证据1产品的若干不同之处，最后将其归结为细微差别，不足以使普通消费者产生不同的视觉效果。虽然决定中未明确说这个普通消费者究竟是谁，但可以看出应当是对所有的车型都有一定常识但对此类车型不具备足够常识的人。

北京一中院也将一般消费者定位于整个汽车领域的一般消费者，关注的是整体设计风格及大的轮廓，而非各个部位的具体设计。

北京高院也认为"判断的主体应当是对'汽车'这一类产品有常识性了解的人"，"汽车的整体外形轮廓对一般消费者视觉感受的影响是最为显著的"。对于两者的差别，北京高院认为："一般消费者需要施以特别的关注、反复比对才能区别开来，这样的差别对整体视觉效果不具有显著的影响。所以，在二者整体设计风格、轮廓形状、组成部件的相互间比例关系等相近的情况下，汽车若干个部位的细微差别结合起来也不会产生明显的视觉差异。"

而最高院虽然没有直接认定一般消费者究竟是谁，但认定"他"的常识性了解不能是基础性、简单性的，并强调要观察可视部分的全部设计特征，综合所有因素进行判断，这已经明确了一般消费者的定位，即绝不是专利复审委员会、北京一中院和北京高院所认定的那个对两者差异不那么关注的人，而是对"运动型多功能汽车"有常识性了解的一般消费者。最高院在判决书中对于本专利和对比设计的差异之处所起作用的论述，则进一步表明了其上述观点："这些差别对于本案诉争类型汽车的一般消费者而言是显而易见的，足以使其将本专利图片所示汽车外观设计与证据1所示汽车外观设计的整体视觉效果区别开来。因此，上述差别对于本专利与证据1汽车外观设计的整体视觉效果具有显著的影响，二者不属于相近似的外观设计。"

可以肯定的是，其中所述"诉争类型汽车"就是"运动型多功能汽车"，对于两外观设计的差异，此类消费者自然会比"汽车"类一般消费者观察得更仔细，那些区别自然也会发挥更大的作用。因此，最高院的判决推翻了前述专利复审委员会决定、北京一中院和北京高院的判决。

综上，一般消费者作为外观设计比对中的判断主体，其不同的定位决定了其关注的内容不同，决定了差异对整体视觉效果是否有显著影响。不仅是不同的产品具有不同的一般消费者，有时同一产品也会有不同的一般消费者之争。本案中该专利产品的判断主体在"汽车"的一般消费者和"运动型多功能汽车"的一般消费者之间摇摆，有些产品的一般消费者则可能摇摆于"安装者"和"使用者"之间。

【典型意义】

这真像一部高潮迭起的大片，总以为看到结尾了，但编剧还设好了埋伏在后边等着。简单地说，都是一般消费者这个主角惹的祸。由于一般消费者的定位不同，导致无效请求案结论大翻盘，进而又使得相关的侵权诉讼案一波三折，本田公司赔偿双环公司损失的判决被撤销，陷入目前的"未完待续"。

以上通过双环公司与本田公司间的无效请求案分析了如何确定某类产品的一般消费者以及其在外观设计比对中的重要作用。本文无意判断哪种定位更为合理，仅想通过此案揭示一般消费者的重要性，引发大家思考，并对未来无效宣告请求案中的当事人提出以下建议：

第一，对于一般消费者的不同定位要有所预见，打有准备的仗。

第二，不能死死抱着自己的"一般消费者"不放。如果对方的一般消费者的定位有可能被采纳，要从其他的方面争取主动。

例如，如果己方主张一般消费者是较为上位产品的一般消费者A，差异对其而言属于细微差异；而对方主张一般消费者是更细分产品的一般消费者B，那些差异对整体视觉效果有显著影响。那么就应当积极搜集证据，表明即使一般消费者是更细分产品的一般消费者B，由于该类产品的设计自由度较大，两者之间的差异对整体视觉效果也不具有显著影响，不足以构成明显区别。

（撰稿人：国家知识产权局专利局　王美芳　联络人：周佳）

案例六 路灯产品外观设计专利一般消费者的认定

——路灯（白玉兰）外观设计专利无效行政纠纷案

专利名称：路灯（白玉兰）

专 利 号：ZL200330120733.1

授权日期：2004 年 7 月 28 日

专利权人：宁波燎原工业股份有限公司

【案例要点】

在界定路灯类产品的一般消费者时，应当注重该类产品的使用状态。路灯的使用者及路灯功能的享用者包括不特定的过往行人，而并非仅仅是指专门从事路灯的制造、销售、购买、安装及维修人员。

【案情介绍】

本案所涉专利系名称为"路灯（白玉兰）"的外观设计专利（以下简称本专利），其申请日为 2003 年 12 月 31 日，授权公告日为 2004 年 7 月 28 日。本专利授权公报有 6 幅视图（见图 6-1），案件发生时本专利专利权人为宁波燎原工业股份有限公司（以下简称燎原公司）。

2007 年 1 月 23 日，陆昌顺以本专利不符合 2000 年修订的《专利法》第 9 条、第 23 条和 2001 年修订的《专利法实施细则》第 13 条的规定为由，请求专利复审委员会宣告本专利无效，并提交了包括第 02340593.7 号中国外观设计专利公报在内的 10 份证据。第 02340593.7 号中国外观设计专利公报公开了一种"琵琶形路灯（5）"产品的外观设计（在先设计，见图 6-2），其申请日为 2002 年 9 月 16 日，授权公告日为 2003 年 4 月 23 日，专利权人为燎原公司。

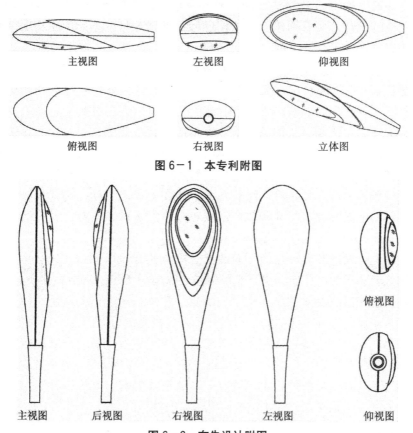

主视图　　　　　　　左视图　　　　　　　仰视图

俯视图　　　　　　　右视图　　　　　　　立体图

图6-1　本专利附图

主视图　　　　后视图　　　　右视图　　　　左视图　　　　俯视图

仰视图

图6-2　在先设计附图

　　2007年8月21日，专利复审委员会针对上述无效宣告请求进行了口头审理，并于2007年12月17日作出第10771号决定。专利复审委员会在第10771号决定中认定：在先设计的公开日在本专利的申请日之前，可以作为判断本专利是否符合《专利法》（2000年修订）第23条的规定的证据。由于本专利与在先设计都用于路灯，两者用途相同，故两者具有可比性。将本专利与在先设计进行对比，从玻璃罩所在正面观察可见，两者均由4个大小不同的椭圆构成，顶端呈圆弧状，尾部有大小变化。两者的不同之处在于：本专利的尾部呈斜口的套状设计，无棒状柄；在先设计的尾部没有此套状设计，有棒状柄。虽然本专利的尾部呈斜口的套状设计形成了两个层面，但两个层面的高差变化极小，由此所形成的外观设计视觉效果也是细微变化，更何况作为路灯产品其一般被安装在较高高度，在使用状态下这种变化的视觉效果更为弱化，因而一般消费者容易忽略上述两个层面的高差变化，也即容易忽略套装设计形成的两个层面。而对于棒状柄，其属于路灯产品安装的必备部件，一般不会引起一般消费者的关注。除此之外，两者其他部分形状相近似，整体上导致一般消费者误认混同,形成相近似的视觉效果。按照整体观察、综合判断的原则,两者整体上属于相近似的外观设计。据此,专利复审委员会决定宣告本专利全部无效。

燎原公司不服第 10771 号决定并依法向北京市第一中级人民法院起诉,请求撤销第 10771 号决定。北京市第一中级人民法院认为,将本专利与对比文件相比,本专利前部呈圆弧状,中部后壳斜包前壳形成有一定高差的两个层面的斜形套,整体流线饱满扩张,整体像含苞欲放的白玉兰;而在先设计顶端呈圆弧状,自中部开始向后迅速收缩变细形成细长棒,尾部带柄,整体像琵琶。对于关注路灯产品、对路灯产品具有一定知识水平和认知能力的上述一般消费者而言,其显然会注意到两者存在的上述不同,尤其是本专利存在高差的两个斜形套,及两者整体形状和风格的不同,会对二者整体视觉效果产生显著的影响,因此本专利与在先设计不相同也不相近似。专利复审委员会没有充分考虑路灯产品的一般消费者应有的知识水平和认知能力,其据此作出二者相近似的认定错误,应予纠正。陆昌顺不服一审判决并提起上诉,请求撤销一审判决并维持第 10771 号决定。陆昌顺的上诉理由是,一审判决对路灯类产品的判断主体的判定有误,行人应当是路灯类产品的一般消费者,本专利与在先设计已经构成相似外观设计,应被宣告无效。专利复审委员会及燎原公司服从原审判决。北京市高级人民法院二审❶认为,原审法院虽然对路灯类产品的判断主体的认定有误,但其认定本专利与在先设计不相同也不相近似的判决结果正确,故判决驳回上诉,维持原判。

【案例评析】

一、外观设计相同和相近似性的判断主体与判断主体标准

在判断外观设计是否相同或近似时,确定恰当的判断主体标准是得出正确判断结论的前提。外观设计相同和相近似性的判断主体与判断主体标准是不同的概念。

外观设计相同和相近似性的判断主体是指外观设计是否相同或近似的判断者。对外观设计是否相同或近似,任何人都可以作出评价,因此任何人都可以作为判断主体。在外观设计专利授权及无效审查中,外观设计是否相同或近似的实际判断主体主要是专利权人、无效请求人及审查员。在外观设计专利授权确权诉讼中,外观设计是否相同或近似的判断主体主要是诉讼参加人,包括专利权人、无效请求人、专利复审委员会参加诉讼的委托代理人及法官。在这些判断主体中,能够对外观设计相同和相近似性作出具有约束力

---

❶ 北京市高级人民法院(2008)高行终字第 684 号。

认定的判断主体是外观设计专利授权及无效审查程序中的审查员及外观设计专利授权确权诉讼中的法官，其他方当事人虽然有权对外观设计相同和相近似性作出判断，但其判断最多只是影响到审查员或法官作出有约束力的判断，其自身的判断并不直接产生法律约束力。

外观设计判断主体标准是指判断主体在判断外观设计相同和相近似性时采用什么样的主体标准。外观设计是产品的外观设计，每种产品涉及的技术领域、应用领域、流通领域并不相同。从我国的专利实践来看，判断主体在判断外观设计的相同和相近似性时通常采用"一般消费者"的主体标准，即任何人在判断外观设计是否相同或近似时，都应当把自己放在该外观设计产品的一般消费者的高度，用一般消费者的眼光和标准判断相关外观设计是否近似。

总之，外观设计相同和相近似性的判断主体是指实际判断相关外观设计是否相同或近似的主体，而外观设计相同和相近似性判断的主体标准则是判断主体在判断相关外观设计是否相同或近似时所采用的主体标准。我国外观设计审查实践中长期将一般消费者视为外观设计相同和相近似性的判断主体，这显然是混淆了判断主体和判断主体标准的概念。

二、关于一般消费者的认定

如何确定外观设计相同和相近似性判断主体标准，一直是有争议的话题，特别是 2008 年修订的《专利法》规定外观设计应具有一定程度的创造性后，许多人呼吁应当用一般设计人员来取代一般消费者的判断主体标准。毫无疑问，从创造性的角度来说引入一般设计人员的判断标准显然是更恰当的。但是，我国外观设计专利实践中长期使用一般消费者的判断主体标准，通过保留一般消费者的概念而改造其内涵以适应当前的外观设计相同和相近似性判断实务也许是一条折中路线。

当前的专利实践中仍然坚持了一般消费者的判断主体标准，但随着我国《专利法》的数次修改，一般消费者的含义也在不断变化，多少已经吸收了相关领域普通设计人员的判断标准。在外观设计相同和相近似性尤其是在涉及外观设计的创造性判断时，认定一般消费者应当具备什么样的能力通常会考虑到外观设计产品的技术领域、使用领域、流通领域等基本情况。例如，要考虑到外观设计产品在发挥其实际功能中可能接触到该产品的相关公众，特别是其中能够注意到该产品外观设计的相关公众。某些产品在实际使用中可能惠及较多民众，但如果这些人中的大多数不会注意到这些产品的外观设计，则这些人可能被排除在一般消费者之外。

三、路灯类外观设计产品一般消费者的认定

在判断外观设计是否相同或相近似时，应当基于被比外观设计产品的一般消费者的知识水平和认知能力进行评价,不同种类的产品有不同的消费群体。本案专利产品是路灯,属于公共服务设施,在界定路灯类产品的一般消费者时,应当注重该类产品的使用状态。路灯是日常生活中随处可见的产品,如果从使用状态来看,路灯可以分为地面路灯、与人体高度接近的路灯和远高于通常人高度的路灯。因此,路灯类外观设计产品相同和相近似性判断的一般消费者既包括不特定的过往行人,也包括专门从事路灯制造、销售、购买、安装及维修行业的人员。

在确定了路灯类外观设计产品的一般消费者后,任何人在判断外观设计是否相同和相近似时,应站在一般消费者的高度,采用一般消费者的眼光和标准判断。以该一般消费者的判断主体标准来看,本专利前部呈圆弧状,中部后壳斜包前壳形成有一定高差的两个层面的斜形套,整体流线饱满扩张,整体像含苞欲放的白玉兰;而在先设计顶端呈圆弧状,自中部开始向后迅速收缩变细形成细长棒,尾部带柄,整体像琵琶。路灯类产品的一般消费者很容易注意到两者存在的上述差别,且这种差别对二者整体视觉效果具有显著影响,因此本专利与在先设计不相同也不相近似。

综上所述,本案在确定了路灯类外观设计产品的一般消费者判断主体标准后,从该一般消费者判断主体标准认定本专利与在先设计是否构成相同或相近似外观设计,其确定的一般消费者的判断主体标准是恰当的。

【典型意义】

作者从原则上详细分析了判断主体与判断主体标准以及一般消费者的认定,明确了本案的焦点,即路灯类产品一般消费者的认定,对此类案件审理过程中产品判断主体的确定具有典型意义。

(撰稿人:北京市高级人民法院知识产权庭 刘晓军 联络人:张跃平 石岩)

案例七　判断主体和功能性设计的认定
——风轮（455－180）外观设计专利无效行政纠纷案

专利名称：风轮（455－180）
专　利　号：ZL200630067850.X
授权日期：2007 年 4 月 11 日
专利权人：广东美的电器股份有限公司

【案例要点】

本案涉及一项"风轮"的外观设计专利，在专利复审委员会无效宣告
审查后，又经过人民法院行政诉讼一、二审判决，最后由最高人民法院作
出再审判决。案件对安放在空调室外机箱中的"风轮"的判断主体、产品
功能性设计以及对体现产品的外观设计创新部分的认定给出了指导性
意见。

【案情介绍】

2009 年 2 月 20 日，珠海格力电器股份有限公司（以下简称格力公司）
向专利复审委员会提出专利权无效宣告请求，涉及的是国家知识产权局于
2007 年 4 月 11 日授权公告的、名称为"风轮（455－180）"的外观设计专
利（以下简称本专利，见图 7－1），其专利号为 ZL200630067850.X，申请
日为 2006 年 8 月 3 日，专利权人为广东美的电器股份有限公司（以下简称
美的公司）。

针对上述"风轮"外观设计专利权，请求人格力公司请求无效宣告的
主要理由是：本专利不符合 2000 年修订的《专利法》第 23 条的规定。并
提交了公告号为 CN3265720、名称为"风扇扇叶"的中国外观设计专利作
为证据（以下简称对比设计，见图 7－2）。

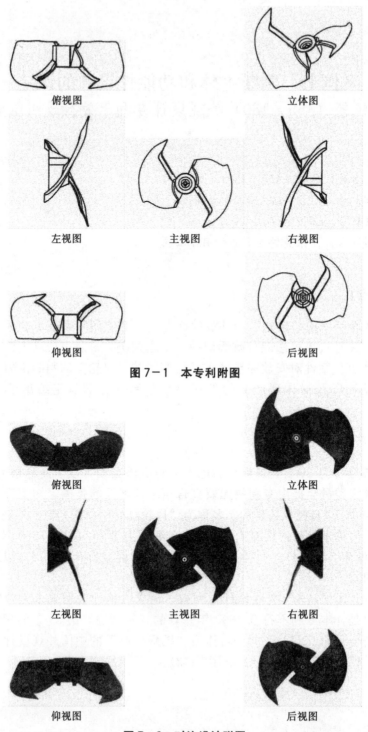

俯视图　　　　　　　　　　立体图

左视图　　　主视图　　　右视图

仰视图　　　　　　　　　　后视图

图 7-1　本专利附图

俯视图　　　　　　　　　　立体图

左视图　　　主视图　　　右视图

仰视图　　　　　　　　　　后视图

图 7-2　对比设计附图

请求人格力公司认为对比设计与本专利形状相近似，虽然本专利与对比设计的形状在细节上有些细微差别，例如对比设计中弧状轮毂壁要比本专利中的弧状轮毂壁略大，对比设计与本专利中扇叶部分后侧略有不同等，但从整体观察可以看出，二者之间的这些细微差别对于产品外观设计的整体视觉效果不具有显著的影响。关于判断主体的认定，请求人认为本专利的一般消费者为购买空调的消费者。

美的公司针对无效宣告理由提交了意见陈述书，认为：本专利与对比设计相比，存在安装方向相反、旋转方向相反、轮毂壁形状不同、叶片的设置距离不相同、叶片的弯曲度不同、轮毂表面形状不同的差异，因此两者既不相同也不相近似。对于判断主体，美的公司认为，本专利的一般消费者应当为技术采购员和维修人员。

2009 年 6 月 16 日，专利复审委员会作出的无效宣告请求审查决定认为：①关于一般消费者。本专利的风轮可以作为一个独立销售的产品，主要用于空调室外机的风扇扇叶，该风轮安装在空调室外机的内部，购买空调的消费者无法看到或者仅能透过室外机网罩看到该风轮的局部，且该风轮的外观对空调的整体外观不产生显著的影响。但对空调厂家的技术采购人员和维修人员来说，风轮是空调室外机制造、运转过程中的重要部件，能够很容易地看到风轮整体和局部的外观设计，因此，对于该风轮外观设计专利，其一般消费者应当是空调厂家的技术采购人员和维修人员。②关于《专利法》（2000 年修订）第 23 条。专利复审委员会认为本专利与对比设计有 4 个不同点，即：轮毂壁的形状不同、本专利后侧与内侧相连接的位置处形状不同、扇叶的旋转方向相反、扇叶靠近安装面一侧的形状不同。本专利和对比设计中虽然轮毂壁形状存在不同，但轮毂壁相对于整个扇叶只占很小的面积，属于局部细微区别，因此，对整体视觉效果不具有显著影响。本专利扇叶的后侧与内侧相连接的部分相较于对比设计截去了一小部分，属于局部细微区别，其对整体视觉效果不具有显著影响。二者的扇叶除了前述两个不同点之外，单个的扇叶轮廓非常相似，只是两个扇叶的旋转方向呈 180°反向。双方当事人在口头审理过程中都承认扇叶的旋转方向与电机的转向相关，因此，扇叶的旋转方向由功能唯一确定，对整体视觉效果不具有显著影响。关于本专利与对比设计左、右视图上的差别，由于扇叶为长度远远大于厚度的大段弧线，突出部分相对于整个扇叶只占很小的比例，上述差别属于局部细微差别，对整体视觉效果不具有显著影响。对于一般消费者而言，二者的整体形状和比例的差别都属于局部的细微差别，均不足以对整体视觉效果带来显著影响，二者构成相近似的外观设计。据此，专利复审委员会作出了第 13585 号决定，宣告本外观设计专利权全部无效。

专利权人美的公司不服专利复审委员会作出的决定，于 2009 年 7 月 13 日向一审法院提起行政诉讼。一审法院作出了如下判决：本专利扇叶旋转方向与对比设计相反的问题，因扇叶部分的旋转方向系功能唯一确定的，对整体视觉效果不具有显著影响。关于美的电器公司在诉讼中主张的 3 点区别，相对整体外观设计所占比例较小，应属于局部细微差别，对整体视觉效果亦无显著影响。判断本专利与对比设计是否近似，应当以空调厂家的技术采购人员和维修人员作为判断主体，其客观上熟知此类产品及其外观设计，具有购买空调的普通消费者所不具有的知识水平和认知能力。专利复审委员会决定认定的 4 点区别中，除旋转方向不同以外，剩余的 3 点区别均分布在该外观设计的中部等主要视觉部分，对上述判断主体而言，其区别足以产生在整体视觉效果上的不同。因此，本专利和对比设计不是相近似的外观设计，第 13585 号决定事实认定有误，应予撤销。

专利复审委员会、请求人格力公司均不服一审判决，向二审法院提起上诉。专利复审委员会认为，应当以空调厂家的技术采购人员和维修人员作为判断主体，其客观上熟知此类产品及外观设计，具有购买空调的普通消费者所不具有的知识水平和认知能力，但一审判决过于夸大了空调厂家的技术采购人员和维修人员的分辨和认知能力，过于关注产品的形状、图案的微小变化。本专利与对比设计的区别均对整体视觉效果不具有显著影响，本专利与对比设计属于相近似的外观设计。

北京市高级人民法院在庭审之后于 2010 年 6 月 17 日作出第 124 号行政判决书认为：本案的争议焦点是本专利与对比设计的产品外观设计是否构成相近似。本案中，各方当事人均认可判断本专利与对比设计的外观设计是否相同或者相近似的判断主体"一般消费者"应该是空调厂家的技术采购人员和维修人员。本专利与对比设计相比存在的 4 点区别中的第三点，即本专利扇叶旋转方向与对比设计相反，因扇叶部分的旋转方向系由功能确定，故对整体视觉效果不具有显著影响。其余 3 点区别系分布于本专利的中部等主要视觉部分。专利复审委员会、格力公司认为一审法院过于夸大空调厂家的技术采购人员和维修人员的分辨和认知能力，本专利与对比设计构成相近似的外观设计的主张不能成立。根据整体观察、综合判断原则，对上述判断主体而言，其区别足以在整体视觉效果上产生不同，一审法院认定本专利和对比设计不是相近似的外观设计正确。故维持原判。

2010 年 9 月 5 日，格力公司向最高人民法院提出再审请求。最高人民法院于 2011 年 11 月 11 日作出（2011）行提字第 1 号行政判决书。

最高人民法院认为：对外观设计进行相近似判断时，应当基于外观设计专利产品的一般消费者的知识水平和认知能力，对外观设计专利与在先设计的整体视觉效果进行整体观察、综合判断。一般消费者是为了使得判断结论更为客观、准确而确立的抽象判断主体，其具有特定的知识水平和认知能力。从知识水平的角度而言，一般消费者对于与外观设计专利产品相同或者相近类别的产品具有常识性的了解，其通晓申请日之前相关产品的外观设计状况，熟悉相关产品上的惯常设计。从认知能力的角度而言，一般消费者对于形状、色彩、图案等设计要素的变化仅具有一般的注意力和分辨力，其关注外观设计的整体视觉效果，不会关注外观设计专利与对比设计之间的局部细微差别。所谓整体观察、综合判断，是指一般消费者从整体上而不是仅依据局部的设计变化，来判断外观设计专利与对比设计的视觉效果是否具有明显区别；在判断时，一般消费者对于外观设计专利与对比设计可视部分的相同点和区别点均会予以关注，并综合考虑各相同点、区别点对整体视觉效果的影响大小和程度。

本专利与对比设计均由位于中央的轮毂以及轮毂两侧呈中心对称分布的两个扇叶组成。将二者的扇叶相比较，均包括圆弧状的外侧和内例、外侧与内侧连接处的凸起、位于前侧的尖角和直线部分，以及位于前侧的类似刀口的加厚增强层等结构。单个扇叶的形状基本相同，两个扇叶的对称分布形态亦基本相同。二者的主要区别是：①扇叶的旋转方向呈180度反向（即一审判决认定的区别点3）；②本专利的扇叶突出于轮毂主体一小部分，并且本专利的扇叶比对比设计中的扇叶厚（即一审判决认定的区别4）。关于上述相同点、区别点对整体视觉效果的影响，首先，由于对称分布的两个扇叶占据了产品的主要视觉部分，更容易被一般消费者所关注，因此，基本相同的扇叶形状以及对称分布形态对整体视觉效果具有显著的影响。其次，扇叶的旋转方向系由风轮的旋转功能所决定，因此，区别3对整体视觉效果不具有显著影响。再次，由于一般消费者施以一般的注意力和分辨力难于观察到二者的扇叶厚度的细微差异，因此，扇叶厚度的区别对整体视觉效果不具有影响；本专利的扇叶虽突出于轮毂主体一小部分，但相对于整个扇叶而言，该突出部分所占比例较小，而且在使用状态下，该突出部分位于风轮安装面一侧，难于被一般消费者观察到，因此，区别4对整体视觉效果亦不具有显著影响。

将本专利与对比设计的轮毂进行比较，二者的轮毂均由一圆台状结构构成，轮毂与扇叶的连接处均有一对呈渐开线方式延伸的圆弧状轮毂壁，轮毂壁的形状均由圆弧和直线结合形成，轮毂与扇叶内侧均由轮毂壁由下至上倾斜连接，连接方式基本相同。二者的主要区别在于，对比设计的轮毂壁延伸得更长，包围的面积更大，轮毂壁圆弧与直线边形成尖角，本专利没有形成尖角（即一审判决认定的区别1、2）。对于位于产品中央的设计变化，应当综合考虑其在产品整体中所占的比例、变化程度的大小等因素，确定其对整体视觉效果的影响。位于中央的设计变化并不必然对整体视觉效果具有显著影响。本专利的轮毂虽位于中央，但相对于扇叶而言，所占面积明显较小，相对于对比设计轮毂的变化亦相对有限，在本专利与对比设计的轮毂及其轮毂壁还具有前述诸多相同点的情况下，上述区别对整体视觉效果不具有显著影响。事实上，本专利的轮毂是在对比设计的较大的轮毂的基础上，舍弃了一部分，使得轮毂壁延伸长度减少，围成的面积减少，形成的夹角发生变化。在进行相近似判断时，如果外观设计专利的改进仅仅体现为在现有设计的基础上省略局部的设计要素，这种改进通常不能体现出外观设计专利所应当具有的创新性，亦不应对整体视觉效果带来显著影响，从这个角度而言，亦应认定本专利轮毂的设计变化对整体视觉效果不具有显著影响。

综上所述，将本专利与对比设计相比较，综合考虑二者的相同点、不同点以及对整体视觉效果的影响，应认定二者的整体视觉效果不具有明显区别，属于相近似的外观设计。一、二审判决未考虑二者的相同点对整体视觉效果带来的显著影响，仅关注于本专利与对比设计的区别点，就区别点1、2、4对整体视觉效果带来的影响的认定亦有不当，以致错误认定本专利与对比设计不相近似，适用法律错误，应予纠正。最高人民法院判决维持专利复审委员会第13585号无效宣告请求审查决定。

【案例评析】

通过本案相近似性的四审判断，可以深刻地体会到：

一、判断主体的认定

判断主体的认定，应考虑外观设计产品的使用对象。本案中的风轮，安装在空调室外机内部的风扇扇叶上，空调的购买者一般情况下无法直接、完整地观察到该产品，因此虽然该产品可以独立销售，专利复审委员会和一、二审法院都将风轮的"一般消费者"认定为"厂家的技术采购人员和维修人员"。但专利复审委员会和一、二审法院对于该判断主体的判断能力的认定不同。一审和二审法院认为风轮产品的判断主体客观上熟知此类产品及其外观设计，由于其属于技术人员，就具有了购买空调的普通消费者所不具有的知识水平和认知能力。因此，对于除扇叶旋转方向的区别点外，该类判断主体能够注意到其余3点分布在本专利的中部等主要视觉部分的区别点，该区别点足以在整体视觉效果上产生不同。而专利复审委员会则认为这样的判决过于夸大了空调厂家的技术采购人员和维修人员的分辨和认知能力，过于关注产品的形状、图案的微小变化。最高人民法院在再审判决书并没有使用"厂家的技术采购人员和维修人员"的概念，而是使用"一般消费者"的概念。即判决书中并没有将"一般消费者"的身份特定化，而是更加客观地分析了风轮产品的一般消费者的能力特点。最高人民法院认为，一般消费者是为了使得判断结论更为客观、准确而确立的抽象判断主体，其具有特定的知识水平和认知能力。从知识水平的角度而言，一般消费者对于与外观设计专利产品相同或者相近类别的产品具有常识性的了解，其通晓申请日之前相关产品的外观设计状况，熟悉相关产品上的惯常设计。从认知能力的角度而言，一般消费者对于形状、色彩、图案等设计要素的变化仅具有一般的注意力和分辨力，其会关注外观设计的整体视觉效果，不会关注外观设计专利与对比设计之间的局部细微差别。

判决中还强调，一般消费者对于外观设计专利与对比设计可视部分的相同点和区别点均会予以关注，并综合考虑各相同点、区别点对整体视觉效果的影响大小和程度。也就是说，"一般消费者"由于通晓产品的现有外观设计状况，因此其能够分辨出对比设计之间的相同点和不同点，但并不是注意到了不同点，就意味着两者必然不相近似，而是会对相同点和不同点对整体视觉效果的影响，作出综合的考量和判断。因此，"一般消费者"虽然是假设的群体、虚拟的判断主体，但对其认识，应有一个从抽象到具象再到抽象的过程，就能够对其认知能力有一个较为客观的提炼，而不易陷入僵化于某一特定主体认知能力的误区。过分强调某一具体身份的知识水平和认知能力，就容易在相近似判断中令其对相同点和不同点的关注度产生偏重。一审和二审法院认为以厂家的技术采购人员和维修人员的认知能力，能够注意到两项外观设计在轮毂壁、后侧与内侧相连接的位置处、扇叶靠近安装面一侧的微小差别，而最高人民法院则认为根据一般消费者的认知能力，上述区别不足以对整体视觉效果产生显著影响。

采用上述判断标准是由于目前的审查标准中"一般消费者"还兼具了普通设计者的一部分认知能力，为了在外观设计的比较判断中令标准更加明晰，笔者希望能够将判断主体分为①一般消费者和②普通设计者。其中①规定为衡量外观设计是否具有新颖性即与现有设计是否相同、实质相同的主体，采用"一般消费者"为主体的标准。②规定为判断外观设计是否具有"明显区别"中的常用设计手法有关转用、拼合、替换的"创造性"的主体，采用"普通设计者"的标准。在做上述①、②判断时，应注意到消费者、设计者和公众三者的利益，这样才能建立一个有规范效力的、摸得着、看得见的与实际拉得近的审查、审判判断标准。

二、功能性设计的判断

整体观察、综合判断通常还涉及产品设计空间的大小、材料外表色彩对视觉的影响、惯常设计、功能部件等。值得注意的是，当最影响人们视觉的要素部位同时又是产品功能部件时，如何把握判断的标准与原则。《审查指南

2001》第四部分第五章中规定，"在外观设计相同相近似的判断中对于产品的大小、材料、功能等因素是不予考虑的。"当前使用的《专利审查指南2010》第四部分第五章则规定，由产品的功能唯一限定的特定形状对整体视觉效果通常不具有显著的影响。因此，最高人民法院在本案的判决中认为：扇叶的旋转方向系由风轮的旋转功能所决定，该区别对整体视觉效果不具有显著影响。

另外，美的公司在庭审中强调区别点1、2、4能够显著提高风轮的工作效率，一般消费者对于所述区别更加敏感，所以上述区别点会对整体视觉效果产生显著影响。对此，最高人民法院指出：与本领域普通技术人员总是从技术角度考虑问题不同，一般消费者在进行相近似判断时，其主要关注于外观设计的视觉效果的变化，而不是功能或者技术效果的变化。一般消费者也不会基于设计要素变化所伴随的技术效果的改变，而对该设计要素变化施以额外的视觉关注。因此，美的公司单纯的美感讨论没有实际意义，对其主张不予支持。也就是说，即使由于区别点1、2、4的设计变化使得风轮产品的工作效率发生了明显改变，但在外观设计的比较判断中，不因其功能的变化而影响视觉判断的关注度。

应该说，任何一个工业产品都是要满足人们的生活需要，其必然具备某种功能，因此产品和功能是分不开的。所以设计者在设计一项产品时一般要兼顾经济、美观、实用的要素。外观设计本身就是表现各式各样产品的造型、图案以及色彩，要求富有美感，由此而言，上述3种要素都需要用人的视觉来观察、辨认、观赏，而其中所反映的功能技术内容在判断相近似性时并不是外观设计保护的客体。在工业现代化的今天有很多产品体现的是"功能的美"，也就是说产品部分形状既展示外观，同时又是功能形状，二者融为一体。从功能形状来看在外观设计上是不易变化的，甚至是不能变化的，这就是我们所说的由功能唯一限定的。在相近似性的分析比较判断中，一定要把握好什么是属于"功能性形状"，检索一下"风轮"的外观设计，就能知道扇叶是有多种变化的，扇叶的形状虽具有功能，但并不是功能唯一限定的，而扇叶的旋转方向则是由风轮的旋转功能所决定的。因此，要考虑扇叶形状的相似性对整体视觉效果的影响，而弱化考虑扇叶旋转方向的不同。

应该说，随着《专利法》的第三次修改，外观设计专利的授权标准进一步提高，这是为了适应社会的发展与创新的进步。我们需要在高产量的同时提高产品外观设计的整体水平，创出精品，坚决反对仿冒行为并且要摒弃简单修改、拼凑的带有仿冒倾向的设计和使用多年的陈旧设计形式，要能设计出具有独创性、具有竞争力的产品外观设计，而不是在已有设计的基础上去一点或加一点，否则从外观设计授权的角度去看，这样的设计既没有新颖性也不会有创造性。随着中国社会的发展和知识产权事业的大力推进，我们更需要外观设计在满足高申请量的同时，提高创新设计的能力和设计的水准，让更多具有中国元素的创新设计作品满足国内外消费者的需求，从而进一步提高中国产品在世界上的竞争实力。

【典型意义】

上述"风轮"外观设计无效宣告案例带给我们以下启示：要根据《专利审查指南》的判断原则，认真结合每一个案件去思考，掌握外观设计相近似性判断的每一个环节，"整体观察"就是要从判断对象的全部形状去分析考虑近似与非近似，要观察全部形状或三大要素中各自所占的比例。落实在视觉感受上，究竟相同、相近似的部位多还是差异多，这些都需要站在"一般消费者"的立场上去观察判断，决不能偏离这个虚拟、假设的群体所富有的知识水平和认知能力。此外，作为判断者应当具有外观设计最基本的专业知识，能够辨别出主要的创新部分、功能性设计等对视觉效果的影响程度。

（撰稿人：北京硕铭知识产权代理有限公司　赵嘉祥　联络人：周佳　张威）

案例八　符合国家标准的功能性设计对外观设计相近似性判断的影响

——插座（接地故障断路器GFCI）外观设计专利无效行政纠纷案

专利名称：插座（接地故障断路器GFCI）

专　利　号：ZL02351583.X

授权日期：2003年5月14日

专利权人：通领科技集团有限公司

【案例要点】

在判断外观设计相近似时，应当根据"整体观察、综合判断"原则，确定涉案专利与对比设计的相同点、区别点及其对整体视觉效果的影响大小和程度，并予以综合考虑。在判断外观设计是否相近似时，应当着眼于比较整体视觉效果的异同。对于那些客观上不存在视觉效果的创新空间，完全是为了实现产品的特定功能，而不是对外观设计产品的整体视觉效果进行改进的设计，应认定为功能性设计。其对外观设计产品的整体视觉效果不具有影响。

【案情简介】

本案涉及专利号为ZL02351583.X、名称为"插座（接地故障断路器GFCI）"的外观设计专利。其申请日为2002年10月30日，授权公告日为2003年5月14日，专利权人为通领科技集团有限公司（以下简称通领公司）。涉案专利共包括8幅视图（见图8-1）。

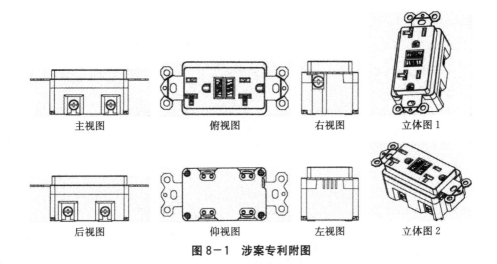

主视图　　　　俯视图　　　　右视图　　　　立体图 1

后视图　　　　仰视图　　　　左视图　　　　立体图 2

图 8—1　涉案专利附图

2006 年 8 月 10 日，立维腾公司针对涉案专利向专利复审委员会提出无效宣告请求，理由是涉案专利不符合 2000 年修订的《专利法》第 23 条的规定，并提交了 15 份证据。其中附件 1 为公证认证材料及其中文译文复印件。附件 2～11 为附件 1 所公证认证的文件；附件 2 为 5510760 号美国专利（见图 8—2）；附件 3 为 4595894 号美国专利（见图 8—3）；附件 4 为 6309248 号美国专利（见图 8—4）；附件 5 为 6437700 号美国专利（见图 8—5）；附件 6 为 2002/0135958 号美国专利申请文件（见图 8—6）；附件 13 为 413862 号美国外观设计专利（见图 8—7）；附件 14 为 419531 号美国外观设计专利（见图 8—8）。2006 年 12 月 20 日，专利复审委员会作出第 9268 号无效宣告请求审查决定（以下简称第 9268 号决定）。决定认为涉案专利和所述对比设计均为插座的外观设计，用途相同，属于相同类别的产品。对于本案涉及的插座类产品而言，其插座面板部位和固定板部位是在实际使用过程中容易看到的部位。因此，插座面板部位和固定板部位对其整体视觉效果更具有显著影响。经分别对比，专利复审委员会认为涉案专利与所述对比设计不属于相同或相近似的外观设计。遂维持涉案专利权有效。

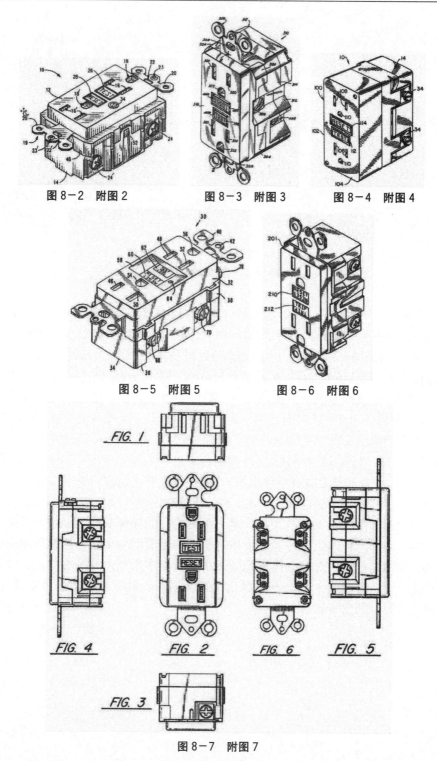

图 8-2　附图 2　　　　图 8-3　附图 3　　　　图 8-4　附图 4

图 8-5　附图 5　　　　图 8-6　附图 6

图 8-7　附图 7

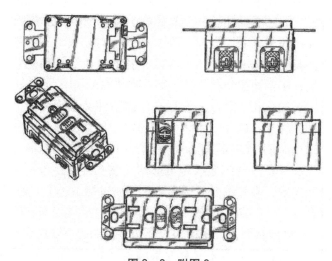

图8-8 附图8

立维腾公司不服第9268号决定，向北京市第一中级人民法院（以下简称一审法院）提起行政诉讼。

一审法院认为：将涉案专利与附件2相比较，二者的面板插孔均呈"品"字形排列。区别在于，涉案专利"品"字形排列的插孔中，有一个"T"形插孔，一个"一"形插孔和一个拱门形插孔；而附件2是由两个"一"形插孔和一个拱门形插孔组成。此外，附件2的固定板外端为有间隔的多边形的三头片，内含圆形或跑道形的安装孔，而涉案专利固定板外端为相连的多边形和山包形的三头片，内含圆形或跑道形的安装孔，主要差别在于涉案专利的固定板外端相连的三头片不仅包括多边形，还包括山包形。涉案专利仅仅在"一"形插孔的基础上，增加了一个与之垂直的插孔设计，即呈"T"形，并且这种改变也仅仅是对3个插孔中的一个所做的改变。对固定板而言，采用山包形与多边形的差别仅仅在于多边形的棱角数多于山包形。因此，从整体视觉效果的角度分析，这两点区别并不足以引起一般消费者的注意。附件2与涉案专利容易引起一般消费者的混淆和误认，属于相近似的外观设计。

将涉案专利与附件3、5、6、13、14分别比较，主要区别与涉案专利与附件1的区别基本一致。基于前述理由，涉案专利与附件3、5、6、13、14属于相近似的外观设计。专利复审委员会关于二者属于不相同且不相近似的外观设计的认定，缺乏事实和法律依据。

一审法院撤销被诉决定。

通领公司不服该一审判决，向北京市高级人民法院（以下简称二审法院）提起上诉。

　　二审法院认为：涉案专利与附件2主体的基本形状均为近似长方体，主体其他面有螺钉、肋条等设计。由于消费者在购买和使用插座产品的过程中，主要观察到的是插座的面板，因此，面板的设计对一般消费者的视觉有着重要的影响。将涉案专利与附件2相比较，二者的面板插孔均呈"品"字形排列。二者的区别在于，涉案专利"品"字形排列的插孔中，有一个"T"形插孔，一个"一"形插孔和一个拱门形插孔，而附件2是由两个"一"形插孔和一个拱门形插孔组成。此外，附件2的固定板外端为有间隔的多边形的三头片，内含圆形或跑道形的安装孔；而涉案专利的固定板外端为相连的多边形和山包形的三头片，内含圆形或跑道形的安装孔。主要差别在于涉案专利的固定板外端相连的三头片不仅包括多边形，还包括山包形。根据以上分析，涉案专利仅仅在"一"形插孔的基础上，增加了一个与之垂直的插孔设计，即呈"T"形。对固定板而言，采用山包形与多边形的差别仅在于多边形的棱角数多于山包形。因此，从整体视觉效果的角度分析，这两点区别并不足以引起一般消费者的注意，附件2与涉案专利容易引起一般消费者的混淆和误认，一审法院关于二者属于相近似的外观设计的认定，以及涉案专利与附件3、5、6、13、14属于相近似的外观设计的认定正确。据此二审法院判决：驳回上诉，维持原判。

　　通领公司不服该二审判决，向最高人民法院（以下简称最高院）申请再审。最高院认为：在判断外观设计相近似时，应当根据"整体观察、综合判断"原则，确定涉案专利与对比设计的相同点、区别点及其对整体视觉效果的影响大小和程度，并予以综合考虑。将涉案专利与附件2相比，二者的相同点如下：均包括主体、面板、固定板。二者的面板均为长方形，并与主体垂直形成台阶状结构，中部设有两个按钮，两端分别设有一组"品"字形插孔。二者的主体均为长方体，侧面设有螺钉、肋条等结构。二者的固定板均包括中间的主体部分以及两侧的耳状部分；主体部分中部设置有一个跑道形安装孔，端部设置有一个圆形安装孔；耳状部分均为多边形结构，中心设置有一个圆形安装孔。二者的主要区别在于：①涉案专利的两组"品"字形插孔中，分别包括一个"T"形插孔、一个"一"形插孔以及一个拱门形插孔。附件2则包括两个"一"形插孔和一个拱门形插孔（以下简称区别1）。②涉案专利的固定板主体部分的端部相对较大，为山包形结构，较为圆滑；固定板中部跑道形安装孔与圆形安装孔之间还设置有直线条。附件2的固定板主体部分的端部相对较小，呈多边形结构（以下简称区别2）。

　　关于上述区别1和区别2对于整体视觉效果是否具有显著影响：

　　首先，在判断外观设计相近似时，应当着眼于比较整体视觉效果的异同。对于那些客观上不存在视觉效果的创新空间，完全是为了实现产品的特定功能，而不是对外观设计产品的整体视觉效果进行改进的设计，应认定为功能性设计。其对外观设计产品的整体视觉效果不具有影响。根据最高院查明的事实，"插座（接地故障断路器 GFCI）"面板上设置的"品"字形插孔，系用于容纳其他电器设备的插头，与之相互配合使用。无论是附件 2 中的"一"形插孔，还是涉案专利产品中的"T"形插孔，都是根据产品使用地通行的规范或者标准加以确定，以满足产品的标准化和兼容性，确保产品的紧密配合，方能安全使用。二者的区别，实质上是源于与其配合的插头形状有所不同。对于面板上的插孔形状，设计者或者制造商必然会依照通行的标准或者规范进行设计，其中并不存在进行视觉效果变化或者改进的空间，否则必然会影响此类产品与其他电器设备的兼容使用。因此，涉案专利中的"T"形插孔属于功能性设计，区别 1 对整体视觉效果不具有影响。通领公司有关"T"形插孔不是由插座功能唯一限定的特定形状，体现了通领公司的创造，对整体视觉效果具有显著影响的主张，最高院不予支持。

其次，二者固定板的整体形状乃至布局十分接近，其差异属于局部的设计变化。在二者整体上具有诸多相同点，并且这些相同点占据了产品的绝大部分，在对整体视觉效果具有显著影响的情况下，应认定区别 2 对整体视觉效果不具有显著影响。

再次，从涉案专利产品的六面视图观察，涉案专利产品系对称设计的产品。在附件 2 已经公开了产品的两个侧面视图的情况下，一般消费者能够依据常识，合理地推知其他两个侧面的设计。在涉案专利产品的使用过程中，一般消费者难以观察到产品的底面，因此，虽然附件 2 未公开产品的底面，亦对整体视觉效果不具有显著影响。对于通领公司有关附件 2 未能完整地公开产品的外观形状，二审判决主观推断其外观设计，缺乏事实和法律依据的主张，最高院不予支持。

综上所述，区别 1 和区别 2 均不能对产品的整体视觉效果产生显著影响，二者属于相近似的外观设计。关于附件 6，其与涉案专利的相同点以及区别点，与上文有关附件 2 的描述基本一致。而且相较于附件 2 而言，附件 6 中固定板的形状与涉案专利的固定板更为接近。因此，第 9268 号决定认定涉案专利与附件 2、附件 6 不相近似，缺乏事实和法律依据，应予纠正。一、二审判决认定二者属于相近似的外观设计正确。

最高院驳回通领公司再审申请，维持二审判决。

【案例评析】

本案争议焦点在于涉案专利与附件 2、3、4、5、6、13、14 是否属于相近似的外观设计，具体涉及"整体观察、综合判断"原则与功能性设计特征的认定。

一、"整体观察、综合判断"原则

在判断外观设计相近似时，应当根据"整体观察、综合判断"原则，确定涉案专利与对比设计的相同点、区别点及其对整体视觉效果的影响大小和程度，并予以综合考虑。"整体观察、综合判断"强调以外观设计的整体视觉效果的实质性差异作为认定相近似的基础，更加符合《专利法》中有关外观设计专利权的保护范围应当以图片或照片为准的立法精神。

在进行整体观察、综合判断时，由于当事人对外观设计与在先设计的相同点通常没有争议，故争议焦点往往集中于外观设计与在先设计的区别点，以及区别点对整体视觉效果的影响程度上。《审查指南2006》中亦规定："如果一般消费者经过对被比设计与在先设计的整体观察可以看出，二者的差别对于产品外观设计的整体视觉效果不具有显著的影响，则被比设计与在先设计相近似；否则，两者既不相同，也不相近似。"但是，这并不意味着在相近似判断时不再考察外观设计与在先设计的相同点。事实上，区别点对整体视觉效果的影响是相对的，外观设计与在先设计的相同点越多越显著，则区别点对整体视觉效果的影响可能就越有限。相同点越少越不显著，则区别点对整体视觉效果的影响程度可能就越明显。因此，正确认定区别点对整体视觉效果的影响的前提，在于正确认定相同点对整体视觉效果的影响。

判断外观设计专利与现有技术是否相近似时，应当综合考虑上述相同点和区别点对整体视觉效果的影响。由于区别1属于功能性设计特征，区别2属于局部细微差别，均对整体视觉效果不具有显著影响，故涉案专利与现有设计相近似。

二、关于功能性设计特征及其对整体视觉效果的影响

2001年修订的《专利法实施细则》第2条第4款规定："外观设计，是指对产品的形状、图案或者其结合以及色彩与形状、图案的结合所作出的富有美感并适于工业应用的新设计。"❶ 上述规定系有关外观设计的定义条款，其中所称的"富有美感"，并非通常意义上具体个人有关产品外观设计美与丑的主观评价。"富有美感"的主要作用在于判断是否属于外观设计专利权的保护客体，应当关注的是产品外观给人的视觉感受，而不是该产品的功能特性或者技术效果，这是外观设计专利与发明和实用新型专利之间的本质区别。❷

对于外观设计专利而言，我国虽未采取单独立法模式，而是在《专利法》

---

❶ 2008年修改《专利法》后，上述规定体现于修正后的《专利法》第2条第4款。

❷ 国家知识产权局条法司.《专利法》第三次修改导读［M］. 北京：知识产权出版社，2009：32.

中对发明、实用新型以及外观设计 3 种专利一并予以规范。但从《专利法》的相关规定来看，外观设计专利与其他两种专利的立法目的仍然存在实质性的差异，授权实质性要件以及侵权判断标准亦存在实质性的差异。授予外观设计专利权的根本目的，在于通过专利权的排他性保护，激励创新主体对产品的视觉效果进行改进，对产品的外观作出富有"美感"的新设计。以保护产品的外观设计为名，行垄断产品的功能之实，无疑有悖于外观设计专利的立法目的，混淆了外观设计专利与发明、实用新型专利所具有的不同价值追求和政策目标。

"美感"与"装饰性"的含义并无实质性的差异。从世界各国关于保护外观设计的法律来看，采用这两种表述方式的国家都有。❶ 例如美国《专利法》第 171 条即规定："任何人就一项工业产品发明了新的、原创的并且装饰性的设计，可以获得专利权。"❷ 对此问题，美国专利审查指南 1502.01 "外观设计专利与发明专利的区别"中即规定："总体而言，发明专利保护产品的使用或者工作方式（35 U. S. C. 101），而外观设计专利保护产品的视觉效果（35 U. S. C. 171）。产品的装饰性外观包括其形状/构造和/或其表面装饰。如果对产品的效用（Utility）和装饰性外观均作出发明，则可以同时获得发明专利与外观设计专利。"❸

"美感"或者"装饰性"是相对于产品的功能或者"功能性"而言的。任何产品的外观设计通常都需要考虑两个基本要素：功能因素和美学因素。❹ 一项产品的外观设计要获得外观设计专利权的保护，其必须具备专利法意义上的美感，即在实现产品的特定功能的基础上，对产品的视觉效果作出改进，体现出装饰性的特点，使得产品能够体现出功能和美感的有机结合。关于"美感"的具体要求，主要体现在以下 3 个方面：

首先，仅仅具有功能性而不具有美感的产品设计，完全可以通过申请发明或者实用新型专利权予以保护，而不应当通过外观设计专利权予以保护。

---

❶ 尹新天. 中国专利法详解 [M]. 北京：知识产权出版社，2011：29.

❷ 35 U. S. C. 171. Patents for designs：Whoever invents any new, original and ornamental design for an article of manufacture may obtain a patent, therefor, subject to the conditions and requirements of this title.

❸ In general terms, a "utility patent" protects the way an article is used and works (35 U. S. C. 101), while a "design patent" protects the way an article looks (35 U. S. C. 171). The ornamental appearance for an article includes its shape/configuration or surface ornamentation ＊＞applied to＜ the article, or both. Both design and utility patents may be obtained on an article if invention resides both in its utility and ornamental appearance.

❹ 参见最高人民法院（2012）行提字第 14 号国家知识产权局与张迪军、鑫隆公司外观设计专利权无效行政纠纷案判决。

将出于功能需要的设计排除在外观设计的保护之外，是各国立法的通例。❶ 例如，美国专利审查指南 1504.01（c）即规定："一项设计必须是'基本上装饰性的'，才具有可专利性。在确定一项设计基本上是功能性的还是装饰性的时候，应基于整体观察。在确定一项设计是否由产品的功能目的所决定时，最终的问题并不在于每一个单独特征的功能性或者装饰性，而是该产品的整体视觉。"❷ 在 Norco 案中，法院指出基本上是功能性的发明不应当被授予外观设计专利权。❸ 欧盟 COUNCIL REGULATION（EC）No 6/2002 第 8 条第 1 款则规定："产品的外观特征仅仅是由其技术功能所决定的，不能给予外观设计保护。"❹ 在相对极端的"联合收割机"外观设计案中，负责外观设计无效审查的欧盟 OHIM❺ 异议部指出，第 8 条第 1 款禁止对那些完全为了实现产品功能而设计的特征予以外观设计保护。❻ 涉案外观设计的每一个必需的特征，都是为了实现最好的技术性能而选择的，因此，这些特征是由产品的技术功能决定的。该案最终以 COUNCIL REGULATION（EC）No 6/2002 第 8 条第 1 款为依据宣告该外观设计无效。❼

其次，在进行整体观察、综合判断时，对于外观设计中由功能决定的设计特征，应认定其对整体视觉效果不具有实质性影响。所谓功能决定的设计特征，也称为功能性设计特征，是指由产品所要实现的特定功能所决定而并不考虑美学因素的设计特征。是否存在可选择性以及选择范围的大小，可以作为认定功能性特征的重要事实依据。如果某种设计特征是由某种特定功能所决定的唯一设计，则该种设计特征不存在考虑美学因素的空间，显然属于

---

❶ 孔祥俊. WTO 知识产权协定及其国内适用［M］. 北京：法律出版社，2002：222.

❷ To be patentable, a design must be "primarily ornamental". In determining whether a design is primarily functional or primarily ornamental the claimed design is viewed in its entirety, for the ultimate question is not the functional or decorative aspect of each separate feature, but the overall appearance of the article, in determining whether the claimed design is dictated by the utilitarian purpose of the article.

❸ Products, Inc. v. Mecca Development, Inc., 617 F. Supp. 1079, 1080, 227 USPQ 724, 725 (D. Conn. 1985).

❹ A Community design shall not subsist in features of appearance of a product which are solely dictated by its technical function.

❺ 全称为 OFFICE FOR HARMONIZATION IN THE INTERNAL MARKET。

❻ Article 8 (1) CDR denies protection to those features of a product's appearance that were chosen exclusively for the purpose of designing a product that performs its function.

❼ Every essential feature of the design has been chosen with a view toachieving the best possible technical performance. Those features were therefore solely dictated by the product's technical function.

功能性设计特征。如果某种设计特征是实现特定功能的有限的设计方式之一，则这一事实是证明该设计特征属于功能性特征的有力证据。不过，即使某种设计特征仅仅是实现某种特定功能的多种设计方式之一，只要该设计特征仅仅由所要实现的特定功能决定而与美学因素无关，仍可认定其属于功能性设计特征。如果把功能性设计特征仅仅理解为实现某种功能的唯一设计，则会过分限制功能性设计特征的范围，把具有两种或者两种以上替代设计的设计特征排除在外，进而使得外观设计申请人可以通过对有限的替代设计分别申请外观设计专利的方式实现对特定功能的垄断，不符合外观设计专利保护具有美感的创新性设计方案的立法目的。❶ 在整体观察、综合判断时排除功能性设计特征对整体视觉效果的影响，其原因在于如果此时仍然考虑功能性设计特征的视觉效果，会产生仅仅基于功能性设计特征而授予或者维持专利权的情形，进而导致以外观设计为形式，实质上保护其中的功能性设计特征和产品功能。而这显然与外观设计专利应富有"美感"的要求相悖。

最后，一般消费者并非发明、实用新型专利中的本领域普通技术人员。与本领域普通技术人员通常从功能、效果等技术角度进行观察所不同，在进行外观设计相近似判断时，一般消费者主要关注于外观设计的视觉效果变化，而不是产品功能或者技术效果的变化。

本案中，"插座（接地故障断路器 GFCI）"面板上设置的"品"字形插孔，系用于容纳其他电器设备的插头，与之相互配合使用。无论是附件 2 中的"一"形插孔，还是涉案专利产品中的"T"形插孔，都是根据产品使用地通行的规范或者标准加以确定，以满足产品的标准化和兼容性，确保产品的紧密配合，方能安全使用。二者的区别，实质上是源于与其配合的插头形状有所不同。对于面板上的插孔形状，设计者或者制造商必然会依照通行的标准或者规范进行设计，其中并不存在进行视觉效果变化或者改进的空间，否则必然会影响此类产品与其他电器设备的兼容使用。因此，涉案专利中的"T"形插孔属于功能性设计，区别 1 对整体视觉效果不具有影响。

【典型意义】

本案详细解析了法院在外观设计相同或相近似判断案件中对功能性设计特征的认定以及功能性设计特征在判断中对整体视觉效果的影响，对此类案件的判定具有典型意义。

（撰稿人：最高人民法院　杜微科　联络人：张跃平　石岩）

---

❶ 参见最高人民法院（2012）行提字第 14 号国家知识产权局与张迪军、鑫隆公司外观设计专利权无效行政纠纷案判决。

案例九 功能性设计特征的区分标准及 对外观设计整体视觉效果的影响

——逻辑编程开关（SR14）外观设计 专利权无效行政纠纷案

专利名称：*逻辑编程开关（SR14）*

专 利 号：*ZL200630128900.0*

授权日期：*2007 年 6 月 6 日*

专利权人：*张迪军*

【案例要点】

功能性设计特征是指那些在该外观设计产品的一般消费者看来，由所要实现的特定功能唯一决定而并不考虑美学因素的设计特征；功能性设计特征与该设计特征的可选择性存在一定的关联性，但是功能性设计特征的判断标准并不在于该设计特征是否因功能或技术条件的限制而不具有可选择性，而在于一般消费者看来该设计特征是否仅仅由所要实现的特定功能所决定，从而不需要考虑该设计特征是否具有美感；功能性设计特征对于外观设计的整体视觉效果通常不具有显著影响。

【案情简介】

本专利授权公告的 6 幅视图包括：主视图、左视图、右视图、俯视图、仰视图和后视图，其上部基本形状为上细下粗的近似阶梯状圆柱体，细柱上部一侧剖切；下部为近似扁方柱体，两对侧各有两只卡脚，另两对侧中一侧有 5 只引脚，一侧无引脚（见图 9—1）。2009 年 5 月 31 日，鑫隆公司以本专利不符合 2000 年修订的《专利法》第 23 条的规定为由，向专利复审委员会提出无效宣告请求，并提交了 9 份证据。其中证据 7 公开了一款旋转式开关的外观设计，即在先设计，其上部基本形状为上细下粗的近似阶梯状圆柱体，细柱上部一侧剖切，粗柱一侧有矩形凹槽；下部为近似扁方柱体，两对侧各有两只卡脚，另两对侧分别有 3 只引脚和两只引脚（见图 9—2）。专利复审委员会经审查认为：本专利与在先设计均为开关的外观设计，用途相同，属于相同类别的产品，具有可比性。二者的主要不同点为：在先设计上部的粗柱多了矩形凹槽设计，且二者下部的引脚位置不同。由于本专利较在先设计简化的凹槽设计相对于整体形状而言仅属于局部的细微变化，且二者引脚位置的差别属于由连接功能所限定的局部位置变化，均对二者的整体外观设计不具有显著影响。同时，二者其他更为细微的差别也明显不足以对整体视觉效果产生显著的影响。两者属于相近似的外观设计，本专利不符合《专利法》（2000 年修订）第 23 条的规定。2009 年 9 月 15 日，专利复审委员会作出第13912 号决定，宣告本专利全部无效。

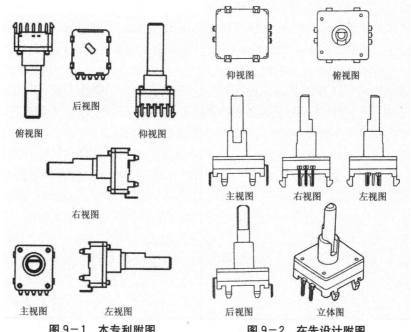

图 9-1　本专利附图　　　　图 9-2　在先设计附图

　　张迪军不服，提起行政诉讼。北京市第一中级人民法院一审认为，本案专利与在先设计的相关消费者应为电器产品专业生产和采购人员。本案专利与在先设计相比较，在先设计的上部粗柱有矩形凹槽，本案专利没有（区别特征一）；两者下部的引脚位置不同，本案专利 5 只引脚均在底座的一个侧面上，在先设计只有 3 只引脚设置在底座的一个侧面上，另外两只引脚设置在底座的另一个相对的侧面上（区别特征二）。本领域的相关消费者在选择此类产品时，会施以较大注意力关注该产品的上述部位。因此，上述部位的差别对整体视觉效果产生了显著的影响，不会造成对两者的混淆误认。据此判决撤销第 13912 号决定。

　　专利复审委员会与鑫隆公司均不服，提出上诉。北京市高级人民法院以与一审法院基本相同的理由判决驳回上诉，维持原判。专利复审委员会不服，向最高人民法院申请再审。最高人民法院经审查决定提审本案，并提审判决撤销原一、二审判决，维持第 13912 号决定。最高人民法院在提审判决中认为：❶

（一）关于技术性设计特征和装饰性设计特征是否可区分及其区分标准和作用

首先，关于功能性设计特征与装饰性设计特征的区分。任何产品的外观设计通常都需要考虑两个基本要素：功能因素和美学因素，即产品必须首先要实现其功能，其次还要在视觉上具有美感。可以说，大多数产品设计都是功能性和装饰性的结合。就某一外观设计产品的具体某一设计特征而言，同样需要考虑功能性和美感的双重需求，是技术性与装饰性妥协和平衡的产物。因此，产品的设计特征的功能性或者装饰性通常是相对而言的，绝对地区分功能性设计特征和装饰性设计特征在大多数情况下是不现实的。只有在特殊的情形下，某种产品的某项设计特征才可能完全由装饰性或者功能性所决定。因此，至少存在 3 种不同类型的设计特征：功能性设计特征、装饰性设计特征以及功能性与装饰性兼具的设计特征。其次，关于功能性设计特征的区分标准。功能性设计特征是指那些在该外观设计产品的一般消费者看来，由所要实现的特定功能所唯一决定而并不考虑美学因素的设计特征。功能性设计特征与该设计特征的可选择性存在一定的关联性。如果某种设计特征是由某种特定功能所决定的唯一设计，则该种设计特征不存在考虑美学因素的空间，显然属于功能性设计特征。如果某种设计特征是实现特定功能的有限的设计方式之一，则这一事实是证明该设计特征属于功能性特征的有力证据。不过，即使某种设计特征仅仅是实现某种特定功能的多种设计方式之一，只要该设计特征仅仅由所要实现的特定功能所决定而与美学因素的考虑无关，仍可认定其属于功能性设计特征。如果把功能性设计特征仅仅理解为实现某种功能的唯一设计，则会过分限制功能性设计特征的范围，把具有两种或者两种以上替代设计的设计特征排除在外，进而使得外观设计申请人可以通过对有限的替代设计分别申请外观设计专利的方式实现对特定功能的垄断，不符合外观设计专利保护具有美感的创新性设计方案的立法目的。从这个角度而言，功能性设计特征的判断标准并不在于该设计特征是否因功能或技术条件的限制而不具有可选择性，而在于在一般消费者看来，该设计特征是否仅仅由特定功能所决定，从而不需要考虑该设计特征是否具有美感。最后，关于区分不同类型设计特征的意义。不同类型设计特征对于外观设计产品整体视觉效果的影响存在差异。功能性设计特征对于外观设计的整体视觉效果通常不具有显著影响；装饰性特征对于外观设计的整体视觉效果一般具有影响；功能性与装饰性兼具的设计特征对整体视觉效果的影响则需要考虑其装饰性的强

---

❶ 最高人民法院行政判决书（2012）行提字第 14 号。

弱，其装饰性越强，对于整体视觉效果的影响可能相对较大一些，反之则相对较小。当然，以上所述仅仅是一般原则，一种设计特征对于外观设计产品整体视觉效果的影响最终需要结合案件具体情况进行综合评判。

（二）关于本专利与在先设计的区别设计特征是否属于功能性设计特征

关于区别特征一，本专利上部粗柱无矩形凹槽，而在先设计的上部粗柱存在矩形凹槽。基于本案现有证据，无法确定在先设计产品是双轴可旋转的编程开关，亦无法确定其矩形凹槽用于与旋钮配合实现调节信号输出。专利复审委员会关于区别特征一是功能性设计特征的主张依据不足。关于区别特征二，本专利和在先设计两者下部的引脚位置不同。本专利产品的引脚的数量与位置分布是由与之相配合的电路板所决定的，以便实现与不同电路板上节点相适配。在本专利产品的一般消费者看来，无论引脚的位置是分布在底座的一个侧面上还是分布在两个相对的侧面上，都是基于与之相配合的电路板布局的需要，以便实现两者的适配与连接，其中并不涉及对美学因素的考虑。因此，区别特征二是功能性设计特征，其对本专利产品的整体视觉效果并不产生显著影响。专利复审委员会关于区别特征二是功能性设计特征的再审申请理由成立。

（三）关于本专利与在先设计是否相同或者相近似

本专利与在先设计的区别特征二是功能性设计特征，对于本专利与在先设计的整体视觉效果不具有显著影响。对于区别特征一而言，现有证据不能充分证明在先设计上部粗柱具有矩形凹槽属于功能性设计特征。同时，该矩形凹槽比较明显，与整体设计相比并不属于细微变化。尽管如此，结合本院查明的事实，编码开关上部粗柱无矩形凹槽是一种普通的、常见的设计。作为一种普通的、常见的设计，本专利上部粗柱无矩形凹槽对于整体视觉效果不具有显著影响，不足以导致本专利与在先设计在整体视觉效果上出现明确差异。在两项区别设计特征对于本专利的整体视觉效果均无显著影响的情况下，本专利与在先设计的相同之处对于整体视觉效果的影响更大，二者构成相近似的外观设计。

【案例评析】

最高人民法院的判决说理充分、论述严谨，具有很强的学理性和强大的说服力。针对判决背后隐含的法律问题以及引发的思考，笔者谈几点想法。

一、关于设计特征的分类及其对外观设计整体视觉效果的影响

本案中，最高人民法院在设计特征的分类方面没有采信专利复审委员会主张的两分法（即将设计特征区分为功能性与装饰性两类），而是采取了三分法，即功能性设计、装饰性设计以及功能性与设计性兼具的设计。这种三分

法更具合理性。一方面，三分法更加符合产品外观设计的实际。从实践中看，在具体的产品外观设计中，大多数设计都既有功能性，又具有一定的装饰性。纯粹功能性的设计和纯粹装饰性的设计都比较少见。功能性和装饰性实际上反映了科学与艺术的关系。设计"一端关联着艺术，另一端又与科技有关"，"多数设计是艺术与科技的混合体，并不完全属于其中的任何一方面"，❶ 这已经成为设计界的共识。另一方面，三分法可以更好地避免两分法的弊端。两分法的区分过于武断，对于任何设计都要求作出非此即彼的判断，很容易不适当地扩大功能性设计或者装饰性设计的范围。三分法提醒我们，对于设计特征的区分要保持谨慎，任何非此即彼的判断都可能导致错误的结论。

区分三类设计特征的最终目的在于不同类型设计特征对产品外观设计整体视觉效果的影响存在差异。对此，最高人民法院的判决已经做了详细阐述。需要指出的是，不同类型设计特征对外观设计整体视觉效果的影响都是相对的，任何情况下都不应将某一设计特征与整个产品设计割裂开来，而应该将之置于外观设计整体视觉效果的框架下综合考虑。

二、关于功能性设计特征的区分标准

关于技术标准与法律标准之争。有观点认为，功能性特征基于对产品功能、性能、经济性、便利性、安全性等方面的技术性要求而设计。功能性特征所达到的效果是客观的，不受主体的审美取向、社会文化感受影响。这一观点实质上是以技术标准来界定功能性设计特征。这一标准具有一定的局限性。技术标准单纯从产品自身的功能、性能、经济性、安全性等技术要求出发进行判断，其标准在于确定特定设计特征与产品技术要求之间的关系。在某种程度上，这一标准是以该外观设计产品实际设计人员的标准作为最终标准。由于一般消费者通常很难知晓特定设计特征与产品经济性、安全性等的实际关联性，技术标准忽视了外观设计授权和侵权判断中的法定判断主体即"一般消费者"的地位，对于外观设计专利授权和侵权判断无法提供有意义的参考。因此，本案判决没有采用技术标准，而是把功能性设计特征界定为在该外观设计产品的一般消费者看来，由所要实现的特定功能所唯一决定而并不考虑美学因素的设计特征。这就回归到了功能性设计特征界定的法律标准。这一法律标准坚持了一般消费者这一法定主体的角度，能够更好地将功能性设计特征的界定与外观设计整体视觉效果的判断相衔接，因而更加合理和科学。

关于可选择性的标准——现象标准与本质标准之争。另有观点认为，功能性特征受到产品功能或技术条件的限制，不具有可选择性或者选择性受到

---

❶ 参见：[英] 罗伯特·克雷. 设计之美 [M]. 尹弢，译. 济南：山东画报出版社 2010：前言：3.

功能需求或技术规格的限定。这一观点实际上是以可选择性标准来界定功能性设计特征。不可否认，功能性设计特征与该设计特征的可选择性存在一定的关联性。例如，如果某种设计特征是由某种特定功能所决定的唯一设计，则该种设计特征不存在考虑美学因素的空间，显然属于功能性设计特征。但是，大多数情况下，往往有多种设计方式均可实现同一功能，不过这并不妨碍每一种设计均可能完全由功能性所唯一决定。当然，设计方式的数量可能受到一定的限制，即只有有限的可选择性。在这种情况下，虽然设计特征具有可选择性，但是其仍然可能属于功能性设计，因为每一种设计都没有考虑美学因素。因此，以可选择性作为界定功能性设计特征的标准往往并不恰当。

设计特征的可选择性与功能性设计特征的关联性在本质上体现了功能性设计特征的现象与本质的关系。本质是事物的根本特征，现象则是事物本质的外在体现。本质决定现象，现象在一定程度上反映和体现本质，可以通过现象理解和把握本质，但是现象本身并非本质。功能性特征的本质在于，从一般消费者来看，一种设计特征是否仅仅由特定功能所唯一决定，而不需要考虑美感。功能性设计特征在现象上则可能表现为，一种设计特征不具有可选择性（即选择的唯一性）或者仅具有有限的可选择性。但是设计特征选择的唯一性或者有限性本身与功能性设计特征并不完全等同。要透过现象看本质，回到功能性设计特征的本质标准才能得出正确结论。不过，由于设计特征选择的唯一性或者有限性本身与功能性设计特征存在关联性，我们可以将之作为判断功能性设计特征的证据。正如本案判决所指出，如果某种设计特征是由某种特定功能所决定的唯一设计，不存在美学考虑的空间，则其显然属于功能性设计特征；如果某种设计特征是实现特定功能的有限的设计方式之一，则这一事实是证明该设计特征属于功能性特征的有力证据。

坚持功能性设计特征的法律标准和本质标准，可以防止过分限制功能性设计特征的范围，把具有两种或者两种以上替代设计的设计特征排除在外。否则，外观设计申请人可能通过对有限的替代设计分别申请外观设计专利的方式实现对特定功能的垄断，这就背离了外观设计专利保护的立法目的。

【典型意义】

本案判决是最高人民法院对功能性设计特征的区分标准及其作用表明态度的首例判决，具有开创性。在本案判决中，最高人民法院在明确了功能性设计特征的区分标准的同时，还深刻阐述了不同设计特征的区分标准及其对外观设计整体视觉效果的影响，具有重要指导意义。

（撰稿人：最高人民法院　朱理　联络人：张跃平　石岩）

案例十 功能性设计特征对外观设计对比判断的影响

——电动剃须刀（RSCX－5181）外观设计
专利无效行政纠纷案

专利名称：电动剃须刀（RSCX－5181）
专 利 号：ZL200830087665.6
授权日期：2009 年 4 月 8 日
专利权人：包伟光

【案例要点】

本案涉及的是型号为 RSCX－5181 的五刀头电动剃须刀，皇家飞利浦电子股份有限公司于 2010 年 6 月 9 日向专利复审委员会提起本专利的无效宣告请求，专利复审委员会经审理宣告本专利全部无效后，专利权人上诉，经两审法院审理，均维持了专利复审委员会的决定，专利权人不服二审判决，向最高人民法院提起申诉，2012 年 3 月 9 日最高人民法院作出行政裁定书驳回了其再审申请。经过近两年的诉讼，本专利最终被宣告全部无效。

在外观设计相同相近似判断中，如果本专利与对比设计的相同点已经使二者形成了相近似的整体视觉效果，对于主要因产品功能部件变化所产生的不同，不应考虑。

【案情介绍】

2010 年 6 月 9 日，专利复审委员会作出第 14972 号无效宣告请求审查决定，涉及国家知识产权局于 2009 年 4 月 8 日授权公告的、专利号为 ZL200830087665.6 的外观设计专利（以下简称本专利），其产品名称为"电动剃须刀（RSCX－5181）"，申请日为 2008 年 1 月 4 日，专利权人为包伟光。

皇家飞利浦电子股份有限公司（以下简称请求人）于 2010 年 6 月 9 日向专利复审委员会提起本专利的无效宣告请求，提出的宣告本专利权无效的事实和理由之一是：本专利相对于第 200630180931.0 号外观设计专利所示外观设计不符合 2000 年修订的《专利法》第 9 条的规定。

本专利授权公告文本中公开了 6 幅视图，即主视图、后视图、左视图、右视图、俯视图、仰视图，从各视图（见图 10-1）观察：本专利产品为五刀头设计，是由 4 个圆加 1 个中心圆组成的四角形排列，刀柄背面上部有鬓刀，刀柄前部指示灯为椭圆形，刀柄底部有电源插座，刀柄上下部为圆弧过渡，体形稍胖，背面呈曲线设计，正面主体略呈直线状。

对比设计产品名称为"具有显示单元的三头干式剃须刀"，其中包含 7 幅视图，即主视图、后视图、左视图、右视图、俯视图、仰视图以及立体图，从各视图（见图 10-2）观察：对比设计产品为三刀头设计，是由 3 个圆组成的三角形排列，刀柄背部伸出部分有鬓刀，刀柄前部指示灯为方形，刀柄底部无电源插座，刀柄上下部为圆弧过渡，体形偏瘦，背面弯曲稍明显，正面主体呈直线状。

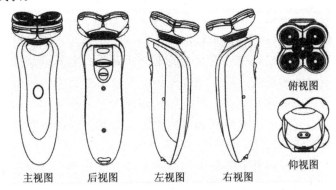

主视图　　后视图　　左视图　　右视图　　俯视图　仰视图

图 10-1　本专利附图

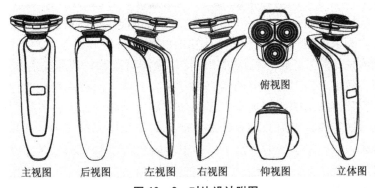

主视图　　后视图　　左视图　　右视图　仰视图　立体图

图 10-2　对比设计附图

请求人认为，本专利与对比设计产品均为剃须刀，两者整体形状相同，其区别点在于刀头和鬓刀，但区别点只是对功能元件的替换，根据整体观察、综合判断原则，两者相近似。针对请求人的意见，专利权人提交意见陈述并认为，本专利与对比设计无论在刀头数量、刀头位置排列、刀柄的形状以及部件的布局上还是在整体视觉效果上，两者均已构成显著区别和明显的辨认度，并且这些差异足以引起消费者的极度关注，使一般消费者在购买时，不会产生误认和混淆，本专利符合《专利法》（2000年修订）第9条的规定。针对专利权人的意见陈述，请求人提交了意见陈述书并认为，在判断两产品外观设计是否近似时，不是以细微差别作为依据，两者的差别是由是否选用常规的功能元件造成，这些差别并未改变剃须刀的整体外观，只是细微差别，两者在基本结构上的一致性使得两者整体形状相同，且对比设计的产品在本专利申请日前已经公开宣传、公开销售，本专利模仿了对比设计。

专利复审委员会经审理认为，二者的相同点是：两者均由刀头和刀柄部分组成，刀体下端呈椭圆形，两侧和下方均为圆弧过渡，整体形状相近似，均为近似楔形体；刀头及其刀柄上端三分之一处均向前倾斜约20度；刀柄正面以及侧面的区域风格大体一致。两者的主要不同点在于：刀头形状和数量不同；鬓刀位置不同；电源指示灯形状不同。由于刀头、鬓刀等的不同主要是由于产品功能改变或选择功能元件的不同所致，而电源指示灯形状的不同也仅仅是常规设计的改变，属于细微差异，不会给产品整体外观带来显著区别。因此，两者的上述差别均不足以影响到两个产品整体形状的相似性，一般消费者容易引起混淆，本专利和对比设计属于相近似的外观设计。故本专利不符合《专利法》（2000年修订）第9条的规定。

专利权人不服专利复审委员会作出的无效宣告请求审查决定，先后上诉到北京市第一中级人民法院、北京市高级人民法院。一、二审法院均认为：本案中，本专利与对比设计相比，二者均由刀头、刀柄和连接部组成，刀头及刀柄上端均向前倾斜约20度，刀柄背部均略呈曲线，刀柄正面下端的两侧和下方均为圆弧过渡，刀柄正面以及侧面的整体布局和线条分割基本一致，二者的整体视觉效果近似。虽从对比设计后视图可以看到其内嵌式鬓刀设计，二者在刀头数量及鬓刀设计上确实存在差别，但这是因产品功能部件变化所产生的，且其对产品的整体视觉效果未产生显著影响。二者在刀柄背部的曲面弧度、刀柄正面是否为曲面设计等方面的差异均属于局部细微差异，对整体视觉效果未产生显著影响。综上，两审法院均认定本专利与对比设计已构成相近似的外观设计，本专利不符合《专利法》（2000年修订）第9条的规定的结论正确。因此，专利权人关于本专利整体形状粗犷、对比设计整体形状苗条以及对比设计不存在鬓刀、二者属于不相同也不相近似的外观设计的主张不能成立。

专利权人不服二审判决，向最高人民法院提起申诉，2012年3月9日最高人民法院作出行政裁定书驳回了其再审申请，认为：本专利与对比设计相比，二者均由刀头、刀柄和连接部组成，刀头及刀柄上端均向前倾斜约20

度，刀柄背部均略呈曲线，刀柄正面下端的两侧和下方均为圆弧过渡，刀柄正面以及侧面的整体布局和线条分割基本一致，二者的整体视觉效果近似。二者虽然在刀柄和鬓刀的形状等方面存在差异，但上述差异均属于局部细微差异，不足以对一般消费者的视觉效果产生显著影响。本专利和对比设计相比，刀头形状、数量和排列位置不同，鬓刀位置不同，但上述差异主要是由于产品功能部件变化所决定的，二者比对时不应予以考虑。因此，专利权人关于本专利和对比设计属于不相同也不相近似外观设计的主张不能成立。

【案例评析】

本案的焦点问题是关于功能性部件对于外观设计对比判断的影响。

由于本案申请日在 2009 年 10 月 1 日之前，因此其适用 2000 年修改的《专利法》，判断本专利是否符合《专利法》第 9 条的规定采用的是相同相近似的判断标准。

本专利所涉及的电动剃须刀是利用电力带动刀片、剃剪胡须和鬓发的整容电器。电动剃须刀按刀片动作方式分为旋转式和往复式两类，本专利属于旋转式，旋转式剃剪系统呈中央旋转运作，圆周运动能连续不断地进行单向切剃胡须，有的电动剃须刀还带有单独"鬓刀"，可以更好地进行鬓角的修整以保持鬓角的整齐。

对于本案所涉及的电动剃须刀类产品，其通常由刀头、刀柄、连接部、按键等部分组成，其整体形状尤其刀柄的设计要符合人机工程学的原理，便于人手进行操作，但在刀柄的形状上可以具有多种变化（见图 10－3），相对于整体来说，两者的刀柄设计已经形成了相近似的整体视觉效果，二者在刀柄背部的曲面弧度、刀柄正面是否为曲面设计等方面的差异均属于局部细微差异，且并未改变其主体设计的造型，而刀头数量、形状以及鬓刀的不同，均因产品功能性部件的选择不同所致，并且两者所占整体比例较小，因此，对于一般消费者来说，其整体形状尤其刀柄的形状对于整体视觉效果影响显著，两者的区别相对来说对整体视觉效果不产生显著影响。

图 10－3 电动剃须刀部分产品图片

通过一、二审法院的判决以及最高人民法院的行政裁定书可以看出，三级法院均支持了专利复审委员会的观点，即外观设计相同相近似判断中，在本专利与对比设计的相同点已经使二者形成了相近似的整体视觉效果的情况下，对于主要因产品功能部件变化所产生的不同，不应考虑。笔者认为，此案中对于所谓功能性部件变化的考虑其实是对产品功能性设计特征对产品整体视觉效果影响的判断。

目前，关于对功能性设计特征的审查，虽在《专利法》及其实施细则中均未作出具体的规定，但在《专利审查指南2010》以及《最高人民法院关于审理侵犯专利权纠纷案件应用法律若干问题的解释》中有所涉及。《专利审查指南2010》第四部分第五章第6节有关"根据《专利法》（2008年修订）第23条第2款的审查"的规定中明确指出，判断涉案专利与相同或者相近种类产品现有设计相比是否具有明显区别时，一般应当综合考虑的因素包括"由产品的功能唯一限定的特定形状"。《最高人民法院关于审理侵犯专利权纠纷案件应用法律若干问题的解释》第11条中规定："人民法院认定外观设计是否相同或者近似时……对于主要由技术功能决定的设计特征，应当不予考虑。"从上述规定可以看出，外观设计对比判断中需考虑功能性设计特征对于产品设计的影响。进一步说，随着第三次《专利法》的修改，关于外观设计对比的判断引入了"设计空间"的概念，本案亦可引入功能性设计特征对于产品设计空间的影响。

设计空间是指设计者在创作特定产品外观设计时的自由度。设计者在特定产品领域中的设计自由度通常要受到现有设计、技术、法律以及观念等多种因素的制约和影响，特定产品的设计空间的大小与认定该外观设计产品的一般消费者对同类或者相近类产品外观设计的知识水平和认知能力具有密切关联。因此，了解不同领域产品的设计空间对于外观设计对比判断具有很重要的意义。

从功能性设计特征考虑产品的设计空间时，我们可以从功能性设计特征和非功能性设计特征考虑。当然，由于产品的功能作为产品与使用者之间最基本的一种关系，每一件产品均具有不同的功能。因此，功能性设计特征和非功能性设计特征是相对的概念。对于在产品中受功能限制较大的设计特征我们称为功能性设计特征，反之，则称为非功能性设计特征。对于产品中设计空间较大的非功能性设计特征而言，由于设计者的创作自由度较高，该产品领域内的外观设计必然形式多样、风格迥异，做外观设计对比判断时，该外观设计产品的一般消费者就较不容易注意到比较细小的设计差别。相反，设计空间受到很大限制的设计特征，尤其对于在产品中用途更偏重于实用功能的设计特征，在对功能性设计特征进行设计时，要充分考虑产品的技术方案、实用功能、国家标准、与之配合使用的部件的形状等因素，这样的产品设计特征会使得产品的某些部位受条件约束较多，那么在产品的整体设计中就应当考虑在产品外观其他设计特征上作出的改进。总的来说，在外观设计对比判断中，应综合考虑设计空间或者说设计者的创作自由度，以便准确确定该产品的设计空间。本案所述电动剃须刀其刀柄的设计相对来说受功能限制较小，只要符合人机工程学的要求，可以有各种各样的形状，存在较大的设计空间，而对于刀头和鬓刀，其受技术方案、实用功能、国家标准、与之配合使用的部件的形状所限，其可变化的自由度较小，即其设计空间较小。因此，对比本案所涉及的电动剃须刀时应重点考虑其刀柄的变化带来的视觉影响。故本案中在两项外观设计的刀柄已经给一般消费者带来了相近似的整体视觉效果情况下，两者在刀头和鬓刀等功能性部件的不同不会对整体视觉效果产生显著影响，可以得出本专利与对比设计相近似的结论。

当然，设计空间的大小也是一个相对的概念，在设计空间极大的产品设计特征和设计空间受到极大限制的产品设计特征这两个极端之间，存在着设计空间由大到小的过渡状态。同时，对于同一产品的设计空间而言，设计空间的大小也是可以变化的，随着现有设计增多、技术进步、法律变迁以及观念变化等，设计空间既可能由大变小，也可能由小变大。

【典型意义】

在外观设计对比判断中，我们应从一般消费者的角度，结合功能性设计特征和非功能设计特征对产品的设计空间进行综合性判断，充分考虑功能性设计特征对于设计空间的影响以准确地进行外观设计对比判断将有助于客观评价外观设计的创新水平，有助于使审查标准趋于统一，提高审查结论的客观性。

（撰稿人：国家知识产权局专利复审委员会　程云华　联络人：周佳　张威）

案例十一 功能性设计要素与设计空间对外观设计近似性认定的影响

——冰箱（三门—2007）外观设计专利无效行政纠纷案

专利名称：冰箱（三门—2007）

专 利 号：ZL200730014559.0

授权日期：2008 年 1 月 16 日

专利权人：海尔集团公司、青岛海尔股份有限公司

【案例要点】

鉴于冰箱整体的比例关系以及各冰箱门之间的比例关系及布局，与冰箱整体容量以及冰箱各个组成部分的内部容量直接相关，属于冰箱产品的功能性设计要素，因此该设计要素所带来的视觉影响在近似性比对时应被忽略不计。

冰箱类产品属于设计空间有限的产品，此类产品的近似性认定应要求更高的近似程度。在本专利与对比文件整体上所具有的共同点属于功能性设计要素的情况下，其在冰箱门、把手、显示屏等具体细节上所具有的差别已足以对一般消费者产生显著的视觉影响，故其不属于相近似的外观设计。

【案情简介】

本专利为国家知识产权局于 2008 年 1 月 16 日授权公告的、名称为"冰箱（三门—2007）"、专利号为 ZL200730014559.0 的外观设计专利（见图 11—1，以下简称本专利），其申请日为 2007 年 2 月 14 日，专利权人为青岛海尔股份有限公司、海尔集团公司。

针对本专利，美的荣事达公司于 2011 年 4 月 11 日向专利复审委员会提出无效宣告请求，理由是本专利不符合 2000 年修订的《专利法》第 23 条的规定，并提交如下证据：

证据 1（即在先设计 1）：专利号为 ZL200530148015.4、授权公告日为2006 年 9 月 20 日的中国外观设计专利（见图 11—2）。

证据 2（即在先设计 2）：专利号为 ZL02329695.X、授权公告日为 2003年 2 月 5 日的中国外观设计专利（见图 11—3）。

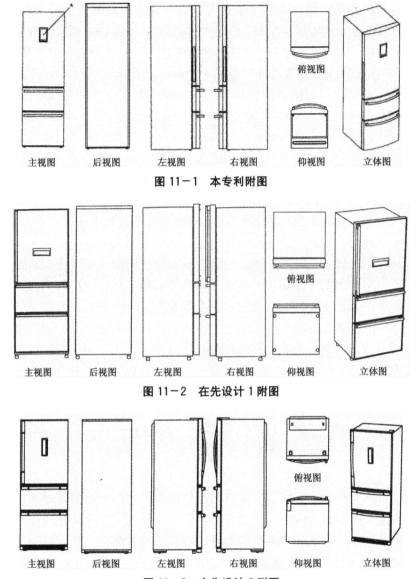

图 11-1　本专利附图

图 11-2　在先设计 1 附图

图 11-3　在先设计 2 附图

专利复审委员会经审理认为：对于三门冰箱而言，将 3 个冰箱门竖向依次排布以及冰箱整体呈立方体形状是三门冰箱中的常见设计，各冰箱门的表面形状和其在整个冰箱中所占的比例（区别设计特征 1）、把手的形状和设置方式（区别设计特征 2）以及屏幕形状和设置方式（区别设计特征 3）等通常具有比较大的设计空间。由于上述设计特征均处于使用中易于关注的部位，因此，其设计变化通常会引起一般消费者的关注。就上述区别设计特征 1 而言，由于二者的冰箱门在整体设计中所占比例很大且表面形状差异明显，该区别会对产品的整体视觉效果产生显著影响。就上述区别设计特征 2 而言，由于把手属于在使用中经常接触的部件且横向或竖向占据冰箱门的大体上整个宽度或高度，二者上门把手的有无和中门把手、下门把手的形状差异明显，该区别会对产品的整体视觉效果产生显著影响。就上述区别设计特征 3 而言，由于屏幕处于上冰箱门的中间位置，属于在使用中易于关注的部位，因此，其设计变化会对产品的整体视觉效果产生一定的影响。综合考虑上述区别，本专利的冰箱门表面均呈弧面且中门弧形把手、下门弧形把手的弧度与冰箱门表面弧度相对应，从而使得本专利的冰箱整体呈现出圆润的设计风格，而在先设计 1 的冰箱门表面均呈平面形状且把手为直形，从而使得在先设计 1 的冰箱整体呈现出硬朗的设计风格，二者风格迥异，具有明显不同的整体视觉效果，因此，本专利和在先设计 1 不构成相近似的外观设计。

将本专利与在先设计 2 进行比较可知，二者的相同点在于，冰箱整体均呈立方体形状，宽高比基本相同；冰箱正面均分为竖向排列的上门、中门和下门，三门高度比基本相同；上门正面均设置有矩形屏；中门和下门靠近上边缘的部位均设置有把手。二者的区别主要在于：①冰箱门的形状不同，本专利的冰箱门为弧面造型，在先设计 2 的冰箱门为平面造型。②把手设置方式及形状不同，本专利在上门侧面设置有槽形扣手，中门和下门靠近上边缘的部位设置有与门弧面相对应的弧形把手，其宽度略窄于门的宽度，在先设计 2 正面左侧边缘设置有弧形把手且把手长度与上门高度基本相同；中门和下门靠近上边缘的部位设置有弧形把手，宽度与门的宽度基本相同。③屏幕设置位置和形状不同，本专利在上门中间靠上位置设置有竖向布置的矩形屏，在先设计 2 在上门正面中间位置设置有竖向布置的矩形屏。

专利复审委员会认为，基于与上文针对本专利与在先设计 1 比对基本相同的理由，本专利的冰箱整体呈现出圆润的设计风格，而在先设计 2 的冰箱门表面均呈平面形状，虽然把手呈弧形，但并不能改变其整体呈现出硬朗的设计风格，二者风格迥异，具有明显不同的整体视觉效果，因此，本专利和在先设计 2 不构成相近似的外观设计。

综上，本专利与在先设计 1 或在先设计 2 均不构成相近似的外观设计，符合《专利法》（2000 年修订）第 23 条的规定。专利复审委员会作出第 18081 号无效宣告审查决定，维持本专利有效。

美的荣事达公司不服，向北京市第一中级人民法院提起诉讼，请求撤销上述决定。

北京市第一中级人民法院经审理认为：❶ 将本专利与在先设计 1 进行对

---

❶ 北京市中级人民法院（2012）一中知行初字第 2058 号。

比，二者产品的整体比例关系、冰箱门之间的比例关系及布局均较为近似。其区别点主要在于：①本专利冰箱门呈明显弧形，而在先设计1的冰箱门为平面；②本专利的把手与在先设计1中把手设置有所不同，尤其是本专利的上门中并无把手，但在先设计1上门中则采用的是把手设计，同时因本专利冰箱门具有明显弧度，故其把手相应亦有明显弧度，而在先设计1把手则均为平直设计；③本专利与在先设计1的显示屏设计有所不同。

鉴于冰箱整体的比例关系以及各冰箱门之间的比例关系及布局与冰箱整体容量以及冰箱各个组成部分的内部容量直接相关，已属于冰箱产品的功能性设计要素，故该设计要素所带来的视觉影响在近似性比对时应被忽略不计。因冰箱类产品属于设计空间有限的产品，故近似性比对时要求较高的近似程度，故二者在上述部位的差别已足以带来显著的视觉效果。综上，二者在把手设计、冰箱门设计及显示屏设计上所具有的差别将会对消费者带来显著的视觉影响，本专利与证据1未构成相近似的外观设计。

将本专利与在先设计2进行对比，二者的整体产品的比例关系、冰箱门之间的比例关系及布局均较为近似。其区别点主要在于：①本专利冰箱门呈明显弧形，而在先设计2的冰箱门为平面；②本专利的把手与在先设计2中把手设置有所不同，尤其是本专利上门中并无把手，但在先设计2中则采用的是把手设计，同时因本专利把手系与冰箱门平行的弧度，但在先设计2中虽然冰箱门为平面设计，但其把手则采用的是与冰箱门并不平行的弧形设计；③本专利与在先设计2的显示屏设计有所不同。基于与证据1相同的理由，法院认为，本专利与在先设计2未构成相近似的外观设计。

综上，法院认为被诉决定认定正确，予以维持。

【案例评析】

本案涉及冰箱类产品的外观设计近似性判断问题。在外观设计相同或相近似的判断中，原则上应采用整体观察的方式，但应注意的是，并非在"整体上"具有较大近似程度的两外观设计，当然会构成相近似的外观设计。在两产品外观设计在整体上具有较大近似程度的情况下，仍应进一步判断其相同或相近似的部分对一般消费者而言是否会产生"显著的视觉影响"。如并不具有显著视觉影响，则即便二者在整体上较为近似，亦不能认定为构成相近似的外观设计。

实践中，在两产品外观整体较为近似的情况下，存在多种因素可能会对"显著视觉影响"的判断产生影响，其中，是否属于功能性设计要素，以及设计空间的大小是至为重要的两个考虑因素。

一、功能性设计要素的认定

在进行外观设计近似性比对时，应排除功能性设计要素所带来的视觉影响。也就是说,即便两产品整体的视觉效果较为近似,但如果这一近似仅仅或主要来源于功能性设计要素,则不能仅依此而认定二者构成近似的外观设计,而应进一步判断其他设计要素是否会对消费者产生显著的视觉影响。

在功能性设计要素的认定过程中,应注意以下两个方面:

(一)并非只要具有功能性的设计要素均属于功能性设计要素。

现行《专利法》(2008年修订)第2条第4款规定,外观设计,是指对产品的形状、图案或者其结合以及色彩与形状、图案的结合所作出的富有美感并适于工业应用的新设计。由这一定义可以看出,只有跟工业产品相结合的设计才属于受《专利法》保护的外观设计。鉴于工业产品必然会具有实用功能,故外观设计专利所具有的这一"产品"特性说明《专利法》并不排除对具有功能性的外观设计要素提供保护。否则将意味着只有纯装饰性的设计要素可以作为外观设计保护,而这将不仅既无法体现出外观设计专利所具有的产品特性,亦无法与《著作权法》的保护作出清晰的划分。由此可知,设计要素具有功能性并不妨碍其可以获得外观设计专利权的保护。

(二)特定情况下的功能性设计要素对近似性判断不产生影响。

虽然外观设计中的相应设计特征是否具有功能性,与其是否可获得保护并不具有必然联系,但二者之间亦非毫无关联。外观设计的相关设计要素虽可以同时具有功能性及装饰性,但因《专利法》对其保护仍落脚在对产品"设计"的保护,而非技术功能的保护,故如果对某些设计要素的保护使得专利权人客观上获得了对某一"技术功能"的垄断,则此类设计要素应被排除在外观设计专利的保护范围之外,否则将有悖外观设计专利保护的初衷。

判断对何种设计要素的保护具有垄断技术功能的效果,关键在于实现相应功能的设计是否仅有唯一选择或有限的几种选择。如果是唯一选择,则意味着他人如欲在其产品中实现这一功能,将只能采用专利权人的这一设计,这必然使得该专利权人通过外观设计专利的保护同时获得了对技术功能的垄断。而如果是有限的几种选择,则虽然他人在实现这一功能时,并非必然使用专利权人的这一设计,但鉴于其可选择方式相当有限,如果不将其排除在外观设计专利权的保护之外,将很可能导致有限的几种方式被不同的专利权人所垄断,最终结果亦会导致通过对外观设计的保护客观上使得相应技术功能被有限的专利权人所垄断。这显然亦会对公众利益造成不合理的损害,不应属于外观设计专利的保护范围。

具体到本案,鉴于冰箱整体的比例关系以及各冰箱门之间的比例关系及布局,与冰箱整体容量以及冰箱各个组成部分的内部容量直接相关,这一比例关系及布局的变化将直接导致冰箱内部容量的变化,故采用上述比例关系的设计要素属于冰箱产品的功能性设计要素。这一功能性特点使得该设计要素所带来的视觉影响在近似性比对时应被忽略不计。但对于除此之外的冰箱把手、冰箱门的弧度、显示屏等方面的设计，则虽其亦具有实用功能（如显示屏必然具有便于消费者视觉观察的使用功能，把手亦必然有开关冰箱门的使用功能），但鉴于上述部件在设计上的变化并不会对其所具有的实用功能产生影响（如，无论把手设计为方形，或弧形，或其他形状，均不会影响其开关冰箱门的功能），故在上述部位中的设计并不属于功能性设计要素，本专利与对比文件在上述部位所具有的差别将会影响到近似性的判断。

二、设计空间的大小

实践中，不同产品所具有的不同特点及其产品设计的成熟程度，决定了其具有不同的设计空间。对于更强调装饰功能的产品而言（如毛绒玩具、挂毯等），因实用功能对产品外观的设计的影响限制较小，故通常具有更大的设计空间。但对于更强调实用功能的产品而言，因其所进行的产品设计在相当程度上受制于实用功能，故其所具有的设计空间相对较小。

设计空间之所以会对近似性判断产生影响，是因为其会在相当程度上影响到消费者的认知敏感度。通常情况下，设计空间越小的产品，因其所受到的实用功能的限制使得不同厂家提供的此类产品之间，或同一厂家提供的不同型号的产品之间，其整体差别或者并不太大，或者即便有变化，亦是由不同的功能所导致，故如仅从设计角度而言，此类产品的消费者会更加关注于细微部位的设计，并对于细微的外观变化更加敏感。反之，对于设计空间越大的产品，因为此类产品的设计受到较少限制，具有更多变化，故原则上消费者较难注意到细微变化，而只有在不同产品外观设计之间的区别相对较大时，消费者才会注意到。

对于设计空间大小的认定，虽然原则上判断主体是一般消费者，但因为在具体个案中，其只能由审查员及法官予以审查，故必然要求审查员或法官尽量能够做到具有一般消费者的认知能力。针对不同的产品，审查员或者法官得到这一认知的渠道有所不同。对于一般生活用品而言，这一认知主要来源于审查员或法官在生活中所具有的认知。但对于一般生活中所难以接触到的产品，则通常应依据当事人的举证以获得这一认知。

就本案所涉冰箱产品而言，审查员或法官对其设计空间的认知主要来源于生活经验。因冰箱整体的比例关系以及各冰箱门之间的比例关系及布局，与冰箱整体容量以及冰箱各个组成部分的内部容量直接相关，这一比例关系及布局的变化直接影响冰箱内部容量的变化，故上述设计属于功能性设计。在此情况下，此类产品的设计变化通常体现在冰箱的把手的位置及形状、冰箱门的弧度、显示屏的设计等方面。而对于上述部位的设计，亦应以便利使用为设计前提，而非毫无限制。举例而言，显示屏的设计虽可以有所变化，但仍应具有便于消费者视觉观察的使用功能。而对于把手而言，则其设计变化亦不能影响其开关冰箱门这一使用功能。由此可知，冰箱类产品属于设计空间有限的产品，仅从设计角度而言，此类产品的消费者会对于产品的细节变化更为敏感。这也就意味着虽然本专利与对比文件在整体上较为近似，但本专利与对比文件在把手设计、冰箱门设计及显示屏设计上所具有的差别将会对消费者带来显著的视觉影响。据此，本专利与对比文件未构成相近似的外观设计。

【典型意义】

产品的外观设计受其使用功能、技术等多方面因素的制约和影响，在外观设计相同或相近似判断中应充分考虑由功能所决定的设计以及此类产品的设计空间。本案判决中充分考虑了以上两个因素，对此类案件的判断具有典型意义。

（撰稿人：北京市第一中级人民法院　芮松艳　联络人：张跃平　石岩）

案例十二　现有设计状况对外观设计专利对比判断的影响

——空气调节器外观设计专利无效行政纠纷案

专利名称：空气调节器

专 利 号：ZL200430120532.6

授权日期：2005 年 8 月 17 日

专利权人：LG 电子株式会社

【案例要点】

　　宁波奥克斯空调有限公司请求宣告 LG 电子株式会社的专利号为 ZL200430120532.6 的"空气调节器"外观设计专利权无效。该案经过专利复审委员会审理作出了专利权全部无效的决定。该无效决定经过北京市第一中级人民法院和北京市高级人民法院两级司法机关审查后被撤销，专利复审委员会请求最高人民法院再审。最高人民法院提审了该案并于 2012 年 4 月 16 日作出终审判决，维持专利复审委员会的无效决定。

　　该案争论的焦点在于本专利与对比设计是否属于相近似的外观设计，即，本专利与对比设计之间的区别点是否会对外观设计的整体视觉效果产生显著影响。关于显著影响的判断，涉及区别点是否位于使用时不易看到的部位、是否属于局部细微差异等。从双方的主张、专利复审委员会以及三级法院的决定或判决来看，在综合判断显著影响时，还会考虑该产品的设计空间、常用设计、使用体验等。

【案情介绍】

　　2009 年 3 月 6 日，宁波奥克斯空调有限公司（以下简称请求人）请求宣告专利号为 ZL200430120532.6"空气调节器"外观设计专利（见图 12-1，以下简称本专利）无效。本专利优先权日为 2004 年 11 月 15 日，专利权人为 LG 电子株式会社（以下简称专利权人）。其无效宣告请求的主要理由是本专利与专利号为 ZL200430003591.5 外观设计专利（见图 12-2，以下简称对比设计）相近似，本专利不符合 2000 年修订的《专利法》第 23 条的规定。请求人认为，本专利与对比设计属于相同类别的产品；二者均为立式结构，上部有出风口，前面板为长方形，其上中部有一长方形显示屏，下部有进风口，前面板与左右侧壁之间通过一过渡板连接，与右侧壁之间的过渡板连接处有出风口；二者的差别仅在于对比设计的前面板上显示屏下方有 4 个很小的按钮，前面板与侧壁之间的过渡连接板更倾斜且为一体设置，这些差别仅属于局部的细微变化。

专利权人认为本专利与对比设计既不相同也不近似。具体理由是：①门板宽高比例不同，在空调机正面视图中占据的比例不同；本专利门板两侧有一明显的腰线、门板上方与空调机顶部之间有一横条，对比设计没有；②本专利中表示空调机前后外壳之间的连接板的各竖线的间距稀疏、侧面出风口位于腰线下方及底座靠后位置没有进风口，对比设计的竖线间距紧密且靠近机身前侧、侧面有出风口、底座靠后位置有一横向进风口；③本专利门板向前凸出、空调机正面与侧面的交界处带有明显的棱角，对比设计的门板与空调机身正面紧密贴合、空调机正面与侧面为圆弧过渡，本专利与对比设计体现了不同的设计风格，整体视觉感受完全不同。

专利复审委员会于 2009 年 7 月 7 日作出第 13639 号无效决定，认为本专利与对比设计相近似，宣告本专利无效。其在无效决定中认定的本专利与对比设计的区别点为：①对比设计的前面板上设置了 4 个很小的圆形，本专利没有；②对比设计前面板的侧边略窄、中部没有腰线，本专利前面板的侧边略宽，中部各有一条腰线；③对比设计的底座侧面后部有一横向进风口，本专利没有。同时认为，由于前面板设置的 4 个小圆形在整个产品中所占的比例非常微小，前面板侧边和腰线的不同属于局部细微的变化，产品的底座侧后部属于使用时不常见的部位，上述不同之处均不足以引起一般消费者的注意，不会对整体视觉效果产生显著影响，因而二者相近似。

专利权人不服专利复审委员会的上述无效决定，向北京市第一中级人民法院提起行政诉讼。其主要理由是：空调柜机产品的设计空间相对有限，机身的正面以及左右两侧面的设计对整体视觉效果更具有显著影响，本专利与对比设计的区别是位于产品最容易观察到的部位，对整体视觉效果具有显著的影响。

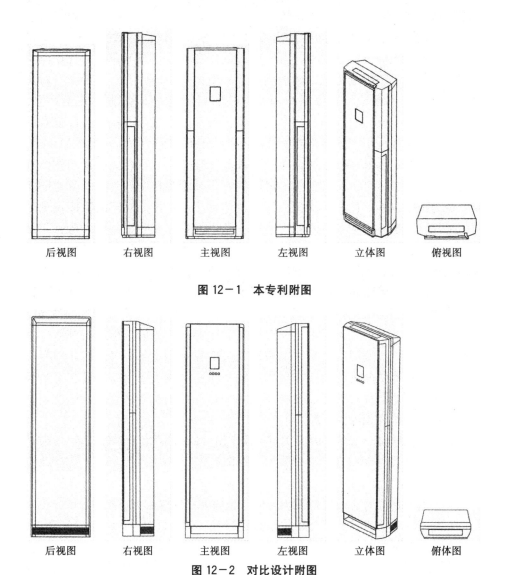

后视图　　右视图　　主视图　　左视图　　立体图　　俯视图

图 12－1　本专利附图

后视图　　右视图　　主视图　　左视图　　立体图　　俯体图

图 12－2　对比设计附图

北京市第一中级人民法院一审审理认为：对比设计与本专利的区别使得两者在整体上差别明显，并非属于细微变化。故撤销专利复审委员会的第13639 号无效决定。

专利复审委员会不服该判决，向北京市高级人民法院提起上诉。

北京市高级人民法院二审认为，对于本专利及对比设计所示的空调产品来说，在考虑本领域现有设计状况后，可以认定二者的区别非属细微变化，其使得二者在整体上差别明显。故维持一审判决。

专利复审委员会认为一、二审法院关于对比设计与本专利既不相同也不相似的认定错误，向最高人民法院申请再审。具体理由为：①本专利的对应产品为立式空调柜，产品正面及侧面通常能够对整体视觉效果产生显著影响。②相比传统的立式空调柜，本专利的设计特点给一般消费者的视觉印象位于产品最直观和易见部位，必然会引起一般消费者的注意。本专利与对比设计的设计特点相同，导致本专利与对比设计具有相同的整体视觉印象。③本专利与对比设计的区别一是本专利门板略窄，且在侧面板中间位置有两条横线。由于相对于产品整体结构而言，产品正面均是 3 块面板组成的结构，整体风格和视觉效果是一致的，中间面板宽度略微变窄不会显著影响整体视觉效果；区别二是对比设计在显示屏下的 4 个小圆为控制按钮，既为功能所需，也为惯常设计，且占产品正面的比例非常小，不足以对产品整体视觉效果产生显著影响；区别三是两者正面底座的入风口线条数量不同。两者都是在较小的面积密集多条横线，一般消费者不容易注意到密集的线条数量上较小的变化，而且入风口位于产品的最下部，所占面积较小，相对而言不引人注目。因此，二者正面整体上构成相近似。④本专利与对比设计在靠近前部的两个侧面上存在区别，本专利从侧面中部到面板通过一钝角过渡，对比设计则是通过弧线平滑过渡。由于一般消费者不会从产品的顶部进行观察，本专利前侧钝角过渡从视觉上看主要表现为过渡面上多出了一道竖线。本专利与对比设计在前侧面上已经存在多条竖线，在一个狭小面上已经存在密集竖线的情况下，线条数量的较小变化不容易引起一般消费者的注意。因此，二者侧面整体上构成相近似。

最高人民法院于 2011 年 10 月 28 日作出（2011）知行字第 57 号行政裁定，提审本案，并于 2012 年 4 月 16 日作出（2012）行提字第 9 号行政判决书。

关于本专利与对比设计是否相近似，最高人民法院有如下意见：

在判断两项外观设计是否相同或相近似时，首先是以一般消费者的角度，对外观设计专利与对比设计进行比较以确定二者之间的区别，然后通过整体观察将所述区别对于产品外观设计的整体视觉效果是否具有显著的影响进行综合判断。如果一般消费者经过对被比设计与在先设计的整体观察可以得出，二者的差别对于产品外观设计的整体视觉效果不具有显著影响，则被比设计与在先设计相近似。在确定是否具有显著影响时，使用时容易看到部位的设计变化相对于不容易看到或者看不到部位的设计变化，通常对整体视觉效果更具有显著影响。立式空调柜使用时通常背靠墙面或放置在墙角，产品的底部、顶部和背面属于使用时不容易看到的部位，产品的正面和侧面属于更加能够引起一般消费者关注的部位。本专利与对比设计均涉及立式空调柜的外观设计，柜体均呈近似长方体结构，长宽高的比例基本相同；柜体前面板均为长方形，稍向外凸出，且在上中部均设置一小长方形显示屏；进风口均在前面板下部设置，且占很小的一部分；出风口设置在前面板与侧板之间的过渡侧面板处。由于本专利与对比设计均采用柜体前面板为矩形，通过一过渡的侧面板与侧板连接，且前面板上中部设置长方形小显示屏，这种设计布局使得占视觉范围比例最大的前面板显得整洁大方。前面板及其与侧面板设计的变化相对于不容易看到的空调柜的底面、顶部、背面设计的变化，对整体视觉效果更具有显著的影响。

本专利与对比设计区别在于：本专利的前面板较窄，侧面板稍宽，对比设计的前面板较宽，侧面板较窄；本专利前面板上的小显示屏下方没有4个小圆形，对比设计在相应位置有4个小圆形；本专利前面板与侧面板之间的连接为钝角过渡，对比设计则为弧形过渡；本专利前面板的侧边中部有一腰线，前面板上方与空调机顶部之间有一横条，对比设计在相应位置无此设计；本专利在底座侧面后部没有横向进风口，对比设计则有进风口；本专利与对比设计在底座正面进风口以及侧连接板上的线条数量不同。因为实现空气循环作用的进风口、出风口是立式空调柜机关键的部位，其中进风口与出风口的排布通常会引起空调机整体外观的变化，给一般消费者留下更显著的视觉印象。本专利与对比设计在最容易引起视觉关注的前面板采取的相同的设计，相对于底座侧面后部是否有一横向进风口的设计变化，更具有显著的影响。本专利与对比设计在显示屏下方存在有无4个小圆形的区别，由于该圆形在整个立式空调柜体上仅为一个局部细微的设计，在整体设计中所占比例很小，其变化不足以对整体视觉效果产生显著影响。此外，一般消费者在底座进风口已经存在格栅的情况下，不会注意到格栅数量上产生的微小差异。而且，在空调柜整体呈近似长方体，长宽高的比例基本相同的情况下，一般消费者也不会注意到前面板宽度的细微变化。在综合考虑各种因素的情况下，侧面板是否存在腰线设计、前面板与侧面板之间的连接是弧线圆滑过渡还是钝角凹凸过渡的区别点仅属于局部的细微变化，其对整体视觉效果亦不足以产生显著影响。

作为空调柜机产品，柜体面板存在多种形状，面板上图案和线条的布局存在很大差异，在满足空气循环的功能要求下，进风口、出风口可以位于空调柜体的任何位置，而随着进风口、出风口设置在不同的位置，产品的外观可以呈现出多种不同的设计风格。本专利与对比设计均选用将进风口设置于前面板下部，并占较小面积，将出风口设置于产品的顶部和侧面，使前面板上基本没有进风口和出风口，进而整体产品表现出了整洁、大方、简约的视觉印象，该设计风格更显著地影响到一般消费者对该外观设计产生的整体视觉效果，从而降低了个别部位的细微差异对整体视觉效果所带来的影响。因此，本专利与对比设计存在的多处区别均属于局部细微的变化，不会对整体视觉效果产生显著影响。

【案例评析】

本案审结以后，互联网上已有相关评论文章，❶ 探讨局部细微变化和相同设计风格对外观设计专利相近似判断的影响。

外观设计的比较判断应当以一般消费者作为判断主体，遵循整体观察、综合判断的判断方式，具体判断时要考虑二者的区别所在的部位、区别的大小、该类产品设计空间的大小等。若进一步分析，我们会发现，在进行外观设计比较判断时考虑的各种因素，实际都与现有设计状况有关。或者说，判断主体对现有设计状况的认识，会直接影响比较判断的结果，只不过这种影响有时候从决定或者判决的文书中就可以看出来，有时候是对判断主体思想的影响，体现为内心确认或者潜意识。本案中，北京市高级人民法院在其判决文书中直接使用"考虑本领域现有设计状况"的用语，尽管其并未说明本领域现有设计状况是什么；最高人民法院则提到"设计风格"，"设计风格"实际也是基于对现有设计状况的认识得出的。

以下简要分析在判断区别点是否对外观设计的整体视觉效果产生显著影响时，主要考虑的几个因素如何与现有设计状况产生联系。❷

一、常用设计

《专利审查指南 2010》第四部分第五章第 6.1 节规定，"当产品上某些设计被证明是该类产品的惯常设计时，其余设计的变化通常对整体视觉效果更具显著影响。"由于"惯常设计"被限定在一个非常狭小的范围，实践中判断是否具有显著影响时，对于一些常见或常用但又不属于惯常设计的设计，也常常弱化其对外观设计整体视觉效果的影响。此文所用"常用设计"一词，无意界定一个新的术语，只是表达一种宽于惯常设计、实践中常用或常见的意思。

虽然《专利审查指南 2010》强调的是区别点对于整体视觉效果的影响，判断时仍然会考虑相同点的作用。在二者区别点确定的情况下，如果二者之间的相同点在本领域并不常见，也就是说，其相同点是在先设计的特色所在，此时很有可能认为在后设计主要模仿在先设计，二者的区别对整体视觉效果

❶ http：//yuecheng.cn（2013 年 7 月 12 日最后访问）。

❷ 本专利适用的是 2000 年《专利法》，鉴于 2008 年《专利法》修改以后的《审查指南》（即《专利审查指南 2010》）关于二者的差别对于产品外观设计的整体视觉效果的影响因素的规定，相对于之前并没有太大的变化，为面向未来的考虑，本文后面的分析均基于《专利审查指南 2010》的相关内容。

不具有显著影响；如果二者之间的相同点在本领域很常见，也就是本领域大多使用这样的设计，此时二者的区别点很可能会起到更重要的作用，会对整体视觉效果产生更显著的影响。

常用设计是随着设计的发展而产生，同时随着设计的发展而变化的。

一项设计第一次面世时是全新的，当它逐渐融入人们的生活以后，其中某些元素被人们接受并被继承，被后续设计自然而然采用，从而这种元素就成为一种常用设计。不断创新的需求促使设计者不断突破原来约定俗成的模式，打破常规是创新的突破口，在某一阶段常用的设计会被取代，新设计的发展又会形成在另一阶段的常用设计。很早的时候，碗基本都是回转体，通俗地说就是圆形的，"圆形"的设计因工艺等因素成为本领域常用的设计被一直沿用。后来，出现了方形的碗。方形相对于圆形而言在储存、运输方面更节省空间，随着方形碗的普遍使用，方形也逐渐成为碗类产品领域较为常见的形状设计。

常用设计是不断变化的，因此，在判断外观设计之间的相同点是否属于本领域的常用设计时，需要对本领域的现有设计状况有比较清楚的了解。分析现有设计状况，不仅要分析现有设计的区别所在，还要分析现有设计的发展脉络，看哪些是本领域普遍认可并采用的设计。

常用设计不同于功能唯一限定的设计。常用设计之所以成为常用不是因为功能唯一限定，但可能与更好地发挥功能效果有关，也可能与技术背景、生活习惯、文化环境有关。总之，常用设计之所以常用，有很大的必然性。因此在外观设计的比较判断中应当弱化。

本案中室内空调柜机的长方体整体造型就是本领域的常用设计，它的长宽高的比例通常不会有太大的差异，这是综合各个因素的结果。而"将进风口设置于前面板下部，并占较小面积，将出风口设置于产品的顶部和侧面，使前面板上基本没有进风口和出风口"则不是本领域的常用设计，从而被认定为"整体产品表现出了整洁、大方、简约的视觉印象，该设计风格更显著地影响到一般消费者对该外观设计产生的整体视觉效果"。

二、局部细微变化

《专利审查指南2010》第四部分第五章第6.1节规定，"若区别点仅在于局部细微变化，则其对整体视觉效果不足以产生显著影响"。这几乎是涉及显著影响判断的案例中使用最多的理由。仔细分析这些案例可以发现，所说的"局部细微"，有时候并不在局部，有时候也并不细微。之所以仍将这样的区别点认定为"局部细微"，是因为这里的"局部细微"是相对的，是相对于现有设计状况而言的。

本案中，最高人民法院将"在显示屏下方存在有无4个小圆形"、"底座进风口格栅数量"、"前面板宽度"、"侧面板是否存在腰线设计"、"前面板与侧面板之间的连接是弧线圆滑过渡还是钝角凹凸过渡"的区别点都认定为"局部的细微变化"。以上区别点，有的是相对于产品的整体面积而言属于局部，有的是区别本身很细微，而有的则是相对于现有设计状况而言的。比如，"侧面板是否存在腰线设计"、"前面板与侧面板之间的连接是弧线圆滑过渡还是钝角凹凸过渡"这两个区别点，单从区别点所在位置看不属于局部，单从区别大小看也不算细微。但由于"本专利与对比设计均选用将进风口设置于前面板下部，并占较小面积，将出风口设置于产品的顶部和侧面，使前面板上基本没有进风口和出风口"的设计，而这种设计并不是现有设计中常用的，因而"该设计风格更显著地影响到一般消费者对该外观设计产生的整体视觉效果"，从而相对来说二者的上述区别点就成了"局部细微"了。试想，如果现有设计中如二者相同点所示的设计极为普遍，未必会认定二者的上述区别点为局部细微差异。

三、易见部位

《专利审查指南2010》第四部分第五章第6.1节规定，"使用时容易看到部位的设计变化相对于不容易看到或者看不到部位的设计变化，通常对整体视觉效果更具有显著影响"。

实际上，产品上某一部位是否属于"使用时容易看到的部位"并不是一成不变的，它也会随着设计发展而改变。比如，对于机械手表来说，一般里面的机械结构是使用时看不到的，但将表盘整体或部分设计用透明材料制作，则其就成为使用时容易看到的部位。沙发通常靠墙放置，其后面使用时不常见，但现在越来越多的沙发独立摆放在房屋中间，起到分割空间的作用，此时其后面就成为使用时容易看见的部位。

本案中，最高人民法院认为，立式空调柜使用时通常背靠墙面或放置在墙角，产品的底部、顶部和背面属于使用时不容易看到的部位，产品的正面和侧面属于更加能够引起一般消费者关注的部位。如果未来技术发展能让空调成为艺术品一样的存在，其使用时容易看到的部位可能会发生变化。

从以上简要分析可知，判断主体对现有设计状况的了解，是作出客观判断的基础。这里并没有改变判断主体为一般消费者的基本原则。《专利审查指南2010》规定，一般消费者对本专利申请日之前相同种类或者相近种类产品的外观设计及其常用设计手法具有常识性的了解。具备这种能力，从理论上讲，就应该了解本领域的常用设计，知道哪些部位使用时容易看到，知道哪些区别属于局部细微变化。

实践中不论是审查员还是法官，都要面对各种领域的案子，不可能在接手案子之前就将自己变成所属领域的一般消费者。接手案子之后，不论是审查员或者法官自己，还是双方当事人，有责任也有义务让真正的判断者尽快了解本领域的现有设计状况。对于审判者来说，可以通过检索资料获得相关知识，对于当事人来说，要通过陈述、辩论、提交证据来展示现有设计状况。

本文选取了本专利申请日之前专利权人自己的外观设计专利（见图12-3）和同时期其他人的相关外观设计专利（见图12-4），以显示相关现有设计的状况。

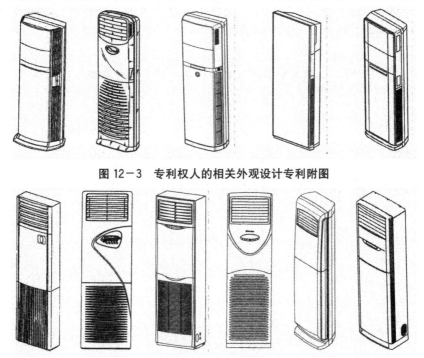

图 12-3 专利权人的相关外观设计专利附图

图 12-4 同时期他人的相关外观设计专利附图

【典型意义】

一、最高人民法院提审本案，体现出外观设计专利的对比判断对于外观设计专利制度发展的重要性

外观设计专利的对比判断结果受主观因素的影响比较大，因此对于结论的偏差通常被理解和包容。但本案的判决说明了一个方向性问题，即外观设计专利对于设计创新高度的要求。在现有设计尤其是具有特色的现有设计的基础上，仅做一些不影响主体特色的设计改变，在某种程度上看也是设计创新，但不足以获得外观设计专利权。这样的授权标准成为创新主体的压力和动力，促使他们在现有设计的基础上作出更大的创新。中国虽然不是判例法国家，但最高人民法院提审给出的判决标准，无疑会对以后的同类案件具有很强的指导意义。

二、强化了基于现有设计状况的比较判断的客观性

进行外观设计的比较判断时，仅分析本专利与对比设计，只能得出二者的相同点与区别点。只有结合现有设计状况，才能客观地评价相同点和区别点各自对于外观设计整体视觉效果的影响，从而得出准确、客观的结论。

同时，本案中，作为对比设计的是专利权人自己的在先专利，判定其不具有专利性实际上也在某种程度上阻碍了专利权人的局部创新。这种专利制度设计的问题，也应当引起我们的思考。

（撰稿人：国家知识产权局专利局　严若艳　联络人：周佳　张威）

案例十三 外观设计专利侵权判定中
关于现有设计的审查
——结构板外观设计专利侵权纠纷案❶

专利名称：结构板
专 利 号：ZL00304962.0
授权日期：2001 年 2 月 14 日
专利权人：丹—帕公司

【案例要点】

在外观设计专利侵权案件的审理过程中，逻辑上应先审查被控侵权产品的设计是否落入涉案专利的保护范围，再考虑现有设计抗辩是否成立。而判断现有设计抗辩是否成立，应当从外观设计产品一般消费者的视角进行审查，将被控侵权产品设计与现有设计进行比对。

【案情简介】

原告丹—帕公司诉称，2001 年国家知识产权局授予丹—帕公司一项外观设计专利权，专利号为 ZL00304962.0（见图 13－1，以下简称涉案专利），名称为"结构板"。丹—帕公司经调查，发现中山市珀丽优板材有限公司（以下简称珀丽优公司）在其网站上许诺销售的多种规格的阳光板与丹—帕公司的涉案专利相近似，而珀丽优公司生产的阳光板在邹豫新处有售。丹—帕公司经比对发现该款阳光板的外观设计（见图 13－2）与涉案专利基本相同，落入了丹—帕公司的上述外观设计专利权的保护范围内。

被告珀丽优公司辩称，其产品的外观设计属于现有设计（见图 13－3），并未侵犯丹—帕公司的外观设计专利权。

被告邹豫新辩称，邹豫新对其所销售的被控侵权产品"阳光板"的知识产权状况并不知晓，而且其所销售的被控侵权产品有合法来源，不应承担赔偿责任。

---

❶ 北京市第二中级人民法院民事判决书（2010）二中民初字第 03853 号。

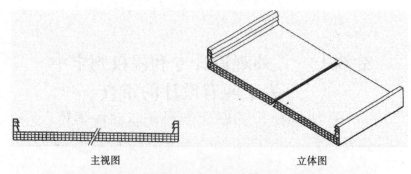

主视图   立体图

图 13-1   涉案专利附图

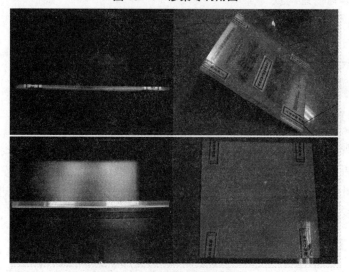

图 13-2   被控侵权产品图片

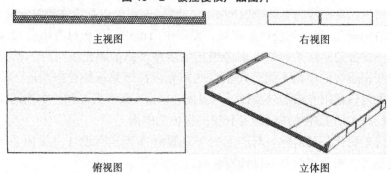

主视图   右视图

俯视图   立体图

图 13-3   现有设计附图

法院经审理查明：2000 年 3 月 29 日，丹一帕公司提交了名称为"结构板"的外观设计专利申请，国家知识产权局于 2001 年 2 月 14 日对该外观设计专利申请予以授权公告，专利号为 ZL00304962.0。

2009 年 4 月 15 日，在公证处的现场监督下，北京市柳沈律师事务所的代理人在计算机上打开 IE 浏览器,在地址栏键入 http：//panelwell.com,弹出珀丽优公司的网页首页,点击该首页中的"公司简介",弹出珀丽优公司的基本情况介绍,点击该网页中的"产品展示",弹出"珀丽优聚碳酸酯"、"绝佳的天幕系统"、"天幕系统组成及结构与技术参数"、"立面系统参数和优点"、"立面系统的应用"、"天幕系统的用途及安装指南"和"天幕系统的应用实例"等字样及相关图片。在此页面下,分别点击"天幕系统的应用实例"、"天幕系统组成及结构与技术参数"、"绝佳的天幕系统",则分别弹出一些图片和文字说明。

2009 年 8 月 20 日,在公证处的监督下,北京市柳沈律师事务所的代理人在邹豫新经营的北京市玉泉营万福装饰材料经营部定购了"珀丽优阳光板"。在与该经营部工作人员就规格、尺寸、数量和金额达成一致后,该代理人交付了定金并签订了《订货确认书》,取得《定金收据》、"珀丽优阳光板"样品和名片一张。2009 年 9 月 15 日,在公证处的监督下,北京市柳沈律师事务所的代理人再次来到北京市玉泉营万福装饰材料经营部,交付余款后,取得《北京市商业企业专用发票》、《合格证》、《珀丽优天幕系统产品有限保证书》各一份。"金马搬家公司"工作人员将上述货物搬运至货车中并运送至居然之家玉泉营店外广场,并将"珀丽优阳光板"中的一整块锯下两小块交由公证员贴封。

当事人双方将经公证封存的产品与涉案专利所要求保护的设计方案进行了比对。

根据涉案专利公报所公开的图片,涉案专利所要求保护的设计方案为：一种结构板,其横截面整体上呈"凵"形,该结构板由平面板状部分和位于该平面板状部分两侧并与该平面板状部分连成一体的扣边部分构成,两个扣边部分沿着基本垂直于该平面板状部分的方向向上延伸;从结构板的横截面来看,其内部由呈网格状均匀分布的多个中空单元格构成,其中在平面板状部分的内部,中空单元格排列成 3 层,各个中空单元格均呈矩形且大小基本一致;而位于平面板状部分两侧的扣边部分的内侧则由连续的锯齿形部分构成,锯齿形部分的底部与平面板状部分的上表面连成一体,扣边部分的外侧垂直于平面板状部分并与平面板状部分的下表面连成一体,两个扣边部分的内部均由 3 个沿垂直于平面板状部分的方向连续排列成一体的直角梯形中空格构成。

经公证封存的上述"珀丽优聚碳酸酯结构板材"为一种横截面整体上呈"凵"形的透明或半透明结构板,与涉案专利属于相同种类的产品。该结构板由平面板状部分和位于该平面板状部分两侧并与该平面板状部分连成一体的扣边部分构成,两个扣边部分沿着基本垂直于该平面板状部分的方向向上延伸；从该结构板的横截面来看，其内部由呈网格状均匀分布的多个中空单元格构成，其中在平面板状部分的内部，中空单元格均匀排列成 3 层，各个中空单元格均呈矩形且大小基本一致；而位于平面板状部分两侧的扣边部分的内侧则由连续的锯齿形部分构成，锯齿形部分的底部与平面板状部分的上表面连成一体，扣边部分的外侧垂直于平面板状部分并与平面板状部分的下表面连成一体，两个扣边部分的内部均由 3 个沿垂直于平面板状部分的方向连续排列成一体的直角梯形中空格构成。

珀丽优公司认可上述被控侵权产品系其生产，邹豫新所销售的产品确由珀丽优公司提供。但珀丽优公司主张被控侵权产品与现有设计相似，不侵犯丹—帕公司的涉案专利权。

珀丽优公司主张的现有设计为授权公告日为 1998 年 11 月 11 日、授权公告号为 CN3090145D、产品名称为"结构板"的中国外观设计专利。该外观设计专利公开日在涉案专利的申请日之前，其公开了一种结构板，与涉案专利属于相同种类的产品。根据该专利公报所附图片的记载，该结构板由平面板状部分和位于该平面板状部分两侧并与该平面板状部分连成一体的扣边部分构成，两个扣边部分沿着基本垂直于该平面板状部分的方向向上延伸；从该结构板的横截面来看，其内部由呈网格状均匀分布的多个中空单元格构成，其中在平面板状部分的内部，中空单元格均匀排列成 4 层，各个中空单元格均呈蜂窝状形且大小基本一致；而位于平面板状部分两侧的扣边部分的内侧则由连续的锯齿形部分构成，锯齿形部分的底部与平面板状部分的上表面成一体，扣边部分的外侧垂直于平面板状部分并与平面板状部分的下表面成一体，两个扣边部分的内部均由 3 个沿垂直于平面板状部分的方向连续排列成一体的直角梯形中空格构成。

珀丽优公司认为被控侵权产品的外观与现有设计相近似，并未侵犯涉案专利权。丹—帕公司则认为，被控侵权产品的外观与现有设计存在明显区别，被控侵权产品的外观与现有设计不相近似，现有设计抗辩不能成立。法院采纳了被告的现有设计抗辩主张，判决驳回了原告丹—帕公司的诉讼请求。❶

【案例评析】

本案对外观设计专利侵权案件的审理至少有 3 点启示：①逻辑上，应该先审查被控侵权产品的设计是否落入涉案专利的保护范围，再考虑现有设计抗辩是否成立。②判断被控侵权产品的设计是否落入外观设计专利的保护范围和被控侵权产品的设计是否与现有设计相同或近似，应当从外观设计产品

---

❶ （2010）二中民初字第 03853 号。

一般消费者的视角进行审查。③在审查现有设计抗辩是否成立时，应当仅将被控侵权产品设计与现有设计进行比对。

一、逻辑上，应该先审查被控侵权产品的设计是否落入涉案专利权的保护范围，再考虑现有设计抗辩是否成立

现有设计是指外观设计专利申请日以前在国内外出版物上公开发表过或者国内公开使用过的外观设计。现有设计抗辩是被告针对原告请求法院认定被告专利侵权成立请求权的一种抗辩权，考虑现有设计抗辩的前提是被控侵权产品的设计落入涉案专利的保护范围。

本案中，判决论理的逻辑分两部分，先就被控侵权产品是否落入了涉案专利的保护范围进行审查，在通过比对，涉案外观设计专利的主视图、立体图与被控侵权产品的相应视图基本相同，无明显区别，判断被控侵权产品落入涉案外观设计专利权的保护范围内之后，再审查被告的现有设计抗辩是否成立。如果发现被控侵权产品的设计并未落入外观设计专利的保护范围，则原告的侵权指控不成立，无须启动被告针对该专利侵权指控的现有设计抗辩的审查。

二、判断被控侵权产品的设计是否落入外观设计专利的保护范围和被控侵权产品的设计是否与现有设计相同或近似，应当从外观设计产品一般消费者的视角进行审查

判断被控侵权产品的设计是否落入外观设计专利的保护范围和被控侵权产品的设计是否与现有设计相同或近似，应当基于外观设计产品的一般消费者的知识水平和认知能力，对二者的整体视觉效果进行综合判断。虽然一般消费者是法律所抽象的"人"，但在具体的外观设计相同或相近似的判断时，必须结合所要判断的外观设计产品，将一般消费者这个抽象的概念具体化为与该产品相关的人群。因此，一般消费者应对外观设计专利产品同类或者相近类产品的外观设计状况具有常识性的了解，对外观设计产品之间在形状、图案以及色彩上的差别具有一定的分辨力，但不会注意到产品的形状、图案以及色彩的微小变化。可见，作为判断外观设计相同或相近似的主体的一般消费者，其应当对现有设计中的惯常设计和常用设计手法具有一定了解。在一般消费者的这种知识水平和认知能力的前提下，不同外观设计之间在惯常设计或常用设计手法上的相同或者相近似之处对于二者的整体视觉效果不具有显著影响。而授权外观设计区别于现有设计的设计特征相对于授权外观设计的其他设计特征，对外观设计的整体视觉效果更具影响。

本案中，一般消费者应该设定为结构板产品的经营者和消费者。

三、在审查现有设计抗辩是否成立时，应将被控侵权产品设计与现有设计进行比对

如果发现被控侵权产品的设计落入涉案专利的保护范围，则需根据被告

的抗辩意见，启动被告针对专利侵权指控提出的现有设计抗辩的审查。现有设计抗辩制度的正当性在于，授予专利权的外观设计，应当同现有设计不相同和不相近似，因而专利权人只能就其相对于现有设计的创新性贡献申请专利并获得保护，不能把已经进入公有领域或者属于他人的创新性贡献的部分纳入其保护范围。因此，如果被告能够证明其实施的设计属于涉案专利申请日前的现有设计，就意味着其实施行为未落入涉案专利的保护范围。在我国现行法律实行专利有效性判定程序和专利侵权判定程序分别独立进行的模式下，如果不允许被告在专利侵权民事诉讼中主张现有设计抗辩，在被控侵权产品属于现有设计的情况下依然认定构成侵犯涉案专利权，则会导致外观设计专利权的保护范围与专利权人的创新性贡献不相符的不公平现象出现。

判断被告的现有设计抗辩是否成立，首先应将被控侵权产品的设计与一项现有设计相对比，确定两者是否相同或者无实质性差异。如果被控侵权产品的设计与一项现有设计相同或者无实质性差异，则可以直接确定被告所实施的设计系现有设计，其提出的现有设计抗辩成立，原告的专利侵权指控不成立。即便被控侵权产品的设计与原告的外观设计专利完全相同，原告的专利侵权指控也不能成立。

司法实践中出现更多的是被控侵权产品的设计与现有设计并非完全相同的情况，此时应进一步判断两者是否无实质性差异，或者说是否构成近似。关于近似性判定，法院的审理思路存在一个变迁的过程。之前，一般是将被控侵权产品设计、现有设计和外观设计专利三者分别进行对比，然后作出综合判断，审查被控侵权产品设计是与现有设计更接近，还是与外观设计专利更接近，如果与现有设计更接近，则现有设计抗辩成立；如果与外观设计专利更接近，则现有设计抗辩不成立，专利侵权指控成立。2009年12月发布的《最高人民法院关于审理侵犯专利权纠纷案件应用法律若干问题的解释》，对这种情形下如何进行近似性的判定，作出了权威性解释，规定只将被控侵权产品设计与现有设计比对，仅审查被控侵权产品设计与现有设计是否构成近似。

本案中，珀丽优公司提出现有技术抗辩的主要观点是，被控侵权产品的外观与现有设计所公开的结构板的外观设计方案相比，二者的区别仅在于板材横截面的内部结构有所不同，但对于板材而言，其横截面内部结构的变化属于惯常设计，且截面内部结构的变化对于板材产品外观的整体视觉效果不具有显著影响，因此，被控侵权产品的外观与现有设计相近似。原告丹—帕公司则认为，被控侵权产品的外观与现有设计存在下述区别：①横截面不同，被控侵权产品的横截面为3层矩形空格，而现有设计为4层蜂窝状空格，这种区别不是细微区别，是设计要点区别。②扣边部分的宽度和高度的尺寸比例与被控侵权产品不同。对一般消费者而言，截面内部结构的变化对于板材产品外观的整体视觉效果具有显著影响。因此，被控侵权产品的外观与现有设计不相近似。其实，被控侵权产品的设计与上述现有设计相比，区别仅在于结构板的内部中空单元格的形状和排列层数有所不同：由二者的横截面视图来看，被控侵权产品的平板部分的内部中空单元格基本为矩形并均匀排列成4层，而上述现有设计的平板部分的内部中空单元格则为蜂窝状并均匀排列成3层。但对于结构板而言，一般消费者不会注意到结构板内部中空格的形状和层数的微小变化，而且这种内部中空格的形状和排列层数的微小变化也不能使结构板的外部图案、色彩、形状等发生明显变化。结构板内部中空单元格的形状变化和排列方式亦属于惯常设计，结构板内部的上述微小区别对结构板外观的整体视觉效果不具有显著影响。故被控侵权产品的外观与现有设计相近似。因此，被告提出的现有设计抗辩的主张，应予采纳。至于丹一帕公司所提出的现有设计之扣边部分的高度、宽度的尺寸比例与被控侵权产品不同，从而认为被控侵权产品与现有设计不相近似的主张，首先，对于结构板这种产品而言，其长度、宽度等尺寸通常要根据设计要求、应用场合和客户需求的不同而改变，并非是确定不变的；其次，现有设计为一项在先的中国外观设计专利，根据现有设计所记载的内容，该外观设计专利并未明确限定其结构板扣边部分的高度、宽度及相关的尺寸比例关系，也未在简要说明中要求对上述尺寸和相关的比例关系予以保护，不能以此作为被控侵权产品与现有设计不相近似的依据。

可见，本案在审查现有设计抗辩是否成立时，也只是将被控侵权产品设计与现有设计进行了比对。

【典型意义】

本案涉及外观设计专利侵权判定中关于现有设计的审查，在审理顺序、外观设计相同相近似的判断主体以及现有设计抗辩的比对方式上均具有典型意义。

（撰稿人：北京市第二中级人民法院　周多　联络人：张跃平　石岩）

案例十四 设计空间对相近似性判断的影响

——摩托车车轮（82451）外观设计专利无效行政纠纷案

专利名称：摩托车车轮（82451）
专 利 号：ZL200630110998.7
授权日期：2007 年 4 月 11 日
专利权人：浙江万丰摩轮有限公司

【案例要点】

设计空间对于确定相关设计产品的一般消费者的知识水平和认知能力具有重要意义；在外观设计相同或者相近似的判断中，应该考虑设计空间或者说设计者的创作自由度，以便准确确定该一般消费者的知识水平和认知能力；设计空间的大小是一个相对的概念，是可以变化的，在专利无效宣告程序中考量外观设计产品的设计空间，需要以专利申请日时的状态为准。

【案情简介】

针对本专利（见图 14—1），今飞公司以本专利申请日以前已有与本专利相似的外观设计在国内出版物上公开发表过为由，于 2009 年 2 月 25 日向专利复审委员会提出无效宣告请求，并提交了附件 13 即 *Bike* 杂志 2005 年 9 月号封面和封底复印件作为证据。专利复审委员会认为，附件 13 公开了一款摩托车车轮的外观设计（即在先设计，见图 14—2、图 14—3），将本专利与在先设计进行比较，二者的相同之处在于：均由轮辋、辐条、轮毂组成，辐条呈逆时针旋转状分布且两侧平直，轮毂表面有加强筋。二者主要不同之处在于：本专利有 5 根辐条，而在先设计为 6 根辐条；本专利辐条一面为平滑，另一面表面有凹槽，而在先设计辐条表面为平滑和凹槽交替轮换；本专利与在先设计轮毂表面的加强筋图案不同。摩托车车轮基本均由轮辋、辐条和轮毂 3 部分组成，圆形轮辋属于车轮的惯常设计，相对轮辋，辐条的形状设计通常对车轮的整体视觉效果更具有显著的影响。本专利与在先设计在辐条两侧的形状相同，区别仅在于在先设计比本专利多一根辐条，属于局部细微的差别，而辐条表面凹槽和平滑的差异也属于细微变化，对整体视觉效果不具有显著影响。轮毂在使用状态下通常会被支架遮挡一部分，故轮毂表面加强筋图案的差别对整体效果不具有显著影响。因此,二者属于相近似的外观设计,本专利不符合 2000 年修订的《专利法》第 23 条的规定。遂作出第 13657 号无效宣告请求审查决定(以下简称第 13657 号决定),宣告本专利全部无效。

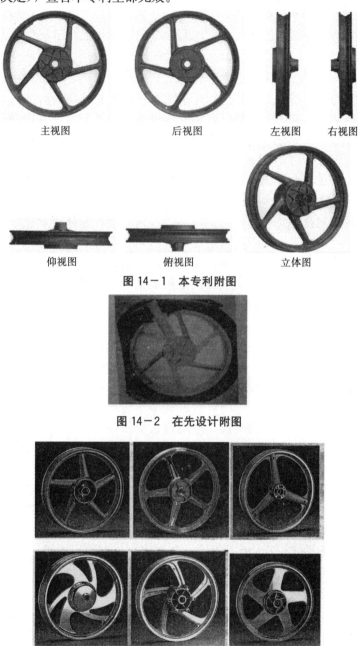

图 14－1　本专利附图

图 14－2　在先设计附图

图 14－3　在先设计:《摩托车技术》(2003 年第 8 期) 所附摩托车车轮外观设计图

浙江万丰摩轮有限公司（以下简称万丰公司）不服该决定，提起行政诉讼。北京市第一中级人民法院一审认为：①在判断外观设计是否相似时，应当以相关产品的一般消费者为判断主体，对于形成最终日常产品的中间产品，关注其外观设计的是该类产品的采购者和使用者，应以采购、使用该类产品的人员为一般消费者。本案中，摩托车车轮属于摩托车这一最终日常产品的中间产品，摩托车消费者一般不会直接购买摩托车车轮进行组装使用，因此该类产品的采购者和使用者应为摩托车组装商或维修商，而这些主体往往具有一定的摩托车零部件专业知识，对于两摩托车车轮外观设计的差异应有较普通公众更高的分辨能力。②在判断外观设计是否近似时，亦应考虑该类产品在外观方面存在变化空间的大小，对于外观变化空间较小的产品，其设计差异更易对整体视觉效果产生显著的影响。本案中，摩托车车轮均为轮辋、辐条和轮毂组成，受其所设定功能的限制，外观变化的空间均为有限。本案中，本专利和在先设计进行比较，至少存在第 13657 号决定所认定的 3 项区别。在设计空间有限的车轮产品上，上述区别已经对整体视觉效果产生了显著的影响，在该产品消费者所具有的较高分辨能力下，足以排除混淆。专利复审委员会认定本专利与在先设计属于相近似的外观设计根据不足，其基于以上认定作出的第 13657 号无效决定主要证据不足。遂判决撤销第 13657 号决定，判令专利复审委员会重新作出决定。

专利复审委员会、今飞公司不服，提出上诉。北京市高级人民法院二审认为：①关于外观设计是否相同或者相近似的判断标准。在判断外观设计是否相同或者相近似时，应当基于相关产品的一般消费者的知识水平和认知能力进行评价，而不能从专业人员的角度进行判断。因此，在判断本专利与在先设计是否相同或近似时，应当以对摩托车车轮产品具有常识性了解的一般消费者为判断主体。一审判决将一般消费者局限在具有一定的摩托车零部件专业知识的摩托车组装或维修商，属于适用法律错误。②关于外观设计是否相同或者相近似的判断。一审判决基于摩托车车轮产品在设计空间方面的限制认定本专利与在先设计不属于近似的外观设计，结论正确。一审判决认定事实清楚，适用法律基本正确，程序合法，应予维持。遂判决维持一审判决。专利复审委员会和今飞公司均不服，向最高人民法院申请再审。最高人民法院提审本案后于 2010 年 12 月 23 日作出再审判决，撤销一、二审判决，维持第 13657 号决定。

最高人民法院再审认为：❶

（一）关于外观设计专利相同或相近似判断中的判断主体

作为判断外观设计相同或相近似的主体即一般消费者是一个具有上述知

---

❶ 最高人民法院（2010）知行字第 37 号、（2010）知行字第 40 号。

识水平和认知能力的抽象概念，而不是具体的从事某种特定工作的人。但如果只是认识到一般消费者是一个抽象的人，对于外观设计相同或相近似的判断而言不具有多少实际意义。问题的关键在于具体界定一般消费者的知识水平和认知能力。这就必然要针对具体的外观设计产品，考虑该外观设计产品的同类和相近类产品的购买者和使用者群体，从而对该外观设计产品的一般消费者的知识水平和认知能力作出具体界定。对于摩托车车轮产品的外观设计而言，由于摩托车车轮是摩托车主要的外部可视部件，在确定其一般消费者的知识水平和认知能力时，不仅要考虑摩托车的组装商和维修商的知识水平和认知能力，也要考虑摩托车的一般购买者和使用者的知识水平和认知能力。

（二）关于本专利产品摩托车车轮的设计空间

设计空间是指设计者在创作特定产品外观设计时的自由度。设计者在特定产品领域中的设计自由度通常要受到现有设计、技术、法律以及观念等多种因素的制约和影响。特定产品的设计空间的大小与认定该外观设计产品的一般消费者对同类或者相近类产品外观设计的知识水平和认知能力具有密切关联。对于设计空间极大的产品领域而言，由于设计者的创作自由度较高，该产品领域内的外观设计必然形式多样、风格迥异、异彩纷呈，该外观设计产品的一般消费者就更不容易注意到比较细小的设计差别。相反，在设计空间受到很大限制的领域，由于创作自由度较小，该产品领域内的外观设计必然存在较多的相同或者相似之处，该外观设计产品的一般消费者通常会注意到不同设计之间的较小区别。可见，设计空间对于确定相关设计产品的一般消费者的知识水平和认知能力具有重要意义。在外观设计专利与在先设计相同或者相近似的判断中，应该考虑设计空间或者说设计者的创作自由度，以便准确确定该一般消费者的知识水平和认知能力。在考虑设计空间这一因素时，应该认识到，设计空间的大小是一个相对的概念。在设计空间极大的产品领域和设计空间受到极大限制的产品领域这两个极端之间，存在着设计空间由大到小的过渡状态。同时，对于同一产品的设计空间而言，设计空间的大小也是可以变化的。随着现有设计增多、技术进步、法律变迁以及观念变化等，设计空间既可能由大变小，也可能由小变大。因此，在专利无效宣告程序中考量外观设计产品的设计空间，需要以专利申请日时的状态为准。本案从专利复审委员会提供的证据来看，即使摩托车车轮均由轮辋、辐条和轮毂组成，且受到设定功能限制的情况下，其辐条的设计只要符合受力平衡的要求，仍可以有各种各样的形状，存在较大的设计空间。原审判决以摩托车车轮的设计空间有限为前提得出本专利与在先设计的区别致使两者不相同也不相近似的结论，缺乏事实依据。

【案例评析】

一、关于"一般消费者"的抽象与具体之争

对于判断外观设计专利相同或相近似的判断主体"一般消费者"的概念，一直存在抽象主体和具体主体两种观点之争。前者认为，一般消费者的特点在于对被比设计产品的同类或者相近类产品的外观设计状况具有常识性的了解，对外观设计产品之间在形状、图案以及色彩上的差别具有一定的分辨力，但不会注意到产品的形状、图案以及色彩的微小变化，因此其是一个抽象的概念，而不是具体的某个或某类从事某种特定工作的人。后者认为一般消费者应该理解为与外观设计产品有关的具体人群，而不应该将其理解为一个纯粹抽象的概念。与此相对应，在具体的近似性对比中，两种观点导致两种不同的方法。抽象主体的主张者认为，在具体案件的审查中，应注意把握一般消费者的特点，而不应将其具体化为某一类或者某几类特定的人群，在各个不同类型的案件中做具体身份人群的对应的审查方式本质上是错误的；无论是哪种身份的人群，其属性、特点都是有局限性的，也可能是相互冲突的。具体主体的主张者认为，在具体审查中，必须结合外观设计产品确定具体的人群，根据该人群中的特点才能确定。这两种观点均有其各自的合理性和片面性。

根据《专利审查指南 2010》的规定，一般消费者应该具有下述特点：①对被比设计产品的同类或者相近类产品的外观设计状况具有常识性的了解。②对外观设计产品之间在形状、图案以及色彩上的差别具有一定的分辨力，但不会注意到产品的形状、图案以及色彩的微小变化。就此而言，一般消费者显然是一个具有上述知识水平和认知能力的抽象主体。在这一点上，抽象主体论者是正确的。但是仅仅认识到一般消费者的抽象性是远远不够的。在外观设计相同或者相近似的判断中，之所以界定"一般消费者"这一判断主体，其最终目的是确定具体外观设计产品的一般消费者的知识水平和认知能力如何。如果脱离了对具体外观设计产品的购买者、使用者的考虑，对该种外观设计产品的一般消费者的知识水平和认知能力的判断就会失去根源和基础，就会流于任意和武断。在这个意义上，具体主体论者是正确的。但是，如果在考虑该种外观设计产品的购买者和使用者时，将之僵化地对应为具体从事某种特定工作的人群，则可能会因不同人群的知识水平和认知能力差异而导致结论的冲突。这是具体主体论者的局限所在。

实际上，抽象主体论和具体主体论的对立反映了哲学上的抽象与具体的关系。马克思主义哲学认为，抽象与具体在人的认识中相互联系和转化，人对客观事物的认识总是从感性的具体认识开始，经过分析判断形成理性抽象认识，再经更深刻的思维加工，由理性的抽象认识形成高级的理性的具体认识。因此，在外观设计相同相近似的判断实践中，对抽象主体和具体主体应该从对立统一和相互转化中理解和把握。具体而言，正确界定某种外观设计产品的一般消费者的知识水平和认知能力，必须结合该种外观设计产品的购买者和使用者群体，从这一群体中抽象出其共同的知识水平和认知能力特征，进而形成对该类产品一般消费者的理性认知。最高人民法院在本案中恰当地运用了这一方法。由于本案外观设计产品是摩托车车轮，这类产品既是摩托车的零部件，又在最终产品（摩托车）上可见且构成最终产品重要和突出的组成部分，是容易引起最终用户注意的部分，因此该类产品的消费者不仅包括摩托车的组装商、维修商，还包括摩托车的一般购买者和使用者。此时，这类产品的一般消费者的知识水平和认知能力应该由上述全部消费者的共同的知识水平和认识能力特征所决定，而不是由其中某部分群体的知识水平和认知能力所确定。如果仅仅把组装商、维修商的知识水平和认知能力特征作为本外观设计产品的一般消费者的特征，则会不恰当地提高该类产品一般消费者的知识水平和认知能力，进而得出错误结论。

二、关于设计空间的法律意义

在本案之前，在确定某类外观设计产品的一般消费者对同类或者相近类产品外观设计的知识水平和认知能力之时，是否需要考虑该特定产品的设计空间并无统一认识。实际上，正如本案判决所指出，设计空间或者说设计者的创作自由度与该类产品的一般消费者的知识水平和认知能力存在非常紧密的关联性：涉及空间越大，该外观设计产品的一般消费者就更不容易注意到比较细小的设计差别；设计空间越小，该外观设计产品的一般消费者通常会注意到不同设计之间的较小区别。因此，在确定具体设计产品一般消费者的知识水平和认知能力时，需要考虑设计空间。这一点，由于一般消费者的知识水平和认知能力不仅是授权的标准，也是侵权判断的标准，因此，在授权和侵权判断中，考虑设计空间都是必要的。这一点也为其他国家或者地区的外观设计立法所肯定。例如欧共体外观设计指令第9条第2款即规定，在判断保护范围时，应该考虑设计者在开发其设计时的自由程度。❶ 当然，设计空间的大小是相对而言的，而且可能因条件不同发生变化。对此，在理解设计空间对一般消费者的知识水平和认知能力的影响时应给予充分注意。

---

❶　98/71/EC of 13 October 1998，O. J. L. 289，28/10/1998.

【典型意义】

在本案判决中，最高人民法院首次明确了设计空间的内涵及其法律意义，并对外观设计相同或相近似的判断主体表明态度，对于外观设计专利的授权确权和侵权判断均具有重大影响。

（撰稿人：最高人民法院　朱理　联络人：张跃平　石岩）

案例十五　设计空间在家具产品外观设计
侵权案中的应用
——三抽柜（蛋形）外观设计专利侵权纠纷案

专利名称：三抽柜（蛋形）
专 利 号：ZL200630173653.6
授权日期：2007 年 11 月 28 日
专利权人：刘汝彬

【案例要点】

本案涉及家具产品"三抽柜"，该产品的外观设计包括形状和图案两方面的要素。本专利与被控侵权产品之间形状近似，图案分别类似百合花和牡丹花。专利权人起诉被控侵权人侵权后，一审法院判决被控侵权产品与本专利不相似，二审法院判决认定二者构成近似。被控侵权人向最高人民法院提起再审请求，最高人民法院裁定驳回再审申请，认定二者相似。

本案涉及的外观设计专利是形状与图案的结合，其区别于现有设计的设计特征是形状的创新，依据整体观察、综合判断的原则，所述形状对于外观设计的整体视觉效果更具有显著影响；在被控侵权设计采用了本外观设计专利的形状设计特征的前提下，装饰图案的简单替换对两者整体视觉效果的近似性判断的影响相对较小。

【案情介绍】

中山市南区佳艺工艺家具厂（以下简称佳艺家具厂）是名称为"三抽柜（蛋形）"的外观设计专利（即本专利，见图 15－1）的独占许可使用权人。2010 年 9 月 6 日，佳艺家具厂提起诉讼，请求判令中山市君豪家具有限公司（以下简称君豪公司）承担侵权责任。君豪公司生产、销售了具有 3 个抽屉的椭圆形柜子（即被控侵权产品，见图 15－2）。其中本专利与被控侵权产品的设计在柜顶、柜体和柜脚的设计内容相同，二者的主要区别在于产品表面的图案。

主视图　　　　　　　左视图　　　　　　　俯视图

立体图　　　　　　　后视图　　　　　　　仰视图

图 15－1　本专利附图

图 15－2　被控侵权产品图片

针对佳艺家具厂的诉讼请求，一审法院即广东省中山市中级人民法院作
出（2010）中中法民三初字第 83 号民事判决。该判决认为，本专利与被控侵
权产品均是有 3 个抽屉的椭圆形柜子，二者在柜顶、柜体和柜脚 3 个部分的
外观形状相似，但在柜体表面花状图案、图案的表现形式以及外观形状与图

形结合方面存在的差异使二者的整体视觉效果不同，因此被控侵权产品与本专利不相似，君豪公司生产、销售被控侵权产品的行为不构成侵权。故判决驳回佳艺家具厂的诉讼请求。

佳艺家具厂不服，提起上诉。经过审理，广东省高级人民法院作出（2011）粤高法民三终字第229号判决书。二审判决认为，四方形三抽柜和八边形装饰框与"蛋形"圆柱体柜体按照特定方式结合、布局，是本专利最显著的设计特征，在君豪公司未举证证明本专利产品的形状为该类产品惯常设计的情况下，该特征对于整体视觉效果的影响更大，被诉侵权产品具备该特征。被控侵权产品与本专利在装饰图案方面的差异仅为局部的、细微的差异。因此，应当认定被控侵权设计与本专利设计构成近似。遂判决撤销一审判决，判令君豪公司承担侵权责任。

君豪公司不服，向最高人民法院申请再审。最高人民法院于2011年11月22日作出（2011）民申字第1406号裁定，驳回了君豪公司的再审申请。最高人民法院认为，外观设计专利区别于现有设计的设计特征对于外观设计的整体视觉效果更具有显著影响；在被控侵权设计采用了本外观设计专利的设计特征的前提下，装饰图案的简单替换不会影响两者整体视觉效果的近似。

最高人民法院的裁定书中具体的观点如下：被控侵权产品与本外观设计专利产品均为蛋形三抽柜，二者在柜顶、柜体和柜脚部分的外观形状基本相同。其主要的区别点是装饰图案不同，一是前者柜顶无装饰，后者柜顶有百合花装饰；二是后者以一支飘逸、匀称遍布状百合花装饰的部分，前者均以一团簇状牡丹花装饰。结合本案的现有证据来看，四方形三抽柜和八边形装饰框与"蛋形"柜体的组合和布局是本专利外观设计区别于现有设计的设计特征。因此，被控侵权产品和本专利产品的外观设计在柜体的整体形状、柜体各组成部分的形状以及布局方式上的基本相同相比其他设计特征对于外观设计的整体视觉效果更具有影响。被控侵权设计与本专利设计虽然在装饰图案上存在差异，但二者均为花卉图案，图案的题材相同，在柜体的装饰布局上也基本相同，被控侵权设计实质采用了本专利设计的设计方案。以牡丹花图案替换本专利设计的百合花图案，这种简单替换所导致的差异对于整体视觉效果的影响是局部的、细微的，以一般消费者的知识水平和认知能力来判断，该差异不足以将被控侵权设计和本专利设计区分开来，对于判断被控侵权设计和本专利设计在整体视觉效果上构成近似无实质性影响。

【案例评析】

本案涉及外观设计专利侵权是否成立，其焦点是被控侵权设计是否落入本专利权的保护范围。

根据《最高人民法院关于审理侵犯专利权纠纷案件应用法律若干问题的解释》(法释〔2009〕21号)第10条,人民法院应当以外观设计专利产品的一般消费者的知识水平和认知能力,判断外观设计是否相同或者近似。因此,在本案的一审判决、二审判决和再审裁定中,法院均对本专利与被控侵权产品是否相近似进行判断。

对于侵权案件中相近似的判断,同外观设计专利的确权判断或无效案件的相近似判断一样,要适用整体观察、综合判断的原则。笔者认为,审查判断步骤可以分为如下几步:首先,确定本专利与被控侵权产品的相同点和不同点;其次,依据一般消费者的认知水平,结合现有设计状况来确定本专利中对于整体视觉效果产生显著影响的内容,由此确定本专利设计的创新所在即创新的设计特征在整体视觉效果中的权重;最后,确定被控侵权产品是否利用了本专利的创新设计特征,或者说,二者的相同点是否正是本专利的创新设计特征,以及确定二者的不同点对于整体视觉效果的影响,从二者相同点和不同点对整体视觉效果的权重上,综合得出二者是否相近似的结论。下面依据上述步骤,对本案如何认定为相近似进行详细分析。

本专利不要求保护色彩,因此仅以图片中表现的形状和图案与被控侵权产品进行对比。本专利产品是一款三抽屉柜子,由柜顶、柜体和柜脚3个部分组成。柜体正面有3个抽屉上下依次排列,抽屉均呈长方形,中间有一个圆形拉手,每两个抽屉之间有一条状间隔,有一支类似百合花状图案贯通3个抽屉。柜顶呈椭圆状,边缘有围栏式的突起,使柜顶呈一个盆状,盆中央是一支与正面类似的百合花状图案。柜体侧面设置有一个长条形八角装饰块,其内有一支类似百合花形状图案。左右两侧对称。在柜体背面的左右两侧各有一条凸起的装饰条,中间位置为空白。柜脚外形也呈椭圆形,在椭圆形中对称分布4只T形脚座。

被控侵权产品也是三抽屉柜子,由柜顶、柜体和柜脚3个部分组成。与本专利相比,二者的相同点在于:柜体正面有3个抽屉上下依次排列,抽屉均呈长方形,中间有一个圆形拉手,每两个抽屉之间有一条状间隔,柜顶呈椭圆状,边缘有围栏式的突起,使柜顶呈一个盆状,侧面有长条形八角装饰块,装饰块内有花形图案,背面形状和柜脚形状相同。被控侵权产品与本专利的不同点在于:①图案的不同以及图案所占面积的不同,被控侵权产品的正面图案是三簇分开的牡丹花,所占面积较大;被控侵权产品侧面的图案是一簇牡丹花,所占面积较小。②被控侵权产品的柜顶的形状即椭圆形长短轴的比值不同。③柜顶有无图案的差别。

在适用整体观察、综合判断原则时,应当从一般消费者的知识水平和认知能力出发，依据相应产品的设计空间进行相近似的判断，而不能孤立地将本专利图片与被控侵权产品进行对比并得出结论。

一般消费者是拟制的人，其应当对本专利产品的同类或者相近类产品的外观设计状况有常识性的了解，能够知晓常用的设计手法。比如本专利是带抽屉的柜子，抽屉的数量可以根据需要进行选择，通常抽屉的数量有 2 个、3 个、4 个甚至 7 个或者 8 个等。不论柜子带有几个抽屉，抽屉均会处于柜子的正面，抽屉的把手有各种形状，其中如本案这样的圆形把手是很常见的。另外，一般消费者知晓的是，柜子正面是最被人关注的面，其次是顶面和侧面，最不易为人关注的是背面和底面。

本案中，本专利由形状和图案两方面的要素组成，形状和图案均对整体视觉效果具有影响。但是形状和图案对于整体视觉效果的影响权重是不同的。对于家具产品而言，产品的形状设计是首先进行的，形状的设计很大程度上决定了产品的功能和风格，图案是对于产品的进一步装饰，而且图案的设计可以以平面图案的形式独立进行设计，之后将图案附着在柜子表面，也就是说柜子表面的图案是在形状设计的基础上进行的。作为一般消费者而言通常最先观察到的是柜子的形状，因此形状相对于图案对整体视觉效果更具有显著影响。

对于本专利的形状而言，通过了解现有设计状况（见图 15—3），我们可以得知柜子的形状多种多样，在柜子的整体形状上的设计空间较大。本专利的整体形状为椭圆柱体形式，比较接近现有设计 1 的形式。抽屉的形状即四方形抽屉是非常普通的设计形式，抽屉的数量可以有更多的选择。柜顶采用椭圆形的设计是已经存在的（见现有设计 1 至 3），柜子侧面的装饰框可以有四边形（见现有设计 4）和八边形，八边形装饰框在现有设计中也有出现（见现有设计 5）。而四方形三抽柜、八边形装饰框与椭圆形柜顶的形状组合则没有出现过，因此在最高人民法院的再审裁定中会认定"本专利设计区别于现有设计的设计特征是四方形三抽柜和八边形装饰框与'蛋形'柜体的组合和布局"。在此基础上，可以确定本专利中对整体视觉效果具有显著影响的是其椭圆形柜体、四方形三抽柜、与八边形装饰框组合出的整体形状。该形状也正是本专利的创新所在。

现有设计1　　　　　现有设计2　　　　　现有设计3

现有设计4　　　　　现有设计5　　　　　现有设计6

图15-3　现有设计状况附图

而对于图案的差异在整体视觉效果上的权重考虑也是一审判决和二审判决产生分歧的所在。对于一般消费者而言，图案的替换是本领域中常用的设计手法，除非当事人举证被控侵权产品的图案是现有设计中没有的并且具有一定独创性的设计外，柜子表面的图案都可以根据现有图案进行选择，从这个角度来说图案的设计相比于形状的设计而言，在整个柜子的设计中更为容易。尽管本案中花形图案所占的面积很大，但是面积的大小与图案对于整体效果的影响没有必然联系。也就是说，不是图案占据的面积大，其对整体视觉效果的影响就一定显著。就本案而言，由于百合花和牡丹花均是常见的花朵题材，依据一般消费者的认知，其设计形式也较为常见，因此二者的不同点①相对于二者形状的相同点而言，对于整体视觉效果的影响较小。

对于不同点②和③，由于椭圆形的长轴和短轴的比值可以在一定范围内进行选择，因此不同点②属于细微差别；而被控侵权产品的柜顶没有图案，即没有作出特别的设计，而没有图案的形式是非常常见的设计形式，因此不同点③属于细微差异，故不同点②和③对于整体视觉效果的影响很小。

综上所述，依据一般消费者的认知水平，根据该类产品的设计空间，从相同点和不同点在整体视觉效果上的权重分析，可以判定出二者的不同点对于整体视觉效果的影响很小，而本专利的创新设计特征对整体视觉效果影响显著，同时为被控侵权产品所利用，因此二审法院和再审裁定均认为本专利与被控侵权产品相似。

【典型意义】

通过对本案的梳理可以了解到，对于外观专利的侵权判断、确权判断以及无效判断的标准是一致的，要适用整体观察综合判断的原则。依据一般消费者的认知水平，结合现有设计状况来确定本专利中对于整体视觉效果产生显著影响的内容，由此确定本专利设计的创新所在即创新的设计特征在整体视觉效果中的权重。

（撰稿人：国家知识产权局专利复审委员会　杨凤云　联络人：周佳　张威）

案例十六　外观设计侵权比对应考虑设计空间大小
——抽水马桶外观设计专利侵权纠纷案

专利名称：抽水马桶

专 利 号：ZL02345213.7

授权日期：2003 年 5 月 28 日

专利权人：东陶机器株式会社

【案例要点】

外观设计是工业实用性与艺术美感性结合的表现，无论在确权案件的新颖性审查中，还是侵权纠纷的整体外观比对中，都需要先考虑外观设计所附产品的具体类别，以此决定在满足基本功能的前提下，该类产品的设计空间，亦即设计者设计自由度的大小。对于设计空间较大的产品，由于其可选择的替代性方案较多，故对新颖性要求较为严格，被控侵权设计如果没有较大的改变，侵权成立可能性较大；对于设计空间较小的产品，由于其在外观方面可改进的地方较少，故对新颖性要求较为宽松，相应地对于侵权比对的要求也比较严格。

【案情简介】

原告 TOTO（东陶机器株式会社）诉称：原告为涉案"抽水马桶"外观设计专利权人，该专利于 2002 年 9 月申请，于 2003 年 5 月取得授权，专利号为 ZL02345213.7。后原告在北京"居然之家"北四环店的"欧路莎专卖店"购买了被告维娜斯公司生产、被告维娜斯公司北京分公司销售的智能坐便器两台，型号分别为 OLS－0601 和 OLS－0601S。原告认为上述产品与涉案外观设计专利相近似，容易引起一般消费者的混淆，侵犯了其外观设计专利权。

北京市第二中级人民法院认为被控侵权产品与涉案专利（以下简称本专利）均采用了抽水马桶便盖与水箱构成的特定的前低后高的曲面形状、水箱与便盖相连的贯通的弓形长条、水箱右侧三角形百叶窗和左侧的横排操作按钮等设计。被控侵权产品与本专利在相关局部的细微差别不足以使一般消费者将二者区别开，二者已构成相似外观设计。

维纳斯公司及维纳斯公司北京分公司不服原审判决，上诉至北京市高级人民法院，二审法院认为，❶ 表达本专利外观设计的主要设计部分应为抽水马桶便盖与水箱构成的特定的前低后高的曲面形状、水箱与便盖相连的贯通的弓形长条、水箱右侧的前部为百叶窗的三角形框和左侧的横排操作按钮及特定的圆润罐装桶体部分，被控侵权产品与本专利均采用了抽水马桶便盖与水箱构成的特定的前低后高的曲面形状、水箱与便盖相连的贯通的弓形长条、水箱右侧三角形百叶窗和左侧的横排操作按钮等设计。被控侵权产品虽在桶体等部分与本专利存在多处差异，但这些差异均属于局部细微差异，其中产品底部和后部存在的细微差异对产品整体视觉效果不具有显著影响，亦不足以使一般消费者将二者相区别。从整体视觉效果上看，被控侵权产品的外观与本专利相近似（见图 16－1）。

	TOTO 专利号 CN02345213.7	ORans 商品（OLS－0601）
立体图	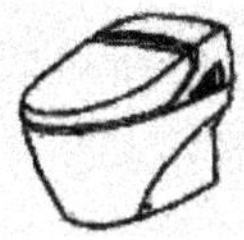	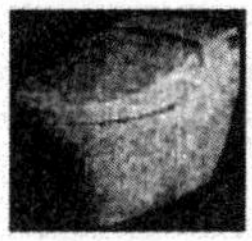
右视图	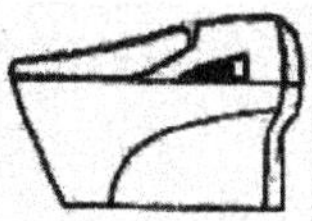	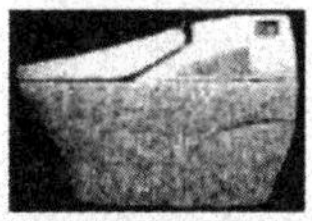
左视图	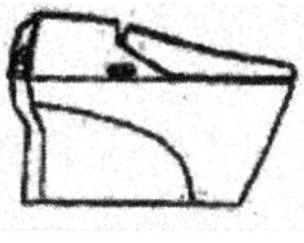	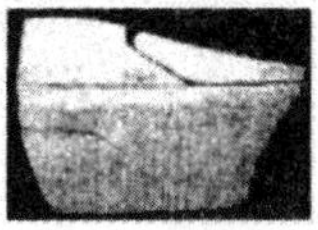

	TOTO 专利号 CN02345213.7	ORans 商品（OLS－0601）
主视图	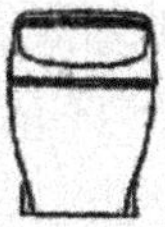	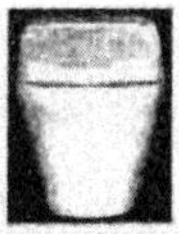
后视图	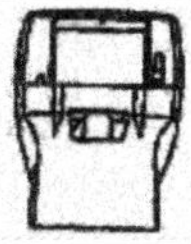	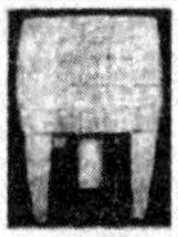
俯视图	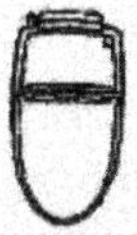	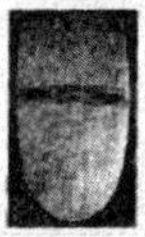
仰视图	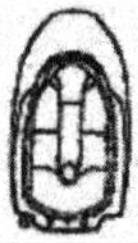	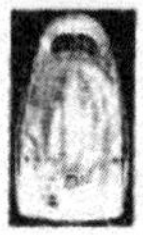

图 16－1　本专利与被控侵权产品各视图对比

【案例评析】

一、“设计空间”的概念及意义

设计空间是指设计者在创作特定产品外观设计时的自由度。设计者在特定产品领域中的设计自由度通常要受到现有设计、技术、法律以及观念等多种因素的制约和影响。设计空间对于确定相关设计产品的一般消费者的知识水平和认知能力具有重要意义。在外观设计专利与在先设计相同或相近似的判断中，可以考虑设计空间或者说设计者的创作自由度，以便准确确定该一

❶ 北京市高级人民法院（2008）高民终字第 1386 号。

般消费者的知识水平和认知能力。设计空间的大小是一个相对的概念，对于同一产品的设计空间而言，设计空间的大小也是可以变化的。随着现有设计增多、技术进步、法律变迁以及观念变化等，设计空间既可能由大变小，也可能由小变大。

由于产品的功能在很大程度上影响着产品外观的形状、图案或色彩，设计人员首先要考虑满足基本功能，其次才考虑如何实现造型以及运用何种设计手法才能使外观富有美感。产品外观的设计自由度受到实现产品技术功能的先天限制。TRIPS 协议第 25 条第 1 款规定："成员可以规定：外观设计之保护，不得延及主要由技术因素或功能因素构成的设计。"《审查指南 2006》在外观设计相近似判断原则中列举规定："产品的功能、内部结构、技术性能对整体视觉效果不具有显著的影响。由产品的功能唯一限定的特定形状对整体视觉效果通常不具有显著的影响。"在外观设计专利确权案件的审查中需要对由产品的功能所决定的外观予以充分考虑。

《欧共体外观设计保护条例》规定，只有当外观设计符合新颖性和独特性时才能受到保护。"独特性"是指，如果见多识广的用户在浏览外观设计时的整体印象明显地不同于其在浏览任何公之于众的外观设计时的整体印象，则该外观设计被视为具有个性特征。在判断独特性特征时，需要结合设计者在开发设计时的自由程度来考虑。这一点的意思是说，设计者自由发挥的空间越大，保护的范围越大，反之，则越小。《欧共体设计操作手册》对设计自由度进行了进一步的说明，设计师的设计自由度由两项内容限制：功能和在先设计。例如，瓶子的设计至少要包括一个开口和一个容积。设计瓶子的设计自由度由瓶子作为一个容器的功能所限制。

设计空间与受功能性限定的设计的多少密切相关，体现了外观设计的特质，即在保证不损害所附载产品的功能性和实用性的前提下，对产品外形作出有利于吸引消费者、增强竞争力的艺术美感上的设计和改进。

二、"设计空间"在我国司法实践中的应用情况

我国现行法律中并无与"设计空间"有关的规定，但司法实践已对其进行了尝试性的探讨，在入选 2010 年《最高人民法院知识产权案件年度报告》的专利复审委员会、浙江今飞机械集团有限公司与浙江万丰摩轮有限公司专利无效行政纠纷案中，专利复审委员会认为，摩托车车轮基本上均由轮辋、辐条和轮毂 3 个部分组成，圆形轮辋应属于车轮的惯常设计，辐条的形状设计相对于轮辋通常对车轮的整体视觉效果更具有显著影响，而涉案专利辐条与在先设计辐条的弧度相差不大，凹槽设计亦属于细微变化，均未对整体视觉效果产生显著影响，使得涉案专利与在先设计构成相近似的外观设计，据此认定涉案专利无效。

一审法院和二审法院均认为，摩托车车轮均为轮辋、辐条和轮毂组成，受其所设定功能的限制，外观变化的空间均为有限，因此，上述区别在设计空间有限的车轮产品上已经对整体视觉效果产生显著影响，因此，撤销了专利复审委员会作出的无效决定。

最高人民法院认为，在摩托车车轮领域，摩托车辐条的设计只要符合受力平衡的要求，仍可以有各种各样的形状，存在较大的设计空间，二者区别对整体视觉效果的作用较小，涉案专利与在先设计构成相近似的外观设计。

此外，最高人民法院进一步指出，特定产品的设计空间大小与认定该外观设计产品的一般消费者对同类或者相近类产品外观设计的知识水平和认知能力具有密切联系。对于设计空间极大的产品领域而言，由于设计者的创作自由度较高，该外观设计产品的一般消费者就更不容易注意到比较细小的设计差别，反之则否。

三、"设计空间"在本案中的应用

制约和影响设计师对产品外观进行设计、变化的创造自由度除了功能外，还有现有技术水平、现有设计状况、产品安全性、产品标准、社会观念等因素。但随着新技术的应用、现有设计的增多以及法律的变迁、观念的改变等，设计师突破原有的设计空间作出新的设计后，一般消费者显然会注意到这些突破性设计，产生新的认知。由于设计自由度是个变量，因此，在确定设计人员的设计自由度时，要确定该外观设计是关于什么产品的，以及产品的性质、预期的用途或功能特性，充分了解现有设计的整体状态非常关键。当外观设计专利与对比设计存在区别时，应当区分功能性设计与装饰性设计。如果区别是由功能性唯一确定的，则不属于外观设计专利的范围，其所带来的视觉影响在进行判断的时候不予考虑。

本案中，涉案专利为一种"抽水马桶"，被告虽认为其生产和销售的智能坐便器与专利设计相比有多处区别，并从专利视图的各个角度出发，提出了详细的比对意见，原告亦认可上述区别的存在，但外观设计的保护范围和侵权判定不仅要以"整体观察、综合判断"为原则，还要考虑到涉案专利的设计空间。本案专利为实现其产品的功能，在外观上必须按照基本的样态来进行设计，故设计空间有限，能够体现涉案外观设计的美感的主要设计部分应为抽水马桶便盖与水箱构成的特定的前低后高的曲面形状、水箱与便盖相连的贯通的弓形长条、水箱右侧的前部为百叶窗的三角形框和左侧的横排操作按钮及特定的圆润罐状桶体部分。其中，属于功能性设计的部分为抽水马桶便盖与水箱构成的特定的前低后高的整体形状，经比对可发现，除了该设计特征之外，被告产品采用了与涉案专利的上述其他设计特征相同的设计，二者的区别之处集中于涉案产品底部和后部等通常在使用时不容易看到的部位。

综上，在判断的时候仅需排除"前低后高"的功能性设计，而将其余设计进行比对，经过比对，二者这些有设计空间的设计均相同，而区别仅仅是细微的或者看不到的部位，二者相近似，侵权成立。

【典型意义】

本文探讨了设计空间在外观设计相同或者相近似判断中产生的作用以及马桶类产品的设计空间，为其他类产品的设计空间确定以及应用提供了有益启示。

（撰稿人：北京市第二中级人民法院　马云鹏　联络人：张跃平　石岩）

案例十七 使用状态下的不可见部位对外观设计近似性的判断不具有显著影响

——组合前照灯（6880）外观设计专利无效行政纠纷案

专利名称：组合前照灯（6880）

专 利 号：ZL03314215.7

授权日期：2003 年 8 月 27 日

专利权人：王品朝

【案例要点】

汽车组合前照灯属于车辆的配件产品，其一般消费者对于组合前照灯的外观有着常识性的了解，对于不同外观的车灯有相应的认知能力。汽车组合前照灯的背部设计在使用状态下不可见，其在背部上的设计变化对该组合前照灯的整体视觉也不会产生显著影响，因此，虽然在先设计未显示出相应的背部设计，但二者的这一差别对于外观设计的整体视觉效果不构成显著影响。本专利与在先设计在局部上的细微变化亦对二者近似性的判断不产生显著影响。

【案情简介】

本案涉及 ZL03314215.7 外观设计专利（本专利），其产品名称为"组合前照灯（6880）"，申请日为 2003 年 1 月 13 日，授权公告日为 2003 年 8 月 27 日，专利权人为王品朝。本专利是汽车前照灯的外观设计，正面为近似凤眼形，其中左上部与右下部呈尖角状，灯罩内下方并排设置有两个近似眼球状的圆形灯，左上部和右下部尖角区域各设置有一小圆灯，除左上部外，其他 3 个区域都有竖条图案，主体灯内有中间为五角星的形似方向盘的三叉星图案，并另有其他面视图（见图 17－1）。

针对本专利，东港灯具公司于 2008 年 6 月 26 日向专利复审委员会提出无效宣告请求，其理由是本专利不符合 2000 年修订的《专利法》第 23 条的规定，并提交了附件 1 等证据材料。其中，附件 1 为《汽车之友》1999 年第 9 期的封面、第 4 页、第 36 页的复印件，共 3 页。附件 1 中，封面、第 36 页中分别示出了雷诺新型 Scenic 汽车"941 BVE 92"号的右前视图和左前视图，从以上视图中可以较清楚地从该汽车前照灯的主视图方位看到该"941 BVE 92"号汽车上镶嵌了一对左右对称的组合前照灯（在先设计）。就其左侧车灯而言，从封面、第 36 页图片上观察，在先设计正面整体为近似凤眼形，其中左上部和右下部呈尖角状，下方并排设置有两个圆形灯，左上方角部设置有一小圆灯，灯罩内右上部也设有小圆灯，其他面视图不可见（详见图17－2、图17－3）。

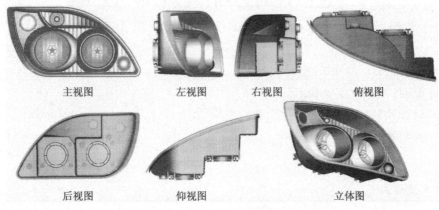

主视图   左视图   右视图   俯视图

后视图   仰视图   立体图

图 17－1 本专利附图

图 17－2 在先设计（《汽车之友》封面） 图 17－3 在先设计（《汽车之友》第 36 页）

专利复审委员会认为：本专利和在先设计均为汽车前照灯的外观设计，用途相同，属于相同类别的产品，具有可比性。

将本专利和在先设计相比较，其相同点为：二者组合前照灯的整体外轮廓基本相同，都是近似凤眼形，各灯的区域分隔、灯腔内光源组件的布局、形状也一致。

两者主要区别在于：①由于附件 1 没有公开在先设计的其他视图，因此也就无法得知汽车前照灯的其他部件的内部结构；②本专利具有近似梯形的左上部的圆灯周围有散射状水滴图案，而其他 3 个区域都有竖条图案，主体灯内有中间为五角星的形似方向盘的三叉星图案，而附件 1 的灯底部的图案并不清晰可见；③本专利外轮廓的右下角有一个很小的弧度过渡，而附件 1 的右下角则形成一个锐角。

对此，专利复审委员会认为：

针对区别①，对于汽车前照灯而言，它属于车辆的配件产品，其背部设计在使用状态下不可见，由于前照灯在使用时镶嵌在车身表面，除正面外的其他部分均隐藏在车身内部，前照灯的正面是使用状态下较容易见到的部位，因此前照灯的正面会对整体视觉效果更具有显著影响。虽然在先设计未显示出相应的背部设计，但由于本专利组合前照灯背部设计对其整体视觉效果不会产生显著影响，因此在先设计未表现出的背部设计不会影响一般消费者对两者进行整体观察、综合判断，即两者的这一差别对于外观设计的整体视觉效果不构成显著影响。

针对区别②，虽然本专利与在先设计相比还具有很多条纹、星形的图案，但是由于这些图案是设计在灯罩内部的底纹，因此在透过灯罩观察的条件下不能构成明显区别，对整体视觉效果不足以产生显著影响。

针对区别③，这种区别是在组合前照灯右下角的局部细微变化，因此对整体视觉效果不足以产生显著影响。

对于专利权人在口头审理中提出的本专利与在先设计还存在以下区别：（a）所使用的车型不同而导致组合前照灯的形状不同、（b）长宽比例不同、右侧以及左下方的线条更加优美流畅、（c）灯组布局的上下比例、立体感等，专利复审委员会认为，以上区别虽然构成本专利与在先设计的区别，但是这些区别都是细微的，综合考虑整体设计来看，这些区别对于组合前照灯外观设计的整体视觉效果没有产生显著的影响。

基于以上理由，从整体观察，综合判断的角度考虑，两者的外观设计在整体上形成了相近似的视觉效果，应属于相近似的外观设计。据此，专利复审委员会作出第 12685 号决定，宣告本专利权无效。

专利权人不服第 12685 号决定，向北京市第一中级人民法院提起行政诉讼，❶ 北京市第一中级人民法院经审理，依据《行政诉讼法》第 54 条第（一）项的规定，判决维持第 12685 号决定。专利权人不服一审判决，向北京市高级人民法院提起上诉，北京市高级人民法院判决驳回上诉，维持原判。

【案例评析】

本案的争议焦点就在于本专利是否与在先设计构成相同或者相近似的外观设计，进而是否违反《专利法》（2000 年修订）第 23 条的规定。在这一判断过程中，具体又涉及判断主体即一般消费者的确定和外观设计近似性判断中"整体观察，综合判断"比对原则的运用。

一、"汽车前照灯"产品的一般消费者

在进行外观设计专利近似性判断时，其首要的前提是确定判断的主体。司法实践中的主流观点是以"一般消费者"作为外观设计近似性的判断主体。

---

❶　北京市第一中级人民法院（2009）一中行初字第 555 号。

在《关于专利侵权判定若干问题的意见（试行）》（京高法发〔2001〕229号）中，北京市高级人民法院认为，进行外观设计专利侵权判定，即判断被控侵权产品与外观设计专利产品是否构成相同或者相近似，应当以普通消费者的审美观察能力为标准，不应当以该外观设计专利所属领域的专业技术人员的审美观察能力为标准。❶ 在《最高人民法院关于审理侵犯专利权纠纷案件应用法律若干问题的解释》（法释〔2009〕21号）中，最高人民法院也认为，人民法院应当以外观设计专利产品的一般消费者的知识水平和认知能力，判断外观设计是否相同或者近似。❷

但是，也有观点对此提出质疑，其认为，判断产品创新设计在很多情况下是一般购买者所不能及的，以一般购买者的水平来执行《专利法》（2000年修订）第23条的授予外观设计专利权的标准是不科学的，所得出的结论不可能是公正客观的。真正有能力判断产品的外观设计是否和已知的设计相近似的，应当以相关领域的普通设计人员的水平为准，而不应当以一般购买者的水平为准。❸ 还有观点认为，在现行《专利法》（2008年修订）已对外观设计近似性的判断引入"明显区别"判断的情况下，其判断主体的确定要有所区分，申请专利的产品外观设计是否具有新颖性的判断主体应当是一般消费者，是否与现有设计或者现有设计特征的组合相比具有明显区别的判断主体应当是申请外观设计专利的产品所属领域的普通设计人员。❹

对上述关于判断主体的争论，笔者认为，其关键并不在于"一般消费者"或者"本领域普通设计人员"的标签，而实质在于该判断主体的特征，如具有什么能力、是何种群体等的确定。❺ 就这一问题，在历次颁布、修订的《审

---

❶ 见北京市高级人民法院《关于专利侵权判定若干问题的意见（试行）》（京高法发〔2001〕229号）第65条。

❷ 见《最高人民法院关于审理侵犯专利权纠纷案件应用法律若干问题的解释》（法释〔2009〕21号）第10条。

❸ 程永顺．中国专利诉讼〔M〕．北京：知识产权出版社，2005：70—75．

❹ 张晓都．论完善我国外观设计专利授权条件判断主体〔J〕．科技与法律，2011（2）：77．

❺ 司法实践中，争议的分歧也多集中于对"一般消费者"群体的定位，如"路灯（飞船形）"外观设计专利无效行政纠纷案中，一审法院将该类产品的消费群体定位于从事路灯制造、销售、购买和安装人员，二审法院则认为，在界定路灯类产品的一般消费者的时候，应当注重该类产品的使用状态。路灯的最终使用者及路灯功能的享用者显然是不特定的过往行人，并非仅仅是专门从事路灯的制造、销售、购买、安装及维修人员。专利复审委员会将判断本案外观设计专利与对比文件是否相同或相近似的判断主体确定为过往行人，即"公众"，并无不当。见北京市第一中级人民法院（2005）一中行初字第115号行政判决书、北京市高级人民法院（2005）高行终字第337号行政判决书。

查指南》中均有规定。涉案第 12685 号决定作出日期为 2008 年 12 月 11 日，其针对本专利近似性判断的审查应适用《审查指南 2006》的规定。就外观设计近似性的判断主体问题，《审查指南 2001》规定应以外观设计产品的一般消费者是否容易产生混淆为判断标准，并将一般消费者界定为"一种假想的人"，并明确了该"假想的人"具有的一些特点，如具有一般的知识水平和认知能力、不是专家或者专业设计人员等。❶ 2004 年 5 月 26 日，国家知识产权局发布《审查指南公报》（第 1 号），继续坚持以一般消费者作为外观设计近似性的判断主体，但也有一定的调整。具体体现在其作出的如下规定：不同种类的被比外观设计产品具有不同的消费者群体。作为某类外观设计产品的一般消费者应当具备下列特点：①对被比外观设计产品的同类或者相近类产品的外观设计状况具有常识性的了解。②对外观设计产品之间在形状、图案以及色彩上的差别具有一定的分辨力，但不会注意到产品的形状、图案及色彩的微小变化。可以看出，通过上述规定，专利审查实践中的"一般消费者"与日常生活中通常理解的"一般消费者"概念趋于一致。《审查指南 2006》基本上延续了 2004 年《审查指南公报》（第 1 号）的上述规定。

本专利是"汽车前照灯"，属于车辆的配件产品。一审法院认为，其一般消费者主要是专门从事汽车制造、销售、购买、安装及维修的人员，他们对于前照灯的外观有着常识性的了解，对于不同外观的车灯有相应的认知能力。在本案上诉过程中，虽然判断主体的问题并不是一个争议焦点，但二审法院实际上还是就该问题作出与一审法院不太一样的判断，其界定本专利的一般消费者为汽车的购买、使用者，但也同样"对于前照灯的外观有着常识性的了解，对于不同外观的车灯有相应的认知能力"。也就是说，二审法院对一般消费者的界定更加接近于实际生活中相关商品的消费者，离相关的专业人员保持了一定的距离。

需要指出的是，在现行《专利法》（2008 年修订）第 23 条增加"授予专利权的外观设计与现有设计或者现有设计特征的组合相比，应当具有明显区别"的规定后，在审查实践中对"一般消费者"认知能力的界定会体现出一定的提高。

二、"汽车前照灯"产品外观设计的近似性比对

就外观设计近似性的判断问题，在确定了判断主体后，仍需明确判断标准和判断方法。对此，《审查指南 2001》中规定的判断标准为"混同论"，即如果一般消费者在试图购买被比外观设计产品时，在只能凭其购买和使用所

---

❶　国家知识产权局 . 审查指南 2001 [M]. 北京：知识产权出版社，2001：第四部分第五章第 4 节.

留印象而不能见到被比外观设计的情况下，会将在先设计误认为是被比外观设计，即产生混同，则被比外观设计与在先设计相同或者与在先设计相近似；否则，两者既不相同，也不相近似。至于判断方法，则包括"按一般消费者水平判断"、"单独对比"、"直接观察"、"隔离对比"、"仅以产品的外观作为判断的对象"、"综合判断"、"要部判断"等方法。❶ 2004 年 5 月 26 日，国家知识产权局发布《审查指南公报》（第 1 号），其就外观设计近似性的判断标准问题作出了如下新的规定：如果一般消费者经过对被比外观设计与在先外观设计的整体观察可以看出，二者的差别对于产品的整体视觉效果不具有显著的影响，则被比外观设计与在先外观设计相近似；否则，两者既不相同，也不相近似。如果一般消费者会将被比外观设计与在先外观设计误认、混同，则二者的差别对于产品的整体视觉效果显然不具有显著的影响。但是，仅仅根据两项外观设计不会导致一般消费者误认、混同并不必然得出二者的差别对于产品的整体视觉效果具有显著的影响的结论。也就是说，《审查指南公报》（第 1 号）实质上对《审查指南 2001》的"混同论"作出了修正，提出了"被比外观设计与在先外观设计的差别是否对产品的整体视觉效果产生显著影响"这一新的判断标准。就是否具有显著影响的判断问题，《审查指南公报》（第 1 号）进一步明确了"使用时容易看到的部位相对于不容易看到的部位，通常对整体视觉效果更具有显著的影响"等应当考虑的因素。《审查指南 2006》基本上延续了 2004 年《审查指南公报》（第 1 号）中对外观设计近似性判断作出的规定，只是更加明确地突出了"整体观察，综合判断"的判断方式。

司法实践中，基本上也是坚持了"整体观察，综合判断"的判断方式。在《关于专利侵权判定若干问题的意见（试行）》（京高法发〔2001〕229 号）中，北京市高级人民法院规定，对被控侵权产品与专利产品的外观设计进行对比，应当进行整体观察与综合判定，看两者是否具有相同的美感；比较的重点应当是专利权人独创的富于美感的主要设计部分（要部）与被控侵权产品的对应部分，看被告是否抄袭、模仿了原告的独创部分。❷ 在《最高人民法院关于审理侵犯专利权纠纷案件应用法律若干问题的解释》（法释〔2009〕21 号）中，也规定了"以外观设计的整体视觉效果进行综合判断"的判断方法，并且"产品正常使用时容易被直接观察到的部位相对于其他部位"、"授权外观设计区别于现有设计的设计

---

❶ 国家知识产权局. 审查指南 2001 ［M］. 北京：知识产权出版社，2001：第四部分第五章第 5、6 节.

❷ 见北京市高级人民法院《关于专利侵权判定若干问题的意见（试行）》（京高法发〔2001〕229 号）第 67 条.

特征相对于授权外观设计的其他设计特征"对外观设计的整体视觉效果更具有影响。至于判断标准，该司法解释规定，被诉侵权设计与授权外观设计在整体视觉效果上无差异的，人民法院应当认定两者相同；在整体视觉效果上无实质性差异的，应当认定两者近似。❶

　　本案中，附件1并没有公开在先设计的其他视图，因此也就无法得知汽车前照灯的其他部件的内部结构。但是，根据上述《审查指南》或者司法解释的规定，在对外观设计进行近似性判断时，"使用时容易看到的部位相对于不容易看到的部位通常对整体视觉效果更具有显著的影响"、"产品正常使用时容易被直接观察到的部位相对于其他部位"对外观设计的整体视觉效果更具有影响。对于汽车前照灯而言，它属于车辆的配件产品，其背部设计在使用状态下不可见，前照灯的正面是使用状态下较容易见到的部位，因此前照灯的正面会对整体视觉效果更具有显著影响，在先设计未表现出的背部设计不会影响一般消费者对两者进行整体观察、综合判断，即两者的这一差别对于外观设计的整体视觉效果不构成显著影响。此外，对于专利权人王品朝提出的本专利与在先设计在"轮廓线"、"灯源布局"等方面存在差异，均属局部的细微变化，在本专利与在先设计的整体布局及外观相近似的情况下，上述区别对整体的视觉效果不足以产生显著影响。因此，本专利与在先设计属于相近似的外观设计。

【典型意义】

　　本案涉及使用状态下不可见部位对外观设计相近似判断的影响，对此类案件的判决具有典型意义。

　　（撰稿人：北京市第一中级人民法院　陈志兴　联络人：张跃平　石岩）

---

❶　见《最高人民法院关于审理侵犯专利权纠纷案件应用法律若干问题的解释》（法释〔2009〕21号）第11条。

案例十八　设计要点的确认及其在侵权判定中的作用
——玩具遥控翻斗车外观设计专利侵权纠纷案

专利名称：玩具遥控翻斗车
专　利　号：ZL200730048110.6
授权日期：2007 年 9 月 19 日
专利权人：蔡泽平

【案例要点】

如何确定外观设计专利权的保护范围一直是专利侵权判定中的难点。为能够使外观设计保护范围相对明确和易于理解，2008 年修订的《专利法》及 2010 年修订的《专利法实施细则》明确将简要说明作为专利申请的必要文件。通过其中记载的"设计要点"帮助合理界定外观设计的保护范围。本案中的涉案专利尽管并未包含设计要点，但其无效程序中明确的设计要点对于确定权利范围及认定侵权仍有实质性的帮助，也为《专利法》（2008 年修订）实施后设计要点的地位和作用提供了借鉴价值。

【案情简介】

原告蔡泽平起诉称：蔡泽平于 2007 年 2 月 9 日申请，并于 2007 年 9 月 19 日取得名称为"玩具遥控翻斗车"、专利号为 ZL200730048110.6 的外观设计专利（以下简称涉案专利，见图 18－1）。原告于 2011 年 4 月 11 日公证购买了被告仁达塑料公司生产的"玩具特技车"产品，发现该产品（以下简称涉案产品）与涉案外观设计专利构成近似，属于侵权产品。故诉至法院，请求判令被告仁达塑料公司停止生产、销售涉案侵权产品（见图 18－2），销毁库存产品并赔偿原告经济损失 10 万元。

主视图　　　　　　　　　俯视图　　　　　　　　　右视图

后视图　　　　　　　　　仰视图　　　　　　　　　左视图

立体图　　　　　　　　　　　使用状态参考图

图 18－1　涉案专利附图

图 18－2　被控侵权产品图片

被告仁达塑料公司答辩称：被告仁达塑料公司生产的涉案产品与原告涉案外观设计专利不相同也不相近似，不构成对原告涉案外观设计专利权的侵害，故不同意原告的诉讼请求。

在该案中，判断涉案产品是否落入原告享有的外观设计专利权的保护范围是该案审理中的焦点问题。法院经审理查明：专利复审委员会于2012年2月20日作出第18087号决定书，维持蔡泽平涉案外观设计专利权有效。该决定书中列明，在先设计所述玩具翻斗车包括车身、两个前轮、两个后轮和两个顶轮，车身前部有可旋转的横轴，车身上方设有半透明弧形车盖，车身后部通过支架设有顶轮。涉案外观设计专利与在先设计的主要区别在于：从俯视图看，车盖形状呈水滴状；车盖为透明，透过车盖可见车舱内有座椅等设计；车盖后方有两个不透明螺旋形凸起；车位支架形状及图案设计不同。

涉案外观设计专利包括主视图、后视图、左视图、右视图、俯视图、仰视图、立体图和使用状态参考图8幅外观图形。各视图显示，该专利的整体轮廓包括4个大轮、大轮中间设置有车体、车体后方由支撑柱支撑起两个小辅助轮、车头向前凸起。原告蔡泽平主张其涉案外观设计专利的设计要点为：①玩具车上部覆盖有前窄后宽的舱体，舱体前窄后宽，舱盖中部为透明的罩体，罩体也为水滴形；②透过透明罩体也可见内部有驾驶区和装饰区等设计；③盖体后部中间位置设置有埃菲尔铁塔形的后支撑柱延伸向上，在柱体顶部为两个顶轮；④盖体后部左右两侧分布有螺旋状凸起；⑤车头部有一个圆形凸起。被告仁达塑料公司主张涉案外观设计专利的设计要点为专利复审委员会第18087号决定书中列明的与在先设计不同的部分，具体包括3项：①车盖的形状；②车尾支架的形状及其上的图案设计；③车盖后部凸起的具体设计。

涉案专利产品整体轮廓包括4个大轮、大轮中间设置有车体、车体后方由支撑柱支撑起两个小辅助轮、车头向前凸起。具体特征为：①车体上部为全透明的舱盖，舱盖前窄后宽，车顶前部略有棱角，顶部有一圆形凸起；②舱内包括两个座椅和一个方向盘，车座后部为带有装饰图案的装载区，该装载区的图案系以中心点向四周规则扩散的莲花状；③车尾部两侧有喷气状凸起；④车尾部为埃菲尔铁塔形状的支撑柱；⑤车头为圆形凸起；⑥车底为类似变形金刚的图案。

法院经审理认为：根据我国相关法律规定，外观设计专利权的保护范围以表示在图片或照片中的该产品的外观设计为准，授权外观设计区别于现有设计（这里的现有设计指多个现有设计文献反映的现有设计状况，而不单指某一个现有设计）的设计特征相对于授权外观设计的其他设计特征，通常对外观设计的整体视觉效果更具有影响。结合涉案外观设计专利的各视图、在先外观设计专利以及当事人的陈述，法院确定涉案外观设计专利的设计要点为：①车体上部为全透明舱盖，舱盖前窄后宽，整体呈现圆滑的水滴型；②舱内包括两个座椅和一个方向盘，车座后部为带有装饰图案的装载区，该装载区的图案为由若干小正方形和菱形规则排列组成的半椭圆形；③车尾部两侧各有一个螺旋状锥形凸起；④车尾部有如右视图所示的埃菲尔铁塔形状的支撑柱。涉案产品与涉案外观设计专利在整体轮廓方面均包括 4 个大轮、大轮中间设置有车体、车体后方由支撑柱支撑起两个小辅助轮、车头向前凸起的特征，但是这些特征已经由在先的多个外观设计专利予以披露，故不属于涉案外观设计专利的设计要点，亦不应作为二者近似性判断的重点。

经比对，涉案被控侵权产品与涉案外观设计专利在车尾支撑柱部分基本相同，车体上部从俯视图观察均为全透明、前窄后宽水滴形舱盖，车体形状均为水滴形舱盖的自然延伸，但从主视图角度看，原告涉案专利的舱盖为圆润流线型造型，而涉案被控侵权产品的舱盖前部略有棱角，顶部有一半圆形凸起，舱盖内装载区的图案略有不同，车位两侧有喷气状凸起而非涉案外观设计专利所载的螺旋状凸起。整体而言，整车的车身及整体布局基本相同，除车底的图案有明显区别外，其余部分的改变属于局部的细小变化，对于二者的整体外观并未产生实质性影响。二者车底图案虽有明显区别，但通常不会对产品外观产生实质性影响，亦不应作为近似性判断的重点。因此，法院认为，涉案产品与涉案外观设计专利相比，在整体视觉效果上未产生实质性差异，属于近似产品，涉案产品构成对原告涉案外观设计专利权的侵害。

【案例评析】

由该案可以看出，确定外观设计的设计要点对于确定外观设计保护范围及随后的侵权比对都具有至关重要的作用。

一、设计要点对于确定权利保护范围的作用

2000 年修订的《专利法》规定外观设计中可以包含简要说明，2008 年《专利法》修改后规定，外观设计的简要说明中必须包括外观设计产品的名称、用途及外观设计的"设计要点"，并要指定一幅最能表明"设计要点"的图片或者照片。其中"设计要点"是指与现有设计相区别的产品的形状、图案及其结合，或者色彩与形状、图案的结合，或者部位。该修改内容是为了完善外观设计在司法实践中的需要而进行的。

专利侵权程序中，在不考虑现有设计抗辩的情况下，如果被控侵权产品与涉案专利完全相同，侵权固然成立，但如果被控侵权产品与涉案专利存在区别，则仍要视上述区别对于外观设计的整体视觉效果的影响进行判断，而不能武断地认为存在区别就认定侵权不成立。在这种情况下，在专利确权和侵权程序中，进行外观设计近似性判断时，均是先找出涉案专利与在先证据表明的特定设计的区别，再判断上述区别对整体视觉效果的影响。显然，无论在专利确权还是专利侵权程序中，判断的对象均为本专利和在先证据表明的特定设计。在《专利法》（2000年修订）实施过程中，由于简要说明并非必要申请文件，而设计要点也并非简要说明中的必要内容，故外观设计专利文件中往往并不存在对设计要点的说明。但是无论是在专利无效审查中，还是专利侵权判断中，设计要点都是确定外观设计专利权利范围的重要参考依据，故设计要点对于确定权利保护范围的作用是至关重要的。

《专利法》（2008年修订）第59条中规定："外观设计专利权的保护范围以表示在图片或者照片中的该外观设计专利产品的外观设计为准，简要说明可以用于解释图片或者照片所表示的该产品的外观设计。"对于该条文应当如何理解，有观点认为，在界定外观设计专利的保护范围时，其主要依据仍然是外观设计图片或者照片，而简要说明的作用仅在界定权利范围时起到辅助作用，帮助公众更好地理解外观设计的内容，准确地确定外观设计产品的类别，明确外观设计相对于现有设计的主要改进之处。换言之，对于简要说明中的设计要点而言，一方面，如前所述，其对外观设计的保护范围没有任何影响，既不能据此加强授权图片中对应部分的地位，也并不意味着对授权图片中其余部分的放弃或者弱化；另一方面，其与在先证据表明的特定设计也没有任何必然的联系。因此，简要说明中的设计要点既不能在专利确权程序中作为主张涉案专利是否具有专利性的证据，也不能在专利侵权程序中作为侵权成立的证据或者侵权不成立的抗辩理由。该观点看似是对《专利法》（2008年修订）第59条的文意的很好解释，但就其实质却存在悖论。之所以在《专利法》中规定必须列明设计要点，其原因就是在于在缺少设计要点的情况下，权利人在申请专利或无效程序中，往往通过限缩自己的设计要点部分来保护专利的有效性，而在侵权比对中，又向法院对设计要点进行扩张性的说明，甚至认为申请图片中的全部内容皆为设计要点。由于信息的不对称，上述情况会给司法审判带来诸多不便，也造成外观设计权利范围变得相对模糊不定，不利于发挥设计要点区分专利与现有设计区别的目的。

二、侵权案件中设计要点的确定及其与保护范围的关系

根据设计要点的存在价值，其内容应该作为确定外观设计权利保护范围的重要依据。外观设计专利权的保护范围以表示在图片或者照片中的该外观设计专利产品的外观设计为准，设计要点的内容不能用以加强或扩张授权图片中对应部分的地位，产生类似于部分保护的效果，但是对于其余部分，由于很可能是属于现有设计的范畴，故对授权图片中其余部分是可能起到放弃或者弱化的作用的。需要说明的是，这里及本文所说的"现有设计"或者"现有设计的范畴"，并不是仅指某一篇或某两篇现有设计中披露的内容，而

是指多篇现有设计所反映的现有设计状况。有人认为，由于专利撰写的原因，申请专利时，其设计要点的内容可能并非包含了其图片中包含的全部设计信息，或由于申请人对于当时相同或相似产品的设计的认识有其局限性，其在申请时所声称的某些所谓"设计要点"很可能已经属于现有设计。故那些没有用文字记载在该"设计要点"中，但体现在外观设计图片或者照片中的具有独创性的设计特征，就会成为该外观设计区别于现有设计的设计特征，成为该外观设计实质上的"设计要点"。该观点确实存在合理之处，但是对于专利的实施而言却不具有可操作性，极易造成权利人在不同场合随意扩张或缩减其权利范围的问题。

根据我国相关法律规定，外观设计专利权的保护范围以表示在图片或照片中的该产品的外观设计为准，授权外观设计区别于现有设计的设计特征相对于授权外观设计的其他设计特征，通常对外观设计的整体视觉效果更具有影响。故在侵权判断中，设计要点部分应当作为比对的关键，在侵权比对中发挥更为重要的作用和占更大比例。对于设计要点的确定问题，应当秉承"设计要点"的设置价值，确定专利图片中的与现有设计相比具有创新性的部分。就 2008 年修订的《专利法》而言，专利文献中列明的设计要点应当作为确定该外观设计专利范围的基础，对于由于撰写水平造成的未涵盖的创新点，在当事人未能充分举证的情况下，一方面应当视为一种对权利的主观放弃，另一方面作为一种客观的弱化，从而在专利比对中赋予其相对较弱的位置；对于"设计要点"中已经属于现有设计的情况，应当根据无效程序以及司法认定中的限缩的设计要点作为实际有效的"设计要点"。

对于没有明确记载"设计要点"的情况，应当由原、被告双方通过对抗式举证的方式，通过对现有设计的分析，分解涉案专利设计特征，并最终确定其设计要点。在侵权比对中，授权外观设计区别于现有设计的设计特征相对于授权外观设计的其他设计特征，通常对外观设计的整体视觉效果更具有影响，并具体作出侵权比对的判定。在本案中，法院通过对现有设计中已有元素的筛选，最终确定了专利的设计要点，并根据设计要点的内容明确比对的重点，进行比对。

【典型意义】

本案介绍了在未实施 2008 年修订的《专利法》之前的申请中，法院确定外观设计专利设计要点的方式以及设计要点在判断是否侵权时所起的作用，对广大申请人在 2008 年修订的《专利法》之后提交申请时，如何撰写简要说明以更好地保护其发明创造具有较大的借鉴意义。

（撰稿人：北京市第二中级人民法院　沈冲　联络人：张跃平　石岩）

案例十九　插接组件玩具产品外观设计相近似的判断方法

——积木（节节高）外观设计专利无效行政纠纷案

专利名称：积木（节节高）
专 利 号：ZL200530083606.8
授权日期：2006 年 1 月 18 日
专利权人：李爱民

【案例要点】

晋江市永和镇福鑫塑胶加工厂（以下简称福鑫塑胶加工厂）以涉案专利违反 2000 年修订的《专利法》第 23 条的规定为由，向专利复审委员会提出无效宣告请求，专利复审委员会经审查宣告涉案专利权无效。专利权人李爱民不服，提起行政诉讼，法院判决维持无效决定。

《专利法》意义上的出版物是指记载有技术或设计内容的独立存在的传播载体，并且应当表明或者有其他证据证明其公开发表或出版的时间。对于组装关系不唯一的插接组件玩具产品，一般消费者在购买和插接的过程中会对单个构件的外观留下印象，所以，在进行外观设计近似性判断时，应当以插接组件玩具的所有单个构件的外观为对象，而不是以插接后的整体的外观设计为对象。涉案专利与在先设计的设计原理和设计风格相近似，并且对于一般消费者而言，涉案专利与在先设计相比少数不相近似的组件未带来显著不同的整体视觉效果，因此，涉案专利与在先设计相近似。

【案情简介】

涉案专利产品名称为"积木（节节高）"，申请日为 2005 年 5 月 13 日，授权公告日为 2006 年 1 月 18 日，专利权人为李爱民。涉案专利要求保护一种积木（节节高），其包括件 1 至件 11 共 11 件相对独立的玩具构件，每个构件均有六面视图和立体图，除件 11 外，其他 10 个构件的上部均有以一定间隔、一定高度和一定横截面积规律排布的多个圆柱体，下部均有供圆柱体插接的空间（见图 19－1）。

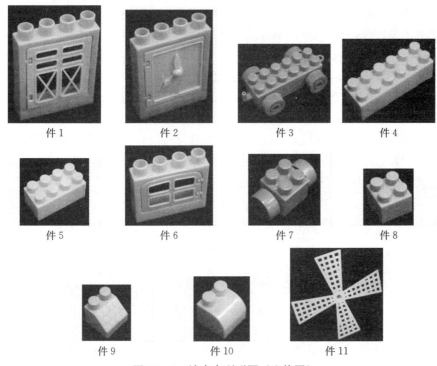

件 1　　　　件 2　　　　件 3　　　　件 4

件 5　　　　件 6　　　　件 7　　　　件 8

件 9　　　　件 10　　　　件 11

图 19－1　涉案专利附图（立体图）

　　针对涉案专利，福鑫塑胶加工厂于 2009 年 1 月 6 日向专利复审委员会提出无效宣告请求，理由是涉案专利不符合《专利法》（2000 年修订）第 23 条的规定，并提交了附件 9 等证据材料。其中，附件 9 为浙江省永嘉县教玩具行业协会编印的《幼儿教玩具目录》部分页面的复印件，共 11 页。在口头审理时，福鑫塑胶加工厂明确表示仅使用附件 9 第 6～85 页的第 60278 号大风车梦幻积木作为在先设计（见图 19－2）与涉案专利进行比较。

▲ 60278大风车梦幻积木　480件/套　定价：540元　　320件/套　定价：304元

图 19－2　在先设计附图

福鑫塑胶加工厂于 2009 年 3 月 30 日提交了意见陈述书和附件 11 等证据材

料。其中，附件 11 为（2009）泉证民字第 863 号、864 号、865 号、866 号《公证书》的复印件，共 35 页。福鑫塑胶加工厂在口头审理时当庭出示了附件 9、附件 11 的原件。（2009）泉证民字第 863 号《公证书》所粘连的第 2 份附件的第 1 页包括如下内容：本册《幼儿教玩具目录》除教学仪器之外，其余均列入内。该目录从 1995 年至现在的 2005 年，共编印 11 期，已在国内外教玩具营销工作中起到工具书的重要作用。通过（2009）泉证民字第 864 号、865 号、866 号《公证书》所粘连的附件可见，《幼儿教玩具目录》（2004 共 5 册）在"希望书店网站"、"彩虹图书网"和"机械工业企业名录网"上均有出售。

专利复审委员会认为：

附件 9 为玩具类产品目录，属于《专利法》意义上的公开出版物，其封面中部印有"2004"字样，故其公开日应视为 2004 年 12 月 31 日，早于涉案专利的申请日，可以构成涉案专利的在先设计。根据《审查指南 2006》的相关规定，出版刊号、发行单位和发行时间并不是构成公开出版物的必要条件，故对李爱民的相关意见不予支持。

涉案专利的件 1～件 10 可以以多种形式自由插接，属于组装关系不唯一的插接组件产品。因此，在对涉案专利进行相同和相近似判断时，首先应遵循单独对比原则，其次应当以插接组件的所有单个构件的外观为对象与在先设计进行对比。

在先设计与涉案专利均用于玩具积木，二者用途相同，属于相同类别的产品，具有可比性。将涉案专利的 11 个组件与在先设计中公开的组件进行比对可知，涉案专利的件 1 和件 3 这两个组件与在先设计的件（1）和件（3）这两个组件不相同且不相近似；而涉案专利的件 2、件 4 至件 11 这 9 个组件与在先设计的件（2）、件（4）至件（11）这 9 个组件相近似。

涉案专利是由多个组件组成的外观设计产品，对于此类外观设计产品与在先设计的相同和相近似性判断，通常从以下方面进行考虑。

首先，从设计原理方面考虑，对于插接类组件玩具产品而言，通常同一种产品遵循同一插接原理，但不同种类产品的插接原理不尽相同，这种插接原理的不同通常会导致产品的单个组件以及插接后的组合形态的大不相同。就本案而言，涉案专利与在先设计的组件主体均为正方块、长短不同的长方块，插接部分均是在其主体上方设置多个圆柱体，并在下方设置凹槽，在插接时，通过将一组件上方的多个圆柱体与另一组件下方的凹槽插配来进行组合，故涉案专利与在先设计在插接设计原理上是相同或相近似的。

其次，从设计风格方面考虑，对于采用相同插接原理的组件玩具产品而言，其设计风格通常可分为两类，一类是采用主体形状基本相同的组件，另一类是采用主体形状相对多样化的组件。就本案而言，涉案专利与在先设计的设计风格均属于上述两类中的后者，即采用主体形状相对多样化的组件。另外，涉案专利与在先设计的大部分组件的基本设计元素相同，两者设计风格和设计元素的相同或相近似导致其各组件的主体设计形状必然相同或相近似。

最后，从公开组件的数量比例方面考虑，对于组件玩具产品而言，其通常具有多种主体形状各不相同的组件，当一件组件玩具产品与在先设计比对后仅有少数组件没有被公开时，判断两者是否构成相同或相近似设计的重点在于，那些没有被对比文件公开的少数组件的创新是否会给该产品带来显著的整体视觉效果。如果带来了显著的视觉效果，则该产品与对比文件不相近似；如果未带来显著的整体视觉效果，则该产品与对比文件相近似。就本案而言，虽然涉案专利的件 1 与在先设计的件（1）不相同和不相近似，但两者均是门窗状组件；虽然涉案专利的件 3 与在先设计的件（3）不相同和不相近似，但两者均是小车状组件，故两个组件的不相近似并未给涉案专利的产品带来显著的整体视觉效果。另外，除以上两个组件外，涉案专利的其他 9 个组件与在先设计的相应组件均是相近似的。

综上所述，涉案专利与在先设计的设计原理和设计风格相近似，并且对于一般消费者而言，涉案专利与在先设计相比少数不相近似的组件未带来显著的整体视觉效果，因此，涉案专利与在先设计相近似，不符合《专利法》（2000 年修订）第 23 条的规定。

据此，专利复审委员会作出第 13916 号决定，宣告涉案专利权无效。

李爱民不服第 13916 号决定，向北京市第一中级人民法院提起行政诉讼，北京市第一中级人民法院经审理，依据《行政诉讼法》第 54 条第（一）项的规定，判决维持第 13916 号决定。❶ 对于一审判决，各方当事人均未提起上诉。

【案例评析】

本案的争议焦点在于涉案专利是否与在先设计构成相同或者相近似的外观设计，进而是否违反《专利法》（2000 年修订）第 23 条的规定。在这一判断过程中，具体又涉及《专利法》意义上出版物公开的认定和插接组件玩具产品外观设计相近似的判断方法。

一、《专利法》意义上出版物公开的认定

涉案专利的申请日为 2005 年 5 月 13 日，涉案第 13916 号决定的作出日期为 2009 年 9 月 14 日，因此，对其授权确权审查应适用 2000 年修订的《专利法》和《审查指南 2001》的相关规定。就外观设计的新颖性问题，《专利法》（2000 年修订）第 23 条规定，授予专利权的外观设计，应当同申请日以前在

---

❶ 北京市第一中级人民法院（2010）一中知行初字第 317 号。

国内外出版物上公开发表过或者国内公开使用过的外观设计不相同和不相近似。也就是说，国内外通过出版物公开的在先设计会破坏涉案专利的新颖性。

那么，就需要对"《专利法》意义上的出版物公开"作出界定。根据《审查指南2001》的规定，《专利法》意义上的出版物是指记载有技术或设计内容的独立存在的传播载体，并且应当表明或者有其他证据证明其公开发表或出版的时间。也就是说，《专利法》意义上的出版物必须能够反映出相关技术或设计的内容，并且显示出具体的公开时间。那么，如何确定出版物的公开时间呢？《审查指南2001》规定，出版物的印刷日视为公开日，有其他证据证明其公开日的除外。印刷日只写明年月或者年份的，以所写月份的最后一日或者所写年份的12月31日为公开日。至于说出版物的载体问题，根据《审查指南2001》的规定，其涵盖的范围比较广泛，包括各种印刷的、打字的纸件，如专利文献、科技杂志、科技书籍等，用电、光、磁、照相等方法制成的视听资料，如缩微胶片、影片等，以及以互联网或其他在线数据库形式存在的文件等。❶

本案中，就"《专利法》意义上出版物公开"的认定问题涉及两个争议焦点，即对《专利法》意义上的出版物的认定和出版物公开时间的认定。

第一，关于《专利法》意义上的出版物的认定。结合上述《审查指南2001》的相关规定可知，《专利法》意义上的出版物其载体形式并没有受到严格的限制，只要其上记载的内容能够反映出相关的技术或设计，即应该认可其符合《专利法》意义上的出版物的要求。对此，有观点认为，该条款中所述的出版物，不是《著作权法》所述的出版物，也不可仅仅理解是传统的出版物，即具有作者姓名、出版单位名称、地址、书刊号等的纸张出版物。该条款所述的出版物应当从其最广的意义来理解，即相当于书面描述（written description）。在任何东西的平面上只要能记载文字、数字、符号、图形的，都可以说是书面描述。所以不能要求有什么出版单位、新闻出版局登记号、书刊号等内容。❷ 本案中，福鑫塑胶厂提交了附件9，即浙江省永嘉县教玩具行业协会编印的《幼儿教玩具目录》部分页面的复印件，并主张使用附件9第6~85页的第60278号大风车梦幻积木作为在先设计。根据福鑫塑胶厂提交的附件11，该公证书载明《幼儿教玩具目录》从1995~2005年，共编印11期；《幼儿教玩具目录》（2004共5册）在"希望书店网站"、"彩虹图书网"和"机械工业企业名录网"均有销售。从附件9《幼儿教玩具目录》封面

---

❶ 国家知识产权局．审查指南2006［M］．北京：知识产权出版社，2006：第二部分第三章第2.1.3.1节．

❷ 汤宗舜．专利法解说［M］．修订版．北京：知识产权出版社，2007：138．

印制的"NO：4"、"2004"，结合附件 11 公证书载明的相应信息，表明附件 9 系 2004 年第 4 册《幼儿教玩具目录》。因此，附件 9 可以认定为《专利法》意义上的出版物公开。

第二，关于出版物公开时间的认定。根据《审查指南 2001》的规定，出版物的印刷日视为公开日，有其他证据证明其公开日的除外。印刷日只写明年月或者年份的，以所写月份的最后一日或者所写年份的 12 月 31 日为公开日。本案中，福鑫塑胶厂提交的附件 9《幼儿教玩具目录》封面印制的"NO：4"、"2004"，结合附件 11 公证书载明的相应信息，表明附件 9 系 2004 年第 4 册《幼儿教玩具目录》。因此，可以认定其公开日为 2004 年 12 月 31 日。

二、插接组件玩具产品外观设计相近似的判断方法

在对产品外观设计进行相近似性判断时，需区分不同的产品类型。审查实践中，对于绝大多数外观设计产品，一般要采取单独比对的判断方式，即一次只能用一项在先设计与涉案专利进行比较判断，而不能将两项或两项以上的在先设计相组合与涉案专利进行比较。具体体现为：对于成套产品或没有单一性的多个产品，可以用不同的在先设计与成套产品或没有单一性的多个产品中对应的产品分别进行单独对比；对于由只能组装在一起使用的至少两个构件构成的组件产品的外观设计，可将与其构件数量相对应的明显具有组装关系的构件的外观结合起来作为一项在先设计与涉案专利进行比对。❶

对于成套产品和组件产品，权利人在申请外观设计专利时往往不太容易区分，甚至在专利无效宣告案件审理过程中，相关当事人会故意混淆二者。根据《审查指南 2001》的规定，成套产品是指由两件以上各自独立的产品组成，其中每一件产品有独立的使用价值，而各件产品组合在一起又能体现出其组合使用价值的产品。❷ 而对于组件产品而言，其与成套产品最大的区别即在于其每一单独构件没有独立的使用价值，只有组合在一起时才能使用。

根据《审查指南 2001》的相关规定，组件产品也可分为组装关系唯一的组件产品和无组装关系或者组装关系不唯一的组件产品。对于组装关系唯一的组件产品，一般消费者在购买和使用这类产品时，会对各构件组合后的整体外观设计留下印象，所以，应当以上述组合状态下的整体外观设计为对象，而不是以所有单个构件的外观设计为对象来判断相同或者相近似。对于各构件之间无组装关系的组件产品，一般消费者在购买和使用这类产品的过程中，会对单个构件的外观留下印象，所以，应当以所有单个构件的外观为对象来

---

❶ 国家知识产权局专利复审委员会 . 专利复审委员会案例诠释——外观设计［M］. 北京：知识产权出版社，2009：137.

❷ 国家知识产权局 . 审查指南 2006［M］. 北京：知识产权出版社，2006：第一部分第三章第 6.2.1.2 节.

判断相同或者相近似。对于组装关系不唯一的组件产品，一般消费者在购买和插接这类产品的过程中，会对单个构件的外观留下印象，所以，应当以插接组件的所有单个构件的外观为对象，而不是以插接后的整体的外观为对象来判断相同或者相近似。❶

本案中，涉案专利为积木（节节高），其包括件 1～件 11 共 11 件相对独立的玩具构件，每个构件均有六面视图和立体图，除件 11 外，其他 10 个构件的上部均有以一定间隔、一定高度和一定横截面积规律排布的多个圆柱体，下部均有供圆柱体插接的空间。涉案专利的件 1～件 10 可以以多种形式自由插接，属于组装关系不唯一的插接组件产品。

对于插接组件玩具产品而言，其通常具有多种形状各不相同的组件，当一件组件玩具产品与在先设计比对后仅有少数组件没有被公开时，判断两者是否构成相同或相近似设计的重点在于，那些没有被对比文件公开的少数组件的创新是否会给该产品带来显著不同的整体视觉效果。如果带来了显著不同的视觉效果，则该产品与对比文件不相近似；如果未带来显著不同的整体视觉效果，则该产品与对比文件相近似。将涉案专利的 11 个组件与对比文件公开的相应组件分别对比，各方当事人均认可涉案专利的件 1 和件 3 与对比文件的件（1）和件（3）不相同且不相近似，涉案专利的件 2、件 4～11 与对比文件的件（2）、件（4）～（11）相近似。由于涉案专利与对比文件均属于插接类组件玩具产品，二者 9 个组件的插接设计方式、设计风格、设计元素、组件的形状均相近似，虽然涉案专利的件 1 和件 3 与对比文件的件（1）和件（3）不相同且不相近似，但上述组件均是门窗状组件和小车状组件，且其插接设计方式相近似，且对于一般消费者而言，涉案专利与对比文件上述两个组件的不相近似并未给产品带来显著不同的整体视觉效果差异。因此，涉案专利与在先设计相近似，不符合《专利法》（2000 年修订）第 23 条的规定。

【典型意义】

本案是一个典型的介绍组装关系不唯一的组件产品的外观设计相近似的判断方法的案例，通过各个组件与在先设计的对比得出整体产品是否与在先设计相近似的结论。同时在证据的认定过程中，本案还涉及了"出版物公开的界定"问题，这对相关案件的审理具有借鉴意义。

（撰稿人：北京市第一中级人民法院　陈志兴　联络人：张跃平　石岩）

---

❶ 国家知识产权局．审查指南 2006 ［M］．北京：知识产权出版社，2006：第四部分第五章第 5.4.1 节.

案例二十　材料特征的变换对于外观设计
专利侵权近似性判断的影响
——圆珠笔外观设计专利侵权纠纷案

专利名称：圆珠笔
专　利　号：ZL03349116.X
授权日期：2004 年 1 月 7 日
专利权人：三菱铅笔株式会社

【案例要点】

将不透明材料替换为透明材料，或者将透明材料替换为不透明材料，首先需要考虑被替换的部位是否为该外观设计中的关键部位，如果透明材料致该产品外观设计（的美感）发生了变化，导致一般消费者对该产品的整体视觉发生了变化，则应当予以考虑。如果仅属于材料特征的变换，未导致产品外观设计发生明显变化的，在判断外观设计的相同或相似时，应不予考虑。

本案被诉侵权产品系将产品某部位的不透明材料替换为透明材料，通过透明材料可以观察到产品的内部结构，则所述内部结构应当视为该产品的外观设计的一部分，在侵权判定中应予以考虑。

【案情简介】

三菱铅笔株式会社是在日本注册的一家专门生产书写工具的文具公司。2003 年 5 月 30 日，三菱铅笔株式会社向中国国家知识产权局申请了一项名称为"圆珠笔"的外观设计专利，2004 年 1 月 7 日获得授权。

该专利的外观设计（见图 20-1）为：从上至下由透明的按压棒、透明的笔身部、笔身部上的笔夹部、带有防滑设计的握持部和前端收缩为锥形的笔尖部构成。按压棒为透明的圆柱体，可以看到内部还有一细长的不透明的柱状体；笔身部为圆柱形，中间一段为透明的设计，可看到内部的笔芯及笔芯上端有一段套在笔芯外部的下端呈弧线形的不透明柱状体；握持部稍粗于笔身部，握持部上有椭圆形粒状凸起，分布在笔夹所指下方的两侧和后部，在正对笔夹的握持部设计有一个向下的小豁口；笔身部与握持部的比例为 3：2；

笔尖部的前端呈锥形，其上分布有细长的椭圆形的凹进图案；笔夹部的设计为一个细长的大椭圆环，环内侧上方安置了一个小椭圆板，整体观察宛如3个细长的椭圆在其长轴方向的一端重叠；从笔夹部右侧观察大椭圆环状的笔夹部呈弧形，通过一个小型笔夹支撑板与笔身上端的很小一段不透明的笔身部相连接，并与该不透明的笔身下沿连接形成了一体的圆滑的弧线。本外观设计专利并未请求保护色彩。

笔尖伸出立体图　　涂黑部分显示透明部位立体图　　主视图

图20-1　本专利部分附图

2006年1月20日，三菱铅笔株式会社指控真彩公司、乐美公司制造、销售的"真彩尖锋911A"按动中性笔、"真彩锐锋3051"中性笔（被控侵权产品，见图20-2）侵犯其外观设计专利权。

真彩尖锋911A　　　　　　　　　　真彩锐锋3051

图20-2　被控侵权产品图片

将"真彩尖锋911A"按动中性笔的外观与本案外观设计专利产品进行对比，可以看到："真彩尖锋911A"按动中性笔从上至下由不透明的细长按压棒、不透明的笔身部、笔身部上的笔夹部、带有防滑设计的握持部和前端收缩为锥形的笔尖部构成。按压棒及笔身部均为圆柱体，与专利产品相比所不同的是按压棒和笔身部都为不透明的设计；"真彩尖锋911A"按动中性笔笔身主体色调为深蓝色，在笔身部中间一段为亮银色的蝴蝶形设计，握持部稍粗于笔身部，与专利产品相比不同的是握持部上均匀分布有大小不一的圆形粒状凹点，且握持部的上沿形状呈两侧凸起，前后凹陷的设计（以正对笔夹的视角观察）；"真彩尖锋911A"按动中性笔笔身部与握持部的比例为3：2；笔尖部的前端呈锥形，与专利产品相比不同的是笔尖部是光滑的锥形，没有细长的椭圆形的凹进图案；"真彩尖锋911A"按动中性笔笔夹部的设计为一个细长的大椭圆环，环内侧上方安置了一个小椭圆板，与专利产品相比不同的是在笔夹部的下端有一细长的小椭圆形镂空孔；"真彩尖锋911A"按动中性笔从笔夹部右侧观察大椭圆环状的笔夹部呈弧形，通过一个小型笔夹支撑板与笔身相连接，笔身上端有一弧形的线条，与该小型笔夹支撑板的下沿连接形成了一体的圆滑的弧线。该笔在笔夹的小椭圆板上印有"TRUECOLOR"商标，在笔夹的下端印有笔的型号"911A SHARP"等。在笔身上印有"尖峰　中性笔"、"真彩TRUECOLOR"商标等。

"真彩锐锋3051"中性笔产品有浅蓝和浅灰两色，笔身上使用了与笔的浅蓝色或浅灰色相配合的深、浅颜色的纵向细长条纹图案。笔身上均印有"真彩TRUECOLOR"商标。该产品的外观与"真彩尖锋911A"按动中性笔基本相同，只是在笔身上使用的图案不同。

一审法院认为，三菱铅笔株式会社的"圆珠笔"的外观设计专利产品为19－06类，与真彩公司制造、乐美公司和理想文仪中心销售的"真彩尖锋911A"按动中性笔产品和"真彩锐锋3051"中性笔产品属于同类产品。与三菱铅笔株式会社的专利产品相比，"真彩尖锋911A"按动中性笔主要是在笔夹部采用细长的大椭圆环，大椭圆环上有一小型椭圆板的设计与三菱铅笔株式会社的专利产品存在类似因素，但整体观察两者的外观存有较大差别。两者在按压棒、笔身部、握持部和笔尖部都有不同设计，即使在存有相似因素的笔夹部也有不同设计，细长的小椭圆形镂空孔的设计改变了笔夹部大椭圆环和小椭圆板的组合比例。综合以上因素，被控侵权产品在整体上产生了与专利产品较明显的差异。故被控侵权产品与三菱铅笔株式会社的专利产品采用的是不相同也不相近似的设计。

"真彩锐锋3051"中性笔产品同样不能被认定为是与三菱铅笔株式会社涉案专利产品外观相同或相近似的产品。特别是该种产品在笔身部采用的彩色条纹图案与涉案专利产品在视觉上产生了较大差异。因此，一审法院判决驳回了三菱铅笔株式会社的诉讼请求。

二审法院经审理认为，"真彩尖锋911A"按动中性笔、"锐锋3051"中性笔产品的整体形状、笔夹部分细长的大椭圆环及小椭圆板的设计、笔身部与握持部的比例设计、握持部稍粗于笔身部的设计、握持部分的圆点分布设计与本专利基本相同。虽然被控侵权产品在笔夹部上增加了细长的小椭圆形镂空孔，把笔尖部改为光滑锥形，无细长的椭圆形的凹进图案，将笔身、按压棒改为不透明等，但这些区别均属于细微差别，故被控侵权产品与三菱铅笔株式会社的专利产品是相近似的外观设计。二审法院终审判决：撤销一审判决；真彩公司、乐美公司立即停止生产、销售"真彩尖锋 911A"按动中性笔、"锐锋 3051"中性笔产品；自判决生效之日 10 日内，真彩公司、乐美公司连带赔偿三菱铅笔株式会社经济损失及诉讼合理支出人民币 10 万元；驳回三菱铅笔株式会社其他诉讼请求。

【案例评析】

本案涉及外观设计专利侵权近似性判定问题。近年来，人民法院受理了多起涉及透明材料的外观设计专利侵权纠纷案件。在这些案件中，双方争议的焦点问题集中在材料特征的变换（由透明或半透明材料变换为非透明材料，或者由非透明材料变换为透明或半透明材料）是否会影响侵权近似性的判断。对此，北京市高级人民法院于 2008 年发布了《关于审理外观设计专利案件的若干指导意见（试行）》的规范性文件，作出了较为明确的规定，其中第 6 条载明：将不透明材料替换为透明材料，或者将透明材料替换为不透明材料，且仅属于材料特征的变换，未导致产品外观设计发生明显变化的，在判断外观设计的相同相似性时，应不予考虑。

本案中的焦点问题是被替换的部位是否为该外观设计中的关键部位，如果透明材料致该产品外观设计（的美感）的主要部分发生了改变，导致一般消费者对该产品的整体视觉发生了变化，则应当予以考虑；反之，如果替换的部位并不是关键部位，没有导致涉案产品的外观设计产生明显变化，一般情况下不会影响侵权的比对。

就本案而言，虽然本专利的笔身、按压棒部分是透明的，但可看出透明部分内可以看到的只是笔芯或者按压棒，并无其他图案，此部位并不是涉案外观涉及的关键部位，且圆珠笔的笔身采用透明或者不透明的材料均是常见的制造方法，因此，不能因为被控侵权产品将本专利的透明笔身、按压棒改变为不透明的，就简单认定二者不相同或者不相近似。上述材料特征的区别属于局部的、次要部分的差异，给人的视觉印象并不显著。

此时，应继续将这两个产品的重要部分进行对比和整体观察，判断二者的外观设计是否容易使普通消费者在视觉上产生混淆，比较的重点应当是专利权人独创的富于美感的主要设计部分。从本专利图片中的该专利产品的外观设计分析，本专利独创的富于美感的主要设计部分应该是笔夹部分细长的大椭圆环及小椭圆板的设计及整体修长的笔身形状。经比对，"真彩尖锋 911A"按动中性笔、"锐锋 3051"中性笔产品的笔身整体的修长形状、笔夹部分细长的大椭圆环及小椭圆板的设计、笔身部与握持部的比例设计、握持部稍粗于笔身部的设计、握持部分的圆点分布设计与本专利基本相同，从整体观察看两者的外形相近似。不同点为：本专利的笔身部分、按压部分为透明设计，而"真彩尖锋911A"按动中性笔、"锐锋3051"中性笔产品的笔身部分、按压部分为不透明设计，其笔身颜色、图案也与本专利不同。

被控侵权产品除将本专利笔身、按压棒的透明设计改变为不透明外，还用颜色、线条等使之在视觉上产生了强烈效果。但由于笔身色彩的变化并不是本专利的保护范围，故不能作为判定两者外观设计是否相同、近似的内容。虽然被控侵权产品在笔夹部上增加了细长的小椭圆形镂空孔、把笔尖部改为光滑的锥形，没有细长的椭圆形的凹进图案，将笔身、按压棒改为不透明等，但这些区别均属于细微的差别，不足以使之与专利产品产生明显差异。相反，因被控侵权产品在笔身的整体修长形状、笔身与握持部分的比例、笔夹的长椭圆形设计、握持部分的圆点分布设计等与本专利基本相同，消费者容易将两者进行混淆。因此，应认定被控侵权产品与三菱铅笔株式会社的专利产品是相近似的外观设计。

【典型意义】

本案是典型的涉及透明材料的外观设计专利侵权纠纷案件，焦点集中在透明或半透明材料与非透明材料之间的替换是否会影响对外观设计相近似的判断。本文透彻地分析了产品透明部分在外观设计相近似判断时起到的作用，即在判断外观设计近似性时，应考虑材料特征变换的部位是否为外观设计的关键部位，要具体考虑其内部设计是否影响到了产品的整个外观，以及该变化是否为一般消费者所重视等相关因素。

（撰稿人：北京市第二中级人民法院　李丹　联络人：张跃平　石岩）

案例二十一　透明产品内部可见形状
属于外观设计的一部分

——螺丝起手柄（芯2）外观设计专利侵权纠纷和
无效行政诉讼案

专利名称：螺丝起手柄（芯2）
专 利 号：ZL03318422.4
授权日期：2003 年 9 月 10 日
专利权人：林纯好

【案例要点】

本案涉及一款螺丝起手柄的外观设计专利权侵权纠纷和无效行政诉讼案。

对于外表使用透明材料的产品而言，通过人的视觉能观察到的其透明部分以内的形状、图案和色彩，应视为该产品的外观设计的一部分。这种情况下，专利申请中应当采用必要的展开图、剖视图、剖面图、放大图、立体图或变化状态图等视图体现透明部分以内的形状、图案或色彩。

在专利侵权纠纷中，专利权人应当注意收集和保存对认定侵权成立和所受到损失或因诉讼所支付的费用方面的证据，以利于自身的维权和索赔。

【案情简介】

专利权人林纯好（以下简称专利权人）于 2003 年 1 月 20 日向国家知识产权局提出产品名称为"螺丝起手柄（芯2）"的外观设计专利申请，并于 2003 年 9 月 10 日被公告授予专利权，专利号为 ZL03318422.4。

本外观设计专利产品（见图 21-1）是螺丝起手柄，其主要由半圆形端部、六面内弧形的柄身和设计有五条螺纹圆线的连接块段组成，手柄使用透明材料，中间有一条截面为三棱状的装饰带贯穿柄身。授权公告的视图包括主视图、左视图、俯视图、仰视图、A—A 剖视图、B—B 剖视图、使用状态立体图、使用状态参考图。本案专利授权公告中"简要说明"注明：图中 C 处使用透明材料。"C"处指手柄部分。从 A—A 剖视图、B—B 剖视图可见，手柄的透明材料及三棱状芯用不同的剖面线表示。

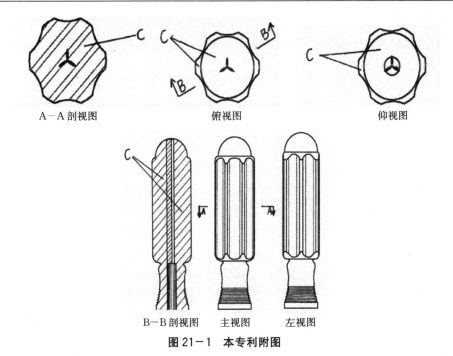

A—A剖视图　　　　　　俯视图　　　　　　　仰视图

B—B剖视图　　主视图　　左视图

图 21-1　本专利附图

一、专利侵权纠纷

2004 年 1 月 6 日，专利权人向汕头市知识产权局请求处理余益祥（以下简称被控侵权人）个体经营的汕头市澄海区东里沪东农用器械厂侵犯其 ZL03318422.4 外观设计专利权的行为。1 月 7 日，汕头市知识产权局依法在被控侵权人经营场所内，查封扣押了彩芯螺丝起手柄 141 袋（共约 56 000 多把）。同年 6 月 11 日，汕头市知识产权局作出汕知纠〔2004〕1 号处理决定，认定被控侵权人侵犯了 ZL03318422.4 号外观设计专利权，责令被控侵权人停止侵权和销毁库存侵权产品、生产侵权产品的模具。被控侵权人不服，于同年 7 月 1 日向人民法院提起行政诉讼，汕头市中级人民法院和汕头市高级人民法院均维持汕知纠〔2004〕1 号处理决定。

在侵权赔偿方面，由于专利权人在本案没有举证因被控侵权人侵权造成的损失或者被控侵权人侵权获得的利益，也没有提供相应的专利许可使用费作为参照，法院按照《最高人民法院关于审理专利纠纷案件适用法律问题的若干规定》第 21 条和第 22 条的规定，一审法院根据专利权人的专利权的类别、被控侵权人的侵权性质和情节，以及专利权人因调查、制止侵权所支付的合理费用等因素确定侵权人的赔偿数额。具体来说，法院考虑到被控侵权人侵犯专利权人外观设计专利权的产品数量多，而且专利权人为制止侵权，进行了多起诉讼或行政处理程序，历时两年多并支付了 33 101 元的合理费用。另一方面考虑到被控侵权人是个体工商户，经营规模不大，且根据现有证据表明其尚未实际获利，相比已进入销售领域的侵权显然较轻。综合考虑后，法院酌定以80 000元（包括上述专利权人支付的合理费用）作为被控侵权人需要支付的赔偿数额。

二、专利无效纠纷

在汕头市知识产权局处理期间，被控侵权人于2004年3月1日针对上述专利向专利复审委员会提出专利无效宣告请求。专利复审委员会受理后，于同年9月22日作出第6444号无效宣告请求审查决定，维持专利权人的ZL03318422.4外观设计专利权有效。被控侵权人不服，在同年12月29日向北京市第一中级人民法院提起行政诉讼，经北京市第一中级人民法院一审和北京市高级人民法院终审，判决维持专利复审委员会作出的第6444号无效宣告请求审查决定［（2005）一中行初字第102号、（2005）高行终字第426号］。

在无效审查中，无效请求人即被控侵权人提交的涉及2000年修订的《专利法》第23条的证据中，证据1和证据4与本专利最近似（见图21－2、图21－3）。无效决定认定：证据1所示螺丝刀，其手柄也是由圆帽形端部、六棱形把柄及喇叭形连接块三部分组成。但证据1没有要求使用透明材料，其内部也没有可通过人的视觉能观察到的三棱状芯。由于本专利所示螺丝起手柄使用透明材料而能够看到内部的三棱状芯，这种差别会给一般消费者留下明显不同的视觉印象；证据4所示螺丝刀，其手柄也是由圆帽形端部、六棱形把柄及喇叭形连接块三部分组成。但证据4中并没有明确说明手柄的任何部分需要使用透明材料，即使把柄由透明材料制成，也没有关于内部构造的任何表示即没有表示内部有三棱状芯。这种差别对于产品的整体视觉效果具有显著影响，给一般消费者留下明显不同的视觉印象。因而，无效决定认定上述证据不能证明本专利不符合《专利法》（2000年修订）第23条的规定。

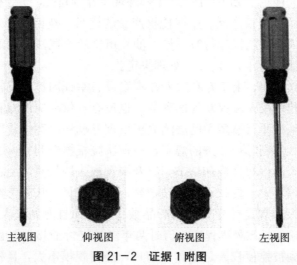

主视图　　　仰视图　　　俯视图　　　左视图

图21－2　证据1附图

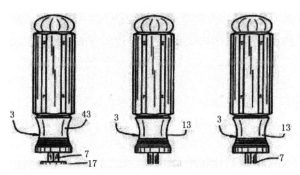

图 21-3 证据 4 附图

【案例评析】

通过分析本专利的侵权纠纷案和无效行政案，从外观设计专利申请和侵权索赔两方面进行评析。

一、外观设计专利申请

从外观设计专利申请的角度，需要注意：对于外表使用透明材料的产品而言，通过人的视觉能观察到的其透明部分以内的形状、图案和色彩，由于能够在购买和使用过程中为人所观察，因而构成该产品的外观设计的一部分。现实中，通过采用透明材料，人们能够看到内部的构造等形状或图案，往往能够产生视觉上的冲击效应，可能具有较好的市场价值。设计人对于这方面作出的外观设计创新，应当申请外观设计专利以获得专利保护。

本案中的专利就是这种外观设计的典型例子。在专利的简要说明中，明确了 C 部分使用的是透明材料，B-B 剖视图显示出内部芯的材料与 C 部分透明材料不同，因而从 A-A 剖视图、俯视图和仰视图中明确表示出手柄内部的三棱状芯。因此，从主视、仰视以及俯视方向均能看到透明材料内部的三棱状芯。基于此，本专利的外观设计与无效请求人提供的相关证据产生了显著的差别，因而得以维持专利权的有效。

对于这种外观设计专利申请，一方面需要利用简要说明，明确外观设计产品中哪一部分采用的是透明材料，不能认为通过视图可体现这一点而予以省略。本专利的简要说明中明确指出了图 21-1 中 C 处（手柄部分）使用透明材料。

另一方面，更为重要的是，提供的外观设计视图应当合理体现出通过透明材料可以观察到的内部形状、图案和色彩的情况。根据 2008 年修订的《专利法》第 27 条的规定，申请人提交的有关图片或者照片应当清楚地显示要求专利保护的产品的外观设计。根据 2010 年修订的《专利法实施细则》第 27 条的规定，申请人应当就每件外观设计产品所需要保护的内容提交有关图片或者照片。《专利审查指南 2010》给出更具体的图片或者照片的相关要求（即

第一部分第三章第 4.2 节规定)：必要时，申请人还应当提交该外观设计产品的展开图、剖视图、剖面图、放大图以及变化状态图。也就是说，如果外观设计专利的申请人提交的外观设计六面视图不能充分表达外观设计，应当用必要的展开图、剖视图、剖面图、放大图、立体图、变化状态图等图面加以补充。

在本专利中，主视图、后视图、左视图、右视图中所表现的纵向线条是手柄的外部线条，如果在这些视图中增加表现内部三棱状芯的线条，就会与外部线条相混淆。因此，本专利提供了 A—A 剖视图，即相对于手柄而言的横截面剖视图，其显示了内部三棱状芯的横截面形状，还提供 B—B 剖视图即相对于手柄而言的纵向剖视图，其显示了内部三棱状芯的纵向截面形状。这样才能将内部三棱状芯完整显示。

此外，《专利审查指南 2010》第一部分第三章第 4.2.2 节规定：不得以阴影线、指示线、虚线、中心线、尺寸线、点划线等线条来表达外观设计的形状。在本专利中主视图、后视图、左视图、右视图中不能采用虚线以体现其内部三棱状芯。因此，为了充分表达透明材料制成的手柄内部的由非透明材料制成的三棱状芯，采用剖视图才能较好体现。

二、侵权索赔方面

在专利侵权纠纷中，作为专利权人，应当注意收集和保存对认定侵权成立和所受到损失或因诉讼所支付的费用的证据。

本专利的侵权诉讼引起了较大的社会反响，2006 年媒体以"一把螺丝刀柄竟引六场官司"进行报道，[1] 并且是汕头市中级人民法院成功执行汕头市首宗强制执行的专利案件，[2] 涉案的 5 万多把侵权的螺丝刀手柄在执行法官的监督下被当场销毁。整个诉讼历时两年多，其中赔偿数额为80 000元。在该诉讼案件中，从专利权人维权的角度看，专利权人对于证据的收集和准备，既有充分的一面，又有不足之处。

首先，专利权人主动收集了被控侵权人的侵权证据，即委托他人向被控侵权人购买了螺丝起手柄 1 袋（400 把）。随后，利用专利行政执法的立案和处理的快捷优势，向汕头市知识产权局请求处理被控侵权人个体经营的汕头市澄海区东里沪东农用器械厂侵犯其 ZL03318422.4 外观设计专利权的行为。第二天，汕头市知识产权局依法在被控侵权人经营场所内，查封扣押了彩芯螺丝起手柄（绿色）88 袋（每袋 400 条）、彩芯螺丝起手柄（紫色）53 袋

---

[1] 大洋网—广州日报，http：//news. sina. com. cn/o/2006－04－19/10168736 606s. shtml.

[2] 新华网广东频道，http：//www. gd. xinhuanet. com/newscenter/2006－04/17/content_6763095. htm.

（每袋 400 条）。

其次，专利权人对与赔偿金额相关的费用证据收集也比较齐全。如专利权人主张支付了33 500元的代理费用以及3 501元的差旅费。其中包括在侵权诉讼方面，支付的律师费20 000元；在无效案件审理中，支付给代理人蔡某往返北京机票（含机场建设费）2 480元、车费243 元、餐饮费228 元和住宿费 550 元，合计3 501元；在被控侵权人即无效宣告请求人起诉专利复审委员会案件的一审、二审行政诉讼程序中，专利权人支付其代理人彭某的专利诉讼代理费9 500元。上述 3 笔款项属于合理费用，相关票据完备，符合专利权利人制止侵权、调查取证和进行诉讼为基本目的的前提，最终被法院予以采纳。

但由于专利权人在本案没有举证因被控侵权人侵权造成的损失或者被控侵权人侵权获得的利益，也没有提供相应的专利许可使用费作为参照，法院只好按照《最高人民法院关于审理专利纠纷案件适用法律问题的若干规定》第 21 条和第 22 条的规定，根据专利权人专利权的类别、侵权人的侵权性质和情节，以及专利权人因调查、制止侵权所支付的合理费用等因素，确定侵权人的赔偿数额为80 000元。

由此可以看出，专利权人在维权中，在认定被控侵权人侵权成立时，侵权赔偿中涉及为诉讼的合理支出的费用方面，需要提供相关票据，并且需要表明是因调查、制止侵权、调查取证和进行诉讼为基本目的所支付的合理费用，如此才能得到法院的支持。

此外，本专利在侵权诉讼和无效宣告请求审查中均涉及一审和二审，外界形象地称"一把螺丝刀柄竟引六场官司"，时间上跨越两年多，容易影响专利权人的维权和增加维权成本。在此提醒，《专利法》第三次修改后，对于外观设计专利可请求作出专利权评价报告，如果专利权评价报告给出的结论是本专利符合授权条件的肯定结论，法院可以据此不中止审理，这就可以减少或避免因被控侵权人提出无效请求导致的侵权诉讼程序审理的中止。因此，当事人可以充分利用专利权评价报告制度，从而降低维权的时间和金钱成本。

【典型意义】

对于外表使用透明材料的产品而言，通过人的视觉能够观察到的其透明部分以内的形状、图案和色彩，应当视为产品的外观设计的一部分。在撰写和准备专利申请文件时，需要注意的是，提供的外观设计视图应当合理体现出通过透明材料可以观察到的内部形状、图案和色彩。必要时，可以提供剖视图，或在简要说明中明确外观设计产品中哪一部分采用的是透明材料。在本案的侵权案件中，作为专利权人，应当注意收集和保存对认定侵权成立所需的证据，以及因被控侵权人的行为而受到的损失或因诉讼所支付的费用证据。在认定被控侵权人侵权成立时，侵权赔偿中涉及确认为诉讼而支付的合理费用方面，需要提供相关票据，并且需要明确表明是因调查、制止侵权、调查取证和进行诉讼为基本目的所支付的合理费用，才能得到法院的支持。

（撰稿人：国家知识产权局专利局专利审查协作北京中心　欧阳石文

联络人：张威　周佳）

案例二十二　外观设计美感的认定标准
——提手篮外观设计专利无效行政纠纷案

专利名称：提手篮
专　利　号：ZL200630110194.7
授权日期：2007 年 4 月 18 日
专利权人：临海市联丰工艺品有限公司

【案例要点】

本案涉及一件外观设计是否具有美感的案例。专利复审委员会以及北京市第一中级人民法院均认定，司空见惯的形状与是否具有美感之间没有必然联系，因为某种产品的形状为常见形状，从而认定其不具有美感的观点缺乏法律依据。

外观设计的美感是指该设计具有装饰性，即该设计并非仅出于技术性或者功能性的考虑。外观设计采用惯常形状并非不具有美感的情形。

【案情简介】

本案涉及国家知识产权局于 2007 年 4 月 18 日授权公告的名称为"提手篮"的 ZL200630110194.7 外观设计专利（以下简称涉案专利，见图 22－1），其申请日为 2006 年 5 月 25 日，专利权人为临海市联丰工艺品有限公司（以下简称联丰公司）。

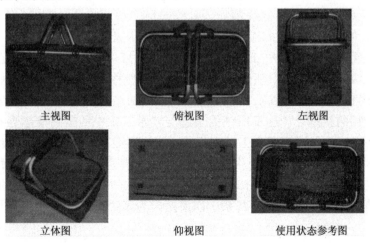

主视图　　　　俯视图　　　　左视图

立体图　　　　仰视图　　　　使用状态参考图

图 22－1　涉案专利附图

针对涉案专利，台州市黄岩阿布家居饰品厂（以下简称阿布饰品厂）于2007年9月3日以其不符合2000年修订的《专利法》第23条的规定为由，向专利复审委员会提出无效宣告请求。阿布饰品厂认为：涉案专利是一种由形状构成的专利，而这种方形形状是提篮产品或者提包产品的一种司空见惯的形状，本身不具备授予专利权的条件。在口头审理中，阿布饰品厂确认主张涉案专利无效的理由为：①涉案专利是司空见惯的惯常形状，不具有美感，不符合2001年修订的《专利法实施细则》第2条第3款的规定；②涉案专利与附件1所示产品外观相近似，不符合《专利法》（2000年修订）第23条的规定。

2008年6月12日，专利复审委员会作出第11631号决定。关于涉案专利是否符合《专利法实施细则》（2001年修订）第2条第3款的规定，决定认为：首先，阿布饰品厂仅仅基于涉案专利所示产品的形状为常见形状为由而认为其不具有美感，这种观点并没有任何依据，是否常见与是否具有美感之间并无必然联系；其次，《专利法实施细则》（2001年修订）第2条第3款对外观设计富有美感的规定只是一般性的要求，并不是艺术欣赏高度的美的概念，应将其理解为只要不引起一般消费者心理反感即可的水平，涉案专利所示产品的长立方体在视觉上并不会给人带来不良的心理反应，且正由于该形状为常见形状，反而可以在一定意义上说明该形状为普遍采用的为人们所接受的形状，符合人们的惯常的审美观念，满足《专利法实施细则》（2001年修订）第2条第3款所规定的一般性的"美感"要求。因此，专利复审委员会对于阿布饰品厂提出的该项无效宣告请求理由不予支持。专利复审委员会在第11631号决定中还对涉案专利与对比设计是否构成相同或者相近似的外观设计进行了陈述，由于与本文无关，不予赘述，该决定最终维持涉案专利权有效。

阿布饰品厂不服该决定，向北京市第一中级人民法院提起诉讼。关于涉案专利是否符合《专利法实施细则》（2001年修订）第2条第3款规定，北京市第一中级人民法院经审理认为：❶《专利法》所称外观设计，是指对产品的形状、图案或者其结合以及色彩与形状、图案的结合所作出的富有美感并适于工业应用的新设计。这里所说的美感与艺术欣赏中的美的概念存在差别，即只要不会对一般消费者产生心理反应。就本案而言，原告以涉案专利所示产品为司空见惯的长方形为由，主张涉案专利产品没有美感，从而不符合《专利法实施细则》（2001年修订）第2条第3款的规定。司空见惯的形状与是否具有美感之间没有必然联系，如果是因为某种产品的形状为常见形状，

---

❶ 北京市第一中级人民法院（2008）一中行初字第1387号。

从而认定其不具有美感的观点缺乏法律依据。《专利法实施细则》（2001年修订）第2条第3款对外观设计富有美感的规定只是一般性的要求，而涉案专利所示产品的长立方体在视觉上并不会给人带来不良的心理反应，且正由于该形状为常见形状，反而可以在一定意义上说明该形状已为人们所接受，符合人们的惯常的审美观念，因此涉案专利已经符合《专利法实施细则》（2001年修订）第2条第3款的规定。经过审理后北京市第一中级人民法院判决：维持被告专利复审委员会作出的第11631号无效宣告请求审查决定。

【案例评析】

2001年修订的《专利法实施细则》第2条第3款规定：《专利法》所称外观设计，是指对产品的形状、图案或者其结合以及色彩与形状、图案的结合所作出的富有美感并适于工业应用的新设计。本案即涉及如何理解外观设计专利的"美感"的要求。

对于该问题，本案中的无效宣告请求人和专利复审委员会及法院有不同的认识。无效宣告请求人认为，涉案专利是司空见惯的惯常形状，不具有美感。其言下之意是认为具有美感的东西应该不是司空见惯的惯常形状。这实际上混淆了外观设计应当具有的新颖性与美感之间的关系，外观设计是否属于惯常设计或者与在先设计相同或相近似，应当适用其他的法律条款去审查，不属于是否具有"美感"的问题。本案中的专利复审委员会及法院则认为，外观设计的美感并非艺术欣赏中的美，只要不会对一般消费者产生心理反感即属于美感。这种界定亦值得商榷。因为，实际上"美"作为一种主观的心理感受，固然难以客观去界定，但将其解释为不会使人产生心理反感一样存在难以客观判断的问题，何为"产生心理反感"同样存在不同的人不同认识的问题，很难说明何种情况会使人产生心理反感。外观设计中涉及暴力凶杀或淫秽内容等违反善良风俗的图案或者照片可能使人产生心理反感，但这并非是否具备美感解决的问题，而是属于《专利法》第5条第1款的规定，对违反法律、社会公德或者妨害公共利益的发明创造，不授予专利权的情形。而且美感与文化背景及所处环境相关，即使看起来丑的东西在特定的条件下仍然可以具有艺术上的美。因此，笔者认为亦不宜从是否令人反感的角度去解释"美感"。

虽然艺术欣赏中的美感存在见仁见智的问题，但作为《专利法》中的法律概念，对外观设计的美感应当尽可能客观化地去认识。外观设计的美感应当理解为该设计具有装饰性，即该设计不仅仅是出于技术性或者功能性的考虑。首先，从美学角度看，感受美感应当与实际生活或者实用性保持适当的距离。当没有认识到事物实用性的意义，事物还没有变为实用性的工具时，容易体会到事物的美，而当事物离实际生活太近，使人想到的实用上的意义，就不易产生美的体验。具体到外观设计，如果该设计纯粹基于技术性或功能性的考虑，其形状和构造仅是为了满足技术和功能的要求，在看到该外观设计时，就不可能将该设计与其实用功能剥离开来，也就难以产生美感的体验；使用该产品也是为了实现其功能，只是实用的活动而不是美感的活动。其次，从外观设计制度的设立目的看，外观设计与发明、实用新型的区别，就在于后者保护具有技术效果的技术方案，而外观设计保护的是在满足技术性能的基础上对工业品外观进行的装饰性设计。外观设计就应当具有除了技术性之外的装饰性的要素。最后，从各国的立法来看。美国专利法没有使用美感的用语，而是使用"装饰性"，其审查指南规定，外观设计仅保护就产品的装饰性提出的设计，而不保护就产品的功能性提出的设计。一个以功能性为主的发明不具有外观设计专利性质，外观设计专利必须是为装饰目的创作的设计，而不是基于功能或机械考虑的产物。我国《专利审查指南2010》也规定，富有美感，是指在判断是否属于外观设计专利权的保护客体时，关注的是产品的外观给人的视觉感受，而不是产品的功能特性或者技术效果。综上，外观设计的美感应当理解为该设计具有装饰性的内容。

本案中，涉案专利提手篮整体均呈长方体形，顶面为空，顶部四周均封接有支持物，顶部四周封接的支撑物和提手形状为管状，提手中部为直径稍大的管状等，不管其设计是否简单或者司空见惯，其设计除了盛放物品等功能方面的考虑之外的仍有装饰性的考虑，因此就符合了《专利法》对于外观设计"美感"的要求。

【典型意义】

本案明确指出了司空见惯的惯常形状与是否具有美感之间的关系，即司空见惯的几何形状并不一定导致外观设计不具有美感，本文还通过本案提出了将外观设计定义中的"美感"量化为装饰性的思路，为进一步修改《专利法》提供了思路。

（撰稿人：北京市第一中级人民法院　严哲　联络人：张跃平　石岩）

案例二十三 组合手法启示的举证问题
——玩具梯外观设计专利无效行政纠纷案

专利名称：玩具梯
专 利 号：ZL201030230547.3
授权日期：2010 年 12 月 22 日
专利权人：李曼莹

【案例要点】

本案涉及一款玩具梯的外观设计无效案件，涉案专利为由细线连接插接块单元形成的玩具梯，请求人认为将现有设计中的插接块使用细线连接即可得到涉案专利，这种连接方式属于常用的设计手法。因请求人提供的证据中并没有体现该连接方式，且其并不属于常用设计手法，因此，请求人的无效宣告理由不能成立。

在判断相关设计特征是否存在组合手法的启示时，若不属于《专利审查指南 2010》所规定的明显存在组合手法启示的情况下，请求人应当尽到举证责任，说明具体组合手法在相同或者相近种类产品的现有设计中存在启示，才能使该类外观设计产品的一般消费者无须通过推导而能够显而易见地得到该设计特征的组合手法。

【案情介绍】

本案涉及的是专利复审委员会于 2012 年 3 月 29 日作出的第 18370 号无效宣告请求审查决定（以下简称第 18370 号无效决定），该决定经北京市第一中级人民法院（2012）一中知行初字第 1922 号及北京市高级人民法院（2013）高行终字第 485 号行政判决书予以维持。

针对涉案专利，请求人黄克亮提出的无效宣告理由为：涉案专利（见图23－1）不符合 2008 年修订的《专利法》第 23 条第 1 款和第 2 款的规定。并分两次提交了相关附件作为证据，附件 1 为涉案专利，附件 2 为中国外观设计专利（见图 23－2），附件 6 为涉及互联网网页的公证书，其中附件 3 至附件 5 具体为：

附件 3：2010 年 1 月第 4 期《香港玩具总汇》的封面、目录、第 L7 页扫描打印件（见图23－3）；

附件4：广东省汕头市汕头公证处出具的（2011）汕市证经字第631号公证书；

附件5：汕头市爱迪尔广告有限公司等提供的证明。

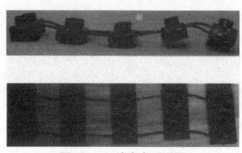
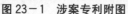
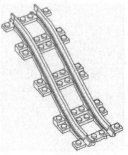

图23－1　涉案专利附图　　　　图23－2　附件2立体图

请求人认为，附件3第L7页刊载了多幅方形块状、两连接柱的积木块立体图，其与涉案专利中积木块的立体图视觉效果完全相同；涉案专利中的塑胶线为惯常使用的形状，无设计特点；将附件3中的积木块与常规塑胶线，采用附件2或者惯常的玩具梯子的连接方式结合后，即可得到涉案专利相同形状的玩具梯，因此，涉案专利与现有设计或现有设计特征的组合相比，没有明显区别。涉案专利不符合《专利法》（2008年修订）23条第2款的规定。附件4的公证书证明了附件3的期刊可以通过网站随时供公众查询。附件5证明附件3的期刊是玩具总汇网主办的网上及线下同时发行的公开出版物，在国内公开发行和销售，玩具总汇网属于爱迪尔（汕头）广告有限公司拥有。此外，涉案专利与附件2和附件6单独比对，不符合《专利法》（2008年修订）第23条第1款和第2款的规定。

专利权人针对上述无效理由提出了答辩意见，认为附件2记载的连接件的形状和连接件的横截面均与涉案专利不同，对附件3的真实性不予认可，且认为附件3中的产品整体形状不确定，不能用以证明其与涉案专利是相同的。

请求人于口头审理中明确：附件4和附件5用以佐证附件3的真实性，附件3单独使用用以证明涉案专利不符合《专利法》（2008年修订）第23条第2款的规定。其具体理由为，附件3中公开的具有两个凸起的积木块加上常规的连接件就可以得到涉案专利。涉案专利与附件2和附件6单独比对，不符合《专利法》（2008年修订）第23条第1款和第2款的规定。

针对上述事实，专利复审委员会作出了第18370号无效决定，认为附件2与涉案专利不相同，且具有明显区别；附件6的真实性无法确认，不能作为支持其主张的证据；对于附件3至附件5，具体的决定意见如下：

专利复审委员会综合分析附件3、附件4和附件5，附件4和附件5能够证明附件3的出版物真实存在，其记载的发行机构——爱迪尔（汕头）广告有限公司也真实存在。因为附件3记载的发行机构在汕头设有发行单位，所以附件3属于可以在国内公共渠道获得的出版物，其出版日期早于涉案专利的申请日，因此对附件3的真实性及公开性予以认可。附件3公开的现有设计包括具有两个插榫的长方体形状的插接块单元（见图23-3），其形状和涉案专利的插接块基本相同。专利复审委员会认为，依据现有设计状况，请求人没有充分理由或者相应证据证明细线为已知的常规连接件，也不能证明采用细线连接方式为惯常的或者常见的设计手法，因此，现有设计中不存在采用细线连接的设计启示，即使在附件3公开的插接块的基础上也不能得到涉案专利的设计。故涉案专利相对于现有设计或现有设计特征的组合具有明显区别，符合《专利法》第23条第2款的规定。

无效宣告请求人对上述决定不服，先后向北京市第一中级人民法院及北京市高级人民法院提起了专利行政诉讼。经审理，北京市第一中级人民法院和北京市高级人民法院均支持第18370号无效决定的意见，关于附件3，均认为其插接块单元的形状和涉案专利的插接块基本相同，但是，在案证据并不能证明细线为已知的常规连接件，也不能证明采用细线连接方式为惯常的或是常见的设计手法，因此，现有设计中不存在采用细线连接的设计启示，即使在附件3的插接块的基础上也不能得到涉案专利的设计。

图23-3　附件3局部放大图

【案例评析】

本案中关于附件3的焦点问题为，涉案专利中的细线是否为常规的连接件，用细线连接是否为常见设计，插接块与细线的组合手法是否存在启示。

自2008年《专利法》第3次修订之后，在授予专利权的条件中，引入了现有设计特征的组合比对。根据《专利审查指南2010》的规定，涉案专利与现有设计特征的组合相比不具有明显区别主要是指：现有设计与涉案专利的相应设计部分相同或者仅有细微差别，且该具体组合手法在相同或者相近种类产品的现有设计中存在启示。而关于组合手法的启示，仅下述3种类型的组合属于明显存在组合手法的启示的情形：①将相同或者相近种类产品的多项现有设计原样或者做细微变化后进行直接拼合得到的外观设计；②将产品外观设计的设计特征用另一项相同或者相近种类产品的设计特征原样或者做细微变化后替换得到的外观设计；③将产品现有的形状与现有的图案、色彩或者其结合通过直接拼合得到该产品的外观设计，或者将现有设计中的图案、色彩或者其结合替换成其他现有设计的图案、色彩或者其结合得到的外观设计。

本案中，涉案专利主要由平行设置的插接块和柔性细线构成，请求人主张附件3中的插接块与涉案专利的插接块最为接近，其使用细线连接即可得到涉案专利。将涉案专利与附件3中所公开的插接块相比较可知，二者均是具有两个插榫的长方体形状的插接块单元，其构成及形状基本相同，而涉案专利的另一个设计特征细线，其本身并没有特殊的设计，可以说构成涉案专利的两个设计特征均由相对应的现有设计公开了，至此在判断涉案专利与现有设计的设计特征组合相比是否不具有明显区别，第二步即需确认该具体组合手法在相同种类或者相近种类产品的现有设计中是否存在启示。对此，请求人仅是主张细线为常规的连接件，且没有提供充分的证据来证明其连接方式为常见设计，也没有提出具体的证据用于说明是否存在组合的启示。涉案专利涉及的是一种玩具梯，日常生活中所使用的梯子通常由多个水平的踏脚及两侧与之垂直的支架连接构成，为满足功能需求整体应能够起到支撑作用，但是其具体形状均不是唯一的，而对于玩具梯而言，仅需具有多个水平构件及两侧与之垂直的构件即可能成为一个玩具梯，而无须考虑功能需求，因此各构件并不必须起到支撑作用。从本案提供的证据中可以看到，附件2为轨道状的长条结构上固定有横向构件形成梯子形状，与涉案专利的连接方式明显不同，也没有其他证据表明柔性的细线为该类产品的常规连接件。对玩具类产品的外观设计具有常识性了解的一般消费者而言，通常毛绒玩具采用缝制拼接，木质玩具采用黏胶连接或是榫接，金属玩具采用铆钉连接，而塑料玩具多为一体成型或是插接，上述设计手法是该领域的一般设计手法，而本案中涉及的细线虽然本身并没有特殊设计，但因细线本身并不属于玩具相同或相近种类中常规的连接件，且在玩具类产品中采用细线作为连接件并不属于常见设计手法。对于是否存在组合启示的认定，除了《专利审查指南2010》中所规定的明显存在组合启示的3种组合手法之外，其他的组合手法均需要通过当事人的举证来加以确定，因此，在没有证据表明其在相同或者相近种类产品的现有设计中存在启示的情况下，请求人的主张不能得到支持。

《专利审查指南2010》第四部分第五章规定，不同种类的产品具有不同的消费者群体，而作为某种类的外观设计产品的一般消费者应当对涉案专利申请日之前相同种类或是相近种类产品的外观设计及其常用设计手法具有常识性的了解。通过本案可以看到，《专利审查指南2010》对一般消费者的知识水平和认知能力是否应当涉及其他非相关领域的相关知识并没有要求，因此组合手法的启示应当是与涉案专利相同或者相近种类的现有设计中所存在的，由此才能使得一般消费者无须通过推导从中能够显而易见地得到该设计特征的组合手法。引入对现有设计特征的组合判断的本意是提高外观设计的创新水平，但是为了使对比判断有据可依，有效避免"事后诸葛"的情况，《专利审查指南2010》规定了除某些显而易见的情形外对于现有设计特征的组合手法均需要提供启示，若对外观设计的专利性有异议时，当事人必须要有充分的证据来证明其观点，当未尽到举证责任，无法从现有设计中显而易见地得到组合手法的启示时，则应当认为其组合手法是具有创新性的，从而无法否定其专利性。

【典型意义】

在判断一项外观设计专利与现有设计特征组合相比是否具有明显区别时，首先应当判断在现有设计中是否已经公开了构成外观设计专利的各设计特征，其次应判断是否已经给出了各设计特征相互组合的启示。在判断时，应当从一般消费者的认知能力和水平出发，避免主观因素影响，其组合手法的启示应当是相同种类或者相近种类的现有设计中所存在的。尤其是对于不属于《专利审查指南2010》所规定的明显存在设计特征组合启示的，请求人应当尽到举证责任。

本案所涉及的设计特征之一细线虽然并没有特殊设计，其与插接块连接的方式也看似简单，但因细线本身并不属于相同或相近种类外观设计中常规的连接件，其连接的方式也不是常见设计，因此在相同或相近似种类的现有设计中没有组合启示的情况下，请求人的主张不能得到认可，应当认为涉案专利各设计特征的组合手法是具有创新性的。

（撰稿人：国家知识产权局专利复审委员会 袁婷 联络人：周佳 张威）

案例二十四　现有设计或现有设计特征
组合对比的判断
——喷枪（125）外观设计专利无效行政纠纷案

专利名称：喷枪（125）
专　利　号：ZL201030155661.4
授权日期：2011 年 3 月 23 日
专利权人：宁波李氏实业有限公司

【案例要点】

　　本案涉及一款喷枪的外观设计专利无效宣告请求案件，请求人主张用 3 份证据相组合证明本专利不符合 2008 年修订的《专利法》第 23 条第 2 款的规定。专利复审委员会经审查，认为本专利与证据 1 至 3 的组合相比，不具有明显区别，宣告本专利全部无效。

　　本案中，本专利是由现有设计或者现有设计特征组合得到的，所述现有设计与本专利的相应设计部分相同或者仅有细微差别，且该具体的组合手法在相同或者相近种类产品的现有设计中存在启示。本案涉及两个问题，一是组合的具体方式，二是是否存在组合的启示。

【案情介绍】

　　本案涉及的是专利复审委员会于 2012 年 7 月 13 日作出的第 19010 号无效宣告请求审查决定（以下简称第 19010 号无效决定）。本专利名为"喷枪（125）"，专利号为 ZL201030155661.4（见图 24—1），申请日为 2010 年 4 月 29 日，专利权人为宁波李氏实业有限公司。

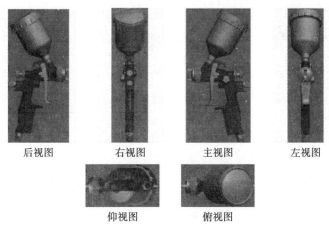

后视图　　　右视图　　　主视图　　　左视图

仰视图　　　　俯视图

图 24－1　本专利附图

请求人王幸子于 2011 年 12 月 12 日向专利复审委员会提出无效宣告请求，认为本专利不符合《专利法》（2008 年修订）第 23 条第 2 款的规定。请求人提供了 3 份外观设计专利文献作为证据，证据 1～3 分别为 ZL200830005460.9（见图 24－2）、ZL200930006176.8（见图 24－3）、ZL02346737.1（见图 24－4）中国外观设计专利。

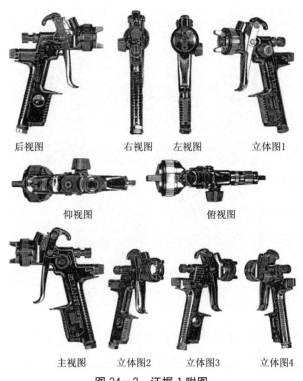

后视图　　　　右视图　　左视图　　　立体图1

仰视图　　　　　　俯视图

主视图　　　立体图2　　　立体图3　　　立体图4

图 24－2　证据 1 附图

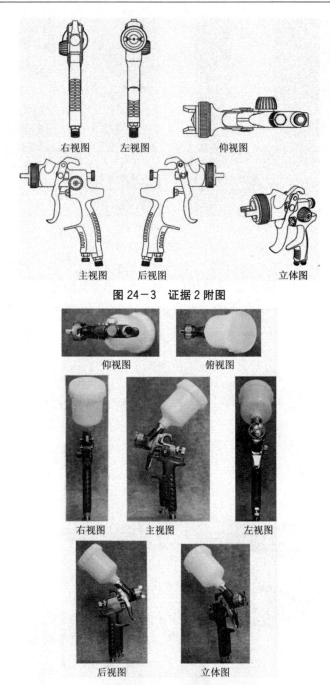

右视图　　　左视图　　　　　　仰视图

主视图　　　后视图　　　　　　立体图

图 24－3　证据 2 附图

仰视图　　　　　　　　俯视图

右视图　　　主视图　　　　　左视图

后视图　　　　　　立体图

图 24－4　证据 3 附图

　　经审查，专利复审委员会作出第 19010 号无效宣告审查决定，宣告本专利无效。双方当事人未对该无效决定提起行政诉讼。

决定认为，将本专利与证据 1 相比较可知，二者的整体形状、结构组成、各组成部分的相对位置相同。二者的主要不同点在于：①握把的形状不同，本专利的握把右侧是弧形，握把右侧面靠下的位置有较小的凹陷，握把的正面和背面均为平滑的表面，证据 1 握把右侧是直的，没有相应的凹陷，握把正面有长方形凹槽、背面有相对应的旋钮以及相应的文字图案设计；②枪体中间的调节旋钮形状不同，本专利为五瓣梅花形调节旋钮，证据 1 为截头圆锥形调节旋钮；③有无漆料罐的差别，本专利公开了漆料罐，证据 1 没有公开漆料罐。

而由证据 2 和证据 3 公开的内容看，证据 2 公开了握把右侧面呈弧形并在握把右侧面靠下的位置有较小的凹陷，只是证据 2 公开的凹陷的程度没有本专利大。证据 3 公开了漆料罐，而且证据 3 的漆料罐的位置与形状均与本专利的漆料罐的位置和形状相同。

就本专利与证据 1 之间的不同点①和不同点③，本专利的握把与证据 1 的握把的不同属于握把的装饰性变化，这种变化在证据 2 中已经公开，尽管证据 2 的内部管路结构设计与本专利的有所区别，但是握把这种形状的变化不受内部结构和握把的握持功能的影响，由此证据 2 给出了握把右下侧设置凹陷的设计启示；对于漆料罐属于喷漆枪使用时必须安装的部件，由此任何满足装载漆料功能的容器外形均有应用在本专利上的可能，由此证据 3 公开的相同形状的漆料罐可以结合在证据 1 喷枪主体上。综上分析，证据 1 可以组合证据 2 以及证据 3 公开的设计特征，证据 1～3 存在组合的设计启示。

对于不同点②，本专利的梅花形调节旋钮同证据 1 的截头圆锥形调节旋钮的功能相同，两者均是调节流量的调节阀的手轮，二者的外形均属于调节阀手动手轮中的常见形状，加之其在产品整体形状中占据的比例很小，相对于整体的结构组成和整体形状而言，上述不同点②属于细微变化，对整体视觉效果的影响很小。

因此在证据 1～3 组合的基础上，只需要经过细微的变化即可得到本专利的设计，本专利相对于证据 1～3 设计特征的组合，整体视觉效果上没有明显区别，不符合《专利法》（2008 年修订）第 23 条第 2 款的规定。

【案例分析】

本案涉及《专利法》（2008 年修订）第 23 条第 2 款规定"授予专利权的外观设计与现有设计或者现有设计特征的组合相比，应当具有明显区别"的审查。根据《专利审查指南 2010》的解释，该款规定指的是如下几种情形：①本专利与相同或者相近种类产品现有设计相比不具有明显区别；②本专利是由现有设计转用得到的，二者的设计特征相同或者仅有细微差别，且该具体的转用手法在相同或者相近种类产品的现有设计中存在启示；③本专利是由现有设计或者现有设计特征组合得到的，所述现有设计与本专利的相应设计部分相同或者仅有细微差别，且该具体的组合手法在相同或者相近种类产品的现有设计中存在启示。

本案请求人主张本专利与证据1～3组合不具有明显区别，也就是上述第③种情形。在这个案件中主要涉及两个具体问题，一是组合的具体方式，二是组合的启示。

组合包括拼合和替换，拼合是指两项或者两项以上设计或者设计特征拼合成一项外观设计，替换是指将一项外观设计中的设计特征用其他设计特征替换。专利复审委员会在本案中认为本专利与证据1～3的组合相比没有明显区别，其中既有拼合也有替换。首先，本专利是由枪体和漆料罐组成，证据1只公开了枪体的设计，而没有公开漆料罐，但证据3公开了漆料罐，且漆料罐的位置与形状均与本专利的漆料罐的位置和形状相同，因此证据1与证据3的组合方式是枪体与漆料罐的拼合。

其次，证据1的枪体与本专利的枪体相比，还存在两个区别：握把的形状不同，以及枪体中间的调节旋钮形状不同。对于握把形状的区别，证据2公开了握把右侧面呈弧形并在握把右侧面靠下的位置有较小的凹陷的情形，只是证据2公开的凹陷程度没有本专利大，但是该差别相对枪体整体而言属于细微差别，也即对证据2枪体握把右侧的设计特征做细微的变化，用其替换证据1的枪体握把右侧设计特征，即可以得到本专利枪体握把右侧的设计特征。另外，对于上述枪体中间的调节旋钮形状的区别，由于本专利与证据1的调节旋钮的外形均属于调节阀手动手轮中的常见形状，加之其在产品整体形状中占据的比例很小，相对于整体的结构组成和整体形状而言，因此区别点②属于细微变化，对整体视觉效果的影响很小。

除了组合的方式之外，还需注意的是关于组合的启示。在前述《专利审查指南2010》对《专利法》（2008年修订）第23条第2款解释的第③种情形中规定了"且该具体的组合手法在相同或者相近种类产品的现有设计中存在启示"。因此，并非可以任意地将设计或设计特征进行拼合或替换，而是需要这种具体的组合手法在相同或相近种类产品的现有设计中存在启示的证据。本案中，将证据3中的漆料罐与证据1的枪体拼合，由于证据3本身就是安装有漆料罐的喷枪，这就明显给出了漆料罐与枪体组合的启示，因此可以将漆料罐与枪体直接拼合。但是，并非所有的组合启示均需要证据加以证明，对于一些公知的组合手法即不需要证据证明在现有设计中存在启示，这一点在《专利审查指南2010》第四部分第五章第6.2.3节加以规定："以下几种类型的组合属于明显存在组合手法的启示的情形，由此得到的外观设计属于与现有设计或者现有设计特征的组合相比没有明显区别的外观设计：①将相同或者相近种类产品的多项现有设计原样或者作细微变化后进行直接拼合得到的外观设计。②将产品外观设计的设计特征用另一项相同或者相近种类产品的设计特征原样或者作细微变化后替换得到的外观设计。③将产品现有的形状设计与现有的图案、色彩或者其结合通过直接拼合得到该产品的外观设计；或者将现有设计中的图案、色彩或者其结合替换成其他现有设计的图案、色彩或者其结合得到的外观设计。"本案中，将证据1中的枪体握把替换为证据2中的枪体握把属于上述规定中的第②种明显存在组合手法的启示的情形。

综上所述，由于存在证据1至证据3相结合的启示，在证据1的基础上，经与证据3公开的漆料罐拼合以及与证据2公开的枪体握把右侧的设计特征的替换并经过细微变化，即可以得到本专利的设计，因此本专利相对于证据1至证据3设计特征的组合，整体视觉效果上没有明显区别，不符合《专利法》（2008年修订）第23条第2款的规定。

【典型意义】

本案涉及《专利法》（2008年修订）23条第2款中现有设计或者现有设计特征的组合的规定，该规定是现行《专利法》新增的内容，也是现行《专利法》第23条与修改前《专利法》第23条一个非常重要的区别。根据该规定，在评判一项外观设计是否具有专利性时，可以将现有设计或现有设计特征组合起来与专利进行对比，而依据以往的《专利法》只能将外观设计专利与对比设计进行单独对比。增加了现有设计或设计特征组合的评判方式，大大提高了外观设计的授权标准，使得一些仅通过拼凑得到的、在旧法的规定下可以获得专利权的外观设计排除在授权门槛之外。

作为采用现有设计或现有设计特征组合进行评判的案件，本案对于组合的两种具体方式拼合和替换均有涉及，并且展现了《专利审查指南2010》中规定的"具体的组合手法在相同或者相近种类产品的现有设计中存在启示"及"明显存在组合手法的启示的情形"，可以说比较典型地诠释了对于《专利法》（2008年修订）第23条第2款规定的与现有设计或现有设计特征组合相比应当具有明显区别的审查标准。

（撰稿人：国家知识产权局专利复审委员会 刘颖杰 联系人：周佳 张威）

案例二十五　商标申请权作为合法权益应当予以保护
——食品包装袋外观设计专利无效行政纠纷案

专利名称：食品包装袋
专 利 号：ZL00333252.7
授权日期：2001 年 5 月 2 日
专利权人：陈朝晖

【案例要点】

2000 年修订的《专利法》第 23 条中关于授予专利权的外观设计"不得与他人在先取得的合法权利相冲突"的规定，旨在避免可能被授予专利权的外观设计与他人在先取得的合法权利相冲突，维护民事权利和社会秩序的稳定。该"合法权利"包括依照法律法规享有并且在涉案专利申请日仍然有效的各种权利或者利益。商标获得注册后，注册人对商标获准注册前的商标申请权可以构成《专利法》（2000 年修订）第 23 条中的"在先取得的合法权利"。

【案情简介】

本案原告为河南省正龙食品有限公司，被告为专利复审委员会，第三人为陈朝晖。

产品名称为"食品包装袋"的 ZL00333252.7 外观设计专利（本专利，授权公告文本见图 25－1）由陈朝晖于 2000 年 10 月 16 日向国家知识产权局提出申请，于 2001 年 5 月 2 日被授权公告。

主视图　　　　　　　　　　　　后视图

图 25-1　本专利附图

2009 年 8 月 4 日，河南省正龙食品有限公司（以下简称正龙公司）针对本专利向专利复审委员会提出无效宣告请求，理由是本专利与其在先注册的第 1506193 号"白象"商标专用权相冲突，不符合 2000 年修订的《专利法》第 23 条的规定，并提交了相应证据。其中：附件 1 为第 1506193 号"白象"商标注册证及注册商标转让证明。附件 8 是商标局第 755 期《初步审定商标公告》首页及第 617 页。由上述附件可以看出，该商标为"白象"文字商标（见图 25-2），其申请日为 1997 年 12 月 12 日，初审公告日为 2000 年 10 月 14 日，核准注册日为 2001 年 1 月 14 日，注册商标专用权期限至 2011 年 1 月 13 日，核定使用商品为方便面、挂面、豆沙、谷类制品、面粉、面条、豆粉。2004 年 5 月 10 日，该注册商标专用权转让给正龙公司。

图 25-2　第 1506193 号"白象"注册商标附图

附件 2 为河南省郑州市中级人民法院 2008 年 1 月 31 日作出的（2008）郑民三初字第 46 号民事判决书，附件 3 为河南省高级人民法院 2008 年 11 月 26 日作出的（2008）豫法民三终字第 37 号民事判决书。上述判决认定，该案被告四川白家食品有限公司（其法定代表人为本案第三人陈朝晖）于 2007 年在其生产的方便粉丝产品上使用"白家"标识，构成对正龙公司第 1506193 号"白象"注册商标专用权的侵犯。

附件 4 为商标局于 2006 年 10 月 12 日作出的商标驰字［2006］第 112 号

《关于认定"白象"商标为驰名商标的批复》复印件，附件 5 为河南省著名商标证书复印件，附件 6 为河南知名商品证书复印件，附件 7 为本专利电子公开文本打印件。

2009 年 12 月 8 日，专利复审委员会作出第 14261 号决定。该决定认为：正龙公司以附件 1 至附件 4、附件 6、附件 8 的结合证明本专利与在先权利相冲突。上述附件中第 1506193 号"白象"商标的核准注册日为 2001 年 1 月 14 日，在本专利申请日之后。在判断该商标是否为在先取得的合法权利时，应以其核准注册日而非申请日作为判断基准，因此，附件 1 所述商标不属于《专利法》（2000 年修订）第 23 条规定的在先权利，正龙公司据此证明本专利与他人在先取得的合法权利相冲突的主张不能成立。综上，专利复审委员会决定维持本专利权有效。

正龙公司向一审法院提起诉讼的起诉状载明，正龙公司因本专利的显要标识部分与其在先申请并已授权的商标相冲突，故向专利复审委员会提出无效宣告请求，要求宣告本专利无效。并且，正龙公司进一步指出，"既然《专利法》有着申请权的概念，《商标法》也同样应有申请权的概念，商标申请人提交申请日也应视为一种合法取得的申请权利，在该商标授权后，其申请日即获得了实质意义的、具有法律效力的日期确认"，故本专利构成了《专利法》（2000 年修订）第 23 条所规定的情形，对正龙公司所在先申请的商标权形成了侵权式冲突，应宣告其无效。

北京市第一中级人民法院一审认为，本专利的申请日及授权日在 2009 年 10 月 1 日前，因此本案应适用《专利法》（2000 年修订）进行审理。本案中，正龙公司主张本专利与其在先的注册商标专用权构成冲突，故本专利不符合《专利法》（2000 年修订）第 23 条的规定。鉴于注册商标专用权属于《专利法》（2000 年修订）第 23 条规定的合法权利，而正龙公司的该商标亦已被核准注册，故正龙公司上述主张是否成立的关键在于正龙公司的该注册商标专用权相对于本专利是否属于在先取得的权利，以及本专利是否与该注册商标专用权相冲突。

（1）正龙公司该注册商标专用权相对于本专利而言是否属于在先取得的权利？

在确定他人的合法权利相对于外观设计专利权而言是否属于在先取得的权利时，应以外观设计专利权的授权公告日，而非专利申请日作为判断在先权利的时间标准，即在专利授权公告日之前已合法产生的权利或权益构成外观设计专利权的在先权利。具体到本案，因本专利授权公告日为 2001 年 5 月 2 日，正龙公司主张的注册商标专用权的核准注册日为 2001 年 1 月 14 日，早于本专利授权公告日，因此，正龙公司享有该注册商标专用权产生的时间早于本专利，该注册商标专用权构成本专利的在先权利。第 14261 号决定中以本专利申请日作为认定在先权利的时间点，该做法有误。

（2）本专利与正龙公司在先的注册商标专用权是否构成权利冲突？

因只有外观设计专利授权后的正常使用行为将会侵犯他人在先的注册商标专用权时，才可能产生该两种权利的冲突，故判断外观设计专利权是否与在先注册商标专用权产生冲突，应依据商标法中有关侵犯注册商标专用权行为的相应规定予以判定。首先，由本专利附图可以看出，"白家"文字显著标识于产品左上方，因本专利名称为"食品包装袋"，而这一标示方式系包装袋上商标的常用标示方式，故相关公众通常会认为其指代的是该产品的商标，本专利中对于"白家"的使用属于商标意义上的使用行为。其次，将本专利中使用的"白家"标识与正龙公司的在先注册商标"白象"相比可以看出，二者在文字构成、排列方式及表达形式上均较为近似，故二者属于近似商标。再次，虽然本专利名称为"食品包装袋"，但这一产品在实践中通常会附着于某一特定产品，而不会直接向最终消费者销售。鉴于本专利明确且显著地标示有"酸辣粉丝"字样，故本专利最终使用的商品为酸辣粉丝。因这一商品与正龙公司在先注册商标核准使用的商品方便面、挂面、面条等在功能、用途及消费对象、销售渠道等方面均较为相近，故上述商品构成类似商品。综合考虑上述因素，本专利的使用会使相关公众误以为该产品来源于正龙公司，从而产生混淆误认，本专利的使用行为构成对正龙公司注册商标专用权的侵犯，据此，本专利与正龙公司在先的注册商标专用权相冲突，本专利不符合《专利法》（2000 年修订）第 23 条的规定，应被宣告无效。

综上，北京市第一中级人民法院依照《行政诉讼法》第 54 条第（二）项之规定，判决："一、撤销专利复审委员会作出的第 14261 号决定；二、专利复审委员会重新作出无效宣告审查决定。"

专利复审委员会不服一审判决提起上诉，请求撤销一审判决，维持第 14261 号决定。其理由为：①一审判决关于在确定他人的合法权利相对于外观设计专利权而言是否属于在先取得的权利时，应以外观设计专利权的授权公告日而非专利申请日作为判断在先权利的时间标准的观点是错误的。②根据《最高人民法院关于执行〈中华人民共和国行政诉讼法〉若干问题的解释》（以下简称《行政诉讼法司法解释》）第 56 条的规定，被诉具体行政行为合法但存在合理性问题的，人民法院应当判决驳回原告的诉讼请求。一审判决撤销第 14261 号决定属于适用法律错误。③一审判决认定本专利与涉案注册商标专用权构成权利冲突，超出了本案的审理范围。第 14261 号决定仅对注册商标专用权相对于本专利权是否属于在先权利进行了审查，认为该注册商标专用权不属于在先权利，并据此维持本专利权有效；本专利权是否与商标专用权冲突并不属于第 14261 号决定的审查范围。

正龙公司服从一审判决结论，但答辩称：①专利复审委员会对《专利法》（2000 年修订）第 23 条的理解和适用是完全错误的。a. 商标申请权是当然在先取得的合法权利。b. 依照第 14261 号决定的理解，专利可以申请日确认其享有的在先申请权，而商标却只能以注册日确认其权利，商标的申请日无任何实质的权利，这是明显的不对等，是对法律的错误理解和错误适用。②第 14261 号决定的认定在实践中将会带来十分有害甚至恶劣的效果，给专事不正当竞争者以可乘之机。

北京市高级人民法院二审认为，一审判决关于新旧法律选择适用的意见正确，本案应当适用《专利法》（2000 年修订）第 23 条的规定。《专利法》（2000 年修订）第 23 条规定："授予专利权的外观设计，应当同申请日以前在国内外出版物上公开发表过或者国内公开使用过的外观设计不相同和不相近似，并不得与他人在先取得的合法权利相冲突。"根据《专利法》的上述规定，确定某一外观设计是否与他人在先取得的合法权利相冲突，需要首先确定某一项权利相对于该外观设计是否属于"在先取得"的权利，而这就涉及时间点的确定问题。

从《专利法》的体系化规定看，《专利法》（2000 年修订）第 42 条规定："发明专利权的期限为 20 年，实用新型专利权和外观设计专利权的期限为 10 年，均自申请日起计算。"即获得授权的外观设计专利权，其有效期是自其申请日起计算的 10 年，而非自授权公告日起算。从《专利法》条文演进过程来看，2008 年修订的《专利法》第 23 条第 3 款规定："授予专利权的外观设计不得与他人在申请日以前已经取得的合法权利相冲突。"即 2008 年修订的《专利法》已将在先取得明确为"在申请日以前已经取得"。从现行的相关规定看，《专利审查指南 2010》第四部分第五章第 7 节规定："一项外观设计专利权被认定与他人在申请日（有优先权的，指优先权日）之前已经取得的合法权利相冲突的，应当宣告该项外观设计专利权无效。"从修订前后《专利法》立法资料文献❶看，相关法律草案的起草机关对在先取得的时间起算点也均持专利申请日的观点。故应以专利申请日为在先取得的时间起算点。一审判决关于应以外观设计专利权的授权公告日而非专利申请日作为判断在先权利的时间标准的观点错误，二审法院予以纠正。具体就本案而言，由于本专利的申请日为 2000 年 10 月 16 日，故本专利是否违反了《专利法》（2000 年

---

❶ 国家知识产权局条法司．新专利法详解［M］．北京：知识产权出版社，2001：158. 国家知识产权局条法司．《专利法》第三次修改导读［M］．北京：知识产权出版社 2009：55—56.

修订）第 23 条的规定，构成与他人在先取得的合法权利相冲突的情形，关键在于确定本专利是否与他人在 2000 年 10 月 16 日之前取得的合法权利相冲突。

《行政诉讼法》第 5 条规定："人民法院审理行政案件，对具体行政行为是否合法进行审查。"根据二审法院查明的事实，正龙公司在本案中所主张的在先取得的合法权利重点在于其基于商标在先申请而享有的商标申请权。作为《专利法》（2000 年修订）第二章"授予专利权的条件"中的法律条款，《专利法》（2000 年修订）第 23 条中关于授予专利权的外观设计不得与他人在先取得的合法权利相冲突的规定，旨在避免可能被授予专利权的外观设计与他人在先取得的合法权利相冲突，维护民事权利和社会秩序的稳定。《民法通则》第 5 条规定："公民、法人的合法的民事权益受法律保护，任何组织和个人不得侵犯。"《最高人民法院关于审理专利纠纷案件适用法律问题的若干规定》第 16 条规定："《专利法》第 23 条所称的在先取得的合法权利包括：商标权、著作权、企业名称权、肖像权、知名商品特有包装或者装潢使用权等。"即现行法律、司法解释并未将《专利法》（2000 年修订）第 23 条中的合法权利限定为法律已明确规定的法定权利，而将其他法律上的合法权益排除在外，故《专利法》（2000 年修订）第 23 条中的合法权利包括依照法律法规享有并且在涉案专利申请日仍然有效的各种权利或者利益。

就注册商标申请方面的相关权益而言，《商标法》第 29 条规定："两个或者两个以上的商标注册申请人，在同一种商品或者类似商品上，以相同或者近似的商标申请注册的，初步审定并公告申请在先的商标；同一天申请的，初步审定并公告使用在先的商标，驳回其他人的申请，不予公告。"《商标评审规则》第 8 条规定："在商标评审期间，当事人有权依法处分自己的商标权和与商标评审有关的权利。在顾及社会公共利益、第三方权利的前提下，当事人之间可以自行以书面形式达成和解，商标评审委员会也可以进行调解。"即在商标权之外，还存在与商标评审有关的权利。结合《商标法》第 29 条的规定，注册商标申请方面的相关权益，或者说商标申请权，包含在与商标评审有关的权利之中，能够对注册商标申请人的商标申请注册行为产生实质影响并可以由注册商标申请人在法律允许的范围内自行处分，因而应当作为《专利法》（2000 年修订）第 23 条中的合法权利给予保护。

鉴于正龙公司在本案中主张的在先取得的合法权利的重点为其基于商标在先申请而享有的商标申请权，故审查本专利是否违反《专利法》（2000 年修订）第 23 条的规定，就应当对正龙公司主张的商标申请权是否早于本专利申请日进行判断，并在此基础上对本专利是否与该商标申请权相冲突进行判断。而根据法院已查明的事实可知，正龙公司涉案注册商标的申请日为 1997 年 12

月 12 日，早于本专利的申请日 2000 年 10 月 16 日，因此，正龙公司基于涉案注册商标而享有的商标申请权构成《专利法》（2000 年修订）第 23 条规定的在先取得的合法权利。本专利是否违反了《专利法》（2000 年修订）第 23 条的规定、是否与该在先取得的合法权利相冲突，属于专利复审委员会应当审查的范围。但第 14261 号决定中将在先合法权利的审查范围仅仅局限于注册商标专用权，而未将商标申请权纳入在先合法权利的范围加以审查，遗漏了正龙公司复审申请的重要内容，违反了《专利法》（2000 年修订）第 46 条关于"专利复审委员会对宣告专利权无效的请求应当及时审查和作出决定，并通知请求人和专利权人"的规定，故依法应予撤销，并应由专利复审委员会在重新作出审查决定时对本专利与正龙公司在先享有的商标申请权是否冲突加以认定，人民法院在行政机关未对此作出具体行政行为前不宜在本案行政诉讼中直接作出认定。

《行政诉讼法司法解释》第 56 条第（二）项规定，被诉具体行政行为合法但存在合理性问题的，人民法院应当判决驳回原告的诉讼请求。但本案中，专利复审委员会未将正龙公司主张的注册商标申请权纳入在先权利的审查范围，而是错误地将在先取得的权利局限于注册商标专用权，违反了《专利法》（2000 年修订）第 46 条的相关规定，故专利复审委员会关于一审判决违反上述司法解释规定的上诉理由亦不能成立，二审法院不予支持。

在第 14261 号决定对本专利与涉案注册商标专用权是否构成权利冲突未予认定的情况下，一审判决在行政诉讼中直接加以认定的做法确有不妥，二审法院对此予以纠正。专利复审委员会的该项上诉理由成立，二审法院予以支持。

综上，一审判决在事实认定和法律适用方面均存在错误，但判决结果正确，二审法院在纠正一审判决相关错误的基础上，对其结论予以维持。专利复审委员会的部分上诉理由成立，但其上诉请求缺乏事实和法律依据，故二审法院对其上诉请求不予支持。

最终，北京市高级人民法院依照《行政诉讼法》第 61 条之规定，判决驳回上诉，维持原判。❶

【案例评析】

本案二审法院虽然维持了一审判决的裁判结果，但是，却就判断相关权利在先与否的时间点和商标申请权能否构成"在先权利"两个关键问题上提出了与一审法院完全不同的观点。其中，判断相关权利是否构成《专利法》

---

❶ 北京市高级人民法院（2011）高行终字第 1733 号。

（2000 年修订）第 23 条中的在先权利应当以专利申请日为基准的观点为理论界和司法实务界的通行观点，在此已无赘述之必要。本文仅就其中涉及的商标申请权能否以及在何种情况下才能构成在先权利谈一点看法。

一、商标申请权的概念

有观点认为，"知识产权通常包括申请权、使用权和所有权 3 种基本的权利形态。"❶ "知识产权申请权，是指向特定的管理机关申请授予知识产权的权利，如专利申请权、注册商标申请权等，它是程序性权利，又是期待性权利。"❷ 但理论界和司法实务界，尤其是理论界对商标申请权及其概念鲜有论及，❸ 这从一个侧面反映出商标申请权尚未得到充分认识和保护的现状。商标申请权，或称商标注册申请权，是指基于商标注册申请人的商标注册申请行为而产生并因该注册申请行为最终获得商标注册主管机关核准而受到保护的一种民事权利。

二、商标申请权的性质

就性质而言，商标申请权应属民法上的期待权。所谓期待权，是一种"'附条件之权利'，乃为保护将来可能取得的权利之期待，而被承认之现在的权利，此应与'附条件之将来的权利'（因条件成就而能取得之权利），相为区别。但通说将该二者混为一谈。"❹ 就商标申请权而言，属于前述附条件之权利，即"为保护将来可能取得的权利之期待，而被承认之现在的权利"。从本质上说，商标申请权是现在的权利而非将来的权利。因为，在申请人提出商标注册申请时，其商标是否获准注册有待于商标注册主管机关之审查判断，商标注册申请能否获得准许仍不可知，但此时相关法律法规，如《商标法》第 29 条、《商标法实施条例》第 17 条第 2 款和《商标评审规则》第 8 条等，已对其给予保护，形成了现实存在的合法权益。此处，与商标申请权相对应的"将来可能取得的权利"，即为商标专用权；此处所称之"条件"❺，是指商标注册申请获得商标主管机关之核准、商标获得注册并予公告，即商标注册

---

❶　薄燕娜. 股东出资形式法律制度研究［M］. 北京：法律出版社，2005.

❷　余靖，刘汉金. 知识产权出资的若干问题［J］. 人民司法，2010（8）.

❸　司法实务界对商标申请权问题已有初步的涉及。可参见：徐红妮，朱仕宏. 商标注册申请权应得到司法保护［J］. 人民司法，2010（12）. 余靖，刘汉金. 知识产权出资的若干问题［J］. 人民司法，2010（8）. 李婷婷. 商标申请权初探［J］. 魅力中国，2011（14）.

❹　刘德宽. 民法总则［M］. 增订 4 版. 北京：中国政法大学出版社，2006：260.

❺　"条件者，使法律行为效力之发生或消灭，决定将来客观上不确定事实之成否之法律行为的附款也。亦可将该事实本身称为条件。"刘德宽. 民法总则［M］. 增订 4 版. 北京：中国政法大学出版社，2006：247.

申请人最终获得注册商标专用权这一不确定之事实。只有条件成就，即商标注册申请人最终获得注册商标专用权，商标申请权才得以存在，若条件不成就，商标申请权即不复存在。换言之，注册商标专用权的取得，使商标注册申请人溯及既往地获得了商标申请权的保护；反之，商标注册申请人则不能享用商标申请权。

商标申请权与其他民事权利并无本质的区别，权利人同样可以在法律的范围内自由处分之。对于商标申请权这类附条件的权利，刘德宽先生指出："附条件之权利（期待权）或义务，得比照条件成就而能取得之权利或负担之义务同样方法，作为处分、继承、保存（如上述预告登记）或担保（为附条件义务具保证人或提供担保）之标的。"❶ 唯一需要注意的，就是要根据商标注册申请是否最终获得核准这一条件是否成就，来决定是否对商标申请权进行回溯性的保护，在其他方面商标申请权则与其他权利别无不同。

三、确认商标申请权之意义

确认商标申请权的意义，至少体现在两个层面：

（一）有利于更好地理解商标法中的相关规定和内在精神

根据《商标法》第 29 条的规定，我国的商标注册实行申请在先基础上的使用在先原则，即对于在相同或者类似商品上的相同或者近似商标的多个注册申请，通常情况下依据申请在先原则核准申请在先的注册申请，只有在同日申请注册的情形才依据使用在先原则核准使用在先的注册申请。其原因就在于商标注册申请行为使申请人获得了相应的商标申请权，正是出于对这种合法民事权益的保护，法律才对在后申请人的注册申请予以拒绝。当然，由于如果仅对单纯基于申请行为而获得的商标申请权给予绝对的保护，则有可能使在先长期使用并有一定影响、已形成稳定的市场秩序的未注册商标权利人的合法权益受到损害，与法律的公平正义理念不符，所以，《商标法》才在申请在先的基础上补充了特定情况下的使用在先原则。

结合商标注册审查的相关程序而言，商标局的初步审定程序和商标评审委员会的商标驳回复审程序，实际上就是由相关商标注册主管机关依据《商标法》的有关规定，审查商标注册申请人是否应当获得商标申请权。如果商标注册申请经过了商标局的初步审定或者经过商标驳回复审程序予以准许，商标注册申请人则相应地获得了商标申请权，具有了排斥他人在相同或者类似商品上对相同或者近似商标提出在后注册申请的权利。在商标异议或异议复审程序中，异议人享有的是提出异议的权利。这是一种程序性权利而非实体权利，被异议商标申请注册人享有的则是商标申请权，该商标申请权正是

---

❶ 刘德宽. 民法总则［M］. 增订 4 版. 北京：中国政法大学出版社，2006：262.

商标异议及异议复审程序中当事人诉争的对象。虽然从表面上看，异议人是对被异议商标的申请注册行为提出异议，认为该商标的注册行为将损害公共利益或损害特定民事主体的合法权益，要求商标注册主管机关对该商标注册申请不予核准；但如果暂时抛开维护法律秩序这一宏观因素不看，单从异议人与被异议人这一对相互对立的民事主体彼此之间的关系分析，异议人提出异议最直接的、首要的目的是要确认商标注册申请人的注册行为违反相关法律规定，从而确认商标注册申请人基于在先的商标注册申请行为而享有的商标申请权无效。在此基础之上，才有可能保证异议人自身的合法权益或社会公共利益不因该商标注册申请行为而受到损害，也才能实现法律设立相关制度的初衷。没有商标申请权概念的存在，就不能很好地理解异议人与被异议人之间诉争的对象到底为何物。因为在异议程序或者异议复审程序中，注册商标专用权尚不存在，当事人争执的对象不可能是注册商标专用权，而只能是商标申请权这种附条件的权利。相应地，在商标争议程序中，由于商标注册人已经获得了注册商标专用权，当事人诉争的对象就变为了注册商标专用权。

（二）有利于澄清和深化对民事权益保护范围的认识

在实践中，存在一种认为只有法律明确规定的权利才受保护的错误观点，认为法律没有明确规定的就不应当给予保护。但实际上，无论是我国的立法机关还是司法机关，都对应受法律保护的民事权益的范围持一种开放的态度。如全国人大常委会法制工作委员会民法室在对《侵权责任法》第 2 条进行解释时，就明确指出："考虑到民事权益多种多样，立法中难以穷尽，而且随着社会、经济的发展，还会不断地有新的民事权益纳入到侵权责任法的保护范围，因此，侵权责任法没有将所有的民事权益都明确列举，但不代表这些民事权益就不属于侵权责任法的保护对象。……法律明确规定某某权的当然属于权利，但法律没有明文规定某某权而又需要保护的，不一定就不是权利。而且，权利和利益本身是可以相互转换的，有些利益随着社会发展纠纷增多，法院通过判例将原来认定为利益的转而认定为权利，即将利益'权利化'。……所以，侵权责任法没有进一步区分权利和利益，而是统一规定：'侵害民事权益，应当依照本法承担侵权责任。'"[1] 在司法实践中，最高人民法院在申请再审人山西康宝生物制品股份有限公司与被申请人国家工商行政管理总局商标评审委员会、原审第三人北京九龙制药有限公司商标争议行政纠纷案中，就法律法规没有明确规定的药品商品名称权是否应受保护问题，指出：

---

[1] 全国人大常委会法制工作委员会民法室．中华人民共和国侵权责任法解读［M］．北京：中国法制出版社，2010：10．

"根据有关行政规章和行政规范性文件规定，国家对药品商品名称的使用实行相应的行政管理制度，但除依照其他法律取得的民事权利外，经药品行政管理部门批准使用的药品商品名称是否产生民事权益，尚取决于其实际使用情况，经实际使用并具有一定影响的药品商品名称，可作为民事权益受法律保护。……该药品商品名称经在先使用并具有一定影响，可以产生民事权益，即合法的在先权利。"❶ 因此，对于包括知识产权在内的各类民事权益，只要符合法律的基本精神和公平正义的基本理念应当受到保护，就要积极主动地给予司法上的救济，不能因为法律条文上没有明确的、特别的规定，就不予确认和保护。在知识产权范围内，由于专利申请权在《专利法》（2000 年修订）第 10 条第 1 款中有明文规定，各方对于专利申请权的存在和保护通常没有异议；但由于《商标法》中没有相对应的规定，所以造成了否认商标申请权存在和应予保护的现象。

【典型意义】

本案涉及两个问题：第一，判断相关权益是否构成《专利法》（2000 年修订）第 23 条中的在先权利应当以专利申请日为基准；第二，如果商标注册申请最终获得核准，那么对商标申请权应进行回溯性的保护。本案的典型意义在于，通过对商标申请权的确认和保护，进一步澄清了民事权益保护的范围，澄清了《最高人民法院关于审理专利纠纷案件适用法律问题的若干规定》第 16 条规定的《专利法》（2000 年修订）第 23 条所称的在先取得的合法权利的范畴，深化了人们对民事权益性质和本质的认识。

（撰稿人：北京市高级人民法院　周波　联络人：张跃平　石岩）

---

❶ 最高人民法院（2010）知行字第 52 号驳回再审申请通知书。

案例二十六　外观设计专利权与
在先合法商标权相冲突
——扑克牌包装盒（3）外观设计专利无效行政纠纷案

专利名称：扑克牌包装盒（3）

专　利　号：ZL200730316151.9

授权日期：2008 年 11 月 19 日

专利权人：曾庆松

【案例要点】

请求人美国扑克牌公司请求以涉案专利与其所拥有商标权相冲突为由向专利复审委员会请求涉案专利无效。专利复审委员会认为，在实际使用过程中，本专利（涉案专利）"3cc"的文字设计是整个外观设计中引人注目的部分，会起到表明产品来源的作用，在相关公众施以一般注意力的情况下，易于同在先合法商标"Bee"发生混淆，导致相关公众对产品来源的误认，损害在先商标所有人的合法权利，依据诚实信用和保护在先取得的合法权利的原则，应判定其与在先商标权相冲突，因此作出了宣告涉案专利无效的无效宣告请求审查决定，并被后续的一、二审法院判决所维持。

【案情简介】

本案涉及国家知识产权局于 2008 年 11 月 19 日授权公告的专利号为ZL200730316151.9 的外观设计专利（见图 26-1），其产品名称为"扑克牌包装盒（3）"，申请日为 2007 年 10 月 29 日，专利权人为曾庆松。

主视图　　　　　　　　　　　　　展开图

图 26-1　涉案专利附图

2010 年 2 月 1 日，请求人美国扑克牌公司向专利复审委员会提出无效宣告请求，提出的宣告本专利权无效的事实和理由是：本专利使用了与其在先合法取得的商标近似的设计，故其实施会误导相关公众，从而损害商标所有人的相关合法权利，构成权利冲突，因此本专利不符合 2000 年修订的《专利法》第 23 条的规定。为支持其主张，请求人提交了下列相关证据：

证据 1：第 3214773 号商标注册证复印件 1 页；

证据 2：第 1222497 号商标注册证及其核准续展注册证明复印件共 2 页。

请求人认为：本专利中的"3cc"图案与证据 1 和证据 2 中所示请求人在先取得的注册商标"Bee"近似（见图 26-2），"3"是将字母"B"的竖线去除后得到的，"c"是将字母"e"中的横线去除后得到的，本专利的"3cc"整体上与注册商标非常近似，以相关公众的一般注意力而言，容易发生混淆误认。因此，本专利的实施将会误导相关公众，对产品的来源发生混淆误认，从而损害请求人的在先注册商标权，构成权利冲突，因此不符合《专利法》（2000 年修订）第 23 条的规定。

图 26-2　在先商标附图

对此，专利权人认为：本专利为扑克牌包装盒，请求人的在先商标核定使用的产品为扑克牌，两者所属商品领域不同，根据商标法的相关规定，不能对在先商标进行跨类保护；商标纠纷的审理机关为工商行政管理部门和法院，不是专利复审委员会；在先商标已经进入撤销审查阶段，其可能被视为无效；本专利的"3cc"和与在先商标"Bee"不近似，不会导致相关公众混淆。

经审理，专利复审委员会认定：①请求人在口头审理中出示了证据1和证据2的原件，经核实，原件与复印件一致，在没有相反证据推翻的情况下，上述证据的真实性可以确认。证据1和证据2显示请求人分别于2004年和1998年开始对第3214773号和第1222497号"Bee"文字商标享有商标专用权，并且上述注册商标权均处于有效期间内，而专利权人于2007年申请本专利，故请求人的上述注册商标权相对于本专利是他人在本专利申请日前已经取得的合法权利，证据1和证据2可以作为评价本专利是否符合《专利法》（2000年修订）第23条规定的证据使用。②本专利为扑克牌包装盒，其用于包装扑克牌，在实际实施过程中是由扑克牌生产厂家包装扑克牌后一并销售给相关消费者，其中使用的"3cc"的文字设计是整个外观设计中引人注目的部分，能够起到表明产品来源的作用；在先商标指定用于"扑克牌"产品，实际使用也是用在扑克牌或其包装上用于标明产品的来源，上述扑克牌的外包装盒与扑克牌通常也是一并销售给相关消费者的；故本专利与在先商标所使用的产品具有相同或类似的用途、生产部门、销售渠道和消费群体，其属于相同或类似种类的产品。③将本专利中使用的"3cc"设计与在先商标"Bee"进行整体观察和对比可以发现，本专利中使用的该设计的字体与在先商标基本相同，其文字的排列和整体表现形式与在先商标亦非常近似。④对于中国境内的相关公众而言，会将"3cc"和"Bee"这样的外文标识认知为字母、符号的组合标志；"Bee"商标的中文含义"蜜蜂"与其指定使用的扑克牌商品的内在特征或质量之间没有直接的关联，该商标本身就具有较强的显著性，在本专利使用的"3cc"标识自身缺乏确切含义，其文字字体设计、排列和整体的表现形式又与"Bee"商标如此近似，且本专利还使用了蜜蜂作为背景图案的情况下，仅凭两个标识在呼叫和含义上的差别难以在整体上将二者明显区分开来，在相关公众仅施以一般注意力的情况下，易于将本专利中的"3cc"标识与在先商标混淆，进而导致相关公众对相关产品的来源产生误认。

综上所述，在实际使用过程中，本专利使用的"3cc"设计会起到表明产品来源的作用，在相关公众施以一般注意力的情况下，易于同在先商标"Bee"发生混淆，导致对产品来源的误认，故本专利的实施将会误导相关公众，损害在先商标所有人的合法权益，遵循诚实信用和保护在先取得的合法权利的原则，应判定本专利与在先商标权相冲突，不符合《专利法》（2000年修订）第23条的规定。

2010年12月7日，专利复审委员会作出第15726号无效宣告请求审查决定，宣告本专利全部无效。

专利权人不服上述决定，向北京市第一中级人民法院提起诉讼。

经过审理，北京市第一中级人民法院于 2011 年 6 月 20 日作出了（2011）一中知行初字第 1202 号行政判决书，维持了专利复审委员会第 15726 号无效宣告请求审查决定。上述判决认为：本案中，在先商标系第三人在先取得的合法权利，将本专利所体现的外观设计与在先商标相比，前者系扑克牌包装盒产品的外观设计，后者系核定使用在扑克牌商品上的注册商标，扑克牌与扑克牌包装盒往往是一同制造并一同销售给一般消费者的，二者在功能用途、生产部门、销售渠道和消费对象上相同，属于相同或类似产品。本专利主视图主要由文字"中国版蜜蜂王"、字母"3cc"标识及蜜蜂图案等要素构成，其中"3cc"标识位于视图的中央位置，是一般消费者容易关注的部位。将"3cc"标识与在先商标"Bee"相比，二者在文字的构成要素、字体设计、排列方式及整体视觉效果等方面均较为近似。且本专利在"3cc"标识之上附有文字"中国版蜜蜂王"，在"3cc"标识之下附有蜜蜂图案的设计，而以中国一般消费者的通常认知水平，能够知晓"Bee"系"蜜蜂"的英文表达。鉴于生活实践中，附有包装盒的产品往往在包装盒上显示有表明产品来源的商标或者其他商业标记，故包装盒上的相关信息在一般消费者的意识中往往具有指示产品来源的功能。因此，当扑克牌产品的一般消费者看到使用了本专利外观设计的扑克牌产品包装盒时，容易联想到在先商标，从而对扑克牌产品的来源产生混淆误认，致使在先商标权人利益受损。故被告认定本专利违反了《专利法》（2000 年修订）第 23 条有关"授予专利权的外观设计不得与他人在先取得的合法权利相冲突"的规定正确，本院予以支持。

专利权人不服一审判决，向北京市高级人民法院提起上诉。经过审理，北京市高级人民法院作出了（2011）高行终字第 1266 号行政判决书，判决维持一审判决和专利复审委员会第 15726 号无效宣告请求审查决定。二审判决认为：在先商标系美国扑克牌公司在先取得的合法权利，将本专利所体现的外观设计与在先商标相比，前者系扑克牌包装盒产品的外观设计，后者系核定使用在扑克牌商品上的注册商标，扑克牌与扑克牌包装盒往往是一同制造并一同销售给一般消费者的，二者在功能用途、生产部门、销售渠道和消费对象上相同，属于相同或类似产品。本专利主视图主要由文字"中国版蜜蜂王"、字母"3cc"及蜜蜂图案等要素构成，其中"3cc"标识位于视图的中央位置，是一般消费者容易关注的部位。将"3cc"标识与在先商标"Bee"相比，二者在文字的构成要素、字体设计、排列方式及整体视觉效果等方面均较为近似。且本专利在"3cc"标识之上附有蜜蜂图案的设计，而以中国一般消费者的通常认知水平，能够知晓"Bee"系"蜜蜂"的英文表达。鉴于生活实践中，附有包装盒的产品往往在包装盒上显示有表明产品来源的商标或其他商业标记，故包装盒上的相关信息在一般消费者的意识中往往具有指示产品来源的功能。因此，当扑克牌产品的一般消费者看到使用了本专利外观设计的扑克牌产品包装盒时，容易联想到在先商标，从而对扑克牌产品的来源产生混淆误认，致使在先商标专利权人利益受损。故原审法院及专利复审委员会认定本专利违反了《专利法》（2000 年修订）第 23 条有关"授予专利权的外观设计不得与他人在先取得的合法权利相冲突"的规定正确。

【案例评析】

2010 年修订的《专利法实施细则》实施后，专利复审委员会可以根据请求人的请求，审理涉案专利权是否与在先合法权利构成权利冲突，如果构成权利冲突，则宣告涉案专利权无效。本案就是专利复审委员会审查以与在先商标权相冲突为由宣告涉案专利无效的典型案例。专利复审委员会审查外观设计专利权与商标权是否构成权利冲突一般遵循如下步骤：首先，确认请求人有无以与商标权相冲突为由提起无效宣告请求的主体资格，即确定其是否为在先商标权的权利人或者利害关系人；其次，核实在先商标权是否为国内商标权，且在涉案专利申请日前取得并在提起无效宣告请求时仍合法有效；最后，判断涉案专利是否使用了与在先合法商标相同或者相近似的商标，其实施是否损害在先权利，从而构成权利冲突。需要特别说明的是，在审查外观设计专利权是否与商标权相冲突时，需要参照适用有关商标的侵权判断标准来判断涉案专利的实施是否会损害在先权利，即需要使用商标相同、近似的判断标准确定二者之间是否构成冲突，比较的内容是将涉案专利中能起到商标作用的相应部分与在先商标相比，包括：①涉案专利与在先商标使用的商品或者服务是否类似；②涉案专利能起到商标作用的相应设计是否与在先商标相同或近似，达到相关公众混淆误认的程度，将会导致相关消费群体对商品或服务的来源发生误认，从而伤害在先商标权人的利益。

在本案中，首先是关于商品种类的判断，由于涉案专利与在先商标均用于扑克牌类产品，所以属于相似的商品种类；其次是将涉案专利中位于显著位置，能起到商标作用的"3cc"与在先商标"Bee"进行比较，两者文字的排列和整体表现形式均近似，涉案专利以蜜蜂为背景图案与在先商标"Bee"中文含义"蜜蜂"也相同等方面，因此涉案专利中能起到商标作用的"3cc"与在先商标"Bee"构成近似，在相关公众仅施以一般注意力的情况下，易于将本专利中的"3cc"标识与在先商标混淆，进而导致相关公众对相关产品的来源产生误认；最后，由于涉案专利与在先商标所属商品种类相似，涉案专利中能起到商标作用的"3cc"与在先商标"Bee"构成近似，涉案专利实施会导致相关公众对相关产品的来源产生误认，因此涉案专利与在先商标权构成权利冲突，应予无效处理。

【典型意义】

从本案可以看出，一旦涉案专利与在先商标使用的商品种类相同或者相似，且在显著位置使用了与在先商标相同或者相似的设计，导致相关公众对相关产品的来源产生误认，则会被认定为与在先商标构成权利冲突。因此，对于在先商标权人来说，可以通过检索和查阅国家知识产权局网站上定期发布的外观设计专利公告，尽早发现涉嫌损害自己商标权的外观设计专利，依据权利冲突的理由向专利复审委员会及时请求宣告该外观设计专利无效，从而更有效地保护自己的权利不受损害。

对于广大发明人来说，对自己更新换代的产品外观设计应尽早申请外观设计专利，从而更好地保护自己的发明创造。在提交外观设计专利申请时，需要特别注意不要在外观设计专利申请中使用未经授权的他人的商标，以免自己的外观设计专利申请不能获得授权或者在授权后因与在先商标权相冲突而被宣告无效，从而使自己的利益受损。一方面，广大申请人需要杜绝"傍名牌"的侥幸心理，不要把未经授权的他人的知名商标使用于自己的外观设计专利上；另一方面，在外观设计专利申请之前，可以进行相应的商标检索，看看相同或者相近种类的商品上是否已经存在相同或者近似的商标，以免自己的外观设计专利无意识地卷入权利冲突中而被宣告无效。

（撰稿人：国家知识产权局专利复审委员会　钟华　联络人：周佳　张威）

案例二十七 外观设计专利权与在先著作权相冲突

——包装瓶（芦荟汁 310 毫升装）外观设计专利无效行政纠纷案

专利名称：包装瓶（芦荟汁 310 毫升装）
专 利 号：ZL201030542269.5
授权日期：2011 年 7 月 27 日
专利权人：黄加底

【案例要点】

韩国熊津食品株式会社以本专利与其拥有的在先著作权相冲突为由，请求专利复审委员会宣告本专利无效。专利复审委员会经过审查认为，请求人提交的证据相互印证，已经证明请求人在本专利申请日前拥有"自然恩芦荟设计"的美术作品的著作权且已经公开发表，故本专利权人能够接触到上述作品。同时，本专利主视图的图案设计与上述美术作品仅有细微差别，构成实质相同。因此，本专利在实施时会损害在先著作权人的相关合法权利，依据诚实信用和保护在先取得的合法权利的原则，应判定其与在先著作权相冲突。

【案情简介】

本案涉及国家知识产权局于 2011 年 7 月 27 日授权公告的专利号为 ZL201030542269.5 的外观设计专利（见图 27-1），其产品名称为"包装瓶（芦荟汁 310 毫升装）"，申请日为 2010 年 9 月 30 日，专利权人为黄加底。

    主视图   后视图   左视图   右视图

    俯视图   仰视图

图 27-1 本专利附图

针对本专利，请求人熊津食品株式会社（以下简称请求人）于 2010 年 8 月 17 日向专利复审委员会提出了无效宣告请求，其理由是本专利不符合 2008 年修订的《专利法》第 23 条第 2 款和 3 款的规定，请求宣告本专利无效，同时提交了如下相关证据：

证据 1：登记注册号为 C－2011－005693 的美术作品"自然恩芦荟"著作权登记证书的 2011－26340 号公证认证书复印件及其中文译文；

证据 2：登记注册号为 C－2011－005693 的美术作品"自然恩芦荟"的 2011－25929 号公证认证书复印件及其中文译文（证据 2 附图见图 27－2）；

证据 5：韩国国立中央图书馆文献复制证明的 2011－25923 号公证认证书复印件及其中文译文；

证据 6：朝鲜日报社登载证明的第 2011－24422 号公证认证书复印件及其中文译文。

图 27－2　证据 2 附图

请求人认为：请求人在 2007 年 7 月 15 日已创作完成证据 1 和证据 2 所示"自然恩芦荟"美术作品并进行了版权登记，并将使用其作为包装设计的饮料在 2007 年 8 月 30 日的《朝鲜日报》上刊登了广告。请求人所属国与中国同为《伯尔尼公约》成员，其对上述美术作品所享有的著作权应受我国著作权保护，本专利未经许可复制上述作品作为外观设计的主要部分，严重侵犯了请求人的在先合法著作权，已经构成权利冲突，因此不符合《专利法》（2008 年修订）第 23 条第 3 款的规定。

专利权人一直未进行任何答复。

专利复审委员会经过审查认定：证据 1 为登记注册号为 C－2011－005693 的美术作品"自然恩芦荟"著作权登记证书的 2011－26340 号公证认证书复印件及其中文译文，证据 2 为登记注册号为 C－2011－005693 的美术作品

"自然恩芦荟"的 2011－25929 号公证认证书复印件及其中文译文，证据 5 为韩国国立中央图书馆文献复制证明的 2011－25923 号公证认证书复印件及其中文译文，证据 6 为朝鲜日报社登载证明的 2011－24422 号公证认证书复印件及其中文译文。请求人当庭提交了上述证据的公证认证书原件。经合议组核实，上述证据复印件与原件相符，在专利权人没有提出异议也没有提交相反证据推翻的情况下，合议组对上述证据的真实性予以确认，对上述证据中文译文的准确性予以确认。根据证据 1，韩国著作权委员会颁布的 C－2011－005693 号著作权登记证书记载，请求人熊津食品株式会社于 2007 年 7 月 15 日创作了名称为"自然恩芦荟设计"的著作品，并于 2007 年 8 月 30 日进行了公布。根据证据 2，韩国著作权委员会 2011 年 11 月 24 日在核对原件的情况下出具了登录序号为 C－2011－005693 号"自然恩 790 天芦荟"的复印图片；根据证据 5，韩国国立中央图书馆确认与原件一致后，出具了刊登有熊津食品"自然恩"饮料广告的 2007 年 8 月 30 日《朝鲜日报》复印件；根据证据 6，株式会社朝鲜日报社出具了《朝鲜日报》是韩国境内公开发行的新闻报纸的证明书，并陈述于 2007 年 8 月 30 日在 D2 版面上刊载了熊津食品株式会社的广告。上述证据内容相互印证，且各证据上均附有内容一致的"自然恩芦荟设计"的美术作品，可以证明请求人熊津食品株式会社于 2007 年 7 月 15 日完成了该作品的创作，并经韩国著作权委员会于 2007 年 8 月 30 日进行了公布。同时，请求人还将该美术作品应用于饮料瓶上，并于 2007 年 8 月 30 日在韩国境内公开发行的《朝鲜日报》上刊登了广告。上述美术作品的创作日期、公布日期和广告发行日期均早于本专利申请日，可以证明请求人在本专利申请日前拥有"自然恩芦荟设计"的美术作品的著作权，并且本专利权人能接触到。

将请求人拥有在先著作权的"自然恩芦荟设计"与本专利的主视图相比，两者整体构图相同，主要图案相同，仅在画面居中的韩文右侧变形的小叶子位置略有不同，该叶子下方的字母形状略有不同，画面下部丛生交错的芦荟的间距略有不同，本专利主视图的左上方还有一行小字体的韩文等。对于整个画面而言，上述不同属于细微区别，应认定本专利采用了与"自然恩芦荟设计"美术作品极其相似的构图，已经构成对在先美术作品的复制，因此本专利与请求人所拥有的在先合法著作权相冲突，不符合《专利法》（2008 年修订）第 23 条第 3 款的规定。

2013 年 3 月 5 日，专利复审委员会作出第 20193 号无效宣告请求审查决定，宣告本专利无效。

在法定期限内，专利权人未针对该决定提起专利行政诉讼，上述决定已经生效。

【案例评析】

2010 年修订的《专利法实施细则》实施后，专利复审委员会可以根据请求人的请求，审理本专利权是否与在先合法权利构成权利冲突，如果构成权利冲突，则宣告本专利权无效。本案就是专利复审委员会审查的以与在先著作权相冲突为由宣告本专利无效的一个典型案例。专利复审委员会审查外观设计专利权与著作权是否构成权利冲突一般遵循如下步骤：首先，确认请求人有无以与著作权相冲突为由提起无效宣告请求的主体资格，即确定其是否为在先著作权的权利人或者利害关系人；其次，核实在先著作权是否存在，是否在本专利申请日前自动取得并在提起无效宣告请求时仍合法有效；最后，判断本专利是否使用了与在先著作权相同或者实质相似的作品，其实施是否损害在先权利，从而构成权利冲突。需要特别说明的是，在审查专利权是否与著作权相冲突时，需要参照适用有关著作权的侵权判断标准来判断本专利的实施是否会损害在先权利，即需要使用著作权是否相同或者实质相似的判断标准确定二者之间是否构成冲突。审查的内容包括：①在先客体是否构成作品，是否具备原创性，即在先著作权是否存在。我国属于《伯尔尼公约》成员，对于条约成员的作品均应给予平等的著作权保护。与外观设计专利权不同，著作权适用自动取得原则，作品一经完成，即自动获得著作权，著作权的取得不以公开发表或者版权登记为要件，在版权登记中也往往并不对其是否构成作品的要件进行审查。②本专利是否采用了与在先著作权相同或者实质相似的作品，是否达到被认为是复制在先作品的程度，从而伤害在先著作权人的利益。③本专利权人是否接触或者可能接触到在先作品。如果本专利权人不可能接触到在先作品，则不构成对在先著作权的侵犯。通常，公开发表可以推定为专利权人能够接触到。请求人如能提供证据证明专利权人了解请求人之前创作完成在先作品的过程，也可以证明专利权人能够接触到。版权登记的情况比较复杂，版权登记可以认为是证明版权登记之前在先著作权已经存在的初步证据，但是如果版权登记并不公告其登记的作品，则不能作为证明专利权人能够接触或者可能接触的证据。本案中，请求人以独特的表达方式表现了芦荟鲜嫩欲滴的画面，其创作凝结了请求人的创造性劳动，具备独创性，构成了《著作权法》意义上的美术作品，应当受到我国《著作权法》的保护。同时，请求人提交了版权登记和在先公开发表的证据，已经证明所述美术作品的创作日期和公开日期均早于本专利申请日，因此可以证明请求人在本专利申请日前拥有"自然恩芦荟设计"美术作品的著作权，并且本专利权人能接触到。同时本专利与上述作品相比仅有极其细微的区别，因此已经构成对在先作品的复制，本专利权人未提交任何证据证明本专利具有合法来源，因此本专利与请求人所拥有的在先著作权相冲突，应予宣告无效。

【典型意义】

从本案可以看出，一旦本外观设计专利与在先作品相同或者实质相似，且有证据表明专利权人接触或者可能接触到在先作品，则会被认定为与在先著作权构成权利冲突，从而被宣告无效。因此，对于在先著作权人来说，可以通过检索和查阅国家知识产权局网站上定期发布的外观设计专利公告，尽早发现涉嫌损害自己著作权的外观设计专利，依据权利冲突的理由向专利复审委员会及时请求宣告该外观设计专利无效，从而更有效地保护自己的在先著作权不受损害。

对于广大发明人来说，在提交外观设计专利申请时，需要特别注意不要在外观设计专利申请中使用未经授权的他人的作品，以免使自己的外观设计专利申请不能获得授权或者在授权后因与在先著作权相冲突而被宣告无效，从而使自己的利益受损。特别需要注意的是，由于我国是《伯尔尼公约》成员，对于该条约所有成员的作品均给予平等的著作权保护。同时，根据我国《著作权法》第 2 条的规定，外国人、无国籍人的作品首先在中国境内出版的，或者首次（包括同时）在中国参加的国际条约的成员国出版，均受我国《著作权法》保护。因此，广大申请人不仅要注意不要使用国内他人未经授权的作品，也要注意不要使用国外他人未经授权的作品。

（撰稿人：国家知识产权局专利复审委员会　钟华　联络人：周佳　张威）

案例二十八　在先著作权主体及客体的认定
——碎纸机（HC0802）外观设计专利无效行政纠纷案件

专利名称：*碎纸机（HC0802）*
专利号：*ZL200830102005.0*
授权日期：*2009 年 8 月 5 日*
专利权人：*罗世凯*

【案例要点】

　　本案涉及一项碎纸机的无效请求案件。对于请求人以 2008 年修订的《专利法》第 23 条关于不得与他人在先取得的合法权利相冲突为理由提出的专利无效案件，在没有其他证据佐证电子邮件内容真实性的情况下，仅凭电子邮件内容打印件以及公司董事会决议和员工关于相应邮件真实性的证言，专利复审委员会合议组对所述邮件及证言不予采信。

【案情简介】

　　本案涉及一项专利号为 ZL200830102005.0、申请日为 2008 年 2 月 22 日、名称为碎纸机（HC0802）的外观设计专利（以下简称本专利）。本专利的授权图片（见图 28－1）显示了该碎纸机产品的形状。

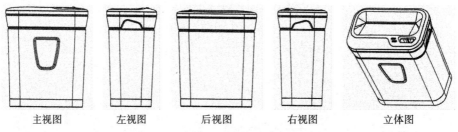

| 主视图 | 左视图 | 后视图 | 右视图 | 立体图 |

图 28－1　本专利附图

　　2011 年请求人斯特普尔斯公司和东莞市铁志电子有限公司分别针对本专利提出无效宣告请求，理由均是《专利法》（2008 年修订）第 23 条关于不得与他人在先取得的合法权利相冲突的规定。两请求人所依据的在先权利，均为据称是斯特普尔斯公司拥有在先著作权的 C2 型碎纸机。东莞市铁志电子有限公司声称因被授权使用该 C2 型碎纸机著作权而以利害关系人身份提出无效请求。

经形式审查合格，专利复审委员会于 2011 年 11 月 21 日和 12 月 9 日分别受理了两请求人（以下统称请求人）的无效宣告请求，两案基于上述的关联性被合并审理。

请求人主张：①在本专利申请日之前，斯特普尔斯公司委托南亚太有限公司（以下简称"南亚太公司"）设计 C2 型碎纸机，该项设计由南亚太公司的母公司创科实业有限公司（以下简称"创科公司"）设计师刘起荣和林国勋负责，并于 2007 年 12 月 14 日通过电子邮件将已完成的 C2 型碎纸机图纸发送给南亚太公司员工。创科公司、南亚太公司等均发表声明和签订合同，将 C2 型碎纸机相关知识产权转让给斯特普尔斯公司。由于 C2 型碎纸机设计完成的日期早于本专利的申请日，请求人认为其著作权是在先权利。②南亚太公司员工曾于 2007 年 11 月至 12 月间通过电子邮件向 Sunrise 公司发送过保密协议，以及包括 C2 型碎纸机在内的概念图、电脑辅助设计 CAD 图、丝印图等，Sunrise 公司通过电子邮件确认收到保密协议及图纸，该公司法定代表人罗贤俐与本专利权人罗世凯是姐弟关系，请求人认为罗世凯能够接触 C2 型碎纸机有关设计图纸。请求人还认为通过 C2 型碎纸机外观设计的图样与本专利的视图进行比较，可以发现两者是相同的。

两请求人分别提交 20 项和 22 项证据，在口头审理中放弃部分证据并提交了有关证据的原件。证人林国勋和刘起荣出庭作证。请求人明确表示以证据 1 中附件 6 的图以及证据 11 中的 10 幅附图与本专利作比较。

专利权人陈述：请求人提交的证据不能证明本专利不符合《专利法》关于权利冲突的规定，应当予以驳回。

专利复审委员会合议组认为：证明本专利与斯特普尔斯公司拥有的在先著作权相冲突的首要条件是在本专利申请日之前斯特普尔斯公司确实拥有在先的著作权。因此，用于证明创科公司员工刘起荣和林国勋设计出 C2 型碎纸机的证据 1 和 11 的真实性成为首先待核实和确认的焦点问题。

证据 1 有 10 个附件，除商业登记信息外，附件 4 是南亚太公司 2010 年 9 月 13 日董事会决议，该决议对发生在 2007 年 11 月和 12 月的邮件往来行为和邮件内容以及 SPL TXC8A 型号碎纸机采购单的真实性和法律效力进行了确认，附件 5～10 为对应邮件和采购单副本。合议组认为：附件 5～8 的邮件涉及母公司创科公司将邮件发送到南亚太公司，以及南亚太公司员工与 Sunrise 公司员工之间关于 C2 型碎纸机的邮件来往，附件 5～8 均属于南亚太公司一方提供的邮件打印件，其仅涉及对邮件内容的打印。附件 4 的董事会决议是在 2010 年 9 月 15 日前两天达成，仅涉及对附件 5～8 中所记载的 2007 年年底发生的商业邮件往来行为以及附件 9 和 10 中记载的在本专利申请日之后的邮件通讯以及采购行为的追认，属于由南亚太公司出具的证言，而南亚太公司与斯特普尔斯公司之间存在本案所涉及 C2 型碎纸机的著作权转让关系，与请求人属于利害关系人；公证员亦仅注明所述附件 5～10 即为证据 1 中证明书所提及附件，对于其来源以及真实性均未予以确认，附件 9 和 10 内容均表明在本专利申请日之后，亦不能证明在先著作权的存在。而邮件的内容和时间均存在较大的随意性，仅仅依据证据 1，合议组无法确认附件 5～8 这些与 C2 型碎纸机著作权产生的相关邮件内容的真实性。

证据 11 属于创科公司设计师刘起荣和林国勋的证言，尽管证人出庭作证，但没有其他证据证明刘起荣和林国勋发送给南亚太公司的邮件真实存在并且邮件内容没有任何修改，仅凭其证人的证言，合议组无法确认证人声称的发送型号为 C2 碎纸机电脑辅助图给南亚太公司的行为真实可靠。

综上所述，证据 1 中邮件仅是其内容的打印件，其内容以及时间可改动的随意性较大，证据 1 和 11 中南亚太公司的声明以及创科公司员工的声明均属于请求人的利害关系人出具的证言，在没有其他证据证明邮件内容真实可靠的情况下，证据 1 和 11 的证言结合亦不能使合议组确信附件 5～8 这些邮件内容的真实性，因此，合议组对证据 1 和 11 不予采信。

2012 年 7 月 9 日，专利复审委员会对两案作出相同的审查决定：维持本专利有效。

【案例评析】

2001 年修订的《专利法实施细则》第 65 条第 3 款规定："以授予专利权的外观设计与他人在先取得的合法权利相冲突为理由请求宣告外观设计专利权无效，但是未提交生效的能够证明权利冲突的处理决定或者判决的，专利复审委员会不予受理。"这就意味着，专利复审委员会不对权利冲突成立与否进行实质判定，请求人必须先将权利冲突纠纷向法院起诉或向行政机关请求处理，并取得生效裁判文书。而 2010 年 1 月 9 日修订的《专利法实施细则》将"未提交生效的能够证明权利冲突的处理决定或者判决"修改为"未提交证明权利冲突的证据"（《专利法实施细则》第 66 条第 3 款），这一修改表明专利复审委员会可以直接审查权利冲突问题并作出实质判定，不一定依赖于法院或行政机关的先行判决或处理决定。本案即发生在《专利法实施细则》的上述修改后不久。

一、关于请求人资格

利害关系人能否依据《专利法》（2008 年修订）第 23 条第 3 款请求无效？《专利审查指南 2010》第四部分第五章第 7 节规定："相冲突，是指未经权利人许可，外观设计使用了在先合法权利的客体，从而导致专利权的实施将会损害在先权利人的相关合法权利或者权益。"可见，"未经权利人许可"是

"相冲突"的基本要件。如果权利人不提出无效请求，仅利害关系人提出请求，如何查明"未经许可"的事实呢？本案因是合并审理，声称拥有著作权的斯特普尔斯公司也提出无效请求，因此可以认为受争议专利未经得在先权利人的许可，才有此案件的产生。但如果东莞市铁志电子有限公司单独提出无效请求，则利害关系人应提交相应的证据证明。

二、关于在先权利的具体客体

以著作权为例，其权利客体是作品。著作权保护的是思想的表达（或称表现形式），不保护作品中的思想。外观设计专利保护的是表示在图片或者照片中的该产品的外观设计。以著作权的角度来看，专利文件的图片或照片是表现形式，图片或照片表示的内容（产品的外观设计）是被表达的思想，后者是《专利法》的保护对象但不是《著作权法》的保护对象。所以应当要求请求人首先明确在先权利的具体客体，只有明确具体客体才能判定是否构成"相冲突"。

最初，本案的请求人并未明确其主张在先著作权的具体客体究竟是指 C2型碎纸机的设计图纸，还是该碎纸机产品本身，或者是其他东西。请求人在口头审理中混合使用 3 个概念：设计图、模型和产品。经过辩论，请求人最终明确其要求保护的是设计图。根据《著作权法实施条例》第 4 条，图形作品包括产品设计图，模型作品是指"为展示、试验或者观测等用途，根据物体的形状和结构，按照一定比例制成的立体作品"。产品实物有可能作为实用艺术作品受保护，但必须具备最起码的艺术高度。

《专利审查指南 2010》第四部分第五章第 7.2 节规定："作品是指中华人民共和国著作权法及其实施条例保护的客体。"这包括两层含义：①各国著作权法保护的客体有所不同，应以中国法为准；②外国作品需满足一定条件才可以在中国受保护。如何判断客体是否受中国著作权法保护呢？在没有相关裁判文书的情况下，当事人提供中国的著作权登记证书显然将有助于支持此等主张。

三、关于权利人以及在先权利有效性的认定

《专利审查指南 2010》第四部分第五章第 7 节规定："在无效宣告程序中请求人应就其主张进行举证，包括证明其是在先权利的权利人或者利害关系人以及在先权利有效。"对于商标权，有商标注册证作为权利依据，举证相对容易。著作权由于实行自动产生原则，没有申请手续，也没有统一的权利依据，情况要复杂得多。

首先要认定作品的作者是谁，这相当于发明人（设计人）的认定，但比发明人（设计人）的认定更复杂，因为我国《著作权法》另有法人作者的规定。其次要考虑是否为职务作品（相当于职务发明或设计），是否为受委托创作的作品。后者的著作权归属由委托人和受托人通过合同约定，合同未做明确约定或者没有订立合同的，著作权属于受托人。

以本案为例，撇开证据真实性问题，假设南亚太公司确实曾向 Sunrise 公司发送过设计图纸，那么南亚太公司与 Sunrise 公司之间究竟是什么法律关系，委托加工还是委托设计？如果是前者，Sunrise 公司对图纸只是机械执行，没有创造性贡献，著作权属于南亚太公司，南亚太公司当然有权转让给斯特普尔斯公司。但如果是后者，有可能是 Sunrise 公司先向南亚太公司发送图纸供其审核，南亚太公司确认后再将图纸返还给 Sunrise 公司。两公司之间有无约定著作权归属？如果无约定，著作权依法应当归属于 Sunrise 公司，在这种情况下南亚太公司与斯特普尔斯公司签署的著作权转让合同及声明都是无效的。

以与在先著作权相冲突为无效理由的案件，如果专利权人对于在先著作权也提出权属主张甚至提出相反证据，形成权属争议（考虑到接触要件成立时，双方往往存在某种商业关系，这种争议的发生概率相当高），那么专利复审委员会对证据的审核将非常困难，至少不亚于专利申请权纠纷。

【典型意义】

本案给专利权人带来的启示是：应当注意可能与他人著作权冲突而带来的不确定性。绝大多数发明人都知道申请专利前要采取保密措施，以免泄密破坏新颖性，但很少有人知道还应当对开发过程进行取证固定。据本专利的专利权人介绍，其早在专利申请之前好几个月就已完成了 HC0802 碎纸机的草图，以后不断修改完善，由于现在都采用电脑设计，无法提供实际开发时间的证据。假如当初专利权人能够将草图打印出来并采取能证明时间的固定措施，在本案中可以将其作为证据，不仅可以主张自己也有著作权，而且专利权人的著作权产生时间可能是比请求人更早，从而否定请求人权利的在先性。根据《著作权法》的独立创作原则，不同人的作品即使相同或相似，但只要都是独立创作的，各自都拥有著作权。专利权人如果能证明自己的创作过程，就可以提出独立创作的抗辩。取证固定的措施很多，除了最为可靠的办理公证手续之外，还可以运用第三方见证下的封存、邮寄等容易被审查机关接受又不会导致公开的措施。

（撰稿人：北京市金杜律师事务所　张柳坚　联络人：周佳）

案例二十九　先用权抗辩的适用
——按摩球呼啦圈外观设计专利侵权纠纷案❶

专利名称：*按摩球呼啦圈*
专　利　号：*ZL200630102862.1*
授权日期：*2007 年 10 月 17 日*
专利权人：*董勤余*

【案例要点】

我国专利制度采用申请在先原则，即专利权只授予第一个向授权机关提出专利申请的人。先用权制度旨在弥补申请在先制度的缺陷，先用权人在专利申请日前已经制造相同产品、使用相同方法或者已经做好制造、使用的必要准备，并且仅在原有范围内继续制造、使用的，不视为侵犯专利权。

【案情简介】

2006 年 11 月 13 日，董勤余向国家知识产权局提交了名称为"按摩球呼啦圈"的外观设计专利申请（见图 29－1），并于 2007 年 10 月 17 日获得授权，专利号为 ZL200630102862.1，其专利公报中的简要说明载明，设计要点在于圆环上均匀分布的凸起和凹槽。

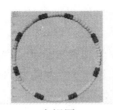

主视图　　　　　　　　　　俯视图

图 29－1　本专利附图

2008 年 5 月，董勤余在临沂市兰山公证处公证人员的监督下，购买了标有"明伟健身用品厂"、"明伟探月"字样的呼啦圈一个。被告胡明伟对上述购得的呼啦圈实物无异议，承认是其生产并对外销售。该呼啦圈在圆环上分

❶　最高人民法院（2010）民申字第 557 号。

布有均匀的凸起和凹槽。董勤余以胡明伟、孙海峰侵犯其外观设计专利权为由，向山东省济南市中级人民法院提起诉讼。

胡明伟辩称，其在董勤余涉案专利申请日前已在生产销售被控侵权产品。为证明该主张，一审中，胡明伟向法庭提供了3类证据：一是其2004年至2006年的销售记录，证明其2004年就开始生产涉案呼啦圈产品；二是2006年销售商张明光发货的部分外销托运底单和销售记录，证明胡明伟在董勤余专利申请日之前就已经生产、销售了涉案产品；三是证人张明光出庭作证的证言。

山东省济南市中级人民法院一审认为，胡明伟所举证据仅记载了呼啦圈的名字，而非产品实物，无法显示相应产品的技术特征和相应时间标志，证人证言所作陈述无有效证据加以印证，也未提供相应的实物，对相关证据未予采信。关于胡明伟所称的其在董勤余专利申请日之前，已经进行了相关产品的生产，主张先用权的问题，由于其证据存在形式瑕疵，对于是否在董勤余专利申请日之前生产出了与董勤余专利一致的产品不能进行明确的显示，对该抗辩不予支持。一审法院判决胡明伟侵权行为成立，承担侵权责任。

胡明伟不服一审判决，向山东省高级人民法院提起上诉。

山东省高级人民法院二审另查明，胡明伟所制造产品的两位销售商出庭作证，均证明在涉案专利申请日之前胡明伟已在销售涉案被控侵权产品，并对涉案被控侵权产品进行了对比指认。此外，胡明伟提交了与证人张明光之间的发货记录单据，其内容已明确指向"一米球呼啦圈"，且在两证人对该产品外观确认的情况下，如再要求证人出示2005年前后销售的产品样品则过于苛刻。胡明伟提供的上述书证与证人证言相互间可以印证，可以确认在涉案专利申请日即2006年11月13日前，胡明伟已生产涉案被控侵权产品，且并未扩大规模。因此，根据《专利法》关于先用权抗辩的规定，胡明伟因其在专利申请日前已经生产销售被控侵权产品，被控侵权产品虽与涉案专利外观相似，但其仍然可以在原有范围内继续生产销售相同产品而不构成对董勤余涉案专利权的侵犯。据此判决撤销一审判决，驳回董勤余的诉讼请求。

董勤余不服二审判决，向最高人民法院申请再审称：①二审判决依据被申请人胡明伟的生产销售行为认定其具有先用权属明显适用法律错误。先用权抗辩的适用前提条件之一是："上述实施行为尚未使有关技术内容为公众所知，构成使之丧失新颖性的现有技术"。但就本案而言，二审判决首先认定了被申请人胡明伟在涉案专利申请日之前就已经实施了生产销售被控侵权产品的行为，因此其公开的销售行为已经满足了"使有关技术内容为公众所知，构成使之丧失新颖性的现有技术"。故本案不具有适用先用权抗辩的前提条件。②被申请人胡明伟提供的销售记录不能反映涉案侵权产品的相关外观设计特征，且该销售记录因出自被申请人胡明伟之处，其客观真实性也无法考证。被申请人胡明伟的销售商张明光的证言，因其二者之间存在明显的利害关系（经济往来），其证言证明效力较低。故被申请人的以上间接证据根本不能形成一个完整的证据链来充分证明被申请人胡明伟的主张。被申请人胡明伟向二审法院提供了原证人张明光的女婿陈奇作为"所谓的销售商"出具的证人证言，其证人证言的真实性不应被认可。

最高人民法院经审查认为，胡明伟提供的所有书证，包括其 2004 年至 2006 年销售记录以及其 2006 年向销售商张明光发货的记录及单据，该发货记录单据记载货名为"一米球呼啦圈"。胡明伟所制造产品的两位销售商（张明光、陈奇）出庭作证，均证明在涉案专利申请日之前胡明伟已在销售涉案被控侵权产品，并对涉案被控侵权产品进行了对比指认。在两证人对该产品外观确认的情况下，综合考虑胡明伟的书证以及货名"一米球呼啦圈"，胡明伟在涉案专利申请日之前已在销售涉案被控侵权产品的可能性显然更高。因此，二审判决认定胡明伟提供的证据可以证明其在专利申请日前已经生产销售被控侵权产品并无不当。

《专利法》（2008 年修订）第 69 条规定，"在专利申请日前已经制造相同产品、使用相同方法或者已经作好制造、使用的必要准备，并且仅在原有范围内继续制造、使用的"，为"不视为侵犯专利权"的情形之一。在申请日之前，不论先用者以秘密方式还是以公开方式实施其合法获知的有关发明创造，均可以适用先用权抗辩。如果该实施行为造成有关发明创造被公开，先用者也可以选择公知技术抗辩，而并非必须经过无效宣告请求审查程序宣告专利权无效。因此，董勤余认为本案不具备先用权抗辩的适用前提，其为专利新颖性问题而不属于法院审理的范围的主张没有法律依据，最高人民法院不予支持。驳回董勤余的再审申请。

【案例评析】

本案主要涉及先用权抗辩的认定。

专利制度采用申请在先原则，即专利权只授予第一个向授权机关提出专利申请的人。先用权制度旨在弥补申请在先制度的缺陷。关于被诉侵权人的先用权问题，《专利法》第 69 条规定："有下列情形之一的，不视为侵犯专利权：……（二）在专利申请日前已经制造相同产品、使用相同方法或者已经作好制造、使用的必要准备，并且仅在原有范围内继续制造、使用的。"对于上述规定，《最高人民法院关于审理侵犯专利权纠纷案件应用法律若干问题的解释》第 15 条进一步规定如下："有下列情形之一的，人民法院应当认定属于专利法第六十九条第（二）项规定的已经作好制造、使用的必要准备：

（一）已经完成实施发明创造所必需的主要技术图纸或者工艺文件；（二）已经制造或者购买实施发明创造所必需的主要设备或者原材料。专利法第六十九条第（二）项规定的原有范围，包括专利申请日前已有的生产规模以及利用已有的生产设备或者根据已有的生产准备可以达到的生产规模。先用权人在专利申请日后将其已经实施或作好实施必要准备的技术或设计转让或者许可他人实施，被诉侵权人主张该实施行为属于在原有范围内继续实施的，人民法院不予支持，但该技术或设计与原有企业一并转让或者承继的除外。"

在理解上述司法解释的规定时，应当注意以下几点：

一、关于先用权的技术来源和实施方式

根据第 15 条第 1 款的规定，被诉侵权人主张先用权抗辩的技术或者设计，不能是非法获得的。即应当是被诉侵权人自己的技术或者通过合法途径获得的技术。

《专利法》第 69 条规定，"在专利申请日前已经制造相同产品、使用相同方法或者已经作好制造、使用的必要准备，并且仅在原有范围内继续制造、使用的"，为"不视为侵犯专利权"的情形之一。在申请日之前，不论先用者以秘密方式还是以公开方式实施其合法获知的有关发明创造，均可以适用先用权抗辩。如果该实施行为造成有关发明创造被公开，先用者也可以选择公知技术抗辩，而并非必须经过无效宣告请求审查程序宣告专利权无效。

二、关于"必要的准备"

"必要的准备"针对的是技术方案或者设计本身的完成情况，不以办理行政审批手续为前提。例如在（2011）民申字第 1490 号银涛公司专利侵权案中，最高人民法院指出，先用权是否成立关键在于被诉侵权人在专利申请日前是否已经实施专利或者为实施专利做好了技术或者物质上的必要准备。银涛公司主张先用权抗辩的证据之一是 2005 年 6 月 16 日江西省食品药品监督管理局向其出具的"强力定眩胶囊"药品注册申请受理通知书以及银涛公司申请药品注册时所报送的《"强力定眩胶囊"申报资料项目》资料，该资料的药学研究资料部分记载了"强力定眩胶囊"的处方、制备方法、用途。银涛公司主张先用权抗辩的证据之二是江西省药检所《药品注册检验报告表》及附件，该报告表及附件显示银涛公司于 2005 年 3 月 13 日、15 日、17 日分别生产了 3 批"强力定眩胶囊"样品供申请注册检验使用。银涛公司主张先用权抗辩的证据之三是《药品生产许可证》和《药品 GMP 证书》，表明其在申请注册"强力定眩胶囊"时即具有"胶囊剂"生产线。由此可见，在涉案专利的申请日 2006 年 9 月 27 日前，银涛公司已经完成了生产"强力定眩胶囊"的工艺文件和设备准备事项，符合上述司法解释规定的"已经作好制造、使用的必要准备"的条件，应当认定银涛公司在涉案专利申请日前为实施涉案专利做好了制造、使用的必要准备。至于银涛公司何时取得"强力定眩胶囊"药品生产批件，是药品监管的行政审批事项，不能以是否取得药品生产批件来判断其是否做好了制造、使用的必要准备。

三、关于"原有范围"

有意见认为，以"事业目的"来界定"生产规模"，过于严格。先用权制度的设计初衷是弥补申请在先主义的不足，如果对原有范围的过宽解释，在一定程度上会影响专利申请制度，不利于技术的公开和推广。因此，第 15 条第 3 款以生产规模界定"原有范围"。为了合理平衡先用权人与专利权人之间的利益关系，如果先用权人在申请日后将其技术另行转让或许可他人实施，就会增加市场上新的竞争者，有损专利权人的独占权。

四、关于证明标准

《民事诉讼法》第 64 条规定："当事人对自己提出的主张，有责任提供证据。"在涉及先用权抗辩的专利侵权诉讼中，理应充分考虑被诉侵权人生产、经营以及研发活动的实际情况，以及当事人保存、提供相关证据的实际能力和水平，综合考虑当事人提供的相关证据，对案件事实进行全面审查和认定。对于当事人提交的有关先用权抗辩的证据，不宜采取违背客观实际情况的过苛标准。

本案中，胡明伟提供的所有书证，包括其 2004 年至 2006 年销售记录以及其 2006 年向销售商张明光发货的记录及单据，该发货记录单据记载货名为"一米球呼啦圈"。胡明伟所制造产品的两位销售商（张明光、陈奇）出庭作证，均证明在涉案专利申请日之前胡明伟已在销售涉案被控侵权产品，并对涉案被控侵权产品进行了对比指认。在两证人对该产品外观确认的情况下，综合考虑胡明伟的书证以及货名"一米球呼啦圈"，胡明伟在涉案专利申请日之前已在销售涉案被控侵权产品的盖然性显然更高。因此，二审判决认定胡明伟提供的证据可以证明其在专利申请日前已经生产销售被控侵权产品并无不当。

【典型意义】

本案详细地分析了先用权抗辩认定时应当注意的要点，对此类案件的审理具有典型意义。

（撰稿人：最高人民法院 杜微科 联络人：张跃平 石岩）

案例三十　专利权权属应以申请人为准
——平板刷外观设计专利权属纠纷案

专利名称：平板刷
专　利　号：ZL03327550.5
授权日期：2003 年 9 月 17 日
专利权人：陆建新

【案例要点】

Brenner 国际公司委托陆建新生产的产品被陆建新申请了外观设计专利，Brenner 国际公司在 2004 年得知后开始与陆建新争夺专利权的归属，最后一审❶、二审❷法院虽然驳回了 Brenner 国际公司的诉讼请求，但是二审法院认定 Brenner 国际公司已经取得"先用权"。本案关键点在于在法无明文规定的情况下，如何恰当地适用法律，具体到本案而言如何确认专利权的归属。

【案情简介】

原告 Brenner 国际公司诉称：原告与宁波保税区亨迪国际贸易有限公司（以下简称亨迪公司）和宁波市江北欧强工具有限公司（以下简称欧强公司）总经理陆建新（英文名 DAVID LUEN）发生过包括涂刷工具产品的委托制样加工贸易关系。2002 年 5 月至 2003 年 6 月，原告通过美国联邦快递 UPS 等方式向被告陆建新多次寄送了包括由佩里·加特纳设计的平板涂刷工具在内的实物样品、产品图纸和载有涂刷工具设计信息的磁盘等，委托陆建新在中国境内制作样品寻找加工企业，被告陆建新依照原告提供的实物样品、设计图纸和产品要求加工了平板刷样品，双方约定产品技术和图纸不得外泄，同时原告向被告订立合同采购产品。

2004 年 6 月原告获知被告陆建新把原告委托加工制作的样品拍摄外观设计照片，以被告个人名义向国家知识产权局申请了外观设计专利，专利号为 ZL03327550.5，名称为"平板刷"。原告认为"平板刷"外观设计是原告的设

---

❶　宁波市中级人民法院（2005）甬民二初字第 89 号。
❷　浙江省高级人民法院（2006）浙民 3 终字第 178 号。

计成果，归属原告所有，被告陆建新的行为违反民事活动中诚实守信的原则和商业交易中保密的习惯。请求法院判令专利号为 ZL03327550.5 的外观设计专利权归原告所有。

被告陆建新未作书面答辩。在庭审中辩称：原告提供的图纸来源于案外人，图纸形成时间不清，不能证明其主张；其他函件、邮件等证据真实性又不能认定，且没有反映产品的形状和结构，与本案无关。原告诉请无证据佐证，应依法予以驳回。

一审法院认为，原告虽然提交了比较多的证据，也拥有涉案专利的图纸及光盘，但原告还是没有足够的证据证明被告据以申请涉案专利的产品的图纸是由原告委托他人设计后并由原告提供给被告的这一事实。法院依法驳回原告 Brenner 国际公司请求法院判令专利号为 ZL03327550.5 的外观设计专利权归原告所有的诉讼请求。

Brenner 国际公司不服一审判决向二审法院提起上诉。二审法院经审理查明：2002 年 5 月和 2003 年 1 月间，柯林设计公司受 Brenner 国际公司委托设计了名称为板状油漆刷的涂刷工具，Brenner 国际公司支付了相应的报酬给柯林设计公司，产品设计图纸及光盘均为 Brenner 国际公司所拥有。陆建新曾于 2002 年期间收到过 Brenner 国际公司邮寄的图纸、平板刷实物以及相关的涂刷工具配件等物品。同时，Brenner 国际公司也将油漆平板刷装配图纸发送给陆建新。2002 年 6 月至 2003 年 5 月，Brenner 国际公司与陆建新任法定代表人的亨迪公司和欧强公司发生了包括平板刷在内的涂刷工具贸易往来，亨迪公司根据 Brenner 国际公司的订单委托要求，加工了相关的涂刷工具，并将产品运至 Brenner 国际公司，Brenner 国际公司支付了相关的报酬。根据双方订单的约定，Brenner 国际公司委托亨迪公司加工的产品及模具所有权人为Brenner 国际公司，亨迪公司不能将产品及模具用于其他目的或客户。

陆建新于 2003 年 2 月 17 日申请了外观设计专利，2003 年 9 月 17 日授权公告，专利公报上的视图为产品实物拍摄照片。陆建新认为专利是其自行设计，通过当地的模具市场专人提供制图，但至二审其仍无法提供设计图纸的原件。陆建新申请的"平板刷"外观设计专利产品形状与 Brenner 国际公司提供的"板状油漆刷"设计图纸上的产品形状基本一致。

根据上述事实认定，二审法院认为，Brenner 国际公司提供的证据能够证明其早在陆建新涉案专利申请之前完成了"平板刷"产品的设计，但不意味着 Brenner 国际公司能够取得涉案专利的专利权。因为本案专利权归属问题不属于我国法律明文规定的专利权归属的两种情形，Brenner 国际公司作为一家美国公司也未在我国申请涉案专利产品的外观设计保护，因此在我国专利授权的先申请原则和地域性的前提下，Brenner 国际公司在本案中直接以其是涉案专利产品的设计人要求确认专利号为 ZL03327550.5 的外观设计专利权归其所有的请求没有法律依据，不能得到支持。

【案例评析】

本案中，两审法院虽均驳回了原告的诉讼请求，但审理思路和裁判理由存在较大差别。一审法院认为原告的证据虽进行了公证认证，但因是在纠纷后形成，故不予采纳；二审法院则认为证据的真实性、合法性和关联性应结合证据内容、案件事实以及当事人举证责任的分配原则予以确认，原告主张不成立的理由在于其不属于我国《专利法》规定的专利权人。

一、域外证据效力的认定问题

Brenner 国际公司为证明其在专利申请日之前拥有名称为板状油漆刷的涂刷工具的设计图纸及光盘所有权，陆建新申请的专利技术系从其处获取的事实，提供了较多在域外形成并经公证认证手续的证据。《最高人民法院关于民事诉讼证据的若干规定》第 11 条规定，"当事人向人民法院提供的证据系在中华人民共和国领域外形成的，该证据应当经所在国公证机关予以证明，并经中华人民共和国驻该国使领馆予以认证，或者履行中华人民共和国与该所在国订立的有关条约中规定的证明手续。"毫无疑问，域外证据的公证认证手续问题，应当按照最高人民法院的证据规则的有关规定办理。因此办理了公证认证手续的域外证据，至少表明从形式上对证据予以了审查，使其具有证据的效力，但并不能当然成为认定案件事实的证据。一审法院在对待 Brenner 国际公司提供的域外证据的认证上，均以公证认证的时间晚于证据形成的时间、无法证明证据的内容真实性以及与本案事实的关联性为由，基本不予认定，显然是错误的。Brenner 国际公司提供的办理了公证认证手续的证据，在本案中均可以作为证据使用，至于证据的真实性、合法性以及与本案的关联性，还需结合证据内容、案件事实以及当事人举证责任的分配原则予以确认。

当然，在知识产权案件中，某些域外证据可以免除公证认证等证明手续，主要是指可以从官方或者公共渠道获得的公开出版物，如，从国家知识产权局的专利信息库、公共图书馆、互联网等可以直接获得的文献和出版物。对这些证据的真实性，当事人没有异议的，就没有必要再要求办理公证认证等证明手续。但是，对方当事人对证据的真实性本身提出异议，而不是仅以未办理公证认证等证明手续提出异议，并能够举证证明的，而提供该证据的一方又不能有效反驳的，则应当办理法定的公证认证等证明手续。

二、专利权权属的判断

专利权权属纠纷，是指一项发明创造被正式授予专利权之后，当事人之间就谁应当是该发明创造的真正权利人而发生的争议。这类纠纷是获得专利权的人可能不是实际权利人，致使实际权利人向人民法院起诉，要求享有专利权从而形成《民事诉讼法》上的确认之诉。

本案中，法院认定根据 Brenner 国际公司提供的一系列证据能够证明其在陆建新专利申请日前已经委托柯林公司设计了专利产品，陆建新的专利设计来源于 Brenner 国际公司提供给陆建新的设计图纸和委托加工的产品样品，双方贸易合同中也约定了产品及模具的所有权归 Brenner 国际公司，不得用于其他目的的事实，但以上述理由将涉案专利权直接确认为 Brenner 国际公司所有在法律上是存在障碍的。因为，依据 2000 年修订的《专利法》及相关法律规定，专利权权属纠纷主要包括以下 4 类：①发明人或者设计人把职务发明创造作为非职务发明创造，申请专利并获得专利权而引起的纠纷；或单位把非职务发明创造作为职务发明创造申请专利并获得专利权而引起的纠纷。②委托开发完成的发明创造，在当事人无合同约定专利权属的情况下，该发明创造被委托方申请专利并获得专利权而引起的纠纷。③合作开发所完成的发明创造，在无合同约定又无各方中一方声明放弃其共有的专利申请权的情况下，该发明创造被共有人中一方或几方申请专利权并获得专利权而引起的纠纷。④一方完成或几方共同完成的创造，被发明创造以外的人申请专利并获得专利权而引起的纠纷。这 4 种情形属于专利权权属纠纷的审理范围。对照本案的事实，Brenner 国际公司与陆建新之间既没有用人单位与职工的关系，也不存在委托或合作关系，故不能依据上述法律规定判定专利权归属于 Brenner 国际公司。

从专利先申请原则考量，Brenner 国际公司同样也不能获得专利权。因为，《专利法》是以专利权人对其发明创造专利享有独占权为基本原则的，所以一项发明创造只应授予一个专利权。日本将这一原则称之为"一发明一专利原则"，美国称为"排除重复专利原则"。当同一内容的发明创造分别由若干个单位或者个人申请专利时，只能对其中一个单位或者个人授予专利权。各国专利法对此一直存在着两种原则：一是先发明原则。即两个以上的申请人分别就同样的发明申请专利时，不论谁先提出专利申请，专利权授予最先完成发明的申请人。目前，只有极少数国家采用先发明原则。二是先申请原则。即两个以上的申请人分别就同样的发明申请专利时，不管是谁最先完成的发明，专利权授予最先提出专利申请的申请人。世界上绝大多数国家都采用先申请原则，包括我国。因此，在陆建新先申请专利并获得授权的情况下，Brenner 国际公司再以发明人或设计人的身份主张专利权属是不符合我国法律规定的，其至多享有在专利文件中写明自己是发明人或者设计人的权利。

【典型意义】

《专利法》及相关法律规定了 4 类专利权权属纠纷类型，而本案情况不属于其中任意一种。本案是一件在法律无明确规定的情况下，根据"先申请原则"这一原则性规定，确认其专利权权属的典型案例，对日后相关知识产权案件具有重要的指导和示范意义。

（撰稿人：北京市第二中级人民法院　马云鹏　联络人：张跃平　石岩）

案例三十一　外观设计民事纠纷中侵权赔偿数额的计算
——客车外观设计专利侵权纠纷案

专利名称：车

专　利　号：ZL200430088722.4

授权日期：2005 年 8 月 24 日

专利权人：尼欧普兰汽车有限公司

【案例要点】

尼欧普兰汽车有限公司（以下简称尼欧普兰公司）向北京市第一中级人民法院（以下简称一审法院）诉由盐城中威客车有限公司（以下简称中威公司）、中大工业集团公司（以下简称中大公司）生产，北京中通星华汽车销售有限公司（以下简称中通公司）销售的 A9 系列客车侵犯其外观设计专利权（以下简称涉案专利）。一审法院经审理判定被告侵权，判决被告停止制造销售侵权产品，并由中威公司、中大公司共同赔偿原告经济损失人民币 2 000 万元。中威公司随后向专利复审委员会提出该专利的无效宣告请求。北京市高级人民法院（以下简称二审法院）基于专利权的专利复审委员会的无效决定撤销一审判决，驳回尼欧普兰公司的诉讼请求。

本案主要涉及客车类产品外观设计近似的判定，以及对被告自主开发、自有专利抗辩能否成立的认定。除此之外，本案对侵权损害赔偿数额的确定引起了社会的广泛关注，并出现了在侵犯外观设计专利权纠纷中罕见的"天价"赔偿，而该数额及其得出的过程亦是本案的亮点之一。

【案情简介】

尼欧普兰公司系名称为"车"的外观设计专利的专利权人。2005 年 5 月 30 日，国家发展和改革委员会发布 2005 年第 26 号公告，将经审查批准的汽车、摩托车、三轮汽车和低速货车生产企业及产品（第 97 批）予以发布，其中序号为 41 的产品为中威公司的"中大牌"客车（YCK6129）和卧铺客车（YCK6129、YCK6139）。

2006 年 6 月 19 日，中通公司与案外人王旭标订立《江苏中大汽车北京特约销售公司买卖合同》，约定买卖产品车型为 YCK6139HG（以下简称被控侵权产品），价格为人民币968 100元。2006 年 9 月 11 日，中通公司向买方交付了涉案产品及《中华人民共和国机动车整车出厂合格证》等车辆文件。被控侵权产品车内铭牌及《机动车整车出厂合格证》上显示：车辆制造企业名称为中威公司，车辆品牌为"中大牌"，车辆型号为 YCK6139HG。在中大公司出版的《中大》杂志和《中大汽车 2006 客车导购手册》上刊载了 A9 系列客车的宣传、介绍，并称该系列客车为该公司开发的产品。

尼欧普兰公司向一审法院诉由中威公司、中大公司生产，中通公司销售的 A9 系列客车侵犯其外观设计专利权。

一审法院认为：由中威公司制造的被控侵权产品与涉案专利外观的勘验对比结果可以看出，二者属于相近似的外观设计。由于 A9 系列的 YCK6139HG、YCK6139HGW、YCK6129HG、YCK6129HGW 等 4 款车外观形状基本相同，故 A9 系列客车均与涉案专利的外观设计构成近似，A9 系列客车的制造、销售行为均属于对涉案专利的实施行为。中威公司为被控侵权产品的制造者和销售者，中通公司为被控侵权产品的销售者，应当分别就其制造、销售被控侵权产品的行为承担相应的法律责任。中大公司与中威公司均认可中威公司系经中大公司授权制造和销售被控侵权产品，并且中大公司通过其出版的杂志和产品宣传册以自己的名义推销被控侵权产品，因此，其应当与中威公司共同承担与被控侵权产品制造和销售有关的法律责任。综上，一审法院判决：①中通公司立即停止销售 YCK6139HG 客车的行为；②中威公司、中大公司立即停止制造、销售 YCK6139HG、YCK6139HGW、YCK6129HG、YCK6129HGW 客车的行为；③中威公司、中大公司共同赔偿尼欧普兰公司经济损失人民币 2 000 万元；④中威公司、中大公司共同赔偿尼欧普兰公司诉讼合理支出人民币 116 万元；⑤驳回尼欧普兰公司的其他诉讼请求。

中威公司与中大公司均不服一审判决，向二审法院提起上诉。同时，中威公司于 2009 年 7 月 21 日向专利复审委员会提出针对涉案专利的无效宣告请求。2010 年 2 月 10 日，专利复审委员会作出第 14484 号无效宣告请求审查决定（以下简称第 14484 号决定），宣告涉案专利全部无效，该决定在随后的专利行政诉讼中得到了人民法院的支持并已发生法律效力。

二审法院认为：宣告无效的专利权视为自始即不存在。鉴于专利复审委员会作出的第 14484 号决定宣告涉案专利权无效，且该决定已生效，因此，尼欧普兰公司据以主张权利的权利基础已不存在，故其诉讼请求无法得以支持。综上，二审法院判决：撤销一审判决；驳回尼欧普兰公司的诉讼请求。

【案例评析】

本案在侵权判定上与其他侵犯外观设计专利权纠纷并无不同，即根据涉案专利授权的外观设计、被控侵权产品的设计特征，以外观设计的整体视觉效果进行综合判断。而在侵权认定之外，本案的亮点主要集中于相关侵权抗辩和侵权赔偿数额两个方面。

一、关于侵权抗辩

被告中威公司在本案中主张被控侵权产品外观系由其自主开发，且亦取得了外观设计专利权，故不构成对原告专利权的侵犯。司法实践中，此种抗辩事由在侵犯专利权纠纷中较为常见，对此应予区别对待。

（一）关于自主开发抗辩

从权利属性上看，专利权是一种排他权，其所产生的法律后果是，技术方案一旦被授予专利权，他人即不得未经专利权人许可而予以实施。此种对未经许可实施的禁止并不以他人不知道为由，或因主张技术方案系由其自主开发而受有影响，除非该被控侵权人能够提交证据证明其享有先用权，即在专利申请日前已经制造出相同的产品，或者已经为制造、使用做好必要准备。换言之，自主开发并不会当然地使不侵权抗辩成立，关键还在于该自主开发是否发生于专利申请日之前，且被控侵权人的行为是否符合先用权抗辩成立的法定要件。而这也体现出了专利权与著作权的不同之处，因为具有独创性的作品会很自然地享有法律保护，但自主开发却无法使产品制造者披上不侵权的金身。

（二）关于自有专利抗辩

自有专利抗辩与自主开发抗辩有相似之处，在司法处理上亦秉持了基本相同的原则和思路。本案中，中威公司认为被控侵权产品系根据其所拥有的外观设计专利生产制造，依法也应予以保护。需要指出的是，拥有自有专利并非法定的侵权抗辩理由，该抗辩能否成立还应注意从自有专利与涉案专利的时间关系上进行考虑。具体而言，如果自有专利公开日早于涉案专利申请日，则该自有专利构成涉案专利的现有技术，此时被告可以此进行现有技术抗辩，也可以涉案专利违反有关新颖性或创造性的规定为由，向专利复审委员会提出无效宣告请求；若自有专利构成涉案专利的抵触申请，虽然被告此时无法进行现有技术抗辩，但仍然可以违反新颖性为由提出无效宣告请求；而当自有专利申请日晚于涉案专利申请日时，被告的相关抗辩或无效宣告请求由于均缺乏事实和法律依据，此时直接按照一般的侵权判定思路处理即可。

之所以会出现此种形式上的"权利"冲突，部分也源于我国对实用新型和外观设计专利申请不予实质审查的专利制度。该制度基于对行政效率的考虑，在授权过程中仅针对形式缺陷和明显的实质性缺陷进行审查，这种初步审查的审查方式导致授权后的实用新型和外观设计专利权具有一定的不稳定性，进而产生了一些形式上合法但实质上不应存续的"问题"专利，并随之导致了上述形式上的"权利"冲突。但需说明的是，这并非审查制度的原罪，因为即便是经历了实质审查而获得授权的发明专利，同样也可能面临上述"权利"冲突，关键还在于我们对相关问题的认识以及相应应对手段的选择。

二、关于赔偿数额的确定

本案之所以会引起社会的广泛关注，更多的原因还在于一审判决所确定的"天价"赔偿数额。一直以来，知识产权民事诉讼中都普遍存在"重定性、轻定量"的倾向。无论是当事人在赔偿数额的举证上，还是法院对赔偿数额得出的论证上，均较之前的侵权判定有明显的不足。我国法院在现阶段国情下对侵权赔偿数额的确定方面，总体上亦稍显保守。而在 3 种专利类型中，因侵犯外观设计专利权而获得的赔偿数额则通常更低。也正因为如此，使得本案一审判决中所确定的赔偿数额更加引人关注。

根据 2000 年修订的《专利法》第 65 条的规定，侵犯专利权的赔偿数额可以根据权利人损失、侵权获利和专利许可使用费确定。在上述 3 种方式均难以确定赔偿数额时，人民法院可以根据专利类型、侵权行为性质、情节等因素，酌情确定 1 万元以上 100 万元以下的法定赔偿额。司法实践中，由于受到证据规则、举证难度、举证能力等方方面面因素的制约，法院在绝大多数案件中都是以法定赔偿的方式酌情确定赔偿数额。相对而言，侵权获利赔偿是法定赔偿之外，权利人更为青睐的赔偿方式，因为无论是让权利人自证其因侵权行为所受到的损失，还是要求其提交合理的许可费证据，都在实践中存在现实困难，而侵权获利则在举证认证等方面更为灵活便捷。实践中，较为常见的侵权获利证据有第三方审计报告、咨询报告书、行业协会报告、被告公司宣传材料、公司年报、IPO 公告以及生效判决或行政决定中所认定的事实等。而在上述来源较为丰富的侵权获利证据之外，《最高人民法院关于民事诉讼证据的若干规定》第 75 条还作出了有利于权利人的举证规定。因此，侵权获利的赔偿方式更易为权利人所主张。

在侵权获利的具体计算上，《最高人民法院关于审理专利纠纷案件适用法律问题的若干规定》第 20 条第 3 款规定："侵权人因侵权所获得的利益可以根据该侵权产品在市场上销售的总数乘以每件侵权产品的合理利润所得之积计算。"

本案中，根据一审法院前往中国汽车工业协会调取的证据显示，中威公司在 2005～2007 年间销售的客车数量已超过 5 000 辆。虽然中威公司对此不予认可，认为其中还包括了其他车型的销量数据，但并未提交任何相反证据支持其主张。同时，中大集团职员也曾撰文就被控侵权产品 A9 系列客车在 2005～2007 年之间的销售情况进行过介绍。在中大集团未提交证据否认该文章内容真实性的情况下，有理由相信公司员工所提供的销售数据是真实的，可以此计算被控侵权产品的销售量。综合考虑以上事实，一审法院经计算认定中威公司自 2005 年以来，所生产的被控侵权产品客车至少已达 2 000 辆是具有客观事实基础的。

至于被控侵权产品合理利润的确定，同样也是司法实践中的难点之一。因为何谓"合理"实在是一个见仁见智的问题，主观性较强，诉讼中最为理想的状态是有相关证据的充分支持，如针对被控侵权产品的审计报告、权威机构发布的行业平均利润率、同行业第三方利润等。然而，实际案件中却鲜见有此类证据，故仍需法院根据案件具体情况酌情处理。本案中，尼欧普兰公司主张客车产品的利润率为 20%，而中威公司仅认可为 5% 左右，但双方均未提交证据支持其主张。考虑到涉案被控侵权产品的数量及其单价均已较高，即便按照较低利润率水平计算出的赔偿数额亦足以弥补原告损失，故一审法院在本案中仅以 5% 的利润率为准来计算侵权获利并无不当。

但需注意的是，在计算侵权获利时，并非简单地将被控侵权产品数量与其合理利润相乘即可，因为被控侵权产品往往由多种技术或设计方案构成，其获利通常也是多方面因素综合作用的结果，而不仅仅源于涉案专利技术或设计方案的贡献。此时，如若将被控侵权产品的获利全额予以赔偿，则又会使权利人因此而获得不当得利，不仅未能准确反映其受损的客观事实，还在另一方面造成了实质不公。因此，在计算侵权获利时还需考虑涉案专利技术或设计方案对整体获利情况的贡献程度，并以此确定合适的比例进行计算。《最高人民法院关于审理侵犯专利权纠纷案件应用法律若干问题的解释》第 16 条第 3 款规定对此也进行了特别规定："侵犯外观设计专利权的产品为包装物的，人民法院应当按照包装物本身的价值及其在实现被包装产品利润中的作用等因素合理确定赔偿数额。"虽然该条款仅针对包装物产品进行了规定，但对此种司法精神的适用不应局限于包装物的情形，本案即在计算被控侵权客车的获利时对比例原则进行了考虑。一审判决认为："由于客车产品具有一定的特殊性，产品制造者的声誉和信誉、发动机性能等亦是影响消费者消费的主要因素，故侵权产品的获利不仅仅由侵权行为导致，在计算损害赔偿数额时不应以侵权产品的全部获利确定。"由此也可以看出，涉案专利设计方案对于消费者选购被控侵权产品的确会产生影响，但消费者并非仅从产品外观的角度进行考虑，客车产品的发动机性能、制造商声誉等因素同样左右着消费者的最终决策。因此，适当地将外观设计对被控侵权产品获利的贡献限定在一定比例，符合客观实际，而这也是各方当事人在案件审理过程中应向法院充分举证说明的重要事项。

【典型意义】

在 3 种专利类型中，因侵犯外观设计专利权而获得的赔偿数额通常较低，本案因一审判决的赔偿数额巨大被称为"客车侵权第一案"备受社会关注，被评为"2009 年中国十大案件"之一。

一审法院最终计算出本案的侵权获利赔偿数额为 2 000 万元人民币。虽然涉案专利在本案二审阶段被宣告无效，致使一审判决因失去事实依据而被撤销，但一审判决中所呈现出的与侵权获利赔偿相关的证据认定、计算方法、思辨方式等内容，仍然反映出现阶段知识产权司法实践对侵权损害赔偿问题的日益重视，相信这样的内容也能在一定程度上对相关从业者带来有益的启示。

（撰稿人：北京市第一中级人民法院　许波　联络人：张跃平　石岩）

案例三十二　外观设计侵权案件中的"要部比对法"以及"销售"行为的认定

——交通工具的座椅外观设计专利侵权纠纷案

专利名称：交通工具的座椅

专　利　号：ZL200430003776.6

授权日期：2005 年 3 月 2 日

专利权人：车辆座位制造工业公司

【案例要点】

本案共涉及两个审判要点。一是判断方式。在进行外观设计侵权比对时，借鉴了发明专利权利要求的形式，将专利外观设计与被控侵权设计以要点的形式罗列出来，在坚持"整体观察、综合判断"的原则上加入了"要部判断"的方法，将比对的重点放在更能够引起消费者注意的一些明显部位上，增强侵权认定的充分性。二是专利侵权行为的界定。认定了苏州金龙公司将座椅作为客车的一部分随客车整体予以销售，实质上是以销售客车的形式，继续销售该座椅的行为。

【案情简介】

原告（西班牙）车辆座位公司起诉称：原告系"交通工具的座椅"外观设计专利权人，被告苏州金龙公司制造、销售，被告金通宝龙公司销售的海格客车内的座椅与原告专利设计极其近似，侵犯了原告的外观设计专利权，故诉至法院，请求判令被告苏州金龙公司承担相应的法律责任。

被告苏州金龙公司答辩称：该公司生产的客车上使用的座椅是从案外人苏州工业园区雅式汽车零部件有限公司（以下简称雅式公司）合法采购的，且该座椅外观与原告专利存在显著区别，未侵犯原告的涉案外观设计专利权，请求法院驳回原告的诉讼请求。

法院经审理查明：2005 年 3 月 2 日，经国家知识产权局授权，（西班牙）车辆座位公司取得了"交通工具的座椅"外观设计专利权，专利号为ZL200430003776.6（涉案专利，附图见图 32－1）。2007 年 1 月 22 日，苏州金龙公司与雅式公司签订《供货合同》，约定由雅式公司向金龙公司提供座椅等产品（被控侵权产品，附图见图32-2）。

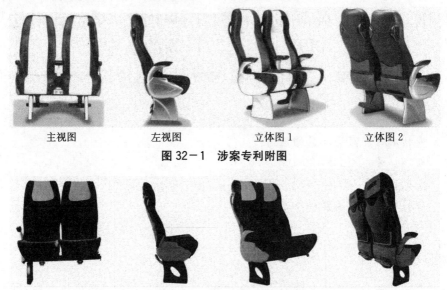

主视图　　　　　左视图　　　　　立体图1　　　　　立体图2

图32-1　涉案专利附图

图32-2　被控侵权产品附图

2007年12月3日，法院组织双方进行了现场勘验。车辆座位公司主张涉案外观设计专利有3个设计要部，分别为：扶手部分、外侧扶手壳部分、座椅靠背部分。经比对，苏州金龙公司生产的海格客车内的涉案座椅的外观与车辆座位公司的涉案专利设计存在以下差异之处：

➢ 主视图部分。（12）原告专利的座椅靠背和坐垫主视图呈纵向双弧线形搭配图案；涉案座椅无纵向双弧线形搭配图案，靠背上部有弧形头枕布结构。（13）原告专利一组两个座位中，每个座位两侧均有相同的扶手；涉案座椅一组两个座位仅外侧有一个扶手。（14）原告专利一组两个座位之间有较大空隙，两个坐垫之间有储物装置；涉案座椅一组两个座位结合相对紧密，两个坐垫之间没有储物装置。（15）原告专利座椅上有三点式安全带装置；涉案座椅上无安全带装置。

➢ 扶手及扶手壳部分。（16）涉案座椅扶手存在拉出状态和收缩状态两种外观。（17）涉案座椅扶手壳的左上部有一椭圆形凹槽。

➢ 座椅靠背部分。（18）原告专利靠背后部上方的"V"字形装饰线上部和下部呈镶嵌式结构；涉案座椅靠背后部上方的"V"字形装饰线上部和下部呈对接式结构。（19）原告专利的靠背后部仅右侧安装有把手，左侧对应部位有类似形状的装饰结构；涉案座椅靠背后部"V"字形装饰线两侧均安装有把手。（20）原告专利的把手呈弧形结构；涉案座椅把手呈反"7"字结构，中间有装配孔。（21）原告专利靠背中下部的兜状结构为弧形盖板；涉案座椅靠背中下部的兜状结构为透明的网兜。（22）原告专利靠背下部的坐垫后封板呈平滑的包裹式结构；涉案座椅靠背下部的坐垫后封板有一配合脚踏板收缩状态的凹陷结构。

➤ 座椅底部。（23）原告专利一组两个座位由底部两个支架支撑；涉案座椅一组两个座位由外侧座位下端的一个支架和与车体侧面的连接部共同支撑。（24）原告专利座位底部支架呈板状结构；涉案座位底部支架有镂空的椭圆形结构及装饰凹槽。（25）原告专利座椅下部后侧脚踏板有凹纹；涉案座椅下部后侧脚踏板为镂空造型。

另外，（26）涉案座椅部分结构的形状、弧度与原告专利设计存在一定差异。

经过比对，法院认定，❶ 涉案车辆座椅的外观与原告专利设计不相近似。因此，涉案车辆座椅并非侵犯车辆座位公司涉案专利权的产品，且现有证据不能证明苏州金龙公司实施了制造涉案车辆座椅，苏州金龙公司的被控行为实质上是销售行为，其行为未侵犯车辆座位公司享有的涉案外观设计专利权。综上，判决驳回（西班牙）车辆座位制造工业公司的诉讼请求。

【案例评析】

本案属于外观设计专利侵权纠纷案，主要涉及两个焦点问题，一是通过要部比对法判断，被控侵权产品的外观与原告涉案专利图片所表示的产品外观设计是否相同或近似，二是对专利侵权行为的认定。

一、要部比对法

依据我国 2000 年修订的《专利法》规定，"外观设计专利权的保护范围以表示在图片或者照片中的该外观设计专利产品为准"，故必须判断双方争议的焦点问题：被控侵权产品的外观与涉案专利图片所表示的产品外观设计比对，是否相同或相近似。在判定外观设计专利侵权时，大致有两种判断方法：要部比对法和整体综合比对法。要部比对法是将被控侵权产品的外观与涉案专利图片所表示的产品外观设计相对应的设计要部进行比对，如果二者相同或相近似，表明被指控侵权产品的外观设计落入专利权的保护范围，反之则未落入原告专利权的保护范围。整体综合比对法是指除了设计要部外，还要将被控侵权产品的整体外观与专利图片进行整体综合比对，以确定是否落入原告专利权的保护范围。

一般情况下，设计要点是最能体现设计者投入智力劳动和在美学上创造应用的部分，使得外观设计区别于已有设计。外观设计要部是指，外观设计

---

❶ 北京市第二中级人民法院（2007）二中民初字第 13320 号。

专利中设计人独创的富于美感的主要设计部分，亦即体现获得专利的外观设计的设计要点的产品外观部分。关于设计要点和要部的关系，国家知识产权局在《专利审查指南2010》中明确了设计要点的概念，设计要点是指与现有设计相区别的产品的形状、图案及其结合，或者色彩与形状、图案的结合，或者部位。并要求当事人尽可能地在外观设计专利申请文件的简要说明中指明设计要点。设计要点经过专利审查部门的确认后，相对于外观设计的其他部分来说对最终结论的影响就会更大，在侵权诉讼中进行要部对比时也可以直接参照专利授权公告中的设计要点。因此强调设计要点的概念不仅有利于保证专利授权的标准与侵权判定时的标准具有一致性，也是目前各国外观设计专利保护的一种发展趋势，也有利于对广大设计人员的创造性劳动给予更为充分的保护。

本案中，原告专利产品与被控侵权产品属于同一类别，具备进一步判断被告产品设计是否构成对涉案外观设计专利侵权的前提。对于涉案外观设计专利的侵权比对，法院采取了"要部比较、整体观察、综合判断"的方法。本案中，涉案座椅扶手及扶手壳的外观与原告专利相应部分的设计存在相同或相近似之处，尽管二者在曲线弧度上存在一定差异，但上述差异均是细微、局部的差异，因此，涉案座椅扶手及扶手壳部分的外观与原告专利的扶手及扶手壳部分的设计构成相近似。

涉案座椅靠背后部的外观与原告专利相应部分的设计相比，二者的差异也均是细微、局部的差异，从座椅后视图或立体视图2观察，涉案座椅靠背后部的外观与原告专利的座椅靠背后部的设计相近似。

原告还主张涉案座椅的靠背部分与原告专利设计存在以下相同之处：（6）靠背侧视图呈现贴合人体背部生理结构的弧线形；（7）靠背主视图下侧中部凹陷，两侧凸起。经过比对，对于（6）项，鉴于靠背侧视图的弧线形结构在一定程度上受到座椅靠背功能的限制，同时靠背呈弧线形也属于座椅外观中的通用设计，因此，该设计要素应排除在原告专利权保护范围之外。对于（7）项，鉴于该相同点仅为一个设计要素，无法构成外观设计专利比对中的要部，因此，关于该要素的比对，必须结合整个靠背前部，甚至结合主视图的除靠背外的其他部分综合进行判断。

在对被控侵权产品进行整体观察时，应该从本领域一般消费者的角度出发，结合该产品实际使用方式和状态综合判断。对于车辆座椅产品而言，考虑到其实际的使用方式和状态，座椅的主视图对于整个外观的美感具有决定性的意义。同时，鉴于本案原告涉案专利系以两个座位为一组的连排座椅整体的设计，在确定该专利的保护范围及进行专利侵权比对时，除了单个座位的设计外，两个座位的联接或组合部分，也对整个专利设计的美感起到了重要的作用。

本案中，涉案座椅的外观与原告专利设计在主视图部分存上述（12）～（15）项差异，座椅底部存在上述（23）～（25）项差异，以上差异，特别是（12）、（13）、（14）三项差异，对涉案车辆座椅的主视图外观产生了重要的影响，使得涉案车辆座椅的外观与原告专利设计产生不同的美感。上述差异使本领域普通设计人员能够将涉案车辆座椅与原告专利设计相区别。因此，尽管涉案车辆座椅在扶手及扶手壳、座椅靠背后部两个部分的外观，与原告专利的相应要部设计是相近似的，但从整体观察上看，涉案车辆座椅的外观与原告专利设计不相近似。

二、专利侵权行为的认定

本案涉及的第二个焦点问题是专利侵权行为的界定，即苏州金龙公司的涉案行为是否构成销售被控侵权车辆座椅产品的行为。

专利侵权行为亦称侵犯专利权的行为，它是指在专利权的有效期限内，行为人未经专利权人许可又无法律依据，以营利为目的实施他人专利的行为。

本案中，（西班牙）车辆座位公司指控苏州金龙公司实施了制造、销售侵犯其专利权的车辆座椅的行为，但根据苏州金龙公司提供的《供货合同》、雅式公司的营业执照副本复印件，以及雅式公司出具的证明，可以认定，苏州金龙公司生产的海格客车内的涉案座椅系自案外人雅式公司处以总成形式购买。现有证据不能证明苏州金龙公司实施了制造涉案车辆座椅，或实施了组装涉案座椅零部件的行为。苏州金龙公司并非涉案座椅的实际使用者，而是将座椅作为客车的一部分随客车整体予以销售。《最高人民法院关于审理侵犯专利权纠纷案件应用法律若干问题的解释》第12条规定，将侵犯外观设计专利权的产品作为零部件，制造另一产品并销售的，人民法院应当认定属于《专利法》第11条规定的销售行为，但侵犯外观设计专利权的产品在该另一产品中仅具有技术功能的除外。本案中，被控侵权的座椅可以视为客车的零部件，且该座椅在整体客车中显然具有除了技术功能之外的其他功能，因此，针对涉案座椅而言，苏州金龙公司的行为实质上是以销售客车的形式，继续销售该座椅的行为。综上，苏州金龙公司涉案行为是《专利法》规定的销售行为。

【典型意义】

本案通过要部比对法将被控侵权产品的外观设计与原告涉案专利图片所表示的产品的外观设计相对应的设计要部进行比对，来判断二者是否相同或相近似，其外观设计专利侵权对比方法和标准具有典型意义。

（撰稿人：北京市第二中级人民法院　李丹　联络人：张跃平　石岩）

案例三十三 从模仿到创新

——无扇叶风扇系列外观设计专利无效行政纠纷案

【案例要点】

无扇叶风扇是英国戴森有限公司（以下简称戴森公司）在英国首度推出的专利产品，其在英国和中国都分别申请了相关专利。随后不久，中国市场涌现了大量类似产品，并且也申请了外观设计专利。这些无扇叶风扇的外观设计专利大致可分为 3 种情况：①完全抄袭戴森公司的设计或仅做微小修改；②在戴森公司产品造型的基础上进行再设计；③基本摆脱戴森公司产品造型的设计。围绕戴森公司和国内专利权人及生产商的无扇叶风扇产品及外观设计专利，发生了一系列专利侵权和无效纠纷，而且上述纠纷引起了中英各方的广泛关注。本文试图通过对无扇叶风扇系列无效案中的典型案例的分析，提出对我国中小企业在风扇类产品的外观设计创新方面的建议。

【案情简介】

一、被宣告无效的专利

案件 1

专利名称：电风扇

专 利 号：ZL201030147585.2

授权日期：2010 年 11 月 10 日

专利权人：永嘉县德宝机械有限公司

2011 年 12 月 10 日，戴森公司针对专利号为 ZL201030147585.2 的外观设计专利（以下简称涉案专利 1，见图 33－1）提出无效请求，使用的证据是戴森公司自己在中国申请的外观设计专利（专利号为 ZL200830269400.8，以下简称对比设计 1－1，见图 33－2），无效理由是涉案专利 1 与证据所示对比设计相同或实质相同，以及不具有明显区别，涉案专利 1 不符合 2008 年修订的《专利法》第 23 条第 1 款和第 2 款的规定。

 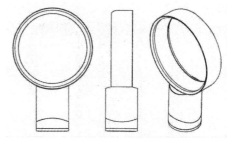

图33-1　涉案专利1附图　　　　　图33-2　对比设计1-1附图（戴森公司）

专利复审委员会经审理后认定对比设计1-1的公开日（2009年10月7日）早于涉案专利1的申请日（2010年4月22日），可以作为判断涉案专利1是否符合《专利法》（2008年修订）第23条第1款和第2款规定的证据。

专利复审委员会于2011年7月29日发出的第16996号无效宣告请求审查决定书认为：按照一般消费者对风扇类产品的常识性了解，常见的风扇一般通过高速转动的扇叶产生气流，扇叶为其基本部件，同时出于安全考虑，一般还设有防护网。涉案专利1与对比设计1-1都采用了与常见风扇不同的工作原理，从而在产品组成部分和外观设计上也完全有别于常见的风扇，具体表现为无叶片、无网罩的特有造型。一般消费者会对此予以特别关注。涉案专利1与对比设计1-1的出风口和基座两部分的形状及其位置、比例关系均基本相同，形成了基本相同的整体造型。虽然两者之间存在有无进风口、有无控制按钮和产品标识的区别，但上述区别相对整体而言所占比例较小，相对于整体的特有造型，两者的区别点对整体视觉效果的影响很小。因此，涉案专利1与对比设计1-1没有明显区别，不符合《专利法》（2008年修订）第23条第2款的规定，ZL201030147585.2外观设计专利权被全部宣告无效。

案件2

专利名称：无叶电风扇

专利号：ZL201030252924.3

授权日期：2011年1月26日

专利权人：杭州金鱼电器集团有限公司

2011年4月26日，戴森公司针对ZL201030252924.3外观设计专利（以下简称涉案专利2，见图33-3）提出无效请求，使用的证据是戴森公司在中国申请的外观设计专利的公告文本（专利号为ZL200830346421.5，以下简称对比设计2-1，见图33-4）和戴森公司在中国申请的发明专利的公布说明书（申请号为200810177844.8，以下简称对比设计2-2，见图33-5）。无效理由为，涉案专利2相对于上述两设计的组合没有明显区别，不符合《专利法》（2008年修订）第23条第2款的规定。

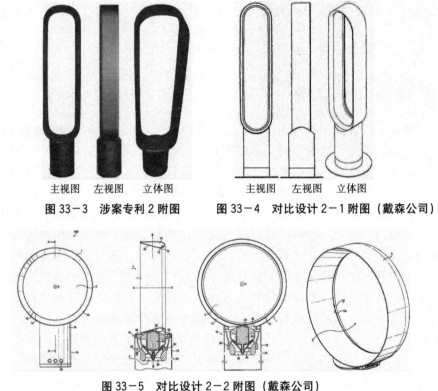

图 33-3 涉案专利 2 附图　　　　图 33-4　对比设计 2-1 附图（戴森公司）

图 33-5　对比设计 2-2 附图（戴森公司）

专利复审委员会经审理后认定对比设计 2-1 的公开日（2009 年 11 月 18 日）和对比设计 2-2 的公开日（2009 年 5 月 6 日）均早于涉案专利 2 的申请日（2010 年 4 月 22 日），可以作为现有设计评价涉案专利 2 是否符合《专利法》（2008 年修订）第 23 条第 2 款的规定的依据。

涉案专利 2 与对比设计 2-1 的出风口和基座主体形状及位置关系相同，比例关系接近；二者之间的区别主要在于基座设计。涉案专利 2 与对比设计 2-2 的基座整体形状基本相同，且均设有进风口和按钮。二者之间的区别主要在于，涉案专利 2 的进风口在基座上连续环绕一周，对比设计 2-2 进风口在基座前后、两侧均有设置，但未明确示出是否为连续环绕，对比设计 2-2 未示出其按钮是否为突出设计。

专利复审委员会于 2011 年 10 月 26 日发出的第 17478 号无效宣告请求审查决定书认为：

（1）按照风扇类产品的一般消费者对该类产品的常识性了解，其对涉案专利 2 及两个对比设计无叶片、无网罩的特有造型会予以特别关注。由于此类无扇叶风扇在出风口及基座部分的外观形状及整体造型上都能进行各种变化，具有较大的设计空间，出风口及基座部分整体形状的更易于引起一般消费者的关注。

（2）涉案专利2与对比设计2-2进风口与按钮的区别本身属于局部区别，基于（1）的论述，在两者基座整体形状基本相同的情况下，上述区别不易受到一般消费者的关注，属于细微差别。因此，涉案专利2的基座设计相对于对比设计2-2的基座仅有细微变化。

（3）对比设计2-1和对比设计2-2所示产品种类相同，且均为无叶片风扇；涉案专利2与对比设计2-1的出风口形状相同，且出风口和基座位置比例关系十分接近；按照一般消费者对常用设计手法的常识性了解，将对比设计2-1所示基座替换成对比设计2-2所示基座，属于明显存在启示的情形；一般消费者在对比设计2-1的基础上，将其基座部分替换成对比设计2-2所示基座，并作细微变化即可得到涉案专利2所示外观设计，且这种替换组合并未产生独特的视觉效果。

综上所述，涉案专利2与对比设计2-1和对比设计2-2所示设计特征的组合相比不具有明显区别。ZL201030252924.3外观设计专利权被全部宣告无效。

二、维持有效的专利

案件3

专利名称：智能无扇叶空气护理装置（Ⅱ）

专 利 号：ZL201030571648.7

授权日期：2011年4月13日

专利权人：杭州金鱼电器集团有限公司

2011年8月16日，戴森公司针对专利号为ZL201030571648.7的外观设计专利（以下简称涉案专利3，见图33-6）提出无效请求，无效理由为，涉案专利3相对于专利号为ZL201030506010.5的外观设计专利（以下简称对比设计3-1，见图33-7）不符合《专利法》（2008年修订）第23条第1款的规定，相对于戴森公司的无扇叶风扇专利（专利号为ZL200830269400.8，以下简称对比设计3-2，见图33-8）不符合《专利法》（2008年修订）第23条第2款的规定。

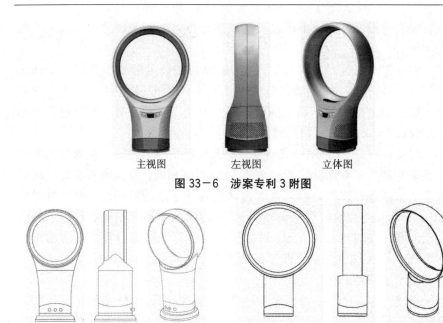

主视图　　　　　　左视图　　　　　　立体图

图 33－6　涉案专利 3 附图

主视图　左视图　立体图　　　　　主视图　左视图　立体图

图 33－7　对比设计 3－1 附图　　　图 33－8　对比设计 3－2 附图（戴森公司）

专利复审委员会经审理后认定对比设计 3－1 的申请日（2010 年 9 月 7 日）在涉案专利 3 的申请日（2010 年 10 月 25 日）之前，公告日在涉案专利 3 的申请日之后，可以用于评价涉案专利 3 是否符合《专利法》（2008 年修订）第 23 条第 1 款的规定；对比设计 3－2 的公告日（2009 年 10 月 07 日）在涉案专利 3 的申请日之前，相对于涉案专利 3 属于现有设计，可以用于评价涉案专利 3 是否符合《专利法》（2008 年修订）第 23 条第 2 款的规定。

专利复审委员会于 2012 年 3 月 5 日发出的第 18167 号无效宣告请求审查决定书认为：涉案专利 3、对比设计 3－1、对比设计 3－2 作为无扇叶风扇，一般消费者会对其区别于一般风扇的无叶片、无网罩的造型予以特别关注。同时无扇叶风扇的整体形状、出风口和基座部分的形状和比例关系也会引起一般消费者的特别关注。

虽然涉案专利 3 与对比设计 3－1 的出风口都是圆环形，但其环形壁的弧度不同，对比设计 3－1 为柱面圆环，而涉案专利 3 呈鼓形圆环；涉案专利 3 正面和背面出风口和基座之间为斜切式圆滑的过渡连接，与对比设计 3－1 的连接方式明显不同；涉案专利 3 从整体上显示为一体式造型，而对比设计 3－1 的出风口和基座的前后面为圆环与柱的连接，一体感较弱；加上两者基座形状不同，出风口和基座的比例不同，上述区别均易于引起一般消费者的关注，因此二者的外观设计不构成实质相同。对比设计 3－1 不能证明涉案专利 3 不符合《专利法》（2008 年修订）第 23 条第 1 款的规定。

虽然涉案专利3与对比设计3-2均使用了圆环形出风口，出风口和基座的比例也接近，但是两者的出风口环形壁弧度的区别对视觉效果的影响比较明显；涉案专利3出风口与基座的圆滑的过渡连接形成的一体式造型与对比设计3-2的区别易于引起一般消费者的关注，对整体视觉效果具有显著影响；二者在基座形状以及是否有按钮和进风口等处亦有区别。上述区别使得涉案专利3与对比设计3-2具有明显区别。因此对比设计3-2不能证明涉案专利3不符合《专利法》（2008年修订）第23条第2款的规定。

由于戴森公司针对涉案专利3提出的两个无效理由均不成立，该决定维持专利号为ZL201030571648.7的外观设计专利的专利权有效。

【案例评析】

无扇叶风扇是一种利用流体动力学原理，通过高效的无刷电机从底座部分吸入空气并使气流增速，再从一个环形切口中喷出，从而产生风量的设备。其外观设计与传统风扇的主要区别来自于工作原理的改变，由于将驱动空气流动的部分放置在基座中，没有了扇叶和防护网罩，无扇叶风扇的造型完全突破了传统风扇的模式。

戴森公司并不是最早提出无扇叶风扇概念的企业。早在1980年，日本东源芝浦电器有限公司就曾申请过一项风扇的发明专利，其工作原理是将电机和送风叶片放置在基座中，由基座支撑的带有环状槽的环形出风口送风（见图33-9）。戴森公司于2009年10月12日推出的名为"戴森空气倍增器"的产品（见图33-10）尽管内部结构与日本发明的专利并不相同，但其工作原理近似，在外观上也有一定的共性。只是日本企业并未就无扇叶风扇提出过外观设计专利申请。

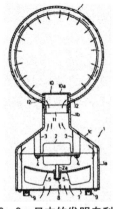

图33-9　日本的发明专利附图　　图33-10　戴森的无扇叶风扇产品图

目前，我们所知的无扇叶风扇的共同特征一般是上部为封闭的环形出风口，下部为以覆盖件包裹工作部的基座，该基座均应具有一定体积以容纳电机等驱动部件。在此基础上无扇叶风扇的基座和出风口的设计可以有多种变化。不过，在所有环形出风口的设计中，正圆形环无疑是其中最简洁、有效也最为经济实用的设计方式，其他形状的设计则可能降低无扇叶风扇的工作效率或者增加材料成本。因此，大部分无扇叶风扇均采用了正圆形出风口的设计，可以说，正圆形出风口是无扇叶风扇中的常见设计。

戴森最早的两个无扇叶风扇的设计均采用了圆柱形基座，其中一个出风口为正圆形，另一个出风口为上下两端半圆、两侧平直的类似跑道的形状。戴森公司于 2008 年 6 月 6 日就上述两个无扇叶风扇的外观设计在英国提出外观设计专利申请，并于 2008 年 11 月 24 日在我国提出外观设计专利申请，加上其后陆续提交的申请，戴森公司共有 10 项无扇叶风扇的外观设计专利在我国获得授权。

作为无扇叶风扇外观设计专利的最早持有者，戴森公司的第一款无扇叶风扇采用了最简单实用的设计，即将上部的圆环形出风口和出风口下方的圆柱形基座直接连接在一起。而正是这一设计成为后续推出的大量无扇叶风扇产品的模仿对象。自 2010 年年初国内企业和个人开始就相关产品向国家知识产权局提出外观设计专利申请，截至 2012 年年底，共授权相关的外观设计专利 325 件，其中 2010 年 86 件（2 件为美国申请人的申请，其余均为国内申请人的申请），2011 年 143 件（除戴森公司的 6 件申请外，均为国内申请人的申请），2012 年有 96 件（均为国内申请人的申请）。由于戴森公司对中国大陆市场开发不足，其产品售价也很高，我国市场上销售的无扇叶风扇绝大部分是国内企业生产的相对低价的产品。

为维护自身利益，2010 年年底，戴森公司开始针对国内专利权人的无扇叶风扇专利向复审委提出无效宣告请求。截至 2013 年 7 月底，戴森公司已提出了 168 件无效宣告请求，其中已经作出审查决定的 145 件。这 145 个无效决定中，审查结论为"宣布专利权全部无效"的 113 件，维持专利权有效的只有 32 件。在已有的无效决定中抄袭戴森公司产品外形或仅做微小修改的设计均被宣布专利权全部无效；在戴森公司的产品造型的基础上进行再设计的专利大多数获得了维持；而对于基本摆脱戴森公司产品造型的无扇叶风扇的外观设计专利，戴森均没有针对其提出无效宣告请求。

本文案件 1 中的涉案专利 1 的设计几乎照抄了戴森的原设计，两者仅存在局部细微差别，因此其专利权被无效是无可争议的事。案件 2 中的涉案专利 2 模仿的是戴森的另一款早期设计（对比设计 2−1），其与戴森的原设计的区别也很小，且将其基座替换为对比设计 2−2 的基座后，区别更加细微，因此其专利权也明显应该被宣告无效。

案件 3 中的涉案专利 3 虽然也使用了圆环形出风口和近似柱形的基座设

计，但是涉案专利 3 的设计师对出风口和基座进行了整体设计。其出风口与基座之间的圆滑过渡、配合出风口形状的按钮设计，正面由出风口的环形延伸至底座的棱线，背面与正面异曲同工的装饰性棱线，均与整体造型相互呼应。因此，案件 3 的涉案专利 3 的外观设计在整体造型上可谓均衡美观，相对于戴森的原设计，不仅在造型上有明显的区别，而且更适于在家庭中使用，体现了外观设计对于产品的价值。

可喜的是，一些国内申请人的无扇叶风扇外观专利已经完全摆脱了戴森产品的影响，形成了全新的造型，例如专利号为 ZL201130429986.1 的无扇叶风扇外观设计专利（见图 33－11，其申请日为 2011 年 4 月 29 日，公告日为 2011 年 10 月 5 日）。上述无扇叶风扇的出风口虽然也是正圆环形，但是基座与出风口的相对位置完全不同，其基座的造型与戴森公司的原设计以及其他现有设计也有很明显的区别。其基座为一个向一侧弯曲的圆锥台形，其出风口不在基座的正上方，而是放在了基座的前侧，通过一个从基座顶部延伸出的"U"形连接部与基座相连。这样的设计既脱离了戴森产品的原有形状，又不失简洁优美。将上述无扇叶风扇的设计与戴森公司的无扇叶风扇相比，一般消费者会对两者产生完全不同的视觉印象，而且其与风扇类产品的其他现有设计相比，也具有非常明显的区别。

主视图　　　　　　　左视图　　　　　　　俯视图

图 33－11　摆脱戴森产品造型的无扇叶风扇附图

2012 年，该项产品的外观设计获第七届中国外观设计专利大赛最佳时尚设计奖，截至 2013 年 8 月，专利复审委员会尚未收到针对该专利的无效宣告请求。

就无扇叶风扇这一产品来说，尽管如前文所述，戴森公司是无扇叶风扇的外观设计专利的最早申请者，但是由于日本的发明专利已经公开了基座上方放置环形出风口的设计，因此戴森公司很难阻止他人在无扇叶风扇上使用这一形状。国内申请人完全有机会在改进其设计的基础上获得有效的自主外观设计保护。

【典型意义】

从戴森公司的无扇叶风扇系列无效案来看，我国部分中小企业的产品设计还停留在简单模仿的初级阶段，既缺少自主设计的意识，对国内外的专利信息也少有研究。虽然国内申请人在第一时间捕捉到了戴森公司的新产品信息（戴森公司于 2009 年 10 月推出新产品，2010 年 1 月就已经出现了国内申请人就无扇叶风扇提交的外观设计专利申请），但是从戴森公司的无扇叶风扇外观设计专利公开（2008 年 11 月）到其首度推出该产品近一年的时间里，国内企业并没有给予这一新设计应有的关注。这反映出我国企业的市场前瞻性不强，对新技术或新设计的关注不够以及设计能力不强等诸多的问题。

在经济全球化且市场竞争日益加剧、制造业利润被无限压缩的今天，简单的模仿虽然可能带来短期利益，但是无益于企业的长远发展，甚至还会带来知识产权诉讼的风险。创新有大小，借鉴他人的在先技术，在其基础上进行再设计无可厚非，但是一味走捷径并不可取。理解知识产权的重要性，重视外观设计在产品创新中的作用，充分研究本领域产品先进技术和在先设计，在学习借鉴他人的基础上，开拓思路，进一步创新，并最终摆脱模仿，此为企业发展的正途。

（撰稿人：国家知识产权局专利局　何龙桥　联络人：周佳　张威）

案例三十四　自主创新是振兴中国汽车
工业设计的必由之路
——汽车外观设计专利侵权及无效纠纷案

专利名称：汽车
专　利　号：ZL200630137205.0
授权日期：2007 年 6 月 6 日
专利权人：长城汽车股份有限公司

【案例要点】

　　本文涉及的是菲亚特汽车公司和长城汽车公司关于熊猫和精灵两款车型的侵权和无效案件。菲亚特汽车公司分别在意大利和中国对长城的精灵汽车提起侵权诉讼，却得到了相反的判决结论。

　　欧洲共同体（以下简称欧共体）外观设计授予的保护范围包括不能给见多识广的用户不同的整体印象的任何设计。确定保护范围的时候，应当考虑到设计者在设计其外观设计时所享有的自由度。欧洲共体注册外观设计保护范围应当以注册时提交的图片所显示的外观设计为准。菲亚特公司汽车如欲保护其特定的外形及外轮廓，就应当在进行外观设计注册申请时提交相应的外轮廓外观图片（部分外观设计），而不应是整车的外观设计。欧共体注册外观设计的保护范围不能脱离该外观设计申请提交时申请人对该外观设计的理解，更不能用类似商标的商业外观的判断标准来适用注册外观设计的侵权判定，否则这种解释将不适当地扩大其外观设计的保护范围。

【案例介绍】

　　2006 年 11 月，菲亚特奥托有限公司（以下简称菲亚特公司）在北京车展发现长城汽车股份有限公司（以下简称长城汽车公司）的长城精灵（Peri）小型车有"抄袭"菲亚特熊猫汽车（Panda）外观设计之嫌（见图 34—1），遂向长城汽车公司提出交涉；2007 年 4 月和 6 月，菲亚特公司分别在意大利都灵和河北石家庄法院对长城汽车公司提起侵权诉讼。石家庄市中级人民法院作出一审判决，长城汽车公司胜诉。2008 年 12 月，河北省高级人民法院对菲亚特汽车公司诉长城汽车公司案作出终审判决，以证据不足为由，对菲亚特公司提出的请求不予支持；而在意大利，长城汽车公司却遭到了不一样的待遇，2008 年 7 月，在意大利都灵，长城精灵被判侵权，被禁止在欧洲销售。2008年 8 月，菲亚特公司曾请求专利复审委员会宣告长城精灵外观设计专利权无效，同年 11 月 19 日，专利复审委员会作出审查决定，维持长城精灵外观设计专利权有效。

图 34-1　长城精灵汽车和菲亚特熊猫汽车附图

图 34-2 为菲亚特公司于 2003 年 6 月 26 日提交的欧共体外观设计申请，该申请于 2003 年 11 月 11 日获得授权，外观设计号为 00044722-0001，有效期至 2018 年 6 月 26 日。

图 34-2　00044722-0001 号欧共体外观设计申请附图

一、国外侵权诉讼案

菲亚特公司在 2007 年 4 月 19 日向意大利都灵法院的起诉状中诉称：被告长城汽车公司是中国的一家重要汽车生产商，其宣称并广告宣传其即将向包括欧盟在内的全球市场内推出一款名称为"精灵"的汽车。原告认为，该款汽车的设计落入了欧共体 00044722-0001 外观设计的保护范围，理由是，尽管两款汽车之间存在一定的差异，但对于知情的使用者来说，后者不能产生不同于前者的整体印象。

2008 年的 7 月，意大利都灵法院一审裁定，中国长城汽车公司生产的

"精灵"车型模仿了意大利菲亚特公司著名的小型车熊猫（Panda）汽车；并禁止长城精灵汽车在欧洲地区销售。都灵法院在一审判决中称，长城精灵与菲亚特熊猫除了一些细微差别外几乎完全相同。并对长城汽车公司处以15 000欧元罚金。未来长城汽车公司在欧洲销售一辆精灵，还将被处以50 000欧元罚款。

在法庭调查过程中法庭技术专家认为，"精灵"外观设计和"熊猫"外观设计之间的差异主要集中在车前部，车后部的差别稍大，车侧面的差别不大。车的整体印象不可能仅限于对车体某一部分进行比较，而是应涉及汽车整体。鉴于在菲亚特熊猫汽车外观设计注册时，系争外观设计所属领域已经存在具有相似外形的车型，其创新空间非常有限；菲亚特公司熊猫汽车欧共体外观设计的保护范围不能将其提交申请时所附图片所显示的车体构件排除在外；和"熊猫"相比，二者具有不可忽略的差别。在对两款车进行比较和评价时，相关的知情用户不可能不考虑车体构件的形状，也不可能仅将整体印象局限于车体一部分。因此，该法庭技术专家认为，"精灵"汽车给知情用户的整体印象与"熊猫"汽车不同，从而，"精灵"汽车不属于系争欧共体外观设计的保护范围。

但法官不同意法庭技术专家的观点，认为菲亚特熊猫汽车的独特个性来自于其整体线条以及各个空间的相对比例，而长城精灵汽车的这些方面与菲亚特熊猫汽车完全相同。这一点可以从原告提供的第一份报告中的图4C的重叠比较（将两车的侧视图外轮廓进行重叠比较）中看出。两车型的车身除了一些细微差别外几乎完全相同。因此，精灵汽车所具有的不同之处，特别是车的前脸部以及其他次要的不同之处，无法使其产生不同于菲亚特熊猫汽车的整体印象。这是因为知情使用者在任何情况下都可以从长城精灵汽车中看到菲亚特熊猫汽车的整体外观设计。

从根本上来说，争议车型所产生的整体印象并非是另一不同的车型，而是一个带有不同前脸的菲亚特熊猫车型。

基于上述理由，原告的诉讼请求应当予以支持，责令被告长城汽车公司停止在欧盟区域内宣传、许诺销售、进口、推销其命名为精灵的汽车（如前述长城精灵汽车图片所示）。

二、我国侵权诉讼案

图34—3是菲亚特公司于2003年6月30日在中国的外观设计专利申请图片，申请号为03353217.6，授权公告日为2004年5月19日。

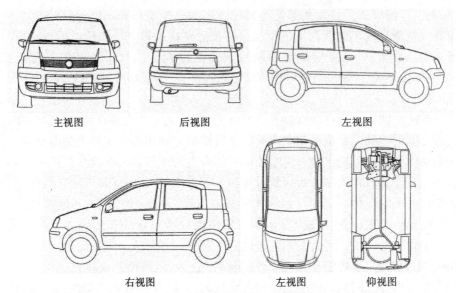

主视图　　　　　　　　后视图　　　　　　　　　左视图

右视图　　　　　　　左视图　　　　　　仰视图

图 34－3　ZL03353217.6 号中国外观设计专利附图（菲亚特熊猫）

2007 年 6 月，菲亚特公司向石家庄市中级人民法院提起诉讼，称长城汽车公司的精灵汽车侵犯了其在中国的新熊猫外观设计专利权。

法院作出一审判决：长城汽车公司胜诉。法院认为："菲亚特熊猫外观设计专利所展示的图片与长城精灵车型比较，主视图、左视图、右视图、后视图均具有明显区别，尤其是一般消费者关注的车型前脸和尾部的区别最为明显，该明显的区别不会导致消费者对上述两车型设计的误认。对于菲亚特公司所称的长城精灵'实施了侵犯其专利权的行为'，理据不足，不予支持。"

菲亚特公司不服一审判决，向河北省高院提起上诉。2008 年 12 月 29 日，河北省高院作出了终审判决，对菲亚特公司上诉长城精灵外观设计侵权一案不予支持，维持原石家庄市中级人民法院作出的一审判决。

三、我国专利无效案

在上述我国诉讼期间，菲亚特公司（以下简称请求人）针对长城汽车公司的外观设计专利权于 2007 年 8 月 3 日向专利复审委员会提出无效宣告请求。

上述无效宣告请求涉及的是专利号为 ZL200630137205.0 的外观设计专利（见图 34－4 长城精灵汽车，本专利），无效宣告请求理由是被请求宣告无效的专利与专利号为 ZL03353217.6（见图 34－3 菲亚特熊猫汽车）的外观设计专利在设计风格上完全相同、在整体外观上相近似，两者是相近似的外观设计，其不符合 2000 年修订的《专利法》第 23 条的规定。

图34-4 ZL200630137205.0号中国外观设计专利附图（长城精灵汽车）

针对该无效宣告请求，专利复审委员会作出第12742号无效宣告请求审查决定，认为：将本专利与专利号为ZL03353217.6（图34-3菲亚特熊猫汽车）的在先设计相比较，二者最主要的差别在于：①前大灯形状不同；②栅格不同；③机盖形状不同；④前保险杠的形状不同；⑤尾灯不同；⑥本专利侧视图中可见车顶部有一扁的倒U形行李架，而该证据未显示这一部分。其他证据也存在如上所述与本专利外观设计的差别。

对于汽车来说，车灯、栅格、保险杠、行李架都处于容易看到的明显部位，这些部位上的差别会对本专利与在先设计的整体视觉效果具有显著的影响，在请求人没有提供证据证明所述差别属于汽车应被弱化考虑的惯常设计的情况下，本专利与专利号为ZL03353217.6（图34-3菲亚特熊猫汽车）的在先设计不相同也不相近似，因此，请求人据此认为本专利不符合《专利法》（2000年修订）第23条规定的无效宣告理由不能成立。

【案例评析】

近年来，中国自主品牌汽车在海外市场的份额越来越大，竞争力逐渐增强，直接影响到了一些跨国汽车公司的利益。中国小型车以其较高的性价比大量销往欧洲市场，使得传统欧洲厂商面临极大的竞争压力。意大利菲亚特公司为了阻止长城汽车公司的"精灵"小型车进入意大利市场甚至是欧洲市场，向意大利都灵法院提起诉讼，请求其颁发禁令，并向中国石家庄中级人民法院提起专利权侵权诉讼。菲亚特公司总部所在的意大利都灵法院裁定菲亚特公司胜诉，长城汽车公司的"精灵"汽车为此被禁止在欧洲地区销售。石家庄市中级人民法院作出一审判决，长城汽车公司胜诉。河北省高级人民法院作出了终审判决，对菲亚特公司上诉长城汽车公司精灵汽车外观设计侵权一案不予支持，维持原石家庄市中级人民法院作出的一审判决。

大家不禁要问，为何相同的外观设计在中国和意大利有截然不同的判决结果？

都灵法院涉及的侵权诉讼中的外观设计权利为欧共体000447220001注册外观设计。欧盟条例第6/2002号第80条（2001年12月12日实施）规定，相关职权由成员国指定的欧盟外观设计法院行使，意大利法院已经通过2003年6月27日第168号法令指定欧盟外观设计法院，都灵法院即为其中之一，由此可见，意大利都灵法院被赋予行使欧共体注册外观设计的相关职权。笔者认为，从前述案情介绍中可以看出，都灵法院之所以作出与其任命的技术专家和我国法院完全不同的判决结果，与其地方保护脱离不了干系。按照《欧共体外观设计法》，可以注册的外观设计不仅包括完整产品外观设计，也包括产品的一部分的外观设计。而欧共体000447220001注册外观设计为菲亚特熊猫整车的外观设计，由此可见，其注册外观设计保护范围应当是汽车整体而非局部。

《欧共体外观设计法》第10条规定：共同体外观设计授予的保护范围包括不能给见多识广的用户不同的整体印象的任何设计。确定保护范围的时候，应当考虑到设计者在设计其外观设计时所享有的自由度。应当指出共同体外观设计的保护范围没有和特定的产品联系在一起。这样，尽管提交欧共体外观设计注册保护时应该指明产品，但被注册后的保护范围则延及包含该外观设计的所有产品。因此，注册外观设计的保护范围应当以注册时提交的外观设计图片或者照片所显示的外观设计为准。因此，菲亚特公司的欧共体000447220001注册外观设计保护范围应当以注册时提交的图片所显示的外观设计为准。从前述视图可知，欧共体000447220001注册外观设计包含有除俯仰视图之外的汽车的正投影视图和前后方立体图，因此其外观设计的保护范围应是该图片所显示的汽车整体外观设计。正如都灵法院任命的法庭技术专家所言，"菲亚特公司汽车欧共体注册外观设计的保护范围不能脱离该外观设计申请提交时申请人对该外观设计的理解，否则这种解释将不适当地扩大该外观设计的保护范围。""菲亚特公司汽车如欲保护所述特定的外形及外轮廓，就应当在进行外观设计注册申请时提交相应的外轮廓外观图片，而不应是整车的外观设计。""精灵"外观设计和"熊猫"外观设计之间的差异主要集中在车前部，车后部的差别稍大，车侧面的差别不大。车的整体印象不可能仅限于对车体某一部分进行比较，而是应涉及汽车整体。❶

意大利都灵法院在判决中过分强调汽车的外轮廓设计，认为对于观察者来说，菲亚特熊猫汽车的独特个性来自于其整体线条以及各个空间的相对比

---

❶ 长城汽车法庭专家报告中文译文。

例，而并非其具体部件的组成。而长城精灵汽车在这些方面与菲亚特熊猫汽车完全相同。这一点可以从原告提供的第一份报告中的图 4C 的重叠比较（外轮廓）中看出。两车型的车身除了一些细微差别外几乎完全相同。认为长城精灵是换了脸的菲亚特熊猫车型，而且强调熟悉市场上各种车型的知情使用者会从长城精灵车型中感受到菲亚特熊猫汽车的整体轮廓。从中我们不难感受到商业外观的影子，通过菲亚特熊猫汽车的使用，熟悉的消费者已经将车的外轮廓与菲亚特熊猫汽车紧紧联系在了一起，只要看到这样的轮廓就会联想到菲亚特熊猫汽车，即使车前脸和尾部完全不同，也仅仅是换了脸的菲亚特熊猫汽车。由此可以看出，意大利的法官在侵权判定时没有以欧共体注册外观设计整车视图，而是以其外轮廓为准进行判定，用类似商标的商业外观的判断标准来适用注册外观设计的侵权判定，从而得出有利于其本国汽车工业发展的判决结果。

我国 2008 年修订的《专利法》第 59 条规定：外观设计专利权的保护范围以表示在图片或者照片中的该产品的外观设计为准，简要说明可以用于解释图片或者照片所表示的该产品的外观设计。与欧共体注册外观设计不同之处在于我国外观设计的保护范围与适用该外观设计的产品密不可分，相同之处在于保护范围以申请或者注册时提交的图片为准。

在外观设计专利侵权和无效宣告请求审查程序中，无论是在外观设计专利与被控侵权产品的比对还是与在先设计的比对中均遵循的一个重要判断方式，就是整体观察、综合判断。所谓整体观察、综合判断是指由涉案专利与对比设计（或被控侵权产品外观设计）的整体来判断，而不从外观设计的部分或者局部出发得出判断结论。[1] 根据《最高人民法院关于审理侵犯专利权纠纷案件应用法律若干问题的解释》第 11 条的规定：人民法院认定外观设计是否相同或者近似时，应当根据授权外观设计、被诉侵权设计的设计特征，以外观设计的整体视觉效果进行综合判断。石家庄中级人民法院和河北省高级人民法院在判决中认定：依据菲亚特公司外观设计专利所展示的图片，与被告长城汽车公司的长城精灵车型比较，其主视图、左视图、右视图、后视图均与菲亚特公司的外观设计专利具有明显区别，尤其是一般消费者关注的车型的前脸和尾部的区别最为明显，该明显区别导致二者不同的整体视觉效果。专利复审委员会在无效决定中指出，"对于汽车来说，车灯、栅格、保险杠、行李架都处于容易看到的明显部位，这些部位上的差别会对本专利与在先设计的整体视觉效果具有显著的影响，在请求人没有提供证据证明所述差别属于汽车应被弱化考虑的惯常设计的情况下，合议组认为，本专利与证据不相同也不相近似。"对汽车整车外观

---

[1] 《专利审查指南 2010》第四部分第五章第 401 页。

设计而言，得出上述结论显然是符合目前的审查基准的。

但这能否可以说中国车企从此就可以高枕无忧了呢？毋庸讳言，长城精灵汽车在车身侧面轮廓上模仿了菲亚特熊猫汽车的车身，改动的仅仅是对技术性能影响不大的车灯、进气格栅、前后保险杠以及一些肩线腰线装饰等，在我国目前的法律框架下这种逆向仿造、集成创新的设计思路只能是企业发展初期的权宜之计，随着我国全球化进程的不断深入，法律制度与国际接轨将是必然趋势。在国际上部分外观设计的保护已经逐步成主流，我国设立部分外观设计保护制度的一天终将会到来。如果菲亚特公司注册了熊猫车身轮廓的局部外观设计，则长城精灵将会难逃侵权之嫌。汽车的整车设计是一项非常复杂的整体工程，涉及机械制造、工程材料、空气动力学、流体力学等多门学科，其中的难点更是在于车身的造型以及流线设计，而这也恰恰就是中国自主品牌设计的软肋。如果我国设立部分外观设计保护制度，国外汽车设计公司势必要对汽车的各部分尤其是汽车的侧面轮廓、A柱C柱附近的区域进行部分保护，这必将给我国民族车企的发展带来挑战。模仿或集成创新的设计理念不会有光明的前景，而合资车企的现状已经说明"以市场换技术"的这条路行不通，所以说除了自主创新，我国的民族车企没有其他出路。当然，我国汽车产业进行自主创新也存在不少优势。首先，我国国内的汽车产业发展良好，前景广阔，目前中国已经是世界汽车第一产销大国，给予自主品牌的发展空间非常广阔。其次，中国汽车企业具有后发优势，合资汽车的引进，让我们在家门口就掌握了与世界汽车制造水平同步或接近的经验，为民族品牌自主创新奠定了很好的基础。另一个后发优势就是可以放眼全球整车、零部件制造巨头，选择合作伙伴，站在他们的肩膀上高水平起步。我国汽车产业正面临着重大的转型，让更节能、更环保的车型进入中国人的家庭是我国汽车产业未来的发展趋势。围绕这一目标，各种与汽车消费相关的政策正在调整，这也正是国内汽车企业搞自主创新需要利用的后发优势和很好机遇。❶

【典型意义】

本案通过中国和意大利法院及其法庭技术专家对菲亚特熊猫和长城精灵两款车型的外观设计侵权比对，进一步理清外观设计图片或者照片对外观设计保护范围的影响，理清整体外观设计与部分外观设计保护范围的差别。进而指出随着经济全球化，中国设立部分外观设计保护制度的一天终将到来，自主创新是振兴中国汽车工业设计的必由之路。

（撰稿人：国家知识产权局专利局　张跃平　联络人：周佳　张威）

---

❶　宋晓鹏．中国家用乘用车整体设计专利申请的现状及发展趋势分析［R］．

第二部分
优秀外观设计专利

案例三十五　创造幸福依靠　缔造美好生活
——顾家家居月牙湾沙发

专利名称：沙发（1009）
专　利　号：ZL200830241258.6
授权日期：2009 年 10 月 21 日
专利权人：顾家家居股份有限公司

图 35-1　沙发（1009）（另见文前彩图 1）

【专利简介】

　　古往今来，幸福一直是人类孜孜不倦的追求。虽然随着时间的推移，人们解读"幸福"的内容有所不同，但是不可否认幸福是人们内心渴望依靠而得到满足的情绪表达。在漫长的历史进步中，人类为了追求幸福，从根本上改变人类的生活，做了很多的发明设计。而顾家家居股份有限公司（以下简称顾家家居）作为一家专业从事软体家具整体研发、生产、制造、销售的企业，秉持着为家庭提供健康、舒适、环保的客厅及卧室家居产品的理念，也在为人类缔结美好生活的道路上积极前行，在顾家家居的世界里，家不仅仅是身心惬意的场所，更是幸福的依靠。

　　近年来，随着房地产市场的进一步紧缩，顾家家居意识到随着房屋户型的变化，消费者的关注点及需求点逐渐呈多元化、个性化，传统的沙发造型已经很难与之匹配，在这样的背景下，顾家家居想营造一款沙发类软体家具，它不仅仅承担着一个坐具的功能，还要与现代房屋弧形匹配，更重要的是，它能够承载起更多的情感依托，改变沉闷气氛而带给人们欣喜，让人们在结束一天紧张的工作回家之后，有一个愉悦舒适的地方来释放工作带来的压力。

基于上述目标，顾家家居对市场上现有产品的风格、造型、颜色、材质、功能、尺寸等方面进行了细分与归类。首先从风格上来看，目前主流风格可分为现代、美式过渡、古典等，各类风格之间的界限明显，缺乏包容，很难融入日趋多元化、个性化的装修风格及整体家居的理念。其次从造型上看，目前行业内的沙发造型尚以独立座位（一人双扶手/双人双扶手/三人双扶手）、转角沙发（"L"型：三人位加躺位）为主，沙发的组合形态以"U"型、"L"型为主导，直角的造型看起来较为呆板而沉闷，无法在精神上贴合需求。再次，从颜色、材质上看，市场上的沙发颜色仍以黑、灰、米色为主流色系，材质以皮、布类的独立或两种材质的拼接为主，而忽略了木质作为整体家居中主要材质要求的加入，使得沙发在整体家居中略显突兀；同时沙发内料特别是海绵、弹簧等容易老化、弹性不够；海绵接缝处大量使用胶水，容易含甲醛等化学物质，不健康不环保。最后从功能、尺寸上看，市场上的居家沙发基本以实现舒适的坐具功能为主，功能单一，缺乏家居生活的便捷性设计。

在对上述现状进行分析后，顾家家居的研发团队进行了内部分工，外观设计小组在造型上寻求突破，他们查阅了大量的人体工程学资料和图例，从"人种志"❶的角度，对消费者生活需求与精神需求进行感受和体验；材料开发小组对沙发的内料包括五金、木料等进行测试分析，并对面料的颜色、利用率、舒适度、耐久性等方面进行深入的研究。最终确定本产品在造型上的核心元素为"柔和、曲线、轻松、明媚"，而在材质上以"自然、清新、温馨、健康"，功能结构上以"便捷性、适用性、稳固、安全"等作为要素，基本确定了设计研发方向。

设计研发方向确定之后，研发团队便在茫茫万物中寻找和捕捉灵感。糅合了各类的设计元素后，一幅温馨幸福的画面在设计师的脑海中展现开来：在广阔无垠的大海上，一艘远航归来的游艇像一个温顺的孩子，在静谧的夜色里，慢慢地游向海港，宛若空中的一轮弯月，宁静美好。设计师的灵感瞬间流淌在图纸上，本产品的雏形跃然眼前（见图35-2设计效果）。

---

❶ 一门多科性学科，主要是对人类特定社会的文化和日常生活等进行描述性研究。

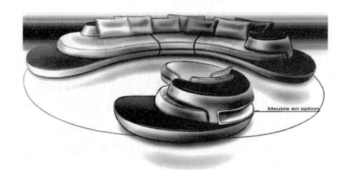

图 35-2 设计效果

效果图中的沙发将家具与沙发的功能融为一体，把游艇曲线的外观及其通常做成木质的功能区融合到产品之中，营造出一个贴近自然的区域。月牙湾的整体造型曲线打破了传统沙发方正、座位空间分隔清晰的设计风格，除沙发主位外，配合单独的一个弧线躺位，与主体交相辉映，使整款沙发围合为一个静谧的港湾，外围的弧线接连一线，整体又仿若一滴小水滴，把自然的精华融汇其间。最大特色的扶手处被设计成内凹的逗号形，配合大开张的牛皮靠枕，人躺其中，自然贴合，让沙发从形体上展现出一种情感，让沙发成为一种怀抱。这种造型改变坐姿的设计理念也被认为是人与沙发交流的一种大胆尝试，实现了沙发与人的角色的转变。其次，在功能与组合形态上，整款沙发由水滴状的弧线勾勒而成，坐垫与底框的半径差，被设计师巧妙地设计成了茶几和低台，人们不必离开沙发便可随意置物、享用生活，实现了造型与功能上的完美统一。而沙发的组合打破了传统沙发按座位的方位摆放的呆板与局限，即沙发不是一定需要一个"角落"的，它可以存于居室中，不必依墙而立，而如家饰的一种。最后，在面料组合上，油漆处理采用半开放、亚光处理工艺，全手工喷涂，与沙发主体的全牛皮面料的舒适感进行了紧密的贴合。总之，这款沙发的成功之处不仅在于优雅的外形，更在于其打破了传统沙发设计的模式，传递给消费者一种情绪：家是最幸福的依靠，累了、倦了，那么就回家吧。顾家家居给了它一个充满意境的名字"月牙湾"。

自从"月牙湾"设计效果图一出来，该款沙发就成为顾家家居年度重点打造的项目，并在日后被奉为经典。当然在研发过程中，也需要材料开发团队、工艺设计团队与设计团队紧密配合，大家反复质询、论证，从内部材料、结构、工艺上进行深入研发和优化。其中弧形木质平面的切割、油漆的边部处理是难点，通过多次的尝试、试验，采用了先进的数控加工技术，结合精湛的手工艺，使得这款沙发无论从外观上还是结构上均显示了优异的水平。

【专利应用及影响】

自"月牙湾"沙发成品问世以来，其外观设计的新颖性及内部结构的创新性受到业界一片赞誉。为了保护和激励设计创新，2008 年 3 月，顾家家居就"月牙湾"沙发向国家知识产权局专利局申请了外观设计专利，并在 2009 年 10 月获得授权。2010 年 11 月在第十二届中国专利奖的评选上，这款沙发凭借"为生活而设计"的理念吸引了众评委的眼球，最终获得了外观设计金奖，填补了浙江省 22 年来的外观专利金奖的空白。而这款沙发带给顾家家居的惊喜远远不止这些，它还囊括了几乎当年度家具设计行业的各大奖项，2008 年揽获第 14 届中国国际家具展览会家具（沙发）金奖、第 10 届中国家具设计奖、第 19 届国际名家具（东莞）展览会软体家具系列金奖，2009 年获得"创意杭州"工业设计大赛优秀奖，2012 年被瑞丽家居评为"年度设计金奖"。

一系列荣誉的背后是这款外观设计专利价值的体现。"月牙湾"专利产品的实施，让业界重新把目光回归到产品的外观上来，在日益同质化的家具设计行业中，不仅要追求内在功能、品质的突破，具有创新性的外观设计也可以作为品牌差异化的主要支撑点之一。在 2008 年全球金融危机的背景下，该专利产品上市后实现产量 6 748 套（折合标准套约 2 500 套），销售额达 2 400 多万。而最初设计时，顾家家居定位该款式为创新的款式而非跑量的款式，但它在销售上出乎意料的成功恰恰说明了旨在改善人们生活体验的设计，即便概念性很强，也是深受欢迎的。这也说明好的设计就是生产力，走产品创新和掌握自主知识产权的道路，并以此作为推动企业快速成长的模式才是企业立足生存之本。

在该专利产品的鼓励下，顾家家居在日均约 4 个新创意的研发氛围中，外观设计专利的数量有了很大进步，到 2013 年，顾家家居拥有自主知识产权的外观设计专利 736 项，极大提高了顾家家居的核心竞争力和产品附加值。另外，在外观设计专利的开发上，顾家家居十分注重外观设计专利的质量，而不是盲目攀比数量的提升，更深层次地追求创新的价值，确保每一款外观设计专利产品的原创性、行业内的唯一性，确保在市场上销售的每一款产品都是高品质的专利产品。这样的做法很快有了丰厚的回报，顾家家居在 2006～2012 年的专利产品销售收入逾 50 亿元，即使在全球金融危机的大背景下，专利产品销售利润仍上涨 80％以上。

另外，在"月牙湾"专利产品的基础上，顾家家居还顺藤摸瓜地以获奖专利作为基础，在产品功能、结构模块上进行深度裂变，对原有的造型进行新的诠释，开发出"月牙湾"系列沙发产品，如沙发 1009（第 2 版）、1009B、1009C 等 3 个系列产品（见图 35－3），它们既继承了原专利的特色，又把"月牙湾"的设计初衷表达得更加淋漓尽致。在 2013 年 6 月的新品发布会上，顾家家居再次以"月牙湾"专利为基础，推出拓展了新应用的产品"月半湾"，这是"月牙湾"专利产品第六代沙发的代表之一，无论在造型上还是功能应用上已然成为市场的引领者。目前，基于此外观设计造型风格的第二代、第三代、第四代产品正延续着第一代产品的良好销售势头。时至今日，该系列产品成为顾家家居的畅销产品，也成为顾家家居代表性的产品符号。

图35-3 该专利产品的拓展产品

随着社会的发展，人们对生活的追求会不断改变，家居产品的风格也会应时而变，在持续的变化中，永恒的是人们对幸福的追求，正如这款"月牙湾"专利产品所传递的信息一样：家，是幸福的依靠。

【简评】

"月牙湾"软体沙发突破了传统沙发方正的造型，采用了弧线形大转角的设计，用一条弧线满足了使用者坐、躺、靠等不同体态的需求，主位与躺位交相辉映，扇形单人位灵活自由，非对称的设计顽皮乖张，这一切都带动了软体家具行业的发展潮流。顾家家居在重视原创设计、培养研发团队方面作出了榜样，也在坚持走产品创新和掌握自主知识产权道路上取得了丰硕的成果。

（撰稿人：顾家家居股份有限公司　耿兴桂　联络人：黄婷婷）

案例三十六　产品设计中的仿生艺术
——九牧厨卫水龙头阀体

专利名称：水龙头阀体（单把分体面盆）
专　利　号：ZL200930332100.4
授权日期：2010 年 8 月 4 日
专利权人：九牧厨卫股份有限公司

图 36-1　水龙头阀体（单把分体面盆）（另见文前彩图 2）

【专利简介】

　　水龙头是人们日常生活中的必备品，别看它体积小，但在人们的生活中扮演着极其重要的角色，家家户户都需要与它进行频繁的接触。水龙头一般分为面盆龙头、厨房龙头、淋浴龙头等。其中面盆龙头主要安装在陶瓷面盆上使用，受安装的限制，面盆龙头的高度集中在 100～200 毫米，用途也一般局限在洗手、洗脸等。厨房龙头主要安装在厨房的水槽上使用，可以抽拉，在厨房中使用的距离较远，能清洗到厨房的每个角落。淋浴龙头安装在浴室中，供人们洗澡、洗头等淋浴时使用，部分顶部喷头可以升降调节，有多种出水方式可供选择，以适用不同人群的需求。随着社会的发展，人们生活习惯在变化，对精致生活的追求也体现在水龙头上。虽然有如此多种类的水龙头产品，但仍不能满足所有人群的需求，有部分消费者希望每天早上都可以把头发洗得干干净净再出门，但他们又不想进浴室把自己弄得全身湿，更不想为了洗头而进到浴室洗澡，浪费很多时间。这部分想随时随地、方便快捷洗头的用户引起了九牧厨卫股份有限公司（以下简称九牧厨卫）的设计师的重视。九牧厨卫创立于 1990 年，是一家以卫生陶瓷、智能厨卫、整体卫浴、厨卫家具、五金龙头、厨卫五金为主体业务的大型厨卫企业。这里的设计师

232

对消费者的需求和市场流行趋势有敏锐的"嗅觉"。他们在深入分析以上种种使用问题，并进行大量消费者调研以及市场同类产品的比对后得出一个结论：设计一款方便人们洗头的水龙头，这在市场和消费者中是有潜在需求的，这一创意肯定具有良好的市场前景。

有了设计方向后，设计师开始寻求设计方案。首先，工业设计师运用"头脑风暴"法，围绕人们日常生活中的问题，例如如何更方便地洗头，怎样在早起时分尽可能地利用时间洗头等。设计师进行问题分析后，放开思路，不添加任何条件限制，列举出所有可能解决问题的方法，最后将所有方法汇总，逐个进行方法分析，综合考虑产品的形态、使用功能、使用方式等因素后，将厨房龙头可伸缩的特性和淋浴龙头可升降的特性结合到一起，运用到正在设计的水龙头当中，最终得出现实的可行性方案。

在设计该产品的具体造型时，设计师们发现，进入 21 世纪，卫浴市场发生了翻天覆地的变化，物质的丰富促进了人民群众生活品位的提高，消费者在购买卫浴产品时，"能用就行"的消费观已不复存在，相反，张扬的个性元素、良好的用户体验以及精致的生活品味成为当今卫浴设计的重点。卫浴空间本身就属于私密空间，在现代快节奏的生活下，许多人已经把卫浴空间当成释放自己情绪的地方，卫浴产品被赋予更多个性色彩的空间，它需要更多的细节来实现每一个人的需求，从而满足它本身的功能性和情感性的特点，甚至是看似微不足道的水龙头都已经突破了它本身的功能属性，不仅是家居生活必备的实用品，同时还需要彰显主人的个人品位。另一方面，人类自诞生以来就与自然密不可分，一则，大自然这个造物主为工业设计带来了许多的灵感，此外，人类模仿自然的思维自古有之。德国著名工业设计大师路易吉·科拉尼是仿生理论的大力倡导者和实践者，他曾说"设计的基础应来自诞生于大自然的生命所呈现的真理之中"，从中我们可以看出自然对于设计的重要性。由于日益发达的城市充斥着喧嚣与烦躁，越来越严重的环境污染、快速的生活节奏和繁忙的工作压力，使得现代城市人时时刻刻在思考着回归自然，渴望回归到那种淳朴生活的情景，人们开始重新对乡村生活方式感到好奇或向往，造就了田园风格设计在当代的复兴和流行。九牧厨卫的设计师在充分考虑上述消费者需求之后决定将这款水龙头定位为一款具有田园风情的、以仿生设计作为基础的水龙头。

经过精细的设计和认真的论证之后，九牧厨卫开发出一款被广泛认可的产品（见图 36-2）。此龙头主要功能为上下升降，出水花洒头可以抽拉，可左右转动出水，出水方式有两种，分别为起泡器出水和花洒出水，适合使用者用于洗头、洗脸、洗手等不同用途。正如前期设计目标一样，该款水龙头安装在台盆上面，不仅能满足日常的洗漱需要，而且更能为消费者洗头带来极大的便利，使用者只要将花洒升起或者将花洒抽出，就能很轻松方便地洗头了，省去了诸多不必要的工具，节约了宝贵的水资源。该款水龙头外观造型取自藤蔓的形态，融入现代感的设计元素。藤蔓的线条自由随性，姿态优美，具有攀沿向上的强大生命力，不断追寻新的高度，生意盎然。而水是"天下之至柔，驰骋天下之至坚"，可谓自然界中自由、灵活、柔韧的象征。九牧厨卫的设计师在设计之初，就考虑到此种情景，试图以仿生学的角度，将藤蔓的造型和攀沿向上特性融入水龙头的外形中，并结合大自然的语义，将藤蔓与水"自由、灵活、柔韧"的共性加以体现，传递出产品生态、自然、淳朴等特性。在如今充满压力的社会中，这样的设计迎合了人们对于回归自然的欲望与期盼。

此外，产品还充分地考虑了人机工程学要素，产品整体造型流线，弧度优美，阀体亭亭玉立，出水花洒外形弧度的设计与人手的弧度巧妙贴合，弯曲的角度也符合人机工学的要求，使用时舒适顺畅，抓握感良好。产品增加了可升降、抽拉的功能，使洗头这一简单的事项更加方便易行。出水口采用喇叭状的自然设计，并有两种变化出水方式可自由调节，不管是用来洗脸还是洗头，都更加自由易用。

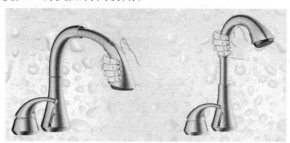

图 36-2　产品使用状态图

在进行外观设计创造的同时，九牧厨卫设计师还与结构设计师讨论产品在结构和工艺上的可行性。经过多次的论证修改，大家在产品尺寸、结构、工艺、材质选定等方面予以定案，确立了抽拉和升降在水龙头上是可行的，最终论证了整个产品的可行性。在此基础上，根据最终方案图纸进行模型制作，将制作好的模型依据实际使用情景安装后，进行人机工程学、使用寿命等方面的测试，一切测试通过之后，便立即进行专利申请与实际生产。

为了使产品的设计理念完全贴近消费者的生活需要，九牧厨卫在产品的制作方面采用了优质的铜材做原料，以能达到产品的外观要求，并采用35mm进口陶瓷阀芯，保证了功能的实现。产品表面镀铬，触感细腻光洁，使产品外观更加时尚，且易清洗，耐腐蚀，有利于消费者乐享生活。

【专利应用及影响】

本设计项目从开始设计到生产上市，历时 8 个月的时间。对水龙头产品的系统性设计，良好地运用了点、线、面、色彩、材质等视觉要素，并着重结合仿生学的设计理念，以植物的仿生设计为风格基调，自然化的设计给人一种放松舒适的感觉。产品在设计时集合了市场人员、营销人员、结构设计师等人的意见，充分了解了消费者需求，增加了抽拉和升降的洗头功能，在都市紧张的生活节奏中，方便了人们的日常生活。考虑到操作的安全性和便捷性，产品采用了环保的生产工艺进行加工生产，使整个设计更加熠熠生辉。产品研发设计完成之后，众人交口称赞，九牧厨卫更是在上市之前对产品的知识产权保护做足功课，及时对水龙头阀体和把手向国家知识产权局分别申请了外观设计专利（水龙头阀体专利号：ZL200930332100.4，水龙头把手专利号：ZL200930332158.9），以保护产品的合法权益。专利制度和专利保护在市场竞争中的作用已越来越受到人们的重视，外观设计专利作为企业的一种无形的价值资产，不仅能得到法律的保护，让企业在激烈的市场竞争中赢得先机，而且获得外观设计专利的产品也更能得到消费者的认同，还能提升品牌价值，一举多得。

在产品上市后，该产品得到市场的广泛认可，为公司的产品销售锦上添花，产品累计销售额超过两千多万。正是在此专利产销两旺的带动下，公司加大了对知识产权和新产品工业设计的投入，不断增强自身的技术实力和市场竞争力。在 2008 年以来国际金融危机的大背景下，九牧厨卫的产品仍然保持着销售收入和利润逐年稳步增长。

2011 年，在第十三届中国专利奖评选中，水龙头阀体的外观设计专利以其独具匠心的设计风格，便捷实用又极富人性化的功能设计，寓意丰富的外观造型在众多参评专利中脱颖而出，获得外观设计优秀奖荣誉。这次获奖为公司成功塑造了一个良好的产品形象，提高了公司产品的市场竞争力，使九牧厨卫跻身为"中国厨卫领军品牌"（中国陶瓷工业协会审定）。

同时，公司针对本款产品的外观设计，在风格统一的前提下进行了淋浴器、陶瓷盆、马桶等系列化的设计，丰富了整个产品线，为消费者提供了更多的选择，也让九牧厨卫的产品具有了更强的竞争力。针对上述系列化设计，公司陆续提交了专利申请，进行了全面的保护。

工业设计是技术与艺术的统一，功能与形式的统一，微观与宏观的统一。国务院前总理温家宝曾批示："要高度重视工业设计。"新时代的外观设计使"中国制造"具有了勃发向上的动力和一往无前的风采，将加速实现向"中国创造"的转变。九牧厨卫的理念是"创造健康厨卫生活，让地球的环境更加美好"，它通过对外观设计的不断探索，不仅使其产品具有更顽强的生命力和更强大的竞争力，也将公司"提供一流厨卫解决方案"的愿景毫无保留地体现出来。

【简评】

这是一款将仿生设计运用得恰到好处的设计，它不仅将藤蔓和水的特性融入现代感的设计，使其与产品的外观设计很好地结合在一起，还增强了产品的使用功能，有效地兼顾了人机工学的要素，让简单的卫浴产品有了鲜活的生命。

（撰稿人：九牧厨卫股份有限公司设计中心　吕晓明　联络人：张威　黄婷婷）

案例三十七　打破国外技术垄断　振奋国人民族自信
——飞亚达航天员专用手表

专利名称：手表（Z070）
专 利 号：ZL200830155617.6
授权日期：2009 年 9 月 2 日
专利权人：深圳市飞亚达（集团）股份有限公司

图 37-1　手表（Z070）（另见文前彩图 3）

【专利简介】

　　飞亚达（集团）股份有限公司（以下简称飞亚达）成立于 1987 年，其坚持品牌战略，重视技术研发和新品研发，依托航空航天工业先进的技术和人才优势，将传统的计时工艺与现代科技结合，以高起点高定位研制中国航天表。飞亚达自 2003 年开始着手航天表的研发工作，组建了庞大的设计团队，从设计、研发、制造、工艺到检验检测，形成了完整的研发产业链。自 2003 年 10 月至今，相继成功研制生产了"神五"、"神六"、"神七"航天表，飞亚达手表成为世界第三大航天表品牌。

　　手表（Z070）是一款舱外航天服手表，应用于神舟七号宇航员的舱外活动，是一款非常专业化的，在极特殊环境下使用的手表。手表佩戴在舱外航天服外，直接面对复杂和严酷的太空工作环境，包括太空温度环境、辐射及磁环境、力学环境和真空环境等。因此，舱外航天服手表的设计需同时满足功能和人机功效。

　　实现功能方面，手表（Z070）的设计重点考虑了外太空环境的两个方面：

外太空磁环境和温差。

外太空磁环境复杂，为了保证计时的可靠性，需要增加防磁性能。手表（Z070）历经飞亚达制表师和航天相关部门的多重检测，在测试防磁性能时，所使用的仪器已经达到了工作范围的最大极限。从可以显示的数据来看，防磁指数达到了48000A/M，已经是国标的10倍。

外太空的温差很大，对裸露在外太空的计时装备也提出了极高的耐温差性能要求。机械手表机芯的润滑油在低温到一定程度时，性能会急剧下滑。为提升手表耐温差的性能，手表（Z070）的研发团队尝试多种方法，经过反复多次试验，通过选用一种新的润滑油，达到显著提升机械机芯耐温差性能的目的。实验结果显示，这款舱外航天服手表耐温差范围为±80℃，达到国际表坛先锋地位。

手表（Z070）的研发团队设计了特殊耐负压结构（表壳和前圈结构），能承受快速减压至真空的剧烈环境变化，并申请了1项实用新型专利。

提升人机功效方面，舱外航天服手表表盘层次不宜丰富，应主次分明，所以在设计时强化主要刻度和分段计时的色彩显示，弱化非主要功能显示，方便航天员迅速读取时间。手表（Z070）采用了简洁的外观设计风格，时间刻度、指针和特征时间警示扇区均具长效夜光性能，方便航天员能够在光线不充足的情况下看清楚时间并计时；通过外观表面砂面处理和玻璃镀膜增透处理，避免强光反射光线干扰航天员操作。

同时，手表（Z070）的设计团队实际考察了穿着航天服后手表的使用状态，发现航天服手臂的运动范围十分有限，很难把表放到眼前看时间和数字，这就要求表盘要有十分简单清晰的时间显示，并要符合普遍的时间阅读习惯。设计团队在外观设计中进行了如下处理：放弃24小时时间显示方式，回归12小时的阅读习惯，同时以窗口显示AM/PM，12点位下方分段计时改为45分钟一周，完全配合航天需要。手表（Z070）的设计团队强化了主要刻度和分段计时的色彩显示，简化了数字显示，非主要功能显示进一步弱化，使表盘更加简洁单纯。具有可旋转圈口的全新表壳设计，将7～8小时分段计时放大标注于圈口上，计时起点可随圈口随时旋转到任何一个时间点上开始计时。为避免开始计时后圈口误动，特别设计了圈口锁紧装置，为方便圈口旋转，外轮廓设计了适当密度的单向齿；为避免表针之间互相干扰，主时针和分针采取镂空处理。

【专利应用及影响】

手表（Z070）是继神舟五号、六号航天表之后，企业在航天表领域研发的又一个划时代的产品。该产品由中国神舟七号航天员翟志刚、刘伯明、景海鹏在执行太空飞行任务，特别是中国航天员首次出舱行走任务时佩戴。在航天员出舱活动期间，性能良好、计时准确，完全满足了舱外航天服手表对耐高低温（真空条件下）、抗冲击震动、防磁、密封和使用操作方面的严苛要求，整体性能达至了国际先进水平，实现了中国自主知识产权机械手表的历史性突破：中国载人航天使用中国自主研发的手表。

航天表研制初期，该领域在国内研发、检测和制造技术存在诸多空白，企业在无任何可供借鉴技术资料的情况下，构建了具有自主知识产权的中国载人航天工程航天员专用手表制造技术体系。尤其是在机械计时机芯特殊功能上创新突破，针对特殊的航天任务，需要 45 分钟为单位的特征计时，以蓝色和绿色的扇面警示任务完成的进度。这是现有市场所没有的独特技术创新。

手表（Z070）的研发设计取得了多项创新成果，填补了国内航天表领域的空白，打破了国外航天表制造技术的垄断，使我国成为继瑞士之后第二个生产航天手表的国家，成为全球第三个航天表的品牌，这一切都极大地振奋了国人的民族自信心和自豪感，对中国钟表行业的全面进步和国人对中国钟表品牌认同度的提升，也具有里程碑式的重要意义。

手表（Z070）先后获得国内外多项设计、技术奖项：2010 年获得德国红点奖；2010 年获得第十二届中国外观设计金奖；2011 年获得省长杯优良工业设计奖；2010 年获得广东省科学技术奖一等奖。

手表（Z070）的研发和应用展现了企业的技术研发实力和外观设计能力。产品单只定价 52 800 元，限量发售 50 只，实现销售额 264 万元；其他基于此表技术和外观应用的两款产品总共实现销售额达 735.64 万元。

【简评】

手表（Z070）是特殊环境下使用的产品，设计者充分研究了使用环境以及该环境下使用产品的特殊需求，并在实现产品功能的同时充分考虑了人机交互。技术上的突破使产品高、精、尖端的特性更加突出。设计与技术的有益结合，写就了我国钟表史自主创新的篇章。

（撰稿人：飞亚达（集团）股份有限公司　汪雯

联络人：李媛媛）

案例三十八　突破常规　别出心裁
——广州市原子工业手摇电筒

专利名称：手摇电筒
专　利　号：ZL201130469412.7
授权日期：2012.6.13
专利权人：广州市原子工业产品科技发展有限公司

图 38-1　手摇电筒（另见文前彩图 4）

【专利简介】

　　广州市原子工业产品科技发展有限公司（以下简称原子公司）成立于 2002 年，是一家致力于产品外观造型设计、结构设计分析的工业设计公司。

　　2007 年年初，原子公司成立了针对本专利产品——手摇电筒研发的专项设计团队，包括设计组、市场专员、工程主管，目的在于实现对自发电手电筒的发电储电效能低下的效能提升改造。

　　设计师在手摇电筒设计初期对该产品进行了充分的市场调查、横向对比和设计定位。当今社会，节能、环保、低碳之类的环保理念已经成为人们营造绿色生活的基本准则，而手电筒在供电方式上一直以来都是采用可更换式的碱性电池，或者可多次充电的铅酸电池或锂电池。这类电池终究避免不了老化丢弃，而废旧电池对于环境的污染有极大的危害。因此"节约环保、绿色生活"成就了这款手摇电筒的诞生。除了以环保概念作为核心理念，为身处荒山大岭之地找不到充电条件的人群如背包族进行设计，也是手摇电筒的设计定位之一。

项目设计小组在手摇电筒开发前的研讨会上明确："产品有好的核心功能，有好的概念，永远少不了有一个贴心的外表。"因此，外观设计成为产品开发的核心内容。

手电筒经历了多年的演变和发展，多以筒形为主要形态。设计组初期曾被常规的理念所限制，设计多为筒形，但筒形外观无法满足手摇发电的转盘铰链的正常运作。设计组在外观与功能结构的相互配合上花费了大量精力，直到偶然看到飞利浦新推出的电动双刀头剃须刀，豁然开朗：只要是符合人体工学，手感舒适，操作灵活，不管是扁的、宽的还是弯的，产品外观都能成立。

设计师首先以草图方式，将符合手摇转盘结构方式的多种几何造型大致勾画出来。手持产品要注重手感，设计师对于硬朗骨感的线条运用特别谨慎，更多地采用流畅圆润的线条作为手摇电筒的主轮廓线和局部细节的表现，流畅的线条过渡和圆滑的大轮廓配合，使产品有力量与速度的结合。几个基本形态确定后，整个研发团队共同评审，由结构工程主管推敲评估哪一个形态更适合生产，哪一个形态最有利于加工装配，哪一个更贴近市场和消费者，哪一个更便于操作和使用。最终逐一确定具有可实现性的产品方案，设计师对上述方案通过草图的形式进一步完善细节轮廓。之后再次经过设计、结构、市场等几个部门的仔细论证之后，选定方案草案进行"三维建模"。

三维建模的重点和难点在于忠于草图。草图没有"三维建模"要求的精准的尺寸把控，也没有严谨的比例限制。因此，建模过程中设计师反复与草图比对，力求每个步骤每个环节都尽可能还原出草图的原味，准确地呈现各个细节设计方案。

建好后的模型经整体评估和分析，进一步定义落实产品的材质运用、搭配以及配色等。设计师为三维模型定型并渲染效果。考虑到使用人群主要集中在背包族、旅游者和学生群体，设计构思倾向于简约时尚的外形，亮丽清爽的色调。产品的主色调采用了很能刺激眼球的柠檬黄，给人清爽亮丽的感觉，产品前中后的主要部件和结构装配部件以黄金分割比例分别采用电镀工艺进行点缀，使简约而时尚的整体感觉更加鲜明。

设计过程中，设计师坚持了一个设计原则：无论产品造型如何夸张，产品主要功能必须放在第一位。手摇电筒的主要功能是照明，因此电筒的照明部分应重点突出，不可以造型或其他装饰的部件掩盖或削弱照明功能。因此，手摇电筒的头部设计为能释放出灯杯最大的聚光发散角度，以充分体现其照明效果，两侧透明件夸张的包角设计使产品更加霸气十足。

【专利应用及影响】

手摇电筒因其在领域内出色的外观设计，2012 年荣获中国第七届外观设计专利大赛"最佳时尚设计奖"，体现了业界及市场对企业及本外观设计专利的肯定。

同时，本外观设计专利产品推出后，受到消费者的广泛认可。企业基于本外观设计，根据消费者对产品使用的反馈，进一步推出手摇电筒的升级版，通过在原有功能基础上增加配备 USB 输出接口，增加了产品使用的广泛性。使用者通过手摇电筒，不但可以照明，更可以利用手摇供电的方式，直接对手机或其他有 USB 接口的电子产品进行充电。

本外观设计产品出口至亚洲及欧洲多个国家和地区，在为企业创造相当的经济效益的同时，也更广泛地将中国设计传播向海外。

【简评】

本款产品的设计定位明确，设计过程严谨，造型和色彩运用都紧紧围绕设计初衷进行。产品设计跳出传统概念，体现了创新的意义和价值。在产品原造型的基础上对功能进一步的拓展，有效增强了外观设计专利的应用。

（撰稿人：广州市原子工业产品科技发展有限公司　梁志亮

联络人：李嫒嫒）

案例三十九 化繁为简创精致 舌尖留香品人生
——宁波三Ａ胶囊咖啡机

专利名称：咖啡机（三Ａ—222）
专 利 号：ZL200830285100.9
授权日期：2009 年 10 月 14 日
专利权人：宁波三Ａ集团电器有限公司

图 39－1 咖啡机（三Ａ—222）（另见文前彩图 5）

【专利简介】

"咖啡"这一舶来品作为精致生活的符号深入人心，从而成就了和传统"茶文化"并列的"咖啡文化"。近几年，随着生活水平的不断提高，人们已经不再满足于一杯简单的速溶咖啡，而开始使用咖啡机，亲手调制咖啡，在追求咖啡口感更佳的同时，还能满足一种精神上的享受。于是咖啡机的需求与日俱增，以前的西式小家电，如今已摆满了中国的大小商场。

最早的咖啡机主要采用手工蒸馏的方式，之后以高温高压蒸馏实现了咖啡的快速调理，再后人们把电子技术应用到咖啡机上，但这些咖啡调理方式都存在一些问题，比如风味不佳、时间过长、清洗困难等。近年来新生的胶囊咖啡机很好地避免了上述问题，它将烘焙好的咖啡粉灌装在胶囊状容器中，然后通过配套的小型胶囊咖啡机进行萃取，从而快速方便地得到一杯现调的意式浓缩咖啡，受到身处家庭和办公室、渴望自制咖啡的咖啡爱好者的广泛青睐，已经成为目前咖啡机发展的主要趋势。

宁波三Ａ集团电器有限公司（以下简称宁波三Ａ）是我国意式泵浦式家用咖啡机最具规模的制造企业之一。它看到我国胶囊咖啡机市场的巨大潜力，秉持为消费者营造精致生活的设计理念，在胶囊咖啡机的创新设计尤其是外观设计方面进行了广泛而又深入的尝试。

2008年年初，宁波三A针对国内胶囊咖啡机市场成立专门的设计团队，通过对国内市场进行广泛调研后发现，国内消费人群主要集中于对生活品质要求较高的客户群体中，这类客户欣赏的产品通常具有个性化趋势，追求简便实用之余还要设计美观精致。宁波三A的设计团队历经多次讨论后确定本次胶囊咖啡机设计研发的重点就是凸显高科技和精致典雅。

图39-2显示了第一阶段设计创意的创作来源。造型设计师从古典家用电器着手，对传统文化加以充分继承，并大胆地进行了尝试创新。以木纹、钢琴烤漆材质作为主要的视觉冲击面，在不易沾染指纹，不影响美观度的同时，手感也较为舒适。在产品的细节方面，如图39-3中第一阶段的设计草图所示，设计师将造型与使用需求相结合，在咖啡机身设计了一周亮金属凹槽腰线；机身尾部巧妙地设计了咖啡杯储藏室，侧面设置了透明液柱显示条，用于及时观察机体内液体存量的状况。总体来说，前期的创意蕴含传统文化神秘感的同时酷劲十足。

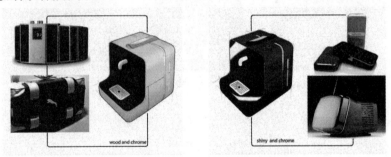

图39-2　第一阶段设计创作的创作来源

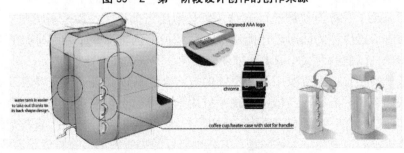

图39-3　第一阶段的设计草图

但设计草图完成后，宁波三A的设计师们发现产品的造型虽然巧妙，创意也很丰富，却并未如最初希望的一般凸显高科技和精致典雅，一时间设计团队的创作进入了瓶颈期。于是设计团队一边进一步仔细研究消费者对于咖啡机的造型需求，一边走进市场，充分发掘各类不同产品体现出来的精致和高科技所采用的共通设计因子，从每个细节加以仔细推敲，最终设计团队找到了问题的关键：简洁。

　　化繁为简，是设计成功的不二法门。作为一个产品，完成其功能固然重要，然而更为重要的是设计师对产品完成功能方式的斟酌，其斟酌的结果最直观的感受就是产品的造型，设计师必须掌握好对其取舍的分寸。就该案第一阶段的草图来看，设计过于感性，拥有太多的设计语言，功能设计过于散乱，唯有简洁化才能更好地表达产品的科技感、精致感和神秘感。设计师们明白这一切后，对原有设计方案不再吝惜，大刀阔斧地修改起来，本专利机型的咖啡机由此诞生（见图39—4）。

　　该款咖啡机的主体采用比例控制良好的长方体，边角处引入恰如其分的圆角弧度，其中积水盒、咖啡杯放置区与咖啡机主体从视觉上浑然天成地形成一个整体。产品主体表面采用无缝设计，使用区上少量使用的线条都是直线，并且尽量简单。除了出水口、漏水孔和控制键，产品表面别无赘饰，整体给人以稳重大气、简洁明快而又不失时尚之感，产品机身上应用了大色块纯色调、仿金属材质的设计，带来科技气息的同时，突出了干净柔和的设计初衷。圆角

图39—4　产品使用状态图

恰到好处的弧度，边缘光洁舒适的手感，使用区上部 3 个晶莹剔透、排列简洁的按钮等，都经过严谨的设计，力求每个细节都能与整体风格相协调。设计师还十分重视用户的使用体验，咖啡杯放置区设计了漏水孔，可以使多余的咖啡液体直接漏进机器下方的废液槽中，防止污染周边环境；积水盒两侧设置有胶囊回收槽，当胶囊用尽后可自动滑到回收槽中，仅仅需要在回收槽满时清理一次即可，避免了每次使用完均需要清理的麻烦；产品顶部看似简单的条状把手，可以扳动直立起来，它不仅承担着搬动咖啡机的用途，它的开闭还促使咖啡胶囊进入胶囊仓，启动整个现调咖啡的程序。更重要的是，这些结构还可以防止咖啡胶囊进入胶囊仓的时候直接掉入胶囊回收槽，不被搁置。对此，宁波三 A 还申请了实用新型专利技术。这样的一台咖啡机，整体表达一种简约自然之美，放置在家中不仅是一件得心应手的厨房电器，更能很好地与环境融合，起到一定的装饰作用。

　　当然，为了成就如此简洁时尚的造型并不容易，与其相伴的也产生了许多结构、材料方面的难题。比如，为了保证该款咖啡机的整体性，设计师设

计的是下藏式水箱，下藏式水箱的设计必须考虑水的虹吸原理，在验证防止水的虹吸时，需要计算出安全水位的高度。再如，产品必须采用优良的原料，一方面是保证产品的安全健康，另一方面也是为了实现产品注塑成型的完整性和优良的触感。在保证外观设计完整性的前提下，设计师还需要考虑如何减少模具数量，降低成本。

【专利应用及影响】

本专利作为宁波三Ａ胶囊咖啡机的代表产品，是国内第一款同时具备外观设计专利与核心技术专利的胶囊咖啡机，公司首先对该款外观申请了中国外观设计专利，保护了中国市场的外观设计不受侵害，同时考虑到产品可能会在欧洲市场上占有较大的销售份额，宁波三Ａ用发展的眼光及时注册了欧盟的外观设计申请，使该款产品的知识产权获得了较为完善和稳妥的保护。

本专利机型的咖啡机一经上市，就在行业中得到了客户与消费者的认可。仅第一年就实现了 4 000 万元的销售额。2010 年，本专利还获得了中国第五届外观设计专利大赛自主创新设计奖，得到专家的一致认可。可以说，该款胶囊咖啡机外观造型上的成功研发，全面提升了宁波三Ａ的品牌形象，奠定了宁波三Ａ产品品质的基调，同时也带给业界许多宝贵的启发。

反思本专利的成功，带给我们最大的启发莫过于化繁为简的设计手法。大师齐白石说过："艺术创作宜简不宜繁，宜藏不宜露。"简洁并不是单纯为了迎合一种审美风格，它是让用户在使用的时候不被打扰，减少犯错的机会，降低学习成本，同时在使用产品的时候，能保持优雅与从容的姿态。简洁也不是缺乏设计要素，而是更加强调产品的功能，强调结构和形式的完整，更追求材料和技术的表现深度。简洁需要设计师具有较高的设计素养与实践经验，深入生活、反复思考、仔细推敲、精心提炼，运用最少的设计语言，表达出最深的设计内含。只有简洁的造型与丰富的设计语言融合为一体，舍弃不必要的装饰和浮华的功能，才能方便工艺，降低成本，产品才有生命力和感召力。

【简评】

当今市场上胶囊咖啡机众多，人们对它的要求早已不仅是结实耐用，良好的外形成为吸引眼球的最好手段。宁波三Ａ的这款咖啡机线条简练，造型整洁，是浪漫的怀旧气息与现代设计风格的完美结合。从这个作品中我们可以感受到简洁带来的魅力。

（撰稿人：国家知识产权局专利局　张丽红　联络人：黄婷婷）

案例四十　"自然・艺术・科技"设计理念的应用
——长虹CH－A90壁挂式智能饮水机

专利名称：饮水机
专　利　号：ZL201230651858.6
授权日期：2013年6月5日
专利权人：四川长虹电器股份有限公司

图40－1　智能饮水机（另见文前彩图6）

【专利简介】

　　长虹CH－A90饮水机是一款壁挂式智能饮水机。壁挂式管线饮水机目前多以国内品牌为主，是近几年才逐渐发展起来的新型小家电，可壁挂于厨房或客厅等有需求的地方。饮水机直接与自来水连接，比传统的桶装饮水机更加节约，也更环保，不产生浪费，可节省使用开销。作为家电市场的新型产品，它无论在造型、功能还是使用方式上，都具有独特的一面。

　　产品设计研发初期，研发人员研究和分析了设计环境与设计背景，以寻求创新点。从市场走访情况来看，厨房电器领域的产品外观设计近几年来从实用型向高端化路线发展。简单的功能与普通的外观已不能再满足消费者的需求。造型上，壁挂式管线饮水机以方正的形状为主，加以花纹面板做装饰，材料上以注塑材料为主，造型和材料都比较简单。由此可见，壁挂式管线饮水机有较大的发展空间，同类型产品想要在市场上众多产品中脱颖而出，除了出色的外观设计，还要有更加舒适的人机体验和人性化的功能。

　　CH－A90饮水机的设计以公司的设计理念"自然・艺术・科技"为前

提，遵循公司系统的设计流程。项目成员由工业设计团队、界面设计团队、用户研究团队和色彩工程材料团队共同完成。项目初期，用户研究团队进行了长达一年的用户研究，筛选后寻找用户价值关键核心点；中期由设计师团队与色彩工程材料团队沟通共同完成设计议案；后期由用户研究团队评审产品的用户满意程度。

一、设计研究

通过走访家电市场，了解外观设计趋势和与用户进行沟通，设计前期针对家电市场外观发展趋势和用户需求，对外观进行了设计约束。

根据中国住房结构趋势，厨房面积在整个住房面积占据比例会越来越小，所以厨房电器不宜过大。管线饮水机主要安置于厨房的墙壁，所以此款饮水机设计小巧，不占用厨房面积。饮水机可直接与自来水相连接，对自来水进行加热。若想提高水的品质，也可与过滤器相连接，加热过滤后的自来水。连接自来水的管线为暗线，装修厨房时埋藏于墙内，使厨房整体整洁、不杂乱。

饮水机作为白电产品中的一类，在满足自然艺术设计理念及年轻化、时尚化、品质感的前提下，要求与冰箱、空调等产品的外观趋势保持一致。即整体形态：简洁、直面，是厨房里的艺术品；细节：柔和、感性、局部雕琢，体现自然与艺术的融合；色彩：酷感格调中渗透奢耀感，具有闪烁光泽感的深色调，精致金属色的结合；材料：主体钢化玻璃、亚克力、陶瓷质感材料的应用，局部不锈钢金属质感与深邃质感材质的应用。

二、设计开发

(一)创意的产生

饮水机的核心是"水"，便以"泉 spring"为设计理念。"泉 spring"有双重含义，水乃生命之源，所以第一重含义是泉水的干净、清澈、天然、缓慢、和谐悦耳的泉水声；第二重含义是挂在墙上的"油画"、"厨房里的艺术品"。

(二)外观形态体现自然艺术设计理念

CH－A9 饮水机的一大亮点在于出水口控制面板的设计，将控制面板设计成大纽扣开关的形式，悬浮于面板之上（见图 40－2）。控制面板的造型灵感来源于跷跷板，拨动面板上方与下方来控制饮水机的开和关，拨动翻转的形式犹如跷跷板，让用户在使用饮水机时，还能为忙碌的生活增添趣味。此造型同时也是设计概念"泉 spring"的体现，控制面板如同大自然中的石板，清水从石板间流出。

"跷跷板"这种设计方式有 3 个优势。首先，控制面板低于人的水平视线，它的倾斜角度为 12°，更加有利于操作触摸屏；其次，出水的方向适合不同类型的容器，当控制面板翘起时，出水口离褐色玻璃面板距离加大，适合肚大口小的容器；最后，它能给使用者提供饮水机开关状态的物理反馈，提醒使用者不需要频繁使用时可以关掉饮水机省电。

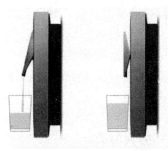

图40-2　智能饮水机侧面

外形上，CH-A90智能饮水机采用视觉减薄化设计，后框比中框四周缩进28mm，挂在墙上后，以人的正常视觉难以看见后框，整个产品便显得轻薄。面板采用深褐色玻璃面板，色彩方案由专业色彩人员经过长期的色彩研究与分析流行趋势后确定。中框采用铝合金拉丝，表面氧化着色为不锈钢色。后框散热孔采用整体条纹设计，在不破坏整体感觉的前提下，又显得层次丰富，具有设计感。饮水机材料以金属、玻璃为主，与现在厨房装修材料一致，更加融入厨房环境。面板颜色采用深褐色，时尚大气且易清洗。

（三）功能体现科技设计理念

CH-A90智能饮水机控制面板有5个出水模式触摸按键，关闭电源时，界面呈黑色无任何显示，接通电源后，按键呈半亮状态。轻触控制面板上的按键，就可以选择从冷水到热水不同温度的纯净水满足使用者多样化的需求，5种模式为常用的5种温度：冷水-0℃、牛奶-40℃、果珍-70℃、咖啡-90℃、沸水-100℃，使用者可根据自己的需求快速选择水温，并且能直观地提醒用户，冲泡不同的饮品时需要什么样的温度。环绕在出水管边缘的LED灯能根据水温显示不同的颜色，给人直观的水温提示：冷水时灯光呈蓝色，提醒使用者水温较低；温水时呈橙色，提醒使用者水温合适，可及时饮用；热水时呈红色，提醒使用者水温较高，避免烫伤。灯光的使用，在外观上为饮水机增加了灵动性，同时也具备了提醒的功能。

随着技术的发展和人们使用需求的提高，智能化已经成为未来家电战略的发展方向。CH-A90饮水机的智能化功能从普适性入手，选用发展成熟的语音功能和感应出水功能，为用户带来使用便利。使用者只需把容器放置在出水口下，就可以使用语音功能控制出水开关与出水的温度。

（四）环保设计体现社会责任感

面对资源的紧缺和环境质量的破坏，"绿色制造"、"绿色生活"毫无疑问是未来发展的方向。"绿色"概念的含义之一是新材料的运用，采用先进工艺，提高能源的利用率，延长产品的生命周期、重复使用、回收等方面。

长虹 CH－A90 饮水机在选材上，以"绿色"为前提，面板为钢化玻璃面板，在生产过程中可使用约 20％的碎玻璃，以促进融熔以及砂子、石灰石和碱等原料的混合。边框采用不锈钢拉丝材料，有较强的品质感，美观耐磨且回收再利用率较高。中框与后框采用免喷涂注塑工艺，真正做到了节能环保，同时还可回收再利用。

三、后期验证

产品设计后期经过了两方面的验证：一是功能验证，用户研究团队会对饮水机进行用户测评，验证人机交互与功能的体验性；二是结构验证，结构设计师根据实际生产状态对饮水机做结构设计，以保证生产的可靠性。最后，设计师根据后期验证反馈的结果调整，使产品的外观、功能和使用体验都达到最佳状态。

【专利运用及影响】

本外观设计专利产品凭借优秀的外观设计与可靠的人机体验，2013 年获德国红点奖，同年荣获中国太湖奖一等奖及年度最成功设计奖。奖项的获得，扩大了产品在行业内的知名度，同时产品的外观设计也为本领域相关产品提供了新的启示与设计思路。

企业对饮水机除外观设计专利申请外的相关技术也申请了专利保护，以实现对产品全方位的知识产权保护。

本外观设计专利产品初步定于 2014 年年底上市。按照每台饮水机预售 2 600 元，每年售出 20 000 台的销售计划，年利润约为 1 300 万元，将为公司带来良好的经济效益。本外观设计专利产品先后参加了新加坡红点展、CES 展、国内多个产品展会，出众的外观和独特的使用方式得到广大媒体及消费者的好评，为企业带来好口碑的同时，也提升了品牌形象与企业形象。

【简评】

随着技术的进步，消费者对未来生活的智能化充满向往。壁挂智能饮水机从设计人的生活方式出发，综合考虑使用者、使用环境及使用中的各种情况，精心设计。简洁的造型充满现代感与科技感，好的设计不但带给人美好的使用感受，更引导消费者尝试一种新的生活方式。

（撰稿人：四川长虹电器股份有限公司　王槐雨　林赛金

联络人：李媛媛）

案例四十一　设计科技　内外兼修
——科沃斯智能远程操控安防机器人

专利名称：安防机器人
专　利　号：ZL201230223104.0
授权日期：2012 年 11 月 7 日
专利权人：科沃斯机器人科技（苏州）有限公司

图 41-1　安防机器人（另见文前彩图 7）

【专利简介】

科沃斯机器人科技（苏州）有限公司（以下简称科沃斯公司）创建于
1998 年 3 月，是一家专业从事家庭服务机器人的研发、设计、制造和销售的
高新技术企业。科沃斯公司是国际电工联合会（IEC）家庭智能移动机器人平
台性能评估方法工作组组长单位，也是中国家用电器标准化技术委员会及全
国自动化系统与集成标准化技术委员会的双重组长单位。自 2006 年 12 月创
建科沃斯品牌。

一、设计背景与设计过程

随着品牌产品不断推向市场，科沃斯公司越发感受到技术创新和外观创
新两者相融对突显产品差异化所带来的竞争优势。先进的技术创新能给产品
带来品质和内涵，独到的外观创新则彰显产品的品位和风格。外观设计是产
品整体质量不容忽视的重要组成部分，新颖别致的产品能够抢先吸引人们的
注意力进而赢得消费者的青睐，是企业市场竞争的第一道战线。

因此科沃斯公司于 2009 年成立智能产品外观设计小组，从事智能产品的产品造型设计。"安防机器人"外观设计的外观造型自2011年开始研发。

"安防机器人"产品立项之前，公司对该产品的市场环境和技术前景进行了大量的调查和预研，采取向公司现有客户发放未来产品需求调查表、参加国内外各大家电展会了解智能服务机器人的未来发展动向等诸多手段收集信息。调研论证的结果显示，随着物联网技术的快速发展、人们生活节奏的加快、人口老龄化社会现象的加剧、家庭老幼看护以及家庭安全等诸多问题的日趋凸显，一些家庭已经体现出对智能陪伴家人、照顾家庭的"管家式"机器人的需求，并且未来将有可能成为家庭的重要成员，本项目产品的开发完全顺应时代的发展和人们的生活需求。而目前市场上还没有类似产品真正走向民用，走向普通消费者家庭。

基于调研结果，公司锁定产品功能和用途，成立项目小组从事产品的技术研发和外观设计。

科沃斯公司计划开发的"安防机器人"是一款家庭智能远程操控机器人，通过运用物联网技术以机器人自身为管理平台借助智能手机及外设来实现智能家居的远程控制及管理的智能化。考虑到该项目产品用于家庭环境，与消费者近距离贴近，所以该产品品牌名设计为"亲宝"，含有亲切、友善的寓意，暗示着本项目产品未来将是家庭成员不可或缺的一分子。本外观设计专利在设计之初，意向明确，即用在实际产品中。因此产品设计的整个设计过程，设计师综合考虑使用者对实际产品的内在需求以及对外观的视觉表达。

"安防机器人"目前在市场上尚属空白，没有类似产品在市场上获得成功，或没有更多的经验值得借鉴或吸取，这对于设计师对产品设计定位而言存在较大困难。本项目设计师在深入了解产品功能和产品市场定位后，综合产品性能及使用场所最终选定产品应采用"亲民"设计路线，基于内涵高智能的设计创新，产品选用拟人化的设计风格。

在产品造型设计过程中，设计师对产品的结构设计、包装设计以及市场销售等多方面因素进行综合考虑，从而使得最终的产品达到内外协调、整体呼应、和谐匹配的效果，展现出人性化、科技化及时尚化，通过产品内在的科技内涵和技术优势支撑产品的外在美观度。

在综合考虑项目产品的结构设计、包装设计等产品因素，并融汇了大量数据信息后，设计师共设计出4套风格各异的概念方案。这4套概念方案的主风格均属于拟人化设计；但4套方案在机器人的体态、头型等细节设计风格方面均存在较大差异。

对于这4套概念设计，公司在企业内部对管理层人员展开不记名的民意调查，并结合研发、市场、销售等核心部门相关人员的集体讨论，最终确定本产品的工业造型是更能传达项目产品的一种视觉符号，更符合项目产品的特质以及产品品牌的寓意。

二、本专利的形象设计与功能实现

本专利的产品分为头部及躯干，躯干的底部设有移动轮，通过马达驱动移动轮使得机器人自如移动行走。基于产品具备视频功能的考虑，在设计产品时将摄像头置于头部，并将其巧妙地设置在机器人的眼睛所在部位，形象地体现出其"视觉"功能。产品头部与躯干的尺寸比例约为1：2，既不会头轻脚重而显得项目产品"缺乏智慧"，也不会头重脚轻而显得产品"重心不稳"。项目产品的头部与躯干的整个比例配置恰好得当，使得头部灵巧而更显精干、躯干坚实而不显笨拙，与产品具备安防、监控等精锐的技术特质相匹配。出于产品功能需要，产品机身需要配置操作按钮。在设计过程中，设计师基于产品功能与产品风格的综合考虑，在产品机身上仅设置3个按键，既满足了功能需要，同时与产品造型相和谐，简洁易行的操作界面使得整个产品简约而精练，由此衬托出产品更具人性化。

项目产品全机高度为240mm、宽度为200mm，轻巧的外形使本款机器人能更加自由快速地在家中行走。为在简约的产品设计造型上再增抹一道亮点，设计师在机器人躯干两侧分别设计流畅的流线型曲线透光带，透过不同色彩的灯光渲染，使得产品更具动感、更加接近IT产品。

同时，考虑到产品的运用场所及产品特质，色彩设计以白色为主色基调，通过白色机身加之头部以及躯干与头部相连的部分用黑色搭配，带给使用者以干净历练感受的同时，又有沉稳、踏实和安心的感觉，由此带来的产品气质与产品所具有的安防功能以及亲和力的特质相吻合。

"安防机器人"具备多项功能，具体为：

（一）视频互动

用户通过手机操控机器人在家里自如移动行走，通过摄像头实时传输家里状况，在保障家中安全的同时可以通过手机实现与家人语音视频互动（见图41-2）。

图41-2　视频互动功能

（二）智能家居

用户通过手机可以操控机器人开启智能外设，达到远程控制家电和智能安全防护的功能（见图 41－3）。

图 41－3　智能家居

（三）娱教体验

机器人能够播放云服务器中的音乐、天气、戏曲及教育等内容，使用户即时得到网络海量信息（见图 41－4）。

图 41－4　娱教体验

（四）智能提醒

通过提前预设，机器人可以每天准时工作，并且还可以替主人记住容易忘记的事情，友情提醒主人（见图 41－5）。

图 41－5　智能提醒

【专利应用及影响】

企业在专利申请、应用方面对产品进行了多方位的保护。本外观设计对应的产品受众面广，在技术成果进行知识产权转化时，需要全方位进行法律保护。首先，科沃斯公司将产品的核心技术申请发明和实用新型专利，对产品造型进行外观设计专利保护，同时由于提交专利申请的时间不可能做到完全同步，企业在申请实用新型和发明专利时，尽量少地公开产品的外观，以公开其内部结构为主，以免后续外观设计专利申请丧失新颖性。其次，将产品的手机应用程序界面进行著作权登记保护。再次，对产品的品牌——亲宝申请商标注册。通过上述各种方式，实现对产品的技术方案、外观造型、人机界面、品牌营销进行全方位立体保护。

如上所述，实施运用本外观设计专利的产品是一款高智能的具备安全防护功能的设备。这款由科沃斯公司自主研发生产的家庭服务拟人化机器人，融合了自动化控制、网络互联、物联网等技术，集远程互动、智能外设管理、娱乐教育功能于一身，此产品加入企业自主品牌产品之列，为公司自主品牌的推广及产品升级起到重要作用。

由于产品设计优良，2012 年，安防机器人外观设计专利在中国第七届外观设计专利大赛中，获"最佳创意设计奖"，受到了同行业界的认同和好评，也印证了科沃斯公司在设计领域的领先性。

安防机器人参加国内及国际大型展会期间，憨态可掬的体态和强大的功能，吸引了大量客商及普通观众驻足关注，引发强烈的兴趣、热议和好评，部分客商已与科沃斯公司达成合作意向。展会期间，媒体对科沃斯公司以及此产品的专访报道，也进一步提升了公众对公司自主品牌的认知度和认可度。

【简评】

安防机器人无疑是一款充分体现"设计改变生活"的鲜活案例。设计以人为本，从实际生活需求出发，将高科技与人的需求结合，使技术更好地为人所用，设计更好地为人服务。从设计定位到设计实现，人的因素始终贯穿其中。

（撰稿人：科沃斯机器人科技（苏州）有限公司　朱瑾　联络人：李媛媛）

案例四十二　安防先锋巧设计　飞入寻常百姓家
——海康威视"Panda"摄像机

专利名称：监控摄像机

专 利 号：ZL201130399655.8

授权日期：2012 年 5 月 30 日

专利权人：杭州海康威视数字技术股份有限公司

图 42－1 监控摄像机（另见文前彩图 8）

【专利简介】

早在 1996 年，美国学者尼葛洛庞帝（Negroponte）撰写了《数字化生存》一书，书中展现了信息时代数字化生活的全景。时光荏苒，随着计算机和网络的快速发展，书中描绘的生活正逐渐成为现实，现在只需要一台网络摄像机连上手机或者电脑，就可以协助我们照顾独居的老人或雇人看护的孩子，甚至是帮助便利店主监管生意等。可以说，安防产品不再是银行、政府等行业安防市场的专利，民用市场正冉冉升起。在中国传统安防市场中，政府客户和行业客户不到 20％，但他们占市场总规模的 80％以上，并日趋饱和，而 80％以上的中小企业和家庭客户却只占市场总规模的 20％，这部分市场近几年正经历着从无到有的过程，是一块尚未被充分开发的新领域，存在潜在的庞大市场需求。杭州海康威视数字技术股份有限公司（以下简称海康威视）作为我国安防行业的龙头企业，有一支专业的研发团队，他们比同行更早一步关注到了民用安防市场，并认识到能否满足民用监控客户的需求，甚至是创造需求，将成为民用安防市场发展壮大的关键。

在产品开发前期，海康威视通过对经销商等相关人员的调研，共完成调查问卷200份，覆盖上海、江苏、天津等19个城市。根据调研的结果，海康威视决定推出一款多功能报警型高清网络摄像机，其定位是面向中小商铺、连锁企业、现代家庭和其他小范围监控需要的用户，工业设计师与结构设计师联手负责该款产品的设计。

由于可借鉴的民用市场网络摄像机不多，设计师刚接到设计任务之时，有些手足无措，但空白也给了他们创新的机遇。通过反复查阅调研资料后他们发现，对于普通消费者，民用市场的网络摄像机和行业应用的网络摄像机有很多地方不一样，其中与工业设计相关的主要有3点。首先，民用安防产品要求有相当的亲和力，因为行业应用的安防产品主要起到威慑、监控的作用，其外观设计追求简单大方，强调功能强大，并且针对不同环境专门设计，让人觉得它"威力无处不在"，但是民用安防产品，尤其是家庭使用时，就必须满足客户的亲和需求，让人不会有被监视的不适感，取而代之是放松放心的舒适感。其次，民用安防产品要求外观设计美观，与家居设计匹配，因为民用安防产品大多是运用在家庭等类似的地方，一般消费者都希望产品的外观能精致大方，色彩典雅，尽量与家庭装修风格协调，融入家居装饰之中而不显突兀；加上家庭安装布线比较困难，大部分消费者更加青睐无线产品来避免破坏居室装修的完整感。最后，民用安防产品要求操作方便，因为大部分民用安防产品的消费者并不是专业人士，有的甚至是年事已高的老人，烦琐的操作可能成为他们顺利使用安防产品的一道屏障，所以民用安防产品的设计必须保证产品设计方面便于操作，容易上手。此外，考究的材质、轻薄的机身、简洁的色彩也都是近期科技类产品工业设计的总体趋势与潮流。在确定了上述工业设计方面的要求和目标之后，设计师开始着手设计，经过反复讨论、多次修改，最终确定了产品的形态。

这款摄像机分为主体部分、支架部分和底座部分。其中主体部分类似长方体，造型圆润可爱，其正面有一矩形区域，产品主要功能布局于此，正中是圆形的人体感应装置，左上角和右上角分别有一个圆形的红外补光灯，三者结合在一起，加上采用了黑白经典配色，整体酷似国宝"大熊猫"的造型元素，亲和感十足，以至于当最终产品设计定稿之时，大家看着设计图稿，不约而同地说："这不就是熊猫么！""Panda"这个名称由此而来。此外，两个补光灯中间是圆形的光敏电阻，人体感应装置正下方是圆形摄像头，整个功能区的布局清晰合理、简洁大方。支架部分采用关节式的一体式调节支架，可轻松调节监控角度，水平方向从0°到360°，垂直方向从0°到90°，使得监控无死角，安装使用都极为便捷。底座部分采用类似圆盘状造型，其侧面分布了网络、电源等多个接口，保证设备安装后整洁美观。设备还支持无线声光报警器、烟感探测器、煤气泄漏探测器等安全防范联动设备的扩展，同时支持双向语音对讲，可谓功能强大。整款产品外形圆弧柔美，带给人十足的亲切感，弱化了科技类产品给人的严肃、冷峻的感觉。另外，这款产品小巧玲珑，使用的线条简洁优雅，充满了时尚感，与整体家居环境轻松融合，打造出浓郁的家居潮流氛围。

【专利应用及影响】

产品外观确定后，海康威视立刻向国家知识产权局提出了外观设计专利申请，并获得授权。2012年，"Panda"摄像机凭借新颖的设计获得了 2012 年德国红点产品设计（Reddot design award）大奖，并在德国红点博物馆与其他全球工业设计领域杰出产品一同亮相，这代表着国际专家对海康威视产品的高度肯定。同年，"Panda"摄像机还获得由国家工业和信息化部颁发的中国优秀工业设计奖终评产品、作品称号。

2013 年，海康威视大力进军民用安防市场，电商平台于 6 月正式上线试运营。该平台首期上线销售的就是"Panda"摄像机，自其上市以来，颇受用户欢迎，逐渐成为海康威视进入民用安防市场的一款"样板"式产品。

"Panda"摄像机的成功，印证了一句老话："好马配好鞍"，优秀的产品也需要同样优秀的工业设计。可惜，在安防产品领域，目前意识到工业设计重要性的企业并不多。毕竟中国的安防行业起步较晚，以网络摄像机为例，第一台网络摄像机诞生于 1996 年，距今虽然已有十多年的历史，但是它近几年才进入普通大众的生活，我们还处于对它神奇的功能啧啧称赞的时期，没有太多人在意产品的外观造型。随着市场不断发展与完善，网络摄像机逐渐普及将成趋势，随着参数、性能的趋同，具有自主选择权的消费者将会从产品的功能需求转到产品的外观需求，开始"以貌取物"。有资料表明，新颖的造型、人性化的设计已经开始成为安防产品最新增加的诉求，用户对其关注点已逐渐从产品的参数性能转移到产品的工业设计上，工业设计势必作为一个必不可少的竞争手段，作为企业的一项资源和战略手段，在未来的竞争中发挥着日益重要的作用。

产品的工业设计并非仅仅是表面设计，其有巨大的设计内涵。首先，工业设计必须随着市场的变化、产品定位的变化而变化，只有及时根据不同市场人群的需求设计出有针对性的外观，才能使工业设计不至于"剑走偏锋"。"Panda"摄像机在研发前期，就投入大量的时间和精力，探究消费者需求的改变，促使设计师掌握了民用安防产品与行业专用安防产品的 3 个区别，才保证了"Panda"摄像机的研发成功。如果设计师一味地追求主观感受上的美，而忽视了市场的变化、产品的定位，结果估计很难得到市场的认可。另外，任何一款产品的设计都是一项系统工程，它包含技术和美学两个方面，设计师必须利用技术再结合美学设计出符合人们使用需求、审美情趣的产品。具体到安防产品而言，工业设计并不能脱离产品的技术和结构，它必须保证产品基本功能的实现以及最终呈现出来的效果。虽然在图纸上，多么轻薄的外观都能设计出来，但是这绝不能只是纸上谈兵，还必须考虑现实产品的电路设计是否合理，性能是否稳定，散热是否到位，成本是否低廉等各个环节，这需要工业设计师与结构设计师的通力合作。

目前，我国民用安防产品还处于培育期，其应用前景十分广阔。"Panda"摄像机作为海康威视进军民用市场的先锋产品，已经获得很好的反响，这充分说明安防产品正逐步成为快速消费类电子产品，进入家家户户，成为老百姓依赖的产品之一，而其工业设计绝不只是表面功夫，它将成为安防企业提升品牌附加值、在激烈的角逐中力拔头筹的一个重要手段。

【简评】

外观设计对安防产品来说还是一个新名词，有很多安防企业呕心沥血设计产品的功能与结构，最后却毁在粗糙庸俗的外表。海康威视清楚地看到这个问题，推出的"Panda"摄像机针对外观设计做了大量工作，圆润可爱的造型、小巧玲珑的外观，简单亲和的界面，无不彰显时代的审美需求，海康威视通过对产品外观的差异化设计，有效提升了产品附加值。

（撰稿人：杭州海康威视数字技术股份有限公司　郭原　联络人：黄婷婷）

案例四十三　智者乐水　光显自然
——柏狮光电球泡灯

专利名称：球泡灯（乐水）

专　利　号：ZL201030192354.3

授权日期：2010 年 11 月 24 日

专利权人：四川柏狮光电技术有限公司

图 43-1　球泡灯（乐水）（另见文前彩图 9）

【专利简介】

　　LED 球泡灯领域内的多数企业，或把更多的精力放在灯具内部，尤其是提高 LED 灯具性能水平的研究上，对灯泡的外观设计关注较少，外形多类似白炽灯或者在白炽灯基础上进行简单的设计，外形同质化严重；或通过创意设计，形成了一部分样式美观、新颖独特的创意设计灯具，但没有解决 LED 自身存在的技术难题，无法实现美学与功能的有机结合。我国是照明生产和销售大国，在市场潜力巨大和竞争日趋白热化阶段，提供一种优美外形和高性能技术水平相结合的灯具，成为占领市场的新的增长点。

　　如何实现美学与功能的结合是本专利的设计出发点。

　　设计初期，设计师对灯具的使用者、灯具的使用环境和情景进行了初步分析：灯具产品和人息息相关，使用者希望灯具能够营造出一个更加快乐的环境，渴望自然、环保；家庭居室环境多以"稳定、柔和、安全、干净"为特点。最终明确了产品设计定位：注重人们在使用过程中的情感需求和体验，既要考虑实际体验"光"的概念，又要满足稳定、柔和、安全、干净的情感需求和丰富的联想体验。

如何在产品设计上给人以快乐的体验，体现人对大自然的憧憬，设计主要考虑以下几个因素：首先是人与人之间的情感维系，人与物之间的体验维系，建筑融入环境，自然融入环境。其次是核心概念的提取，产品本身要体现"灯"的概念，同时要考虑使用环境和使用者的心理感受。在灯本身照明的基础上增加新颖独特的外形，给人以美好的感受。第三是"光"概念的发散和光的游戏。

基于上述设计思路，设计师确定了将自然融入环境，通过整体展现、内在表露、外表描绘 3 个方面，来阐述产品与自然、建筑设计上的融合趋势，以产品表达动态世界及个人的精神需求。通过头脑风暴和头脑发散的方式，确定以流动的水体现"动态世界"的概念。山水皆有灵性，古语有"仁者乐山、智者乐水"，流动的水有瀑布、河流、水滴等，水滴形成的图案符合设计构想，同时水滴图案可实现在硬质的材料上展现柔和的视觉感受，表达光在自然界中的灵动，兼顾了人的精神情感需求，"乐水"概念由此而来。

欲滴的水珠外形表达创意，来源于水滴下落形成的波纹涟漪。外形似欲滴的水珠，不仅在外形上给人以温润、圆滑的感受，晶莹剔透的材质可带来自然、珍贵的心灵体验。富有视觉冲击力的造型表达光的节奏和跃动，富有秩序感的散热片，令"乐水"的主题更加突出。外观的新颖独特，体现出灯不仅是一种工具，光还可以被量化并用载体表达，以此引起人们对光和自然的兴趣和思考。

同时，产品体现了美学与功能结合的设计理念。

一方面，产品采用 LED 灯具作为光的载体，这是考虑到：电光源的光通量随交流电源电压周期性交变而变化，引起亮暗强弱闪动谓之频闪，频闪长期潜移默化将危害人们健康和人的视觉系统。白炽灯、荧光灯、三基色荧光灯、节能灯由交流高压供电，均存在不同频率的频闪。LED 灯具由低压直流供电，故不存在频闪效应，不会危害人的健康和视觉系统。白炽灯、荧光灯、三基色荧光灯、节能灯都有不同程度的紫外线辐射，在高频高压状态都不可避免地带来不同程度的电磁辐射。LED 光源的光谱为可见光范围，无紫外线辐射。LED 光源在直流/低压状态下工作，无电磁辐射。

另一方面，研发人员探索了新的散热系统：在产品的散热片中添加内外部同步散热对流腔，散热器采用向上螺旋式，增加了对流孔，实现快速热交换、内壁表面和外部的有效散热，使产品整体的散热面积增大，提高了灯具的使用寿命，有效解决了困扰 LED 球泡灯散热的技术难题，同时具有良好的触感，易于触摸和安装，良好的通光量满足人们照明需求；采用电热分离结构，让电源内置于灯头的塑胶件中，使电源与散热器分离开来，从而使散热器的热量不会直接传到电源上；将传统的扇形散热片设计为桶形散热片，增加了立体感和层次，衬托晶莹的灯罩；企业自主研发的超厚透光罩，最厚的局部达到20mm，面罩形状通过光学设计采用陀螺形状和玻璃制作工艺，使发光面增大4倍，发光角度增加25％，发光效率大于90％，使产品发光时形成折射，宛如欲滴的水珠，接通电源后，灯光通过透光罩又产生了奇妙的光学效果。

LED球泡灯（乐水）实现了美学与功能的结合，这种与现有产品的差异化设计和符合人类精神需求的产品，在市场上极具吸引力。

【专利应用及影响】

LED灯具是第三代照明产品，因其具有无毒无害无汞、能耗低、使用寿命长的特点，同时随着国家对LED照明产业的高度重视，将逐步替代白炽灯和荧光灯成为照明主流产品。目前通过实施家居照明推广工程，产品逐步进入普通百姓家庭。

球泡灯（乐水）经广州地铁、深圳地铁、深圳京基大厦等多项工程使用，反馈良好，并出口欧盟、印度等20多个国家和地区。同时，企业采用国际标准实施规模化生产，提高了产品品质，不仅满足国内市场需求，也得到了国际市场的认可，对促进企业技术创新、提升品质、占领更广阔的市场具有积极的推动作用。2015年，将形成年产2 000万只的生产能力，实现产值12亿元，利税1.8亿元，出口创汇5 000万美元。

球泡灯（乐水）节能环保的设计理念，也体现了企业的社会责任感。产品材料采用可再生、安全无毒的绿色环保材料，采取芯片发光原理，无汞无毒无辐射，同时，其能耗仅为传统白炽灯的10％，荧光灯的50％，使用寿命为10万小时，是第三代绿色照明产品。对促进环境保护、减少节能灯回收污染和节能减排具有积极的推动作用。

球泡灯（乐水）在散热、大角度发光等发明技术领域达到国内领先水平，实现了灯具内在设计和外观设计的有机结合。2011年4月，通过了四川省科技厅组织的科技成果鉴定，鉴定意见为：该项目设计合理，在散热、配光设计上具有创新性，技术达到国内领先水平。

2010年3月至今，球泡灯（乐水）先后获得国家及省内多项评奖，包括：第十四届中国专利设计优秀奖、中国创新设计红星奖、四川省科技进步三等奖、遂宁市科技进步一等奖、遂宁市技术创新特等奖；球泡灯（乐水）光源器件获四川省第一批自主创新产品、遂宁市科技进步二等奖，获得国家重点新产品证书，取得国际标准采标证书。

【简评】

　　球泡灯（乐水）从当前行业关注的"美学与功能的结合"为设计出发点，通过分析设计背景、使用者的需求确定设计思路与定位，最终实现产品外观及结构的创新。整个设计过程中，外观设计与结构设计相辅相成，产品创新的过程体现了工业产品设计美学与功能结合的重要理念。以类似理念进行创新的系列产品设计应用，是设计创新促进企业发展的实例。同时环保设计体现了企业的社会责任感。

　　　　（撰稿人：四川柏狮光电技术有限公司　王建全　联络人：李媛媛）

案例四十四　专利、设计 DNA 与品牌形象

——三星 GALAXY 系列手机

专利名称：移动终端
专　利　号：ZL201230013984.9
授权日期：2012 年 8 月 29 日
专利权人：三星电子株式会社

图 44-1　移动终端（三星 GALAXY S III）（另见文前彩图 10）

【专利简介】

2012 年，三星推出了具有里程碑意义的一款手机 GALAXY S III（专利号：ZL201230013984.9），通过有异于圆角矩形设计风格的大屏幕大圆弧设计风格，创造了三星独特的设计 DNA，并在系列产品中均得以体现，以统一的产品设计风格彰显了三星的品牌形象。甚至可以说，三星能在移动互联网时代站稳脚跟，GALAXY 系列手机，尤其是 GALAXY S III 的外观设计居功甚伟。

GALAXY S III 大圆弧设计和其延伸产品设计的由来可谓颇为不易，其设计风格的形成历时较长且经过了多款产品的演变。在三星 GALAXY 系列手机推出之前，三星的移动互联网手机之路并不顺畅。早在 2009 年三星就推出了首款安卓手机 I7500，并在中国申请了外观设计专利（专利号：ZL200930263776.2）。可以看到这款手机采用的也是三星自己的设计 DNA，但市场反应一般。

2010 年，三星推出 GALAXY 系列的第一款手机 GALAXY S，揭开了 GALAXY 系列手机的序幕。三星将这一系列产品命名为 GALAXY，即银河，

可以说是对其寄予了厚望。如果说三星数以千计的机型就像满天繁星的话，三星期待 GALAXY 系列手机在其产品战略中，能成为夜空中最璀璨的银河。但恐怕是迫于无奈，更是不想错过移动互联网热潮里的巨大商机，GALAXY 系列并非自诞生之日起就以自己的设计 DNA 面貌示人，而是采用了追随者战略，推出了和苹果公司的 iPhone 同样是圆角矩形的 GALAXY S（见图 44－2），GALAXY S 于 2010 年 6 月 17 日在韩国本土注册了外观设计（韩国外观设计注册号/文献号：KR30－0617401），2010 年 7 月 29 日以韩国优先权在中国申请了外观设计专利（专利号：ZL201030256017.6），这款形似苹果 iPhone（中国外观设计专利号：ZL200730148750.4，申请日：2007 年 6 月 29 日，公告日：2008 年 6 月 4 日，优先权信息：2007.1.5 US 29/270,880）的 GAL-AXY S，为三星在智能机市场获得了巨大的成功，当然也招来了来自苹果公司发起的旷日持久的诉讼。

iPhone　　　　　　GALAXY S　　　　　GALAXY S II

图 44－2　GALAXY 系列手机与 iPhone 的比较

虽然三星不排斥追随战略，甚至将其运用到了极致，但三星骨子里志存高远，一直在梦想着能形成一个像宝马的双鼻孔设计和甲壳虫的圆顶设计一样有影响力的、可延续的、有识别性的设计风格。从三星一直以来的外观设计专利申请来看，在不同的时期里，一旦有机会，三星就会尝试设计带有自身设计 DNA 的产品。在圆角矩形的 GALAXY S 和 GALAXY S II 遭遇苹果起诉后，三星终于认识到还是必须坚持推出具有自身设计 DNA 形象的产品。然而，在 GALAXY S III 刚推出的时候，甚至被媒体戏称为"由律师设计的手机"，调侃这款手机的设计是处处在规避苹果的专利。当然，据 The Verge❶ 报道，三星设计副总裁张董勋（Chang Dong－hoon）在参加 2012 年度首尔数字论坛时向采访他的记者称："智能手机设计的调整是三星五年计划中的一部分，而非一个突然的举动。"张董勋表示，"新一代 GALAXY S 智能

❶　美国的一家科技新闻和媒体网站。

手机曲线型的设计是经过公司数百次的尝试而得到。"实际上如果从三星一贯以来的设计风格演变来看，媒体确实是不知鸿鹄之志，可以说三星的GALAXY S III 的大圆弧风格，在客观上确实规避了苹果的专利，但更重要的是三星对消费者诉求的准确把握。GALAXY S III 的设计很好地协调了设计 DNA 和移动互联网时代手机大屏幕少物理键盘的特点，符合人机工程学的原理，握持舒适，而且曲线圆润优雅，一推出就深受消费者认可。

追溯其设计的演变，这一设计 DNA 的关键设计特征自 2005 年开始出现。2005 年，三星推出了销量不错的滑盖手机 MM－A800（专利号：ZL200430078216.7，申请日：2004 年 7 月 27 日，公告日：2005 年 2 月16 日，优先权信息：2004.5.6 KR 30－2004－0012988），其正面整体呈大圆弧设计，并且出现了类似汽车前脸的主按键区域设计，其中 HOME键区域呈圆角的倒梯形。相关的设计元素在其多款手机中都得到了运用（见图 44－3）。

MM－A800（2005）　　　I7500（2009）　　　GALAXY S III（2012）

图 44－3　三星手机外观设计 DNA 的演变

时隔 4 年，2009 年三星推出了首款无数字键盘的触屏安卓手机 I7500（专利号：ZL200930263776.2，申请日：2009 年 11 月 5 日）。在整体形状和主按键区域，三星的工业设计师还是想办法延续了 4 年前滑盖手机 MM－A800 的设计风格。2012 年，在遭遇苹果对圆角矩形的诉讼后，三星的 GALAXY S III 使用的大圆弧形外轮廓和 HOME 键设计，可以看得出明显的三星设计 DNA 的影子。当然，为了兼顾大屏幕的出现和物理键盘的简化，手机的曲线变得更柔和，手机的下沿也变得更扁。GALAXY S III 的出现，意味着移动互联网时代三星公司设计 DNA 的成型。

【专利应用及影响】

三星 GALAXY S III 外观设计专利的成功运用，使 GALAXY S III 成为

GALAXY 系列手机的决定性机型，在投放市场后凭借其优异的设计迅速抢占了大量的市场份额。市场研究公司 Strategy Analytics 发布的一份统计数据显示，❶ 在 2012 年第三季度，三星 GALAXY S III 在全球智能手机市场份额达到 10.7%，成为该季度全球最受欢迎的智能手机产品。高于苹果 iPhone 4S 9.7%的市场份额，将连续两年位居榜首的 iPhone 4S 挤到了第二位。而在同期，苹果 iPhone 5 仅获得了 3.6%的全球市场份额。

该专利的成功应用，还促使三星在多款产品使用了该设计风格，强化了设计 DNA 在产品设计中的运用，并且因此建立了显著的三星品牌形象，进而获得了更多的市场份额。例如，三星在 GALAXY S III 之后于 2013 年推出的 GALAXY S IV（专利号：ZL201330110837.8，申请日：2013 年 4 月 12 日，公告日：2013 年 7 月 10 日，优先权信息：2013.01.04 KR 30 — 2013 — 0000521；2013.02.06 KR 30—2013—0006489），明显延续了 GALAXY S III 的设计风格。此外，该设计风格还衍生了一系列的高中低端机型产品，包括了手机和平板电脑，甚至延及到了一款以 GALAXY S4 zoom 命名的手机相机一体化的终端的设计（见图 44—4）。

GALAXY S IV 低配置的 I699　　　介于手机和平板电脑之间的 NOTE2

平板电脑 GALAXY Tab3　　　相机 GALAXY S4 zoom

图 44—4　三星手机外观设计 DNA 的拓展

该专利的成功应用自然也影响了三星的专利战略。GALAXY S III 的设计风格得以体现，除了较早提交的 ZL201230013984.9 这件专利外，三星还提交了多项设计风格接近的外观设计专利申请来实现其对设计 DNA 的保护。这些专利设计外轮

❶　Q3 三星 GALAXY S3 份额 10.7%登全球智能手机销量榜首［EB/OL］.（2012—11—09）. http：//www. cnetnews. com. cn/2012/1109/2129847. shtml.

廓通常是类似的，主要的差别通常在于按键区域和其他细节，例如，
ZL201230014005.1、ZL201230013984.9、ZL201230148587.2、ZL201230300072.X 等
（见图 44—5）。

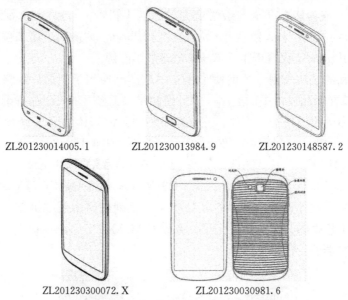

ZL201230014005.1   ZL201230013984.9   ZL201230148587.2

ZL201230300072.X   ZL201230030981.6

图 44－5　三星 GALAXY S Ⅲ 同系列手机中国外观设计专利情况

从三星的设计战略和专利战略来看，三星能够在移动互联网时代中获得
成功，着实不是巧合，它是三星一直以来所坚持的设计 DNA 之梦、细致到位
的专利保护以及由此形成的品牌形象多方面因素共同作用的结果。

【简评】

产品造型也有 DNA？对！它就是品牌所特有的独特的外观设计，并在一
系列产品中形成的共有特征。它一方面在保持品牌传承与延续的基础上创新，
使产品形象更具系统性和文化魅力；另一方面，也使品牌形象更加鲜明，有
利于消费者对品牌的认知、辨识和信任。本文系统地对三星 GALAXY 系列
手机外观设计进行了介绍，揭示了三星在建立和运用产品造型 DNA 过程中的
坎坷与经验。

（撰稿人：国家知识产权局专利局　吴溯　联络人：黄婷婷）

案例四十五　锋于型的光芒　睿于内的力量

——联想笔记本电脑（Zsd）

专利名称： **笔记本电脑（Zsd）**
专 利 号： ZL200930204932.8
授权日期： 2010 年 11 月 10 日
专利权人： 联想（北京）有限公司

图 45-1　笔记本电脑（Zsd）（另见文前彩图 11）

【专利简介】

联想集团成立于 1984 年，是中国本土最大的计算机企业之一，从 1992 年起开始关注市场，积累了深厚的客户经验。联想产品系列包括 Think 品牌商用个人电脑、Idea 品牌的消费个人电脑、服务器、工作站以及包括平板电脑和智能手机在内的家庭移动互联网终端。2011 年起成为全球第二大个人电脑生产商。根据 2012 年第四季度统计，联想是世界第八大手机生产商，第五大智能手机生产商。

联想创新设计中心通过对人的关注以及先进的设计手段和技术工艺，成为联想全球创新体系的重要组成部分，全面负责联想集团产品工业设计战略的制定、全线消费产品等设计开发和设计推广，包括台式电脑、笔记本电脑、服务器、小型手持类产品、外设产品等，该中心深入把握市场和用户的需求，以实现最佳的用户体验方案为起点，成功地开发了一系列产品。

笔记本电脑（Zsd）是联想创新设计中心 2009 年设计出的一款创新型产品，

创新性地将传统笔记本电脑与平板电脑的设计统一融合在同一款产品中，是全球首款创新形态的混合型笔记本电脑（Hybrid PC）。此款双核笔记本独特的设计在于它创新性地将两套处理器和操作系统应用于这款产品中，实现了双模运作的模式，并通过产品两个部件的组合和分离，实现一台电脑两种使用模式，被称为笔记本中的混血儿。产品在外形设计与使用方式上均进行了创新。

外形设计上，产品整体外形设计圆润，采用中国传统特色的樱桃红等设计元素，整个产品具有浓郁的中华红特色，也与圆润的外形设计相得益彰。同时，该笔记本电脑给产品定义了一种类似指挥艇的两种使用模式的造型，屏幕为"平板"，产品键盘及外套为"母舰"，"平板"与"母舰"可结合也可分离。当"平板"与"母舰"结合时，可作为一个传统意义上的笔记本电脑使用；当"平板"与"母舰"分离时，"平板"本身可以利用自身的硬件和操作系统，可作为具有多点触控功能的平板电脑使用。

使用方式上，该产品既可以满足使用者对传统笔记本的需求，也可以满足根据使用者的使用环境及使用习惯的需要，将屏幕部分卸下，当成具有多点触控功能的平板电脑使用。其两套处理系统以及操作系统可以在技术上支持这种使用方式，达到既方便转换使用方式又便于携带，达到不同的使用目的。用户可以轻松地将屏幕部分取下，该产品即从传统笔记本形态标准模式切换成触控平板模式（见图45－2）。

图 45－2　可与主体分离的屏幕

同时，产品通过双模切换技术（Hybrid Switch）使这两台电脑可以同时而又相互独立地运行，实现两个处理器之间灵活的切换。用户可以在笔记本电脑模式下上网的过程中，取下平板电脑，继续上网体验。

这款笔记本电脑的设计，兼顾了产品外形的美观与消费者使用该产品时的使用感受，创新的混合型笔记本电脑形态，显著地提升了用户正面的使用感受：产品既具有触控式平板电脑的使用场景，也具有传统笔记本电脑的高性能操作优势。可以说，本外观设计专利产品给个人电脑类产品的发展确定了新的发展方向。单纯的平板电脑体积小、性能高，方便携带，可以随时转移使用场所，具有较好的移动灵活性，且其在输入方式和操作上也具有一定的方便性，倍受青年人喜欢，但由于手写输入与键盘打字相比速度过慢，是平板电脑在打字办公方面具有先天的缺陷，且传统笔记本电脑在产品性能上具有的优势，使得一个没有键盘的平板电脑显然是不能代替传统笔记本电脑的。此款笔记本电脑（Zsd）集平板电脑与传统笔记本电脑的优势于一身，兼顾两种电脑的优势，是两种电脑的有机融合与创新。

【专利应用及影响】

在多年的设计创新发展过程中，联想创新设计中心设计的产品获得了全球范围内的多项设计大奖，2010 年木外观设计专利产品荣获 IF 奖，同年分别荣获 CENT 颁发的电脑和硬件类"CES 最佳产品奖"，*Popular Science* 杂志颁发的 2010 CES 未来产品大奖，*Popular Mechanics* 杂志颁发的"CES 2010 编辑选择奖"；2011 年荣获中国专利奖外观设计专利金奖。

为对本专利产品得到更全面的专利保护，同时使产品独特的设计区别于其他同类产品，企业对本专利产品的外形设计也申请了与之相关的外观设计专利 3 件。此外，企业在该款产品上部署了发明和实用新型共 180 多件专利技术，如插拔接口技术、电源管理技术、数据传输及同步技术、触控交互技术等。

本外观设计产品在生产销售中为企业带来可观的经济效益。自产品投产至 2010 年年底，本外观设计产品为企业新增销售额达 2.6 亿元。

本外观设计产品的设计与实施，也产生了显著的社会效益，一定程度上促进了行业内外观设计的进步。本外观设计不仅关注产品外形是否美观，更多地考虑了消费者使用外观设计产品的使用感受；企业通过工业设计统一规划产品的形象，在市场上产生很强的视觉冲击力和统一感，使产品产生了象征意义，在产品设计上与竞争对手的差异带来销售市场的优势。同时，本外观设计专利产品的电脑形态区别于其他同类产品，设计的创新使本外观设计专利产品与同行业同类产品相比，产生了巨大的差异，也为企业的品牌建设产生了最直接的影响。

【简评】

笔记本电脑（Zsd）改变了使用者对同类产品的传统认知，既可以是传统概念中轻薄的笔记本电脑，也可以一分为二成为两个独立的电脑，给使用者更多的根据自身需要选择使用方式的余地，一个笔记本电脑，需要时就是两个电脑，真是"实惠"的设计。外观设计的创新必然离不开技术的创新，"一分为二"的设计，改变了传统笔记本电脑的物理连接方式，其技术创新也申请了发明和实用新型专利。本专利产品是艺术与技术创新相结合，是两者相得益彰的典型代表。

（撰稿人：国家知识产权局专利局　石岩　联络人：李媛媛）

案例四十六 "薄"动心弦 动人"U"物
——格力 U 系列壁挂机

专利名称：空调室内机（分体壁挂式 10—76）
专 利 号：ZL201030234585.6
授权日期：2011 年 1 月 26 日
专利权人：珠海格力电器股份有限公司

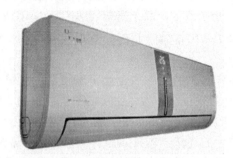

图 46-1 空调室内机（分体壁挂式 10-76）（另见文前彩图 12）

【专利简介】

珠海格力电器股份有限公司（以下简称格力电器）成立于 1991 年，是集研发、生产、销售、服务于一体的专业化空调企业。至 2012 年，格力电器累计纳税 290 亿元，已连续 11 年位居中国家电行业纳税首位。20 多年的发展，格力电器始终坚持走创新之路，至今已开发出包括家用空调、商用空调、空气能热水器、净化设备在内的 20 个大类、400 个系列、7 000 多个品种的产品，产品远销全球 100 多个国家和地区，用户超过 2 亿。

在现有空调的设计背景下，传统的壁挂式分体空调器外观造型笨重，厚度在 22cm 左右，侧面看过去类似面包，因此也被称作"面包型"。这与当时的空调换热技术落后、需要厚度较大的换热器有关，出于对性能的考虑而不得不放弃对外观的追求。随着空调领域换热技术的发展，换热器的厚度逐渐变薄，这对空调外观的改善起了重要的推动作用，出现了"平板型"空调。但是平板型空调依旧延续了之前空调方正、棱角尖锐的特点，不能很好地融入现代家庭的家装风格。

同时，随着整个空调行业竞争愈演愈烈，产品同质化的问题日趋严重。

随着技术的不断创新，原有产品外观已不能与先进产品的技术实力和品牌特色相匹配。工业设计则是打破产品同质化、建立品牌特性的重要手段，自主创新迫在眉睫。

2009年，格力电器成立了新产品外观设计组，着手开发全新一代产品。设计出一款既满足人们对轻盈的追求，同时又兼具时代特色的全新空调外观成为新产品外观设计组对产品外观的设计目标。

格力电器工业设计工程师对1 000个消费者进行了调研，查阅了大量国内外设计期刊，得出消费者对空调外观的几点需求：尽量小型化，过于笨重的事物很难让人产生美感；喜欢圆润的造型，圆润可爱的造型更容易让消费者亲近。

满足消费者的上述需求，设计难点在于：小型化设计将空调器厚度减薄后，如何保证同样的制冷/制热效果；圆润的造型对生产环节的模具设计提出了更高的要求。

设计师结合设计目标，先后设计出4套方案。从最初只满足"薄"的需求，到增加U型设计以形成"圆润感"的外形设计，再到优化显示区间与导风板的关系，优化产品侧面线条设计。设计时充分考虑产品的性能，不仅仅是外观出众，性能与内涵也要同样出众。每一步都使产品设计更贴近消费者的需求。同时，考虑到工厂的现有加工模式，设计师对产品结构和制作工艺进行了优化。将面板与面板体的连接处设计为无缝连接，提高了产品的精致度，可不用设置特殊的固定结构，提高了生产效率。

设计方案确定的过程中，市场、销售、制造及工艺等多个部门共同参与，围绕方案是否能达到最优能效标准，工艺上能否做到无瑕疵，生产及制造环节能否高效率完成，能否让消费者留下深刻印象等方面，从美学、产品性能、生产效率等多方面不断优化，逐步形成最终方案并投入生产。新产品外观设计组为这个新的空调外观设计赋予新的造型语言："薄"动心弦，为您而生；动人"U"物，惊艳全场。格力U系列空调的出现，使人眼前一亮。

关于"薄"：由于受到技术的限制，一直以来，空调行业的传统观念是"能效比越高，机身越厚"——要在能效提升上有所作为，必然以牺牲外观和原材料作为代价。格力U系列超薄空调实现了"鱼与熊掌"兼得。在能效比不降反升的情况下，把厚度从21cm锐减到15.3cm，消除了业内的技术误区，推动行业前进了一大步。

关于"U形"：格力首创空调室内机U形设计，使空调整体呈流线型，改变了人们对壁挂空调呆板、单调的传统印象，也更易与家庭装修风格相匹配。产品左右两侧和上侧，独创的"裙边"设计使空调整体线条更加柔和。

关于"LED显示屏"（见图46-2）及"面板"（见图46-3）：运行状态一目了然，显示屏下方的镶嵌水钻，增加了产品的时尚感与优雅度。面板的颜色有多种选择，幻彩蓝、幻彩红和幻彩银。消费者可根据室内装饰风格及色调自由搭配，实现和装修、家具的融合。这些细致的设计使空调不但有本身的使用价值，也成为有一定欣赏价值的艺术品。

图 46-2　LED 大显示屏

图 46-3　多色面板

【专利应用及影响】

格力电器的 U 系列壁挂机先后获得多项国内设计奖及创新奖：2010 年获得中国工业设计协会颁发的红棉奖（中国创新设计大奖）；同年荣获中国家用电器研究院颁发的家用电器技术创新奖；2012 年在第十四届中国专利奖评选中，摘得外观设计专利金奖桂冠，成为我国空调行业首家获此殊荣的企业。

为全面保护外观设计，企业将同系列的产品均申请了外观设计专利，同时对应用该设计的产品结构、功能等作出的创新成果申请了 34 项发明与实用新型专利，实现全方位的保护。企业还就该外观设计在欧盟、澳大利亚、日本和韩国提出了外观专利申请，使其在国外市场同样得到保护。

本专利产品自 2010 年 10 月推出，受到广泛的业内赞誉及消费者的喜爱，提高了产品的市场竞争力。至 2012 年年末，上述专利商品累计新增销售额 75 亿元、新增出口额 9 094 万元，新增净利润 4.2 亿元。格力电器全新的空调外观设计，全面提升了格力电器的产品形象，提升了企业的品牌形象。

【简评】

消费者的需求是本专利产品的设计目标。为实现设计目标，设计师一方面从外观设计着手对产品造型进行改进，另一方面会同生产、销售多部门就限制实现产品外部造型满足目前消费者需求的技术问题进行多次协调会商。产品突破了空调设计在消费者心目中的固有形式，创新最终获得业界与消费者的认可，使产品具有顽强的生命力和强大的竞争力。同时，对创新成果的全面保护，也体现了企业的知识产权保护意识。使"中国制造"具有了更强劲的动力和更灵动的风采。

（撰稿人：珠海格力电器股份有限公司　寇晖　联络人：李媛媛）

案例四十七　让医疗变得亲和
——鱼跃医疗 7F—3A 制氧机

专利名称：制氧机（7F—3A）
专 利 号：ZL200830294263.3
授权日期：2009 年 11 月 4 日
专利权人：江苏鱼跃医疗设备股份有限公司

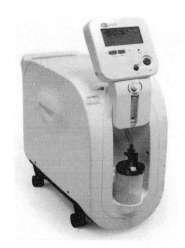

图 47-1　制氧机（另见文前彩图 13）

【专利简介】

据 2011 年 3 月份颁布的人口普查数据，我国 60 岁及以上人口已经达到总人口的 13.26%，在未来的几年内，我国将正式步入"老龄社会"，老年人的需求也将随之呈现跳跃性的增长。老年人的健康问题将成为全社会普遍关注的焦点，家庭保健的需求日益凸显。同时，随着家庭人均收入的增加、"独生子女"政策所引发的养老压力，以及社会医疗资源的稀缺，都使得家庭成员共同关注健康以防患于未然。在这样的背景下，家庭健康产品应势而生。家用制氧机就是这类家庭健康产品的典型代表。从数量上看，前几年中国的制氧机数量仅有美国的 1/10，而在两三年内迅速扩大，现在已经达到了美国市场的一半左右，而且这种快速增长的趋势还在继续。江苏鱼跃医疗设备股份有限公司（以下简称鱼跃医疗）牢牢抓住这一机遇，开发出一款在市场上独占鳌头的 7F－3A 制氧机。

在产品开发前期，设计师对这款产品的需求进行了细致的分析。首先，是对外观设计的分析。试想，在市场上琳琅满目的产品中，想要让自己的产品脱颖而出，毫无疑问外观设计是第一要素。而对于制氧机来说，市场上大部分产品都是比较方正的长方体，或者稍带一些曲面设计，放在家里，给人的感觉就是一台冷冰冰的"治疗仪器"，这导致使用者从心里对其产生一种恐惧感和排斥感。设计师有了第一个想法："让医疗不再恐惧"，即希望设计出来的产品在外形上能让使用者感觉有亲和力，在使用的时候，不会感觉它是一台治疗仪器，而是身边的一个伙伴。其次，家用制氧机的使用对象绝大部分是年龄较大的老年人，他们的视力不是很好，也不能接受烦琐的操作步骤，因此，操作便捷也是其中一个重要需求。最后，因为制氧机使用频率较高，节能就显得尤为重要。

确定了上述三方面的需求，设计师开始寻找灵感。最终，一只憨态可掬的宠物犬让设计师眼前一亮：狗是人类最忠实的朋友。把这样一台宠物犬造型的制氧机摆在家里，就好像有一条温顺、忠诚的小狗陪伴在身边，使得该产品极具人性化，如同病人的忠实伙伴始终陪伴不离不弃，对于身体痛楚、精神脆弱病人的康复有着积极的效果。

设计思路一出来，设计师开始着手草绘产品的外观。经过几易其稿，最终得出如图 47－2 所示的产品的雏形，除了整体设计成宠物犬的大曲线走势，还把各转折点都设计成大圆角，突显出产品"润与柔"的特点，每一根线条在围绕结构的基础上，设计者力保让其优美、饱满，使之更具人性化。同时，机箱表面设计成无螺钉安装，使得其整体更具完整感与立体感。

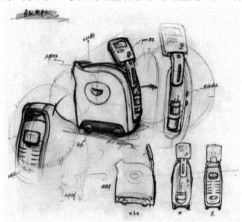

图 47－2　鱼跃医疗 7F－3A 制氧机草绘手稿

为了彰显操作便捷的特点，该款产品不但设计了超大液晶屏幕，使得屏幕上的数字清晰可见，给视力不太好的老年人提供了极大的便利，而且湿化瓶设计成开放式，便于用户操作清洗和更换。同时，过滤系统设置成半开放式双级过滤系统：一级过滤网在机器背部，可直接用手取出；打开二级过滤门，直接更换过滤棉，保养维护简单易行，保证整机使用寿命更长久。

此外，出于节能的考虑，7F－3A 制氧机采取美国进口分子筛制氧。由于制氧设备的主要成本为电费损耗，按照电费 0.6 元/千瓦时计算，每立方米瓶装氧成本约为 6 元、液态氧约为 3.4 元，而分子筛制氧约为 0.72 元。同时，为了减小产品在使用时产生的噪声，采用了先进的环绕风道设计和多级分散降噪措施，并设置了阻抗型消声器，确保噪声控制在 50 分贝以内，有效减少了噪声对病人及环境的影响。

【专利应用及影响】

7F－3A 制氧机的外观设计定稿后，鱼跃医疗立即就该产品于 2008 年 10 月 27 日提交了外观设计专利申请，并于 2009 年 11 月 4 日获得授权。

因为本专利产品的外观设计在家用医疗行业的创新，于 2008 年 12 月 19 日获得了由中国创新设计红星奖委员会颁发的"2008 年中国创新设计红星奖"；2011 年 11 月 8 日获得第十三届中国专利奖外观设计金奖，鱼跃医疗成为唯一一家获得外观设计专利金奖的医疗器械公司，鱼跃制氧机亦是唯一一个获此殊荣的医疗器械产品。

同时，由于外观的新颖性、操作的便捷性以及节能的特点，本专利产品一经问世，就受到了广大消费者的青睐，专利产品市场销售增长迅速，对公司业绩成长、产品市场份额的提高都具有重要贡献。公司该款产品销售额位居国内 3L 制氧机前列，不仅如此，因为本产品的良好口碑，激发了消费者对 3L 制氧机的不断认可，从而带动了整个分子筛制氧行业发展迅速，为公司带来了巨大的经济效益。

从 2009 年 8 月投产至 2010 年年底，7F－3A 制氧机累计销售额达到 10 020 台，销售总金额达到 1 384 万元，获得销售利润 911 万元，同时出口量也达到了 1 586 台。与此同时，专利产品的税收贡献也在增大，自 2009 年专利产品使用以来，公司缴纳的该专利产品相关的各种税收约 320 万元。

除此之外，由于 7F－3A 制氧机的成功，带动了公司其他制氧机的发展。在 7F－3A 的基础上，公司还相继开发出了 7F－3W、7F－5A、7F－5W 等产品。2010 年鱼跃医疗的制氧机销量已经达到 12 万台，2011 年销售的制氧机则将近 18 万台。在制氧机市场，鱼跃医疗占据了将近 65％的份额，全球销量遥遥领先，这一数字使得鱼跃医疗成为全球制氧机领域最大的销售商。

7F－3A 制氧机的成功，离不开鱼跃医疗对专利的重视。一直以来，鱼跃医疗就有一套完善的专利保护措施：增强创新意识，增加专利申请量，加强专利保护力度。对内，公司设立专利奖励机制，鼓励公司员工参与到产品的技术革新、设计创新中来；对外，加强市场调研，对有利于公司产品改进的他人的技术或设计，通过购买等途径纳入公司智库。

通过建立完善的专利管理制度，加强专利管理，巩固专利产品的竞争力。如建立了专利检索制度、专利台账制度、专利授权缴费及年费缴纳制度、期满专利归档制度等，确保了专利产品的持续有效性、合法性。

通过专业管理团队，实现专利的精细化管理，保障专利产品的市场份额。公司设立专门人员负责日常的专利管理，同时研发、策划、销售、法务等部门联合成立专利决策委员会，负责解决公司专利产品的相关疑难问题。

公司还建立司法途径和行政途径双轨保护机制。一旦获取涉嫌侵权方的相关信息，首选地方知识产权局的行政执法大队进行查处，同时通过公司法务部门发送《法务公函》，明确向侵权方发出警告，要求停止侵权；若上述措施仍未达到保护效果，鱼跃医疗则通过法院诉讼维权。诉讼是公司的最后选择，鱼跃医疗在维权过程中，一般要求侵权方停止侵权，以便巩固市场地位。

7F−3A制氧机的成功，迈出了家用医疗产品人性化的第一步。

【简评】

近年，家用医疗器械市场迎来了春天。但是如何才能在纷繁复杂的产品中杀出一条生路呢？鱼跃医疗的这款制氧机或许能给出一个答案。它圆润的造型酷似憨态可掬的宠物犬，柔和的大曲面给人亲切友好的印象，浅淡雅致的高明度色调抚平一贯的紧张，超大的液晶屏幕，便捷的操作界面等外观设计均体现了现代医疗产品的人文关怀，反映了医疗产品中情感化设计的重要性。

（撰稿人：国家知识产权局专利局　周芸　联络人：黄婷婷）

案例四十八　设计创新拓前程　力助扬帆行天下
——力帆 X600 概念摩托车

专利名称：摩托车
专　利　号：ZL201030228295.0
授权日期：2010 年 12 月 15 日
专利权人：力帆实业（集团）股份有限公司

图 48-1　摩托车（另见文前彩图 14）

【专利简介】

在 2010 年 10 月 22 日举办的"第九届中国摩托车博览会"上，力帆实业（集团）股份有限公司（以下简称力帆集团）的展位前人头攒动，很多人举起相机频频拍照，流连忘返。这吸引人的不是什么靓丽的车模，而是力帆集团入选"2010 年度百件优秀中国专利"的概念摩托车 X600。

说起这款车，就得先说一说力帆集团，这个民营企业中不可或缺的灵魂队伍。成立于 1992 年的力帆集团早期的生存十分艰难，但很快以发动机起家，创下了不凡的业绩，成就了行业的领先地位。1994 年力帆集团在全国率先开发出四冲程 100 型发动机，2001 年力帆摩托首销日本，改写了中日摩托车有来无往的历史。这些成功，都源于力帆人对创新的追求。

进入 21 世纪，力帆集团凭借自己的实力已经奠定了在业界的稳固基础。此时的摩托车行业市场竞争更趋激烈，由价格战转向技术、品质、设计等全方位的综合实力竞争。力帆人敏感地意识到，创新的脚步不能停歇，力帆的摩托车需要在工业设计方面做深入的研究，将企业文化融合在车型的外观设计中，要向外界传递力帆摩托车今后造型的走向以及发展趋势。

在这样的理念下，研发团队在接到设计任务的初期，首先对消费人群进行了分析。他们发现，摩托车作为一种便捷的交通工具，已经遍及中国的中小城市以及乡村地区。随着市场渗透率的上升，产品的功能开始多元化，产品的用途逐渐细分化，针对各自的功能、用途，强化出相应的设计侧重点，如此带来市场的进一步全面扩张，消费群体也随之发生细化，其中有很大一部分摩托车不再仅仅作为交通工具，休闲车型的需求出现激增的局面。同时，随着人民生活水平的提高，高端产品悄然兴起，差异化、个性化产品层出不穷。在对消费群体的变化趋势进行科学分析后，研发团队确定了存在明显差异化的消费群体，这是一群 80 后及 90 后，青春洋溢，朝气蓬勃，经济状况良好，他们对摩托车的用途从最初的单一交通工具向多用途转变，他们对产品的造型从初期不在意到现在通过选择产品造型来体现自我个性的追求。产品的设计团队根据上述消费人群的特点，结合力帆的品牌形象和企业文化，确定了本次设计造型的多个关键词，例如：力量、运动、流畅、典雅、大方等，并且还敏感地吸纳了"简约"的潮流文化，整个创意过程围绕"极约竭简"的设计理念展开。

在这一阶段，造型设计师从不同的视角、不同的出发点、不同的设计风格上寻找灵感，用发散的思维开启自己的设计视野，设计出了大量的草图方案。草图方案是后期创作开发的基础，图 48－2 为这一阶段的部分草图。同时，灵感还来源于细心的观察。造型设计师细致观察周围的人和事，去聆听消费者内心的想法，发掘当前产品的不足。之后设计团队对前期草图进行筛选，对设计的产品细节进行深入讨论与推敲，一方面考虑设计方案的可行性、产品各部分的尺寸比例以及各细节部位的点、线、面的关系，另一方面比较竞争对手的产品，注意避开对方的知识产权壁垒，但是又不能因其限制自身的设计创意。最后，设计团队从多元的设计脉络中萃取精华，集思广益，确定了几个有价值、有意义的方案，供专家小组评审。由设计、制造、销售、企业决策等多名专家组成的专家小组经过反复研讨，最终入选的设计方案如图 48－3 所示，即后来问世的 X600。

图 48－2　设计师草图

图 48－3　本专利确定的设计方案

摩托车 X600 将街车和跑车的设计元素互相融合，采用"混搭"的设计理念，达到了预期的运动型整车的车型效果。本车型整体造型前卫大胆，动感十足，整体线条狂野粗放，无处不体现着运动的力与美。车身采用流体雕塑的造型元素，体现的是一种流线细致的造型所带来的运动速度感及形态细腻精致，同时不乏雕塑所有的坚毅强韧之感。本车型如图48－3 所示的红色部分为主要设计特征元素，该部分如一道刀光划过，尽显迅速、凌厉之势。车灯方面，独特的双大灯设计，使之完全颠覆了现有跑车与街车的设计传统，转向灯的灯泡和灯罩之间增加了一个磨砂质感的透光罩，从而使转向灯的灯光呈现出一种与众不同的质感。除此之外，可调式坐垫的设计极大提升了整车驾乘舒适性；尾部采取的去挡泥设计更是充分体现了"极约竭简"的设计理念。考虑到未来城市交通道路的改善，摩托车的整体使用环境也将有大的变化，随之带来的将是挡泥功能结构的弱化，于是本车型设置为内挡泥。本车型除了外观优美之外，还在车头和转向灯的结构上进行了大胆的创新，如车头采用车头支架设计与车头覆盖件相结合的形式，不但使外观造型更加优美，而且使车头的安装方式大大简化，解决了以往不易安装、生产一致性差的问题，同时还节约了制作成本。总体来说，整个产品的设计满足了消费人群对运动、力量的追求，体现了高雅大方和流畅的流线感。

力帆 X600 款街跑运动摩托车不仅有酷炫的外观造型，同时也融合了力帆在混合动力及节能环保方面的最新科研成果，是内外兼优的新产品。该款产品的成功研发，成为力帆摩托对未来大排量街跑车的一次成功探索，标志着力帆已形成了完备的街跑摩托车设计平台，同时也是摩托车设计领域的一次革命性突破。

【专利应用及影响】

本专利车型在 2010 年北京车展上一经亮相，就吸引了大量国内外同行专家和消费者以及媒体的广泛关注。在网络上也被充分地讨论，引发了人们对现有设计手法的思考和对未来大排量摩托车的造型趋势探讨。一时间，大排量、高科技、节能型、环保型摩托车得到大力渲染，一度成为坊间新宠。

力帆集团在收获好评的同时，没有忘记随时保护自己的劳动成果。针对该款专利车型，除摩托车整车以外，还就车头总成、油箱、侧盖及挡泥板等零部件分别申请外观设计专利共计33项，并先后获得授权，形成了完备的专利保护网络。本专利车型2011年4月26日入选"2010年度百件优秀中国专利"。2011年11月8日，国家知识产权局在北京举行了第十三届中国专利奖颁奖大会，本专利车型荣获中国外观设计专利金奖。力帆集团是全国唯一一家获此殊荣的摩托车企业。

力帆X600的成功研发为力帆集团赢得了荣誉。力帆集团尝到了设计创新的甜头，也深刻认识到企业的发展来源于创新。从力帆集团成立的第一天起，力帆人就牢记"力帆有三宝：创新、出口、信誉好"，从1992年创立之初的9名员工，20万元资本金，到现在约1.5万名员工，净资产已达17亿的大型民营企业，靠的就是创新。正是凭借在各个领域的不断创新，力帆才一步步走到了今天，并逐步形成和制定了"创新力帆、质量力帆"的战略思想。目前，力帆集团在全球的累计授权专利有6 000多项，在全球获得注册商标1 400多个，在国家发改委公布的2013年国家认定企业技术中心的评价结果中，同期发布的发明专利拥有量前50名企业中，力帆以319项发明专利拥有量排名第24位，力帆居汽车行业第二位、摩托车行业第一位。

值得一提的是，力帆X600是一辆尚未大批量生产的概念车。我国目前还有很多人不能理解概念车存在的意义，认为概念车只是处在创意、试验阶段，也许永不投产，它不像大批量生产的商品车一样能创造出可以量化的产值，根本不存在投入资金和精力的必要。但是实际上，在车辆领域，概念设计通常代表了该品牌最丰富、最深刻、最前卫、顶级水平的车，是各大品牌彰显其科技实力和设计观念的重要方式。概念车的存在通常相对于一家大公司而言，在战略上具有多重意义。第一，通过消费者对概念车的接触，企业可以估摸大众的接受心理，了解消费者对概念车的反映，从而继续改进，力帆X600以它的强烈社会反响帮助力帆集团了解消费者的兴趣所在。第二，概念车能吸引大众眼球，全面地向消费者展示了企业雄厚的设计实力，传播企业文化，提高自身形象，扩大企业的品牌知名度，间接为企业带来经济效益，显然力帆X600已经很好地对此作出了诠释。

【简评】

力帆的这款摩托车是对大排量运动摩托车外观设计的一种探索。它采用"混搭"的设计理念，将街车和跑车的设计元素相结合，既体现流线的运动速度感，同时又不乏刚毅的雕塑之美。可以说，力帆这次探索的结果是瞩目的，更需要瞩目的是力帆不断创新的探索精神和锐意进取的探索过程。

（撰稿人：国家知识产权局专利局　黄婷婷）

案例四十九　时尚嫁接科技　人机保障安全
——三一重装巷道掘进机

专利名称：巷道掘进机

专 利 号：ZL200730285323.0

授权日期：2009 年 4 月 29 日

专利权人：三一重型装备有限公司

图 49－1　巷道掘进机（另见文前彩图 15）

【专利简介】

掘进机是用于开凿平直地下巷道的机器，属于煤矿巷道开拓的主要设备，是体现煤炭采掘自动化程度的主要指标。我国煤机行业的起步较晚，工业设计关注度较少，产品的外观设计较为落后，一贯给人"傻、大、笨、粗"的印象。针对传统的掘进机外形裸露、做工粗糙、笨重、市场竞争力低、无法满足市场需求等缺点，三一重型装备有限公司（以下简称三一重装）的设计人员提出了改进掘进机外观设计的创新理念，意欲结合煤炭采掘工艺，将科技、时尚、安全、人机工程学等因素融入产品外观设计中，进而提高掘进机的使用效果，减轻工人的劳动强度。

上述想法一诞生，三一重装的设计人员立刻着手对掘进机的外观设计方案进行构思。经过反复调研，三一重装发现在保证掘进机工作效率不断提高的同时，还应使产品具有时尚的设计特征，体现三一产品的家族特色，更重要的是要符合人性化的需求，这在掘进机市场以后的不断发展过程中势必成为不可缺少的一部分，并最终提出了"安全、可靠、高效、人性化"的总体设计理念。

设计人员通过多次修改及评审，经过无数个不眠不休的夜晚，新开发的掘进机呈现在人们的面前（见图49—1）。这次设计凸显稳重的整体风格，安全、可靠、高效的科技感，特别在产品的造型、色彩、人机工程学等方面进行了精心的设计，从形态的节奏韵律感以及整体的协调性上提升了掘进机现有的工业设计水平，整体设计既展现了科技和时尚的元素，又兼顾了人性化和安全性。

在造型方面，整机造型线条刚劲有力，具有威猛、豪放、强悍的第一视觉冲击力。其中悬臂部分造型有力、雄伟、冲击力强，下方的铲板部分简洁、大方，后方的本体部设计与前呼应，浑然一体，简洁的直线设计增强力量感以突出稳重的特性，整体形态一方面传递出力量感、强壮感和"向前冲击"的动感，另一方面体现产品的稳重、坚固、安全的概念。在色彩方面，采用三一重装最新的视觉识别系统和涂装方案，其主体色为工程黄，鲜明、易识别、符合重工产品的特征；辅以黑色，凸显端庄、稳定、具有安全感；局部重点部位配以三一红，醒目、神采飞扬、又具有三一集团的企业形象；色彩分割的比例具有节奏感，既大气又轻松，既稳重又富有动感，整体设计简单直观，给人以稳重、安全、力量、醒目、亲切之感。

由于掘进机的工作环境相对特殊，操作环境比较恶劣，风险比较大，所以对于人机工程学的要求非常高。在外观设计的过程中，必须结合人机工程设计原则，对产品设计的安全性、可靠性、准确性、舒适性、真实性、界面友好性等各方面提出要求。为了设计出符合生产实际、人机和谐要求的掘进机，设计人员将已有的人机工程学数据作为基础，亲自进入井下观察掘进机的作业过程，通过对操作员视野、坐姿、站姿、操作界面等因素的人机分析，从而找出现有掘进机外观设计中影响掘进效率的因素，以及该因素给操作人员工作带来的不便。在这款掘进机中，注重人机工程关系的合理性设计，谋求操作舒适，观察界面准确到位，采用了开放的操作空间，在前方没有遮挡的情况下，操作员的视野非常清晰；设计了恰当的操作空间，使操作员容易操作操纵杆，手臂不容易产生疲劳，效率增高；合理安置了操作台位置，最大限度地提高了操作、控制舒适度，简洁的操作界面，减少了误操作的可能。

这款掘进机的设计既不缺乏科技和时尚的因素，又通过结合人机工程学理论，提升了产品外观质量和使用安全性，实现了产品的功能最大化。

【专利应用及影响】

这是三一重装第一台外观设计方面具有自主知识产权的掘进机，它的研发表明了三一重装对自主知识产权的重视。该款掘进机设计工作刚结束，三一重装就立刻向国家知识产权局提出了外观设计专利申请，并在2009年获得授权。在第十二届北京煤机展上，应用这款外观设计的EBZ160型掘进机一经亮相，就以其美观大方的造型、配比考究的颜色艳惊四座，令所有参展者眼前一亮。那一次展会，三一重装自然成为备受瞩目的厂商。此项外观设计的出现也引起了业内关注，触发我国煤矿机械行业整体对提升外观设计水平的探讨。该机型2012年参加瑞士日内瓦举办的国际发明展，得到了国内外的关注，2013年参加沈阳举办的东北专利洽谈会，受到业内人士的一致好评。更令人惊喜的是，2011年该项外观设计专利获得第十三届中国外观设计金奖。之后在国内外参展及市场开拓时，三一重装对本外观设计专利产品进行了充分宣传，有效扩大了产品的知名度和影响力，提高了产品竞争力。

三一重装十分重视知识产权的转化。现在，本外观设计专利已经由三一重装充分实施，成功转化为生产力，不仅广泛应用于EBZ160型掘进机，还推广应用到EBZ318、EBZ200等系列掘进机的外观设计上，使产品族群在外观上具有相互的"血缘"关系，易于辨识，促进了品牌建设。由于本系列机型掘进机的外观设计造型刚劲有力，稳重可靠，结合了人机工程学，提高了操作的安全性和舒适性，得到了广大客户的一致认可，给三一重装和整个煤机行业带来了巨大的经济效益和社会效益。在未采用专利技术之前，即2005～2007年期间，三一重装销售的掘进机系列机型的销售额共计93 246万元。自采用专利技术起，系列掘进机的销售额得到大幅度提升，2008～2010年间新增销售额共计为517 191万元，新增利润为432 951万元。应用此项外观设计的掘进机在满足煤矿机械安全要求的同时也达到了功能的最大化，产品销往全国各大煤矿，得到了客户的广泛认可。

在竞争日趋激烈的市场环境下，产品的竞争除了功能和价格因素外，文化创新、个性化创新、形态创新和品牌创新越来越备受关注。三一重装自创建以来积极推进自主创新建设，走一条技术跨越之路，开发了一系列拥有自主知识产权、形成规模效益、市场竞争力强的高新技术产品，知识产权在数量和质量上取得了丰硕成果。近年来三一重装更是将工业设计创新作为企业发展的新途径和新方向，设计创新在增强产品附加值，塑造品牌优势方面做出了不可忽视的贡献，支持了企业的可持续发展。

【简评】

工程机械的外观设计一方面要服从于产品功能结构，另一方面要最大限度地凸显产品的力量感、美感与品牌特征。三一重装的这款"掘进机"设计风格简洁统一，各部分比例得当、色彩协调，科技时尚感强烈，加上融入了人机工程学等因素，颠覆了传统煤机产品"傻、大、笨、粗"的形象，给消费者焕然一新的感觉。

(撰稿人：三一重型装备有限公司　王丹玉　联络人：黄婷婷)

案例五十　火场英雄"蜘蛛侠"
——中联重科概念森林消防车

专利名称：消防车
专　利　号：ZL201230149328.1
授权日期：2012 年 10 月 10 日
专利权人：长沙中联消防机械有限公司

图 50－1　消防车（另见文前彩图 16）

【专利简介】

　　工程机械类产品是现代人类生存与发展的得力助手，消防车是一种以功能实现为首要目的的特种工程机械装备，功能性和操作性在其设计发展演变过程中，长期占有主导地位。

　　随着西方国家机械类产品多样化和差异化态势的确立，国内制造类企业逐渐开始关注工程机械装备产品的外观设计，但对外观设计的方法、作用和评价还有些模糊的认识。

　　本外观设计专利的消防车是一款可用于森林火险抢险的概念消防车，外观设计造型的创意来自于蜘蛛的形象。设计师从大自然中获取蜘蛛形象上的美学灵感，将产品造型拉回到最本初的状态，运用仿生设计的手段，对产品外观进行了蜘蛛形象的仿生造型设计（见图 50－1），使"蜘蛛侠"森林消防车产品造型折射出强烈的自然意念。同时"蜘蛛"和"蜘蛛侠"的形象在大众心中是正面的英雄形象，消防车产品利用这一元素作为设计原点，通过造型形式与产品的功能特征的相似性设计，更好地发挥出产品的功能效果和品牌识别性。

"蜘蛛侠"概念消防车的设计从实际的市场需求出发，通过二维草图平面效果图到计算机三维模型或视频到比例模型再到工程模型，流程规范（设计流程见图50-2）。针对森林灭火方向的需求，创新设计出消防车未来的外观造型、操作方式和功能需求。

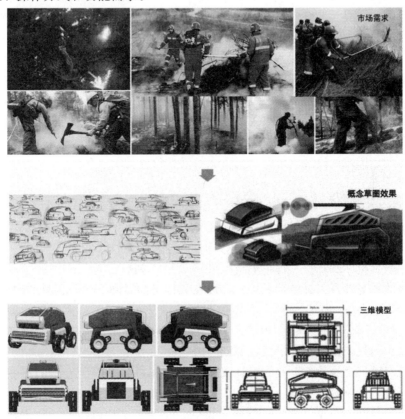

图50-2　设计流程图

"蜘蛛侠"森林消防车的设计理念和产品形式，以及对未来森林消防车运动方式或操作方式的预先设想，符合使用需求和功能结构。产品以新的造型设计展现高科技产品的风采、表现产品的智能概念和传达产品的创新价值定位，符合新时代个性化、信息化的需求，具有实际生产的可行性以及较强的实用价值。

消防车在紧急且恶劣的环境下作业，需要有良好的视认度和关注感，从视觉上在环境空间中突显，起到引起人们注意的同时不要靠近、以免发生危险的警示作用。色调设计上要让用户得到视觉上的调节和心理上的平衡，同时还要符合美学法则。"蜘蛛侠"外观设计的艺术性体现在产品的形状、图案和色彩等设计要素的和谐统一。流畅、精致、完整的产品形态具有强烈的视觉冲击力，令人印象深刻。产品的涂装配色、色带、标志和零部件的组合，在外观设计中发挥了重要的作用。同一个产品的局部与整体协调，必须是局部色彩既相对独立又有机联系，组成色彩的秩序关系。"蜘蛛侠"延续大面积的消防红和消防白的行业用色需求，搭配浅色系的金属银灰色和深色黑色作为辅助颜色，满足行业产品的形象要求，树立牢固的产品印象。

产品设置有智能红外搜寻系统，在森林里侦查巡逻时可以提前发现火苗，从而利用自身配置的干粉泡沫装置进行前期灭火；在恶劣的森林火灾救援环境下，可以根据风向、温度和地势等因素判断出哪里的火源最先需要喷灭。森林消防车是无人驾驶的消防车，替代消防员冲在火灾第一线，可节省人力、时间，并避免人员伤亡。同时消防车还对山坡凹凸地面有自适应车轮设计、清扫路障的触角设计、泡沫灭火降温功能和将热能转化为电能的环保设计。

中联重科"蜘蛛侠"森林消防车是从大自然获取灵感，经设计者付出创造性劳动后形成的设计成果，具有重大的潜在价值。

【专利应用及影响】

中联重科"蜘蛛侠"概念森林消防车，荣获 2012 中国第七届外观设计专利大赛"自主创新设计奖"。

中联重科"蜘蛛侠"森林消防车外观设计专利申请过程中关注了以下两点，有效地对外观设计进行保护：把握专利申请的时间，中联重科"蜘蛛侠"森林消防车在参加工业设计大赛前提交外观设计专利申请，避免由于参赛造成外观设计提前公开，破坏申请专利的新颖性的可能；注意视图间的对应关系，避免图片绘制不准确对授权周期的影响。

中联重科"蜘蛛侠"概念森林消防车是企业自主创新研发出的行业未来的新产品，其比例模型将存放在中国工程机械馆内，作为工程机械馆内未来产品板块的宣传产品。作为一款概念设计，企业对工程机械的设计进行了有益的尝试和探索，在一直以来多以功能设计为重、忽略外观设计造型的工程机械设计领域内，引入了重视外观设计创新的设计理念。

【简评】

创意缘起于"蜘蛛"的森林消防车造型，唤起人们对自然的向往，也使消防车的外观充满了科技感与现代感。概念车虽未投产，但让人对其充满向往。消防车的设计基于工程设计和工业设计的创新，工业设计使机械产品得到更多的附加功能。

（撰稿人：中联重科股份有限公司　严小英　联络人：张威　李媛媛）

案例五十一　艺术为科技增光添彩
——兰迪机器平弯组合钢化炉

专利名称：平弯组合钢化玻璃炉

专　利　号：ZL201030167792.4

授权日期：2010 年 10 月 13 日

专利权人：洛阳兰迪玻璃机器股份有限公司

图 51-1　平弯组合钢化玻璃炉（另见文前彩图 17）

【专利简介】

　　钢化玻璃作为安全玻璃，广泛应用于建筑、汽车、家具、仪表等各个领域。钢化玻璃的抗弯强度是普通玻璃的 3 倍，抗冲击强度更是普通玻璃的 3～5 倍以上，在破碎时变成小碎块，其颗粒状碎片对人体伤害远小于普通玻璃。钢化玻璃炉就是生产钢化玻璃的一种大型设备，其工艺原理是将玻璃加热到一定温度，然后迅速冷却，以增加玻璃的机械性能与热稳定性。

　　洛阳兰迪玻璃机器股份有限公司（以下简称兰迪公司）是一家专业从事玻璃钢化设备研发、设计、制造、销售的高新技术企业。公司专注于玻璃深加工技术领域，目前主打产品系列达到十大类，总计上百种规格，全面满足建筑幕墙、家具、汽车、家用电器、太阳能发电等多种不同行业对于平弯钢化设备的需求。公司自主研发的喷流式强制对流钢化设备、组合式玻璃钢化设备、强制对流式玻璃钢化设备、连续式玻璃钢化设备等产品，牢牢地占据着世界玻璃钢化设备的高端市场，产品不仅在国内赢得众多用户的青睐，而且行销美国、德国、法国、澳大利亚等发达国家，市场份额不断迅速扩大。

　　近年来，随着整个玻璃深加工行业竞争愈演愈烈，产品同质化的问题日趋严重。兰迪公司意识到随着技术的一步步创新，原有设备外观已不能彰显出与先进产品相匹配的技术实力和品牌特色，企业必须走出一条自主创新的工业设计之路，工业设计是打破产品同质化、建立品牌特性的重要手段。

2009年年初公司成立了新外观设计小组，开始了平弯组合钢化炉新外观的研发。设计人员先对自身设备（见图51-2）外观的不足及生产制造中经常遇到的问题进行了系统地分析，通过分析发现：首先，通常此类大型设备是由4～6个不同功能、不同尺寸的功能段组成，而各个功能段的高度、宽度相对不统一，衔接部分之间需要过渡才能达到一致的视觉整体感。其次，原有设备各功能段的结构都是方块造型，业内企业多使用一样的配色，以蓝色、灰色、黄色为主体颜色，看起来比较呆板；而设备上部角部结构比较复杂，通常需要外协供应商制作，增加了生产成本，某种程度上影响了制造周期。再次，设备的平冷段和上、下片台部分结构直接暴露在生产线上，实际生产时对操作人员安全构成一定的威胁。为此，设计小组将国内外同类设备外观上的不足归结为以下3点：一是机体裸露，安全系数不高；二是设备维护不便；三是造型、色彩单一，缺乏美感。

图51-2 兰迪机器原设备外观

为了解决以上不足，设计小组进行内部职责分工，查阅了大量中英文文献。他们分析认为，当前国际工业产品的流行趋势为全方位的安全防护、设计线条与色彩简洁灵动、突出人机交互性。在积累了大量实际数据信息、智慧与灵感撞击后，设计人员设计出3套风格迥异的概念方案。经过市场、销售、设计、工艺、制造等多部门成员的集体讨论，一致认为本产品的造型与企业品牌特性及生产加工模式更匹配。同时，设计小组为这个新的钢化炉选择了一种新的造型语言：精确控制水平和垂直线交叉部分，并保持动感。这种先进设计特点体现在新外观上，巩固了企业在玻璃深加工技术领域的形象。

该外观设计的创新点在于设备四周加上的新型护罩。通过护罩的连贯简洁结构形成工业感和稳重感，在设备平冷段和加热炉之间，以及加热炉和弯段护罩中间的过渡部分，采用阶梯造型衔接；颜色选用金属银、煤黑色、黄色3种不同色彩搭配，侧面黄色为装饰线条，随着高度的上升从颜色上将设备分为上中下3部分，体现出科技与活力的色彩感，减少了笨重感，增加了立体感和灵动感。

从人机交互性来讲，在设备两端的平冷段及弯冷段，装有透明的玻璃门或者观察窗，这样不仅便于操作者随时观察玻璃的加工情况，而且便于打开进行故障维修和清理碎玻璃。此外，设计小组考虑到工厂的现有加工模式，对产品结构和制作工艺进行了优化。新型外观护罩采用剪板下料、折弯工艺，工厂自己加工大部分外壳零部件，减少了外协零部件数量。为此，兰迪公司购买了国际知名品牌的激光切割机、剪板机、折弯机，从源头上控制了加工、装配精度；同时，对外购件供应商也提出了更高的加工精度要求。采用卡槽结构安装方式，以中间黄色区域为统一的定位基准，使所有护罩保持在一个基准面上，大大减少了安装螺钉数量，使所有零部件易于安装、拆卸。中国工程院院士李俊贤对该外观设计的评价为："新外观体现了整机的安全性和科技感，整套护罩的安装时间也由原来的 3 天减少为 1 天，标志着在该技术领域我国已跻身于世界先进行列。"

【专利应用及影响】

本设计项目从开始启动到样机试制成功，历时半年时间。通过本次对平弯组合钢化玻璃炉的系统设计，根据兰迪公司国际化的产品战略，运用点、线、面、色彩、材质等视觉要素，将兰迪公司"提供国际技术领先的玻璃加工设备"这一品牌思想充分地从产品中展现出来；产品在设计时充分考虑操作的安全性，将所有内部零部件都用护罩保护起来，在需要观察的部分使用透明窗户结构，维护时可以打开窗户进入设备内部。流行的视觉元素搭配及人性化的设计向使用者传达兰迪机器对广大客户的人文关怀和信赖。同时，通过本次设计，提高了护罩的可加工性和可操作性，实现了部分零部件的自主加工，减少了外协部件，降低了成本，在大大缩短安装周期的同时，也保证了护罩的整体平整度。该项外观设计为公司高品质的钢化炉设备锦上添花，在 2010 年 6 月第 21 届中国国际玻璃工业技术展览会上发布后，立刻得到业内一片赞誉。订单纷至沓来，产品行销国内外，成为公司利润的主要来源。在 2008 年以来国际金融危机的大背景下，兰迪公司的钢化玻璃炉仍然呈现产销两旺的景象。公司 2009 年销售收入 1.14 亿元，到 2012 年已达 2.85 亿元，短短 3 年就实现了收入翻番。

兰迪公司的新外观设计，全面提升了兰迪的产品形象，奠定了兰迪产品高档次的品牌地位，引领了业内的设计潮流。兰迪公司的新外观推出后，引起业界关注，很多企业开始重视外观设计，并纷纷推出了自己的新外观产品，其中不乏对兰迪公司的模仿之作。兰迪公司则针对公司的主打产品，在设计风格统一的前提下，进行了系列化设计，并陆续提交了专利申请，进行了全面的保护，展示了兰迪系列产品的新形象。

2012 年，在第十四届中国专利奖评选中，兰迪公司的平弯组合钢化炉外观设计专利以其匠心独运的设计风格在众多参评专利中脱颖而出，摘得外观设计专利金奖桂冠，成为我国玻璃深加工行业暨洛阳市首家获此殊荣的企业。其坚固可靠且人性化的防护构造、阶梯形的造型设计、寓意丰富的色彩搭配，成功塑造了一个全新的设备形象，全面提高了产品的市场竞争力，同时向广大客户传递出安全、坚固、灵动的正能量。如果说发明专利打造了产品的"神"，那么外观设计就塑造了产品的"韵"，"神"和"韵"的珠联璧合，使"中国制造"具有了更强劲的动力和更灵动的风采。

【简评】

兰迪公司设计的这款钢化玻璃炉完整体现了设计者对产品安全性、人机性、实用性、美观性的更高追求。全封闭的防护结构、阶梯形的造型设计、寓意丰富的色彩搭配，均向用户展现出设备的安全性、坚固性和层次感，而细节之处的人机性、实用性，更令人叹为观止。优秀的外观设计将产品内在的高端品质展现得淋漓尽致，不仅使产品具有了更强的市场竞争力，而且对于整个行业的设计理念和风格，起到了很好的引导作用。

（撰稿人：洛阳兰迪玻璃机器股份有限公司　王爱芬　联络人：黄婷婷）

第三部分

外观设计专利的创新与运用

案例五十二　创新转型　专利助推

——美的以外观设计专利战略构筑品牌DNA

外观设计专利从法律上保护产品的外观设计和创新成果，它对设计师和企业的发展意义重大。它是设计行业与创新型企业快速与健康发展的基石，是设计师和企业保护自身知识产权的有效手段。通过对外观设计专利的积极研究和分析，可更全面地掌握最新的设计资讯，了解行业发展动向。在美的集团（以下简称美的）的发展历程中，通过外观设计专利布局和战略性应用，形成强势的PI（Product Identity，产品形象识别）系统，使得美的产品在众多产品中脱颖而出，成为其在激烈的市场竞争中占据先机的重要手段。

一、行业现状

现阶段"中国制造"正逐渐走向"中国创造"，针对存在的"山寨"（模仿）现象，外观设计专利是保护企业创新成果的有效手段。20世纪八九十年代，中国的制造业主要以OEM（Original Equipment Manufacture，原始设备制造商）模式为主，在国内市场销售的产品也借用了外销产品的外观设计，引发了一些专利纠纷。在这种局势下，一些有实力的企业逐渐转变为ODM（Original Design Manufacture，原始设计制造商）模式，并尝试自主创新模式。

随着技术的更新换代，空调行业的外观设计也发生了较大的变化。通过以下几幅产品图片（见图52-1），我们可以简单回顾近20年来中国家用空调柜机外观设计的变化发展过程：20世纪90年代的空调柜机，看起来像一个白色塑料长方体，除功能外，几乎无美感可言。到了2000年，开始有了色彩的搭配，面板上也印上了漂亮的花纹，有一定的装饰性。2010年的空调柜机，改变了原有空调的外观，采用了侧面出风的方式，面板的色彩、花纹的设计也更加大胆，花纹与灯光效果的结合给人以全新的视觉体验。2012年的空调柜机外表面简约、柔和、纤细，采用了先进的运动机构、触摸手势控制、时尚的显示技术，颠覆了空调的传统形象，提升了空调的使用体验，让空调为家居环境增添了一道靓丽的风景。2013年的铝合金圆柱空调再次冲击了人们的认知，空调造型从此不再拘泥于与传统的长方体形状。

| 20世纪90年代柜机 | 2000年柜机 | 2010年柜机（呼吸灯） |

2012年柜机（开关门中间出风）　　　2013年圆柱柜机（开关门中间出风）

图52-1　家用空调柜机的外观设计变化发展过程

目前中国的制造业转型已初见成效，各式各样的新产品接踵而至，然而山寨产品同样也是层出不穷。山寨产品以低成本模仿主流品牌产品的外观或功能，并加以改进。被山寨的产品，一般是大公司投入巨资研发的产品，一推向市场就遭山寨，尚未收回成本就沦落到"白菜价"。山寨对专利的无视、对创新的巨大伤害是显而易见的。山寨产品的流行，反映的是对知识产权保护的不足。知识产权长期得不到有效保护，就会挫伤整个社会和企业创新的动力和积极性，投机取巧、无视法制的行为将被习以为常。近年来，中国的外观设计专利申请量增长较快，但能够真正有效利用外观设计专利的企业并不多。如何充分利用专利，保护创新成果，是中国企业亟待学习的一堂课。

二、对外观设计专利的应用

外观设计专利是非常好的价值资源，通过对外观设计专利的研究和分析，能够更快、更全面地掌握产品外观的发展趋势，理清思路。

近年来中国的家电行业逐渐发展和壮大，在国际上也具有了一定的地位，但随着技术的发展成熟，产品同质化现象凸显，企业进入了价格恶性竞争中。价格竞争使得行业的利润被蚕食，发展受阻，这就迫使企业谋求转型，放弃对规模和销量的追求，将精力转向利润较高的中高端产品，注重产品的差异化和创新性，以谋求较好的收益。令人可喜的是，近些年中国产品的设计已经开始逐渐走向国际，并在国际知名的设计竞赛中屡获大奖。

以美的空调设计为例。2011年美的外销的高、中、低端系列挂机产品，改变了原有空调挂机传统采用的底框、中框、面板的分件方式，将底框和中框合为一件，并改变了传统挂机硬朗、厚重的外观风格，采用了柔和、纤薄的外观语言。2012年美的在中国市场推出的双贯流系列空调柜机、"弧系列"挂机，上市一年多，便成为美的空调中国区域的明星产品。其中，外销高端挂机11P获得了2012年日本G—Mark设计奖。内销IC挂机获得2012年德国IF工业设计奖、Q200全封闭挂机（见图52—2）获得2013年德国红点产品设计奖（Reddot design award）。还有其他各种国内外设计奖项，累计十余项。

IC挂机　　　　　　　　11P挂机　　　　　　　　Q200挂机

图52—2　美的空调获奖作品

　　由于各公司一般会对其推向市场的产品申请外观设计专利，因此，检索外观设计专利是一种非常快速又具前瞻性的资讯获取手段。

　　以空调产品为例，空调全新产品的开发周期一般为8～12个月（外观确定以后开发内部结构）。也就是说，如果是2013年8月上市的空调产品，其外观设计专利则应该在2012年12月，甚至更早的时候就已进行了专利申请，因此如果进行专利检索，应该能提前看到这款产品的设计概念。如图52—3中美的"凡帝罗"系列产品，采用了柔和、细长的设计风格，最具特色的是它的出风方式。该产品在2013年1月正式上市，但其外观设计专利早在2012年6月便已公开发布。事实上在2011年9月28日，与其设计概念类似的空调外观设计专利已经出现。因此，密切关注专利授权状况，可以提前1～2年获悉行业最新的设计概念。

图52—3　美的2013年1月上市的凡帝罗（另见文前彩图18）

　　快速的新资讯有助于企业了解市场和竞争对手的变化，及时作出反应和变化，企业应当高度重视。同时，通过对其他行业外观设计专利的了解，也能进一步打破行业的限制，拓宽思路，有利于创新思维的形成。设计师应当养成经常检索专利的好习惯。

三、外观设计专利的战略性布局，是企业设计 PI 战略实施的重要保障

美的鼓励事业部大力发展工业设计，制定鼓励政策，各经营单位工业设计水平明显提升。近 3 年，美的共获得国际三大顶级工业设计大奖：德国红点奖 11 项、德国 IF 奖 4 项、美国 IDEA 奖 18 项。与此同时，美的工业设计也获得了外界的广泛认可。2011 年美的获得中国工业设计协会"中国工业设计十佳创新型企业"、2009 年获得"广东省工业设计示范企业"、2011 年获得"顺德区工业设计应用示范企业"、2013 年获得"顺德区美的家用电器工业设计中心"等称号和荣誉。

截至 2013 年 12 月 31 日，美的共获得外观设计专利授权 3 599 项。

美的集团通过外观设计专利的布局和战略性应用，形成了强势的 PI 系统。PI 是品牌形象识别系统的重要组成部分，是产品 DNA 传承至产品的具体表现。它能够让产品具有清晰的品牌辨识度，加深消费者对品牌的印象和识别能力。国际一线品牌都对 PI 高度重视，例如耐克、奔驰、飞利浦、B&Q 等。在一些国际知名的设计奖项（例如红点奖、IF 奖）中，PI 也是一项重要的参考指标。

PI 代表的是公司的形象，如果 PI 在市场上不具备唯一性，使用泛滥，那么产品外观就不再具备清晰的辨识度，PI 战略也失去了价值，沦为了"为他人作嫁衣"的角色。

企业投入巨资打造新的产品，建立产品 PI，但如果没有很好地利用专利布局，对专利进行战略性的保护，很快就会失去战略优势。长此以往，企业对研发和设计的投资会有所顾虑，技术的积累和储备会受到影响，从而导致产品缺乏真正的创新能力，一遇风险很可能一蹶不振。因此，不仅新产品的外观需要通过外观设计专利进行保护，产品的 PI 也需要通过外观设计专利的布局进行保护，避免新的 PI 在短期内失去战略价值，影响公司设计战略的实施。

美的"弧系列"挂机（2012 年 11 月"弧一代"上市、2013 年 8 月"弧二代"上市，见图 52-4），通过运用产品侧面造型，视觉上减薄机身，并通过面板的"弧"，统一和强调了品牌的设计语言，形成了产品鲜明的 PI，并在第二代产品中很好地延续了产品设计 DNA。"弧系列"是有效利用外观设计专利布局、保护产品 PI 战略的成功案例。

2012年上市美的"弧一代"挂机

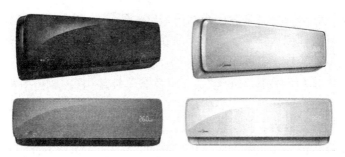

2013年上市美的"弧二代"挂机

图52-4 美的"弧系列"挂机

外观设计专利不仅能从法律上保护企业的外观设计和创新成果，同时也能帮助企业了解行业发展情况，洞悉发展趋势，有效地进行新品规划，并利用专利布局，保障设计战略有效实施，取得预期收益。总之，在战略规划、设计、研发过程中，有效地利用专利，并进行外观设计专利战略性布局，能起到事半功倍的效果，为企业创造更多价值。

【简评】

由美的率先发起的中国空调产业外观设计创新，正是近年来中国家电产业谋求从中低端市场转战高端市场的必经之路。对于一款家电产品而言，外观设计往往起到画龙点睛的作用。

（撰稿人：美的集团股份有限公司 喻晓 联络人：石岩 赵亮）

案例五十三　重视知识产权　支持企业发展
——海尔集团的知识产权战略及外观设计保护

一、知识产权战略

知识产权战略是企业为获取与保持市场竞争优势、运用知识产权制度谋取最佳经济效益的策略和手段。海尔集团近 30 年的发展历程可分为 5 个阶段，在每个发展阶段，知识产权战略都至关重要。海尔的知识产权战略服从于企业的整体发展，目标就是寻找各种方式来应用智慧财产价值，支持企业发展。

第一阶段，名牌战略阶段（1984 年 12 月至 1991 年 12 月），只做冰箱一个产品，将其做到国内第一。海尔引进的是德国利渤海尔的生产线，之所以没有像有的企业一样"引进－落后－再引进－再落后"，重要的原因是海尔注重自有知识产权和创新体系的建立，而没有单纯地引进一种产品或是技术。在这个阶段，海尔的知识产权战略是建立知识产权管理制度，注重商标注册、专利申请，为海尔成为名牌练就内功。

第二阶段，多元化战略阶段（1991 年 12 月至 1998 年 12 月），从一个产品向多个产品发展，从白色家电进入黑色家电，将企业规模做大。在这个阶段，海尔始终坚持"第一是质量，第二是质量，第三还是质量"的战略，坚持通过知识产权提升企业竞争力，工作的重点是用知识产权保护创新成果。从这个阶段起，海尔的知识产权开始注重量的积累，以专利保护自主开发，专利战略成为企业竞争力的重要手段。

第三阶段，国际化战略阶段（1998 年 12 月至 2005 年 12 月），产品销往全球主要经济区域市场，海外建厂，"Haier"品牌有了一定知名度。这个阶段的知识产权战略是"创造用户需求，知识产权量质并举"，知识产权工作重点是利用先进资源，创造新需求，专利量质并重，加强国外专利申请。

第四阶段，全球化品牌战略阶段（2005 年 12 月至 2012 年 12 月），每类产品都要成为全球化名牌，创海尔的自主品牌，使海尔成为世界名牌。通过自主创新和自主知识产权支撑海尔品牌，实行纵向和横向的扩张，通过知识产权——专利标准领导行业，成为世界家电领域的第一。知识产权工作的重点是战略性地取得知识产权，参与国际竞争，引领世界家电技术进步。

第五阶段，网络化战略阶段（2012 年 12 月至今），市场成为网络化的市场，企业也必须变成网络化的企业。企业战略的实施要符合互联网时代的要求，海尔在这一战略阶段不仅仅是企业利润要增长，营业收入也要以网络化的速度倍速增长。

海尔战略的升级也要求海尔知识产权战略随之优化，以"尊重他人的知识产权、合理规避风险，努力创造并融合自主知识产权"为方向，遵守并融入知识产权的国际游戏规则，通过吸收国内外先进企业的知识产权成功管理经验，摸索并形成适应海尔战略发展的知识产权全流程管理模式。

二、设计创新团队及设计理念

海尔集团的设计创新主要由海尔设立的设计公司——青岛海高设计制造有限公司（QHG，以下简称海高公司）来完成，其是海尔集团与日本 GK 设计集团于 1994 年 10 月合资成立，是国内第一家由企业成立的工业设计公司。海高公司作为海尔集团产品企化中心和工业设计中心，其设计领域涉及白色家电、信息电子、通信及数码产品、交通工具、建筑及环境、家居集成、展览展示、平面广告等，设计团队由来自不同国家和地区的人员组成。团队自成立之初就着力打造海尔集团的品牌国际化。在推动海尔集团迈向国际化的同时，海高的设计力量也日益壮大，现在海高承担了海尔产品的所有设计或设计管理项目。在这支设计团队里，很多人都在海尔工作了多年，甚至有些是海高刚成立时的元老，他们中有学习工业设计的，也有学习艺术与设计、机械设计与工程、心理学、统计学、社会学、市场学等学科的，共有 100 多人。

在发展历程中，海高最初主要考虑的是产品外观设计，在和日本 GK 公司合作的过程中，逐步探索和发展了工业设计的内涵。在不断优化设计流程的同时，海高将其工业设计进行了更加专业化的分工，拓展出 ID（Industrial Design，工业设计）、CMF（Color Materia Finlshing，颜色材料工艺）、UI（User Interface，用户界面）3 个专业领域。

"为全球用户提供设计体验与服务，与全球用户共享创造感动的喜悦"是海高团队的宗旨。经过多年的国际化经营与发展，海高已成为具有深厚经验的国际化设计公司。截至 2013 年 3 月，公司已荣获国际设计大奖 60 余项，涵盖 iF、reddot、IDEA、G－Mark 等国际著名奖项。

海尔集团强大的设计力量及信息资源，依赖于完善的国际化协力及分支网络，目前拥有多个国家的优秀设计师，已迈进了国际化设计公司的行列。在东京、洛杉矶、首尔、阿姆斯特丹、巴黎、中国台北设立了 6 个设计分中心，并在东京、蒙特利尔、洛杉矶、首尔、阿姆斯特丹、纽约、柏林、中国台北、美国硅谷建立了 10 信息站，形成了人才国际化、信息全球化、设计本土化的国际协力网络，具备了为不同消费者设计开发的能力。

海尔的核心竞争力就是创新，以用户需求为导向，以解决用户使用难题为开发要求，不断突破自己，实现创新。这些年来，海尔逐步从单一产品的设计扩展到多元化设计，再到现在套系产品的设计，一直都在不断突破。

公司在项目的初期进行用户研究，了解目标群体的心理特征、审美、时尚、任务等，进行有针对性的造型设计、结构设计、交互设计和视觉设计。比如在设计冰箱时，由于海尔的产品是面向全球市场的，就要根据每个市场的不同情况设计出符合当地特点的产品。比如美国的饮料杯子都很大，设计冰箱时里面的隔断就要比针对中国市场的大；而针对美国学生租住房屋狭小的现状，海尔还特地为美国大学生设计了可以放电脑的电脑桌冰箱；针对英国学生一般多人合租房子的现象，设计出了多抽屉冰箱。这些本土化的设计总是以最快的速度到达市场。

由用户参与的设计可保证产品完全符合用户的真正需求。产品在设计过程中要经过用户研究、产品企划、市场推广设计、工业设计、产品模型，还要经过使用性测试然后才进行设计的转化。其中使用性测试是一种建立在认知心理学理论上的产品原型测试方法。在模拟的试验环境中，用户或潜在用户被邀请到使用性试验室，依据脚本设计，操作产品功能的每一个步骤。参试者被要求在测试的过程中出声思考，表达他们真实的心理感受。此测试提供了一个直接观察用户和产品互动的机会，对于完善产品大有裨益。

三、外观设计专利的保护

"设计创造财富"已经成为许多人的共识。工业设计是企业的核心竞争力，将为企业赢取市场。但是，工业设计的成果一旦展示出来，想要不被模仿绝非易事。因此，工业设计知识产权保护与企业发展休戚相关。

对用户来讲，消费类电子的外观设计是用户重点关注的内容，因此外观设计专利是消费类电子的重要保护手段。同其他技术领先的企业一样，在进行发明专利保护的同时，海尔也非常重视外观设计及其保护。占海尔专利总量20％以上的外观设计专利，对于公司的整体知识产权保护起到了至关重要的作用。

海尔在产品工业设计流程中设置多个知识产权节点，以便对产品的工业设计进行全方位的专利布局与保护。在产品企划之初，专利工作提早介入设计流程，通过专利大数据库的检索分析为设计人员提供专利信息。在产品工业设计阶段，对设计方案进行外观设计的合理布局保护，除对预上市产品外观设计进行保护之外，对超前设计方案及对手容易规避的设计方案同时进行布局，以保证产品设计的独占性。在设计转化阶段，对涉及产品结构的技术点进行专利挖掘布局，进行发明或实用新型专利的保护占位。

在海尔，专利的好坏不是以种类和数量来评判的，关键是专利所产生的市场价值是什么。一项专利，如果没有市场，大家都不用，就不是什么好发明。海尔认为：技术创新不是为了技术而创新，而是为了满足用户需求，创新出有竞争力的产品。

技术创新的过程不仅是市场化的过程，更是一个严密的法律保护过程。海尔对每项核心技术创新均申请多项基础专利，并对关联的外围技术也申请保护，从而获取最大市场自由度。例如，海尔的卡萨帝意式三门冰箱（见图53-1），以"创造人类更好的生活环境，更高质量的生活"为研究方向，挖掘新的用户需求，创造新的生活方式，对传统冰箱的结构做了革新性的改进。根据2008年修订的《专利法》第31条的规定，同一产品两项以上的相似外观设计，可以作为一件申请提出。因此，卡萨帝意式三代在专利申请之初就将设计师在产品设计之时的具有相同设计构思的外观设计放到一件专利申请中进行专利申请。其中专利号为ZL200930382460.5的外观设计在2012年获得了中国外观设计专利金奖。该专利中包含4个设计方案，其中基本设计的整体呈长方形，冰箱三门高度的比例约为3：1：1.5，门的前表面有微小外凸的弧度。上门门板侧面为阶梯形结构形成的把手，中门和下门都有细长条形横向把手，把手长度比门板略短，靠近中门及下门上部，不锈钢金属质感的铝抛光把手呈弧形，弧形两端与门板紧密连接。传统冰箱的抽屉一般都置于冰箱门内部，要进行冰箱门和抽屉的两步开启，有时抽屉还会因结冰而冻住。卡萨帝意式冰箱采用了直开抽屉式设计，使用户不必开门之后还需再拉抽屉存取食物，提高了存取的便利性。这样的设计方式扩充了抽屉的存储空间，可以储存更多的大件食物，抽屉无死角，食物储存一目了然，在一拉一推间轻松拿取，契合了现代人快捷、高效的生活状态，为用户提供了一种全新的生活体验。其他设计与基本设计相似，但均与基本设计有不同之处，每一个设计都有不同改进，为用户带来不同的使用感受。

图53-1　海尔卡萨帝意式三门冰箱（另见文前彩图19）

海尔卡萨帝意式三门冰箱通过大量的市场调研分析，抓住了中国、欧洲乃至全球用户的需求，为海尔品牌开拓市场、提升品牌形象起到了至关重要的作用。该冰箱上市后，先后获得了欧洲的"红点奖"、德国Plus X奖、美国

"最佳产品设计奖"。海尔卡萨帝意式三门冰箱在冰箱抽屉的设计上改变了传统设计方式，实现了外形、人性化、操作、节能等方面的创新，短时间内，因为有外观设计专利的合理布局保护，同行业难以推出类似的产品，因此迅速赢得了追求高品质生活的消费者的认可，为海尔创造了巨大的经济效益和社会效益。

随着家电的不断更新换代，外观设计需不断推陈出新，替代原有的产品。除了外观设计专利，海尔还会对新的工业设计产品进行全面考虑，结合著作权、商标等对设计进行全方位的保护。对于一些很超前的设计，在外观图片上能够体现一些技术点，所以在申请外观设计专利的同时，也会结合发明、实用新型专利进行更全面的保护。海尔卡萨帝意式三门冰箱在设计开发过程中，就进行了全方位的专利布局和保护，累计申请专利38项，其中发明专利21项，实用新型9项，外观专利8项。海尔卡萨帝意式三门冰箱取得的关键领域的核心专利技术有：全变频技术、触控TFT、光波增鲜、VC诱导保鲜、双风幕立体循环、超精确控温、门上制冰、RFID技术，通过完整的专利布局保护，有效地阻止了竞争者的跟风模仿，保护了创新成果，提升了该产品的市场竞争力。

企业如果希望成为世界级领先企业，不是依靠资源优势和劳力优势，而要依靠以专利为基础的创新优势和以商标为基础的品牌优势，才能最终发展成为能够创造和制定标准或规则，让别人去追随、遵循的企业。

【简评】

在海尔全球化品牌战略的推进过程中，企业的知识产权战略为海尔品牌的提升提供了强有力的支撑。以海尔为代表的市场化企业工业设计中心模式，极大地助推了企业发展，其经验和模式值得在全国推广。

（撰稿人：海尔集团技术研发中心　吴淑娟　联络人：张跃平　赵亮）

案例五十四　专利提升产品价值　提高企业竞争力
——创维外观设计开发与知识产权管理体系介绍

一、行业现状

中国电视机行业从 20 世纪 80 年代初开始迅猛发展，1991 年国家放开了彩电市场价格，中国彩电产业的发展真正走向了市场化，此后全国的彩电企业超过了 200 家，TCL、创维、海尔都是自那以后进入电视机市场。1996 年是行业的转折点，许多企业开始衰落，陆续有国内品牌退出，到 20 世纪末只剩下 20 个左右。随着时代的发展，竞争对手也从本领域向其他领域扩展，如互联网的出现，给电视机行业带来了极大的挑战。业内人士指出，彩电企业要把用户重新拉回客厅，稳住市场销量，必须进行产品技术创新。

创维集团有限公司（以下简称创维）是一家民营企业集团，作为首批通过认定的国家高新技术企业，创维不断优化产品组合与结构，相继推出 3D 电视、智能电视、云电视系列。凭借在新品研发和质量管控等方面的不懈努力，创维电视获得"中国名牌产品"、"中国驰名商标"和"国家质量免检产品"、"出口免检产品"、"广东省创新型企业"等称号，并成为中国航天事业合作伙伴。

创维自成立以来即非常重视产品工业设计。1999 年，创维成立了造型设计室，在探索创维的产品设计策略和设计方向的道路上迈出了一大步。2002 年，29TWDP、29TP9000 的彩电产品双双获得第二届中国"产品创新设计奖"。2008 年年初，创维成立创新设计中心，这是创维锐意创新的标志性事件，也是创维设计与国际接轨、赶超国际水平的起点。为了更加提升企业的工业设计水平，2012 年，创维对工业设计部门做了深入调整，成立创维研发总部工业设计研究院，下辖创新设计中心、结构研究所、工艺研究所三大机构该研究院年设计近 40 个大系列项目 80 余款电视机、音响、遥控器等视听产品。这些产品投入量产并直接推入市场终端，获得消费者认可。这些产品占了创维产品的 95％以上。

目前，创维已建立了一整套规范的设计流程，并在项目过程中与产品规划、研发、制造、营销等外单位不断沟通获得有价值的信息资料，确保最终方案能够满足用户对公司未来产品的需求。设计在产品开发项目中位于最前端，承担着需求定义、产品定义、目标人群定义、设计定义和项目前期决策的重要责任。公司先后在国内外设计创意领域屡获殊荣，曾多次获得德国红点至尊奖、红点奖、德国 IF 奖、美国 IDEA 奖、中国红星至尊奖、最成功设计奖、红棉奖、省长杯等奖项，同时获得中国工业设计协会颁发的中国工业设计十佳创新设计中心、中国工业设计十佳创新型企业的称号。

二、产品研发和设计流程

创维工业设计研究院拥有一整套规范的设计流程，涉及产品规划、研发、制造、营销等不同环节。这套设计体系不同于国际通用的设计流程，下面以创维的一款 OLED 电视机产品（见图 54－1、图 54－2）为例加以介绍。

2012 年 6 月 13 日，创维申请了产品名称为"电视机（FFX1201）"的外观设计专利，并于当年 11 月 28 日获得授权，专利号为 ZL201230245793.5。这是一款超大尺寸的 3D 影音产品，配备了 71 英寸巨型 OLED 弧型显示屏。设计灵感源于德国设计大师克拉尼设计的深圳市民中心大鹏展翅的外观，其舒展轻盈的体态与时下电子产品所追求的"轻薄"不谋而合。电视的基本需求就是图像和声音，所以，在本设计中着力强调了声音和画质带给用户的现场感受。

图 54－1　创维 OLED 电视机（另见文前彩图 20）

图 54－2　创维 OLED 电视机细节设计

（一）设计研究和规划

工业设计研究院立足于企业需求，开发建立了一套符合于工业设计特征的用户研究和市场调研方法。应用这种方法开展设计研究和分析，可以获得真实有效的研究数据，为企业年度产品规划制定和产品设计定义提供直接依据。

OLED（Organic Light－Emitting Diode）全称"有机发光二极管"，是一种最新的显示屏幕技术，在外形、能耗、色域、响应时间、视角方面有较大的优势。更加独特的是，OLED产品可实现软屏。OLED的生产更近似于精细化工产品，因此可以在塑料、树脂等不同的材料上生产。如果将有机层蒸镀或涂布在塑料基衬上，就可以实现软屏。一旦该技术成熟并加以应用，将彻底改变目前很多电器的外观形态，使得令人神往的可折叠电视、电脑的制造成为可能。根据光电科技工业协进会（PIDA）的预估，2012年OLED电视出货量约100万台。可以肯定的是，OLED电视取代传统LCD、LED电视将是必然，创维在产品规划上先行进行了布局。

（二）产品设计需求来源

设计需求的重要来源之一是用户需求研究。创维工业设计研究院是彩电行业第一个设立用户研究数据库的部门，多年来持续开展用户消费心理、消费行为、使用习惯和使用特征研究，累积了超过200个电视产品家庭用户的使用数据，并最终总结出不同的电视目标消费人群。对这些目标人群的产品需求的提炼，并通过与产品规划、市场、研发等不同部门讨论和论证，最终形成企业的产品设计需求。

（三）产品设计定义

工业设计师直接参与产品设计需求论证，参与设计研究和设计定义，深入了解设计需求，设计创新更具有实效。

在设计这款OLED电视外观时，首先应保证电视成弧形时，用户看到的图像不能出现变形，而用户视线在弧形显示屏的圆心上时可以保证图像上的每个点都和用户的视线是垂直的，保证了图像的完整从而不发生图形的变形。

另外，由于OLED电视超薄，可弯曲，如何保证音效也是一个问题。本设计从后背板上撕裂一道口子，将重低音系统和外接端口巧妙地置入其中，使金属固有的特性演绎得淋漓尽致。

（四）设计项目管理

设计项目执行中引入了项目管理的理念，根据不同的项目需求设置不同的角色，负责不同任务的同时需要为共同的项目目标而努力，同时设计项目节点及检验要素，以保证设计方向的正确性。

（五）设计评审机制

工业设计研究院建立了一套科学而有效的设计方案评审标准体系，包括评审要素、评审表格、评委认证、评审数据统计方法、评审报告编写并输出、设计决策等。通过这套方法，明显提高了设计方案的可行性及最终商品的市场竞争力。这套创新设计体系的应用，明显提升了创维产品的市场表现力，并直接影响了深圳创维的销售业绩。

在评审时主要采用三级评审机制，首先由市场人员，比如导购员来对产品外观进行评审，评审通过后，再由设计人员进行评审，最后，再由管理层进行评审。

通过三级评审机制，使得产品的外观能更好地贴近消费者，提升消费者的用户体验。

三、知识产权管理制度化

2009 年，创维突然收到竞争对手——某跨国知名企业发来的一份律师函。律师函中，创维被警告其生产、销售的一款产品涉嫌侵犯对方的外观设计专利权。

创维迅速调动研发、市场、专利工程师三方展开紧锣密鼓的调查。接连数天的调研后，员工们心里悬着的石头终于放了下来。原来，创维这款被告侵权的产品不仅没有侵权，反而是该跨国知名企业刚推出的一款电视产品与创维已经申请的一件外观设计专利非常相似，有侵犯创维的外观设计专利权之嫌，于是创维从容回函，最终该跨国知名企业不得不选择以和解方式收回警告函。

经过此次事件，创维充分意识到知识产权的重要性，经过多年的努力，建立起了完善的知识产权制度和流程。

（一）建立健全知识产权工作管理网络

在知识产权工作起步之初，创维集团就建立了健全的知识产权工作管理网络，在集团法律事务部下成立了专门的知识产权分部，负责对集团内外所有涉及知识产权的事务进行管理。除了专职负责知识产权工作的人员外，还在各产业公司研发部门设立了专利联络员。目前共有 23 名专利联络员。专利联络员的加入，加强了研发部门与知识产权部门的常态联络，扩大了知识产权工作人员的队伍。

（二）建立完善的知识产权制度

知识产权分部成立后，制定了一系列符合企业实际的制度规范，比如《创维集团专利申请指引》、《创维集团专利联络员管理试行办法》、《创维集团商标管理与使用规定》、《创维集团商业秘密保护办法（试行）》、《创维集团软件管理与使用试行办法》、《计算机软件著作权登记奖励办法（试行）》、《专利奖励试行办法》。2013 年，公司还出版了《创维知识产权手册》，使得企业知识产权工作步入制度化轨道。

（三）建立外观设计专利申请评审制度

创维成立了外观设计专利评审小组，小组成员主要包括市场、设计人员、专利人员等。对于设计的每一款产品外观是否需要申请外观设计专利，都由评审小组来决定。由于消费电子行业特别是电视产品的外观、技术更新速度快，评审组主要从以下几个方面来考虑：

（1）参加国内外外观设计大赛的产品

从 2010 年开始，创维每年都会精选出一些电视产品参加国内外重要的大赛。据统计，2010～2012 年共有 18 项电视产品外观获得大奖，其中，4 项产品外观获得红点奖，6 项产品外观获得了 IF 大奖，两项产品外观获得红棉奖等。

（2）开模、上市的外观设计产品

公司的设计团队每年都会开发出非常多的外观设计，由于经费、人员等资源有限，不可能对设计出来的每一项产品都申请外观设计专利，所以，对于开模、上市的产品外观，公司一定会申请外观设计专利。

（3）产品外观的生命周期

电视行业的外观更新速度快，有的短则半年就淘汰，所以在评估时，专家特别是市场专家需要预估外观的生命周期，如果时间持续较长，则会申请外观设计专利，反之则谨慎考虑申请。

（4）公司的海外市场是否会采用此外观

创维近年来加大了海外市场的开拓力度。公司提出了 1 000 亿元的目标，其海外市场是支撑创维目标实现的重中之重，所以，对海外市场需要采用的外观，则会加大力度申请。

（5）竞争对手是否会采用此外观

近年来，创维加大了对用户体验的关注。有些外观设计非常符合消费者的需求，能提升消费者的购买欲，但这种外观也很有可能是竞争对手模仿的对象，对此公司也一定会申请外观设计专利。

（四）通过多种形式提高知识产权宣传与培训力度，增强员工知识产权意识

知识产权分部每年都会列出一定的培训计划，开展多层次的知识产权培训。对于了解专利知识不多的人员，主要开展专利基础知识的培训，对于有专利基础知识的研发人员，则开展"如何撰写技术交底书"、"如何答复审查意见"等较高层次的培训。另外，针对不同的产业公司的研发特点，则开发有针对性的课件，进行有针对性的讲解。

同时，为了使得企业管理层和员工定期地了解国内外的知识产权事件，每年 4 月份定期出版一期知识产权专刊，内容包括最新的知识产权案例、知识产权新闻、经验介绍、知识产权知识等；同时每月定期出版一期知识产权简报，内容包括企业的专利、商标等申请情况，最近的知识产权新闻和案例，以及经典的知识产权文章，供企业研发人员和管理人员参考。

（五）实行走动式管理，主动服务

由于创维研发人员的研发任务繁重，没有专职人员撰写专利技术交底书，

为了解决这一问题，专利工程师把办公室放到了研发部门，近距离地与研发人员接触，及时地探讨研发过程中的专利问题。由于沟通效果良好，创维对新开发的技术都能及时申请专利，比如在 2006 年获得广东省科技进步三等奖的"魔画"技术、2009 年获得广东科技二等奖的"基于嵌入式 Linux 数字电视系统"等。另外，专利工程师还实时地关注行业技术发展动态，及时地把关注到的信息提供给研发工程师，并有针对性地申请专利，积极开展专利分析工作，使得研发人员和管理层能够及时了解专利动向，为公司的一些重大决策提供依据。

（六）建立科学有效的奖励机制

为了提高研发人员申请专利的积极性，公司制定了具体明确的以专利工作奖酬为重点的奖励机制，对申请专利的发明人给予专利申请奖励和授权奖励。除了这个基本奖励之外，在每年的 6、7 月份，公司还举办专利表彰会，表彰当年在专利工作中表现突出的研发人员和专利工程师。

除了专利奖励外，公司对在商标、版权、商业秘密、集成电路布图设计、域名以及其他知识产权工作中做出突出贡献的员工进行特别奖励，例如对申报驰名商标成功的员工予以奖励。对维护公司知识产权、打击或协助打击侵犯创维知识产权行为过程中做出突出贡献的员工进行特别奖励，例如对举报假冒创维产品的人进行奖励。

通过持续不断的努力，截至 2013 年 7 月 1 日，创维集团中国境内共申请专利 2 611 件，其中发明专利 1 303 件，实用新型 848 件，外观设计 460 件。境外累计申请 184 件，其中授权 54 件。这些专利在运用于产品后，为创维带来了可观的经济效益。

由于在自主创新和培育自主知识产权方面取得的卓越成就和贡献，创维成为第三批全国企事业知识产权试点单位、广东省知识产权示范企业、广东省知识产权优势企业、深圳市知识产权优势企业，累计获得政府资金资助超过 500 万元。

随着全球经济的不断发展，大企业大利益团体将知识产权作为获取收益的一个重要手段，通过知识产权获得市场竞争力，知识产权在企业发展中的重要性越来越突出。创维逐步加强海外知识产权的申请，降低市场风险；继续用知识产权与对手竞争，并通过获得政府资助和许可、转让等方式获得收益。

创维制定了未来 10 年更加宏伟的目标，即 5 年实现 500 亿元、10 年实现 1 000 亿营收的战略规划，创维的知识产权特别是专利将会承担更多的保驾护航功能。

持续不断地改进，永不停顿地创新，这是创维的八大理念之一。创维以向高端设计产业发展为目标，实现"工业设计从外观设计向高端综合设计服务转变"，坚持在转型升级中求发展，站在新的起点和高度，着眼于长远发展，从被动设计走向主动设计。

【简评】

创维通过自主研发、不断创新，为企业带来了可观的经济效益。随着全球经济的不断发展，大企业大利益团体将知识产权作为其获取收益的一个重要手段，通过知识产权获得市场竞争力，知识产权在企业发展中的重要性越来越突出。

（撰稿人：创维集团有限公司　王承恩　冯耀邦　联络人：李媛媛　周芸）

案例五十五　定位市场　设计取胜
——从冰柜产品看海信的设计与保护

一、行业现状

苹果与三星的外观专利大战持续了很久，这场专利之争实际上是智能手机"半壁江山"的市场之争。

在国内，白色家电市场竞争已达炽热化状态，价格战是最直接最残酷的体现。同时，各企业相互效仿和学习也已成为不争的事实，从各种展会便可窥见一斑。国内外重要的展会一旦拉开序幕，各企业的设计师、工程师或高层领导便纷至沓来，探究对手又推出了怎样的新品，展会结束后甚至买来对手的前沿产品，从包装、外观、结构、性能等方面进行解构。各企业的前沿技术被彼此学习和掌握，加之企业之间人才的相互跳槽，使得各企业的技术或运作模式被相互学习和借鉴。随着白色家电行业核心技术的日臻成熟，外观设计的创新无疑是产品开拓市场竞争力的又一有力法宝。

冰柜是白色家电行业的一个重要分支，有自己特定的细分市场和受众。随着生活水平的提高，人们逢年过节便会采购肉类、鱼类、海鲜等食品，冰箱的使用空间有限，冰柜作为冰箱的生活伴侣应运而生。目前国内主要的冰柜生产企业有海尔、海信、澳柯玛、星星、新飞、美菱、美的等公司。

二、冰柜设计

2009 年，根据海信容声（广东）冷柜有限公司产品规划的策略，需要设计一款外观时尚和新颖的顶开门双温柜。设计伊始，研发与营销及设计人员一行走访各主要市场进行调研，调研结果显示顶开门双温柜市场需求潜力很大，北方沿海地区及内蒙古等地家庭消费者需要大冷冻容积的冷柜来储存海鲜、牛羊肉等食物。鉴于以上因素，产品开发定位为以面向家庭消费的中高端卧式冰柜，具备人性化的使用功能和便捷的开关门操作方式，即大冷冻小冷藏的顶开门方式，具有精准的电脑控温方式。从整个系列产品的开发平台及后续通用化、标准化设计考虑，即将开发的这款产品在借用现有箱体基础上，只对门体和箱框进行外观改良设计。

卧式冰柜的外观设计不似冰箱那么家居化。冰箱拥有丰富的表面材质和绚丽的表面处理，而冰柜的颜色多以白色为主，基材为钢板，产品外观更新换代的速度也不及冰箱快。

除了对市场需求进行调研，设计人员还对市场上其他企业近期推出的产品进行了分析比较（见图 55－1），主要考虑其整体外观、功能、材料与工艺，以及颜色等方面的设计：

海尔冰柜在外观上采用圆角风格，整体显得饱满、圆润，定位板和箱框设计较大众化，但其暗扣手设计略显小气；从功能上来讲属于大冷冻小冷藏，机械控温；箱体和门体为钢板折弯，箱框整体注塑；颜色为白色。

澳柯玛冰柜在外观上则采用偏直角风格，硬朗中不乏秀气，但是定位板和箱框设计窄小缺乏厚重感，同样其暗扣手设计略显小气；实现的功能也是大冷冻小冷藏，不过其拥有精确的电脑控温方式；材料和工艺的选择上，使用的箱体和门体也为钢板折弯，箱框 ABS 整体注塑；主体颜色为酒红色，局部辅以灰白色。

星星冰柜在外观设计上和澳柯玛冰柜比较类似，都是采用偏直角的风格，硬朗中不乏秀气，定位板和箱框设计窄小缺乏厚重感，不过星星冰柜的拉手设计在冰柜的中间分成左右对称的弧形，极富特色。材料与工艺的选择上，与上述两家企业大同小异，都采用的是箱体和门体为钢板折弯，箱框 ABS 整体注塑。外观颜色以白色为主，辅以灰色。

类别\竞品	海尔冰柜	澳柯玛冰柜	星星冰柜
附图			

图 55－1 产品比较

（一）设计定位阶段

通过上述调研和分析，设计人员对即将开发的产品在整体外观、功能、材料与工艺、颜色等方面进行了初步的定位。

首先是外观方面，总体设计思路是产品感觉要大气、厚重，让人耳目一新。因是改型设计，门体和箱框的风格要与箱体风格相呼应协调，定位板和箱框设计要体现厚重感。其次是功能方面，随着科技的发展，电脑控温方式无疑精准而又时尚，因此本款产品定位为带电脑显示的卧式冰箱，以体现产品的时代感，大冷冻小冷藏是设计的主要特色之一，扣手的设计要充分体现人机操作的便利性。再次是冰柜的材料与工艺：在冰柜领域，目前比较成熟的材料和工艺是箱体和门体为钢板折弯，箱框 ABS 整体注塑，即使是对新的显示结构也可以参考冰箱现成材料与技术，因此本款产品仍将沿用现有成熟材料与工艺。最后确定冰柜的颜色：考虑到产品的使用主要面向家庭，同时兼顾整个产品线的品牌形象树立，颜色以白色为主，辅以灰色、银色或彩色。

（二）设计创意与设计优化阶段

在设计创意与优化阶段，设计团队集思广益，提出了多种设计方案。如对拉手的形状和位置、表面的图案和颜色，以及电脑显示界面等都提出了多种设计，图55－2是其中4种典型方案。

图55－2　海信冰柜设计初稿

（三）设计定稿

经过多轮方案评审讨论后，最终确认一款外观进行细化与深入并完成手板制作（见图55－3）。手板评审要比效果图更直观，视觉感、空间感更强，人机操作界面更易实现。

图55－3　海信冰柜设计定稿（另见文前彩图21）

（四）结构设计与开模阶段

在外观手板得到确认后，将手板模型输出给研发部门开始结构建模，完成开模前图纸的签批后进入开模阶段。同时，公司立刻对该设计提出外观设计专利申请。

该产品一经在内销市场销售，就得到了良好的外观反馈：该产品与同类产品在外观上突破很大，拉通式的暗扣手操作起来很舒适和方便，宽大的左右门定位板使产品显得厚重而结实，长条的电脑显示界面也是一大视觉亮点。基于此情形，第二年的广交会该产品也作为形象产品出现，以测试国外市场的反应。在广交会上，该产品成为诸多与会者围观的对象，同时也引起国外客户的浓厚兴趣。

总的来说，该产品在冰柜外观设计上实现了突破与创新，这种创新得到了市场的赞美与接纳，也给企业带来了最直接的经济效益。外观设计的项目周期远比技术研究与创新的项目周期要短，同时项目资金投入也少，而外观设计创新所能带来的利润有时甚至高于技术创新所带来的利润。

三、知识产权战略

多年以来，海信一直致力于以自主创新为本的经营思路，在企业迅速成长的同时，持续追求研发深度，不断积累拥有自主知识产权的核心技术和关键技术。增大科技成果产权化比例，加强自主创新和知识产权保护工作，已成为海信长期稳定健康发展、保持市场竞争优势的一项重要战略措施。长期的研发投入，使海信积累了大量核心技术。但技术的优势并不代表竞争的优势，知识产权的专有性决定了企业只有拥有自主知识产权，才能在市场上立于不败之地。如何让这些技术优势转化成竞争优势，有赖于对知识产权的合理保护和运用。要做好这一点，企业必须从加强自身的知识产权创造、保护、管理、运用等能力建设方面多下功夫，打好基础。

（一）提高专利的创造能力

完善的制度体系是海信知识产权工作顺利开展的支持和保障。在制度建设方面，根据整个集团的发展规划和企业的实际情况，同时借鉴国内外先进企业的管理经验，海信集团对集团原有的知识产权管理办法和其他相关管理办法进行了修订和完善，并编制了《技术秘密管理办法》、《知识产权考核评价管理办法》、《知识产权代理机构管理办法》、《专利信息利用管理办法》等。通过制度的完善，明确了相关部门的职责权利，确定了知识产权考核评价指标，建立了考核评价体系，细化了专利工作的业务流程，实现了对专利工作科学、统一的管理。

鉴于海信集团产业发展多元化并且是具有一定规模的大型企业，其知识产权保护客体具有广泛性、复杂性，在管理机制上采取集中与分散管理相结合的模式，即在集团总部成立由集团副总裁分管的知识产权部，集团下属的产品公司下设公司级的知识产权管理部门，以开展公司的知识产权管理工作。集团知识产权部通过定期召集相关部门及公司级知识产权部负责人开会等形式，了解情况、协调关系、解决问题、部署工作。

（二）设立企业知识产权保护规划

随着海信企业经营规模的不断增长，涉足领域的不断扩大，特别是国际化进程的推进速度日益加快，集团主动调整知识产权管理的策略与内容，使得现有的知识产权管理发生了一系列积极的变化。

根据企业的近期、中期、长期发展规划，有步骤、有目的地进行专利布局；进一步明确知识产权的保护应与海信海外市场的开拓相适应，在产品进入各类市场之前，评估知识产权的风险和各类成本并及时预警；将国家重点实验室建设、海信多媒体信息产业、海信矢量变频技术、海信双高效节能冰箱技术、海信智能交通技术以及海信下一代通信技术等核心技术的知识产权保护工作列入工作重点，强调重点工作领域内知识产权保护的广度和密度；将标准的跟踪、参与和制定工作纳入知识产权工作的重要内容，积极跟踪各类标准制定的同时，提交具有专利保护的各类技术方案至标委会，通过内部评估和第三方评审，参与标准的知识产权保护；海信的知识产权管理从项目立项开始，一直贯穿于整个研究开发过程。在项目立项之初，便要求项目申请书中对可能遇到的知识产权与可能产生的知识产权问题进行预测与建议。

为了保障以上 5 个方面的落实，海信建立了两级知识产权管理机构，同时制定了一系列的实施细则，与切实有效的管理手段相结合，保证了知识产权战略的有效实施。

（三）人才引进与培养并进

在知识产权人才队伍建设上，采取了人才的引进和培养并进的策略。

一方面，通过优惠的待遇吸引外部高水平的专利管理人才，另一方面，采取邀请国内外专家来企业交流培训、企业外派人员参加外部培训以及企业内部经常性地组织专题培训、交流等方式，使企业内部原有的专利管理人员在专业知识和业务能力方面得到迅速提高。同时，有意识地选择对专利工作感兴趣的研发人员进行重点培养。

到目前为止，海信已建立了由 20 多位专业专利工程师、专利代理人、专利律师组成的知识产权团队，通过分工协作，在研发成果的有效挖掘、保护、维权、应用以及信息利用等方面发挥了极大的作用。

【简评】

旨在培育具有自主知识产权的设计创新，已成为海信增强自我竞争力的重要途径。技术的优势并不代表竞争的优势，知识产权的专有性决定了企业只有拥有自主知识产权，才能在市场上立于不败之地。要做好这一点，企业必须从加强自身的知识产权创造、保护、管理、运用等能力建设方面多下功夫，打好基础。

（撰稿人：海信集团工业设计中心　闫娜娜　联络人：石岩　赵亮）

案例五十六　小家电　大智慧
——灿坤外观设计专利的创新与运用

一、行业现状

目前，中国小家电行业处于一个快速发展的黄金阶段，市场前景广阔。在竞争日趋激烈的市场环境下，提高小家电的工业设计能力和制造工艺水平是企业生存发展的当务之急，专利战略成为各大厂家关注的重点。

中国家电协会发布的调查数据显示，"十一五"时期，中国小家电在全球出口市场保持60%左右的份额，多个小家电品种销售额超过百亿，市场潜力巨大。推动家电产业升级、产品换代，巩固行业领先地位的重要因素在于产品的外观设计。作为加强市场竞争力的重要手段，产品的外观设计不仅体现了企业的品牌文化、风格，更能在长期的积累中为企业赢得品牌美誉度。

灿坤集团（包括灿坤实业股份公司、厦门灿坤实业股份有限公司、漳州灿坤实业有限公司等，以下简称灿坤公司）始终重视产品的外观设计，1994年在台湾设立灿坤集团生活设计总部，专注于家电产品的设计，其外观专利设计水平始终保持行业领先地位。截至2013年6月，灿坤公司外观专利授权总量达880余件，主要集中在熨斗、煎烤器、咖啡机、面包机、果汁机等家电产品上。其产品在国内外设计比赛中成绩突出，2010年至今，灿坤公司的产品外观设计先后获得了15项创新设计奖项；仅2012年，灿坤公司在中国第七届外观设计专利大赛中就荣获5个奖项（见图56—1）。

图56—1　灿坤公司获奖外观设计作品（另见文前彩图22）

重视产品的外观设计是近几年小家电行业发展的新趋势，国内企业的产品外观设计整体还处于"非专业化"、"非规模化"的状态。总的来说，这种小家电外观设计思路不成熟的情况，显然与多年来中国家电行业发展过快、竞争过于激烈、企业在工业设计领域中缺乏应有的积淀有关。

　　灿坤公司非常重视产品的设计创新，产品设计有严格的流程，经过各部门集思广益、反复推敲、修改、严格测试才最终推出。

　　创意是设计的灵魂。一般来说，外观设计创意的产生包括两大方面，一方面涉及产品自身的外观设计，另一方面涉及产品价值的创新设计。

　　针对产品自身的外观设计，首先要确定设计主题，并考虑产品适用的场合、消费人群等。例如，设计用于烤肉的煎烤器，设计师可以想象在高级的餐厅里，厨师正使用煎烤器为消费者专注地烹饪精美的食物，那怎样的产品才能符合相应餐厅或消费者的定位呢？设计师可以通过网络搜索或者去专卖店实地观察的方式浏览与煎烤器相类似的产品，观察及了解产品的材质、颜色、线条及特定的包装等情况，激发灵感，并思考如何取其精华，将掌握的材料和煎烤器的设计巧妙结合起来，使设计的新产品兼具合理性、美观性及一体性等特点。

　　产品价值的创新设计，对设计师有着更高层次的要求。其要求设计师采用田野调查（又叫实地调查或现场研究）的方法，深入实际环境，在充分了解消费者需求的基础上，观察消费者在使用产品的过程有哪些不易被察觉但却影响方便使用的问题。设计师可去卖场，去餐厅的厨房或者具体某个家庭，实际观察消费者的使用过程，寻找问题，如煎烤器在使用过程中的烫手问题，进而分析、思考如何作出防烫结构的设计，之后将分析结果应用到产品的外观设计上来，并通过实验的方法将其进一步合理化。某些产品的外观设计还可以进行创意组合，发挥设计师的聪明才智及进行合理的联想，例如将古代的驴推石磨的原理应用到磨豆机上，将工业上使用的螺杆推进方式应用到慢磨榨汁机等，将类似的合理的联想创意组合应用到外观设计，能够提升产品的创新价值和附加价值。

　　设计师做好调查准备工作、确定设计目标以后，即组织研发部门及商务部门相关人员会议讨论。在确定外观设计概念的基础上，研发人员提出功能上的想法和创意，使外观设计不仅具有新颖性、美观性，还具有功能性。商务部门综合评估此款创意产品能否获得较大的市场占有率、得到消费者的青睐等问题，最终确定设计开发的方向。

　　所有的准备工作就绪，此时须将抽象的概念具体化。设计师首先进行图面的渲染，利用手绘或者绘制 2D、3D 图的形式，将产品的线条、轮廓、颜色等描绘出来，让大家看到极具美观和创意的产品外观雏形；接着将产品由图面向实物转化，制作出快速模型（PU 模型），进一步感受其完美的线条和轮廓；再由研发人员制作出精模并进行功能验证。当所有的设计要点都确定后，专利人员会进行外观设计的申请，以及时得到专利的保护。由此，外观设计才算大功告成。

以灿坤公司的一款果汁机主机（9372）为例（见图 56-2）此产品曾荣获第十二届中国外观设计优秀奖（专利号为 ZL200830157149.6，2009 年 12 月 16 日获得外观设计专利授权）。在本体设计上，该产品把手造型易于消费者挪动，且为防烫设计；外形上，本体圆滑设计，与把手配合，仿效中国陶锅造型，与加热式果汁机功能相呼应；同时采用咬花处理，在质感上更接近陶锅的触感；在操作接口上采用冷/热分离接口，在使用上便于辨识，且可避免误操作而被烫伤的危险；简单流畅的线条设计配合简易的操作流程，可完全复制消费者在厨房做汤的过程，使消费者在简单操作产品的同时又能体会到烹饪的乐趣；在颜色的搭配上，中间的位置以鲜艳橘色代表火焰（等同加热），搭配周遭的黑色本体，以凸显此产品的加热功能。

图 56-2　灿坤公司专利产品果汁机

从一般消费者认知，果汁机一般只能实现绞碎食物的功能，并不能同时对食物进行加热。设计师站在消费者的角度，了解消费者更深层次的需求，设计出此款果汁机既能绞碎食物也可以对食物进行加热，实现了资源的合理利用，省去繁杂琐碎的过程，减少后续的清理步骤，大大提升了便利性，减少了操作的危险性，提升了消费者操作产品的乐趣，增加了人机互动。

二、外观设计专利的运用及专利维权

为确保不侵犯他人专利权，灿坤公司在开发产品外观设计的同时不断进行专利调查。当发现可能侵犯他人专利时，首先考虑避免落入该专利保护范围，其次研究该专利是否有效，权利保护范围有多大，一旦认定该专利不稳定，就对其提出无效宣告请求，为今后产品的设计开发获得更宽广的资源空间。

小家电市场竞争日趋激烈，灿坤公司对外观设计专利侵权行为，通常积极采取法律手段维权。灿坤公司诉上海大金科技有限公司等外观专利侵权案即是灿坤公司维权诉讼中的一个典型案例。

灿坤公司于 2000 年 2 月 3 日申请了"电熨斗（7562）"外观设计专利并于 2000 年 10 月 11 日获得授权，专利号为 ZL00302642.6。产品上市后，灿坤公司发现上海大金科技有限公司、江苏华东电器市场俊朗商行未经灿坤公司许可，生产、销售与灿坤公司专利产品相似的产品。为维护自身合法权益，灿坤公司向江苏省苏州市中级人民法院提起诉讼，请求法院判令二者立即停止专利侵权行为、销毁侵权产品并赔偿灿坤公司经济损失人民币 10 万元。

苏州市中级人民法院于 2009 年 9 月 8 日审理了本案。法院经审理查明：大金公司生产的被控侵权产品与灿坤公司的涉案专利相比较，二者设计风格、整体形状基本相同，不同点仅在于被控侵权产品把手和注水孔连接处的过渡形状及熨斗底部蒸汽孔的形状等局部差异，但一般消费者在施以一般注意力的情况下，整体上难以将两者明显区分开来。因此，被控侵权产品与涉案专利存在的不同应属不影响整体判断的细微局部差异，应依法认定被控侵权产品与涉案专利近似。大金公司、俊朗商行未经专利权人许可，生产销售与涉案专利相同的产品，其行为已构成对灿坤公司涉案专利权的侵权。法院判决大金公司、俊朗商行立即停止生产、销售侵犯灿坤公司 ZL00302642.6 号"电熨斗（7562）"外观设计专利的产品，大金公司赔偿灿坤公司经济损失 8 万元。被告大金公司不服苏州市中级人民法院判决，向江苏省高级人民法院提出上诉。江苏省高级人民法院于 2009 年 12 月 1 日审理了本案，判决驳回上诉，维持原判决。

至此，灿坤公司在"电熨斗（7562）"外观设计专利的保护上取得了阶段性的胜利，通过维权行动，一定程度上打击了假冒外观专利的行为，维护了公司的合法权益。

优秀的外观设计产品在给企业创收的同时，也能间接改善消费者的日常生活。大多企业已认识到外观设计能力和制造工艺水平对企业发展的重要性，企业必然越来越重视产品的外观设计，相信未来中国企业的设计能力将会有很大的提高，也期待灿坤公司的设计之路会越走越远，越走越好。

【简评】

工业和信息化部发布的《加快我国家用电器行业转型升级的指导意见》明确指出要大力提高小家电产品的工业设计和制造工艺水平。真正重视产品外观设计的小家电企业，才能让产品由外穿上"美丽"的外衣，至内具备优良的品质，并以此为基础，打造自主品牌，实现小家电业的良性健康发展。

（撰稿人：漳州灿坤实业有限公司　黄经晶　刘小英　范金涛

联络人：张威　赵亮）

案例五十七　设计注入产品魅力　创新成就企业辉煌
——"好孩子"的产品故事

一、行业现状

婴幼儿用品领域，欧美日在市场研究、产品设计、标准制定等方面掌握话语权，但80%的产品在中国生产制造，绝大部分中国企业处于产业链的最低端中国企业在婴幼儿生理、心理、医学、人机工学方面，在自主创新、标准研究、试验检测方面，在汽车安全座、智能化产品等领域与国外同行仍存在很大差距。"龙头企业＋散沙型"是中国婴幼儿产业发展的重要特点，企业两极分化，国内数千家同类企业主要以"贴牌生产"模式生存，研发创新能力不足、没有自主品牌和通路、缺乏行业交流，在国际市场中没有话语权。

在国内众多的婴幼儿用品企业中，好孩子集团（以下简称好孩子）是苏南乡镇企业的一个缩影，也是"苏南模式"的一个成功典范。

作为公司的支柱产品童车，是中国名牌产品，且在国内外拥有领先的市场份额。发展至今，好孩子婴儿车中国市场占有率为42%，连续20年销售第一；美国市场占有率为55.1%，连续14年销量第一；欧洲市场占有率为24.1%，连续7年销售第一。好孩子主要技术来源于自主创新、自主研发，80%以上的产品拥有完全自主知识产权；同时好孩子整合全球设计资源，通过引进、吸收、消化优秀设计创意和尖端技术成果，合作开发新产品。

在世界儿童耐用品行业，好孩子拥有的专利数第一，注册商标数第一，获得世界级奖项数量第一。其在自主创新研发方面具有前瞻性的设计理念和重大目标产品研发能力，例如在婴儿车领域拥有引领行业发展的折叠设计技术，率先推出单手折叠、四轮自立婴儿车，自动折叠打开婴儿车，一拍即合婴儿车等；在标准研究方面率先推出自动刹车婴儿车，锂电助动婴儿车，并主导参与制定国际标准；在新材料及绿色设计方面研制出基于航空轻型材料应用的世界最轻婴儿车，并在婴儿车领域率先实施"从摇篮到摇篮"的设计理念。

二、好孩子的产品故事

（一）"一不小心"被发明的XY－2

好孩子的前身是一个濒临倒闭的校办工厂，工厂创始人一心想"做世界上没有的产品"，为了这个信念，他一头扎进图书馆。日复一日，在浩瀚的资料中搜寻，最终从一款外国人用的弧形杆子支撑的摇椅中，他似乎找到了灵感：能否在摇椅上加一些功能？他思考着并立即付诸行动，几天几夜的不眠不休后，做出了一个小样品。这件"四不像"的样品摆在办公室被反复修改，他似乎感觉到了一件新产品正在逐渐形成，但每次呼之欲出却又抓不住那根主弦。冥冥之中似有天意，厂里一名员工一语道破了"天机"，他将"摇椅样品"误认为是推车。犹如醍醐灌顶，听到"推车"两个字，就像牛顿看到了苹果落地，设计者两眼发光，"推车？摇椅！这就是世界上没有的东西。"椅子下面装轮子，小孩子坐在里面，推着走就是推车；轮子翻起来，弧形杆在下面，就成了摇椅。工厂第一个产品就此诞生，"推、摇"两功能推车（XY—2）就这样看似偶然地问世了。随后，在北京宋庆龄基金会举办的"全国母婴用品博览会"上，这款车被专家们一致评价为最具创造力的产品，荣获一等奖。

（二）奠基好孩子的"A 型车"

"XY—2"成功研发出来以后，工厂乘胜追击，创造了世界上第一辆集摇篮、推车、学步车及摇椅于一体的四功能童车并申请了专利。当这款童车的专利拿到深圳专利交易会上出售时，专利权转让费由开价的 6 万一直被追叫到 15 万。最终工厂决定，无论如何困难，一定要自己生产销售。

"好孩子"由此创立，这一年是 1989 年。1993 年年底，好孩子童车销售突破 1 亿元，成为中国童车市场的销售冠军，实现了中国童车市场第一的梦想。

这款差点被卖掉的四功能推车荣获轻工部、宋庆龄基金会、博览会、全国玩具行业评比等多种项奖。后因有几代改良，加上款式众多，公司将四功能车统定为"A 型车"。从 1989 年至今，公司 A 型车累计销售数量 2 000 多万辆。2004 年专利到期后，市场仿造铺天盖地，据统计，目前 A 型车年销量占中国市场童车年销量的 30％以上，被誉为"国车"。

（三）撬开美国市场大门的"爸爸摇、妈妈摇"

1994 年，为了打开美国市场，公司把在中国市场销售的童车稍加改进后通过一家经销商销往美国。但很快发现，好孩子产品竟然被摆在集市的地摊上出售，根本无法进入美国主流市场，如此下去，拿下美国市场第一的理想无异于痴人说梦。为此，公司针对美国市场进行了详细的考察和研究，并最后定下后来发展国际市场的总策略：走正路、走大路。

走正路就是要研发出真正为美国市场消费者创造价值的产品，走大路就是要与美国主流商家合作，通过主流通路销售公司的产品。

口号是提出来了，但产品是什么，如何研发？

各方的信息汇总后，产品形象渐渐浮出：外观既要粗犷，又要简洁，中国市场的推车摇篮功能要保留……产品定位日渐清晰：一款大弧形带摇篮功能的推车。

从创意到产品，又是另外一个艰苦而让人兴奋的过程。艰苦在于如何把概念变成实实在在的产品，这都是前无古人、没有参照的事情，也是产品创意之外另一个无中生有的过程。为了设计可以摇摆的车斗，研发人员遇到了困难，为攻克难题，研发部的灯光常常亮彻通宵。在研发团队齐心协力的摸索下，经过反复的设计、修改，他们做出来的样品已经能够像秋千一样摇动了，但却因为加了摇动的摆杆而无法折叠。

历史总是一再重演，就在大家束手无策时，一个设计人员无意中的一次错误安装给大家一个重大启示：摆杆位置的不同，会产生与原本设计完全不同的摇摆方式，而摆杆的位置，可以通过在车架上挖槽移动来解决，这样既满足了折叠，又多了一种摇摆方式。经过3个多月的修饰完善，一辆既可以水平摇摆又可弧线摇摆的B2000终于诞生，这款集大众智慧的新车被命名为"爸爸摇、妈妈摇"。

这辆摇篮式婴儿车，从大弧形创意到摇篮功能的实现，在推车功能开发史上开创了一个新领域。适度的摇摆韵律有助于婴儿各生理循环系统的动态调节，起到促进大脑发育、健身及催眠等作用；车座可双向安置，实现面对面、背对面的两种推行方式。另外，还附有超大型置物篮筐、踏脚、靠背多档调节，具有简单豪华、一物多能、安全可靠的特点，尤其是大流线型圆弧造型，既体现新时代气息，又隐含古典风韵。

B2000一经亮相，立即牢牢吸引众商家的眼球。虽然当时大部分主要美国零售商早已敲定次年的商品订单，但B2000的独特魅力让他们无法拒绝，纷纷以非常规的操作方式加补订单，产品一上市，当年即风靡整个美国，并在达拉斯"95世界婴儿用品博览会上引起轰动，被誉为新世纪的摇篮、划时代的产品"。

（四）冲刺欧洲顶端市场的BUZZ/ZAPP

1999年好孩子在美国市场达到销量第一后，便开始积极开拓欧洲市场。LOOLA婴儿车算是好孩子在欧洲市场的初次试水，可是，LOOLA仅能反映好孩子的生产制造水平，与研发实力无关。直到"响雷计划"成功，好孩子才在欧洲市场爆发出震惊业界的一声巨响。而BUZZ/ZAPP相继推出，更让欧洲顶尖品牌公司一发不可收拾地"爱"上好孩子。

2005年年初，好孩子和DOREL欧洲公司共同研发了BUZZ/ZAPP两款产品。BUZZ/ZAPP以改变童车发展潮流的全新面貌在欧洲一炮走红，这对好孩子在欧洲市场的影响力来说是锦上添花的佳作；同时，在这个过程中，好孩子的创新能力、整体开发、设计水平及品牌影响力也得到了充分展示。

当很多中国企业都在头疼不知怎样才能超越基于成本的竞争力时，好孩子所具备的征服市场的魅力却在成立之初就奠定了来自创意和设计的基调。几年前，英国 Mothercare 店内发生了这样的一幕：一位营业员不遗余力地向顾客推荐 BUZZ 推车，显然，顾客很喜欢这款产品，但又觉得 700 多欧元的价格太贵，交易没有成功，推车已经折叠。就在顾客要走出店门的时候，营业员假装转身，脚后跟不小心磕到车子的推把上，车子在瞬间就自动打开了。这个经过好孩子精心设计的自动展开功能让顾客惊呼"amazing！amazing！"他毫不犹豫地掏钱拿货。

研发与市场犹如一对孪生兄弟，他们是独立的个体，但又是对方的镜子，相互检测，相互验证。

（五）行业大山摇马三轮车

摇马三轮车也属偶得之作。之前，研发设计实行项目责任制，负责三轮车项目的设计师眼看着推车项目不断出新，也想着在三轮车设计上加点创意。但要如何做呢？很长时间他都找不到突破口。有一次，大家一起吃午饭，他又和大家谈起三轮车的创新设计，其中一位设计师说："三轮车出新设计是不容易，但是，小孩子很喜欢摇木马，要是能将摇木马的功能加进去倒是挺好的。"言者无心，听者有意。他一直琢磨着，脑海里一时是木马，一时又是三轮车。他试着做出木马弧杆装在三轮车下，虽然可以摇了，但收缩和造型都不完美。终于，一款三轮车后面的推杆让他如梦方醒——如果将这个推杆做成弧形杆翻折下来，不就解决了这些问题吗？经过逐步改良，一款集木马与三轮车功能的摇马三轮车终于问世，并在多个国家申请了专利。

三、知识产权战略运用

（一）前瞻性的全球化研发布局

从 2007 年开始，好孩子在全球战略性布局，相继在美国波士顿、荷兰阿姆斯特丹、日本东京和中国香港建立了研发中心，与中国昆山形成了"4＋1"的全球研发创新模式。合理的布局首先考虑了市场属性和地区资源。美国是全球最大的市场，崇尚休闲文化；欧洲是时尚的发源地，引领世界潮流；日本是东南亚商品文化领导者；中国香港是玩具、电子类商品设计制造资源的集聚地；中国内地的市场前景和特性以及中国人力资源的比较优势是无法替代的。好孩子在以上几个代表性市场研发布局，汇聚行业设计精英，形成了富有特色的以市场为导向的产业设计制造模式。昆山研发中心以结构设计、材料研究和商品化工程设计为主。海外公司以市场研究、外观设计和时尚设计为主。

好孩子的创新研发体系汇聚行业精英，拥有超过 330 名专业创意研发和设计工程人员，形成了以前沿市场调查为源，以创意、设计、开发为本的创新研发体系，5 大研发中心顶尖人才集聚，队伍稳定，各研发中心均拥有行业内顶尖的设计人才和领军人物，都曾创造了行业内具有影响力的产品。

好孩子儿童用品有限公司到目前为止拥有专利 5 393 件，其中发明专利 189 件，实用新型专利 1 656 件，外观设计专利 3 486 件，国外专利 62 件。

（二）屡获国际设计大奖

好孩子每年面向全球推出 400 多项新产品，好孩子全球各设计团队都曾创造了行业内最具影响力的产品。2010 年、2011 年、2013 年，好孩子自主研发创新的产品 Emotion、E-pushchair Myotronic 以及 gamma 婴儿车分别获得红点产品设计大奖，这一奖项被公认为国际工业设计领域的"奥斯卡奖"。2012 年，由好孩子原创设计的 A2009 婴儿车，问鼎了中国首届工业设计金奖（见图 57-1）。

图 57-1　好孩子产品屡获国际设计大奖（另见文前彩图 23）

（三）知识产权保卫战

好孩子公司十分重视企业知识产权的创造、运用、管理和保护，已成为中国"走研发创新之路"最具代表性公司。童车行业是低门槛行业，为了应对竞争对手的抄袭，最好的办法是持续不断地创新。公司提出了"自己打造自己"的口号，以创新产品不断替代老产品。以高速度的开发，把竞争对手远远抛在后面。

好孩子的创意设计，已成为行业设计风向标，这样也成为众多国内外不法厂商仿冒侵权的对象。为此，好孩子也拿起法律的武器，保护创新成果，维护公司的合法正当权益。1991 年公司就开始利用法律武器维权打假。截至目前，已对 100 多家侵权企业提起诉讼，共立案 127 件，已结案 123 件，未结案 4 件，其中法院判决调解标的金额 3 372 万元，执行到账 1 617 余万元。

如日本宫比"康贝"SB-3 型车侵权案。2008 年，南京市场上发现了由日本康贝（上海）有限公司生产并销售的 combi SB-3 型儿童手推车，该产品并未获得公司任何许可，侵犯了好孩子 ZL0334638.6 的外观设计专利权，公司立即展开维权行动。经过一段时间的准备，于 2008 年 10 月向南京中级人民法院提交了民事诉状，南京中级人民法院于 2008 年 10 月 28 日立案受理，经过多次的庭审和专利复审，在 2009 年 8 月 5 日法院作出了（2008）宁知民初字第 331 号民事判决书，判决对方停止生产销售侵权产品，并赔偿好孩子公司经济损失 50 万元。但被告日本康贝（上海）有限公司不服一审判决，向江苏省高院提起上诉。在 2010 年 2 月 23 日江苏省高院作出了（2009）苏知民终字第 0225 号判决书，维持一审法院决定，驳回对方上诉请求。公司取得了维权的胜利，好孩子的合法权益得到了维护。

还是针对上述外观设计专利，2010 年在南京、上海等市场上发现由日本康贝（上海）有限公司生产并销售的 combi SB—3R 型儿童手推车也侵犯了该专利权。好孩子经过一年多的准备，于 2011 年 3 月向南京中级人民法院提交了民事诉状，南京中级人民法院于 2011 年 7 月立案受理，经过多次的庭审和专利复审，在 2012 年 8 月法院作出了（2011）宁知民初字第 124 号民事判决书，判决被告立即停止制造、销售侵权产品，赔偿原告经济损失 100 万元。2012 年 8 月被告日本康贝（上海）有限公司不服一审判决，向江苏省高院提起上诉。在 2012 年 12 月江苏省高院作出了（2012）苏知民终字第 0299 号判决书，维持一审法院决定，最终公司取得了维权的胜利。

此外，苏州威凯儿童用品有限公司制造销售的"VIKI"威凯 S—200 型豪华婴儿推车侵犯了公司的 ZL200430058514.X 外观设计专利权，南京中院在 2010 年 1 月 18 日作出了（2010）宁知民初字第 266 号民事判决书，判决对方停止生产销售侵权产品，赔偿公司经济损失 100 万元；苏州威凯儿童用品有限公司制造销售的"VIKI"威凯 S401B 型豪华婴儿推车侵犯了公司 ZL200530080993.X 外观设计专利权，南京中院在 2013 年 3 月收到法院作出（2012）宁知民初字第 258 号民事判决书，判决对方停止生产销售侵权产品，赔偿公司经济损失 160 万元；无锡梦宝贝儿童用品有限公司于 2011 年至 2012 年 3 月两次在上海第四十七、四十八届玩具博览会上散发了印有 BD—106 型便携式婴儿推车的产品样本画册，许诺销售的 BD—106 型便携式婴儿推车，以及制造出口国外销售的 BABYELLE B/SS—300 型的婴儿推车侵犯了好孩子公司的专利权（ZL200530171929.2），公司在掌握相关侵权证据后，立即向江苏省知识产权局请求处理专利侵权纠纷，在省知识产权局执法处的协助下，深入侵权企业，查封保全侵权产品，组织双方企业代理人当面质证，梦宝贝公司承认侵权，停止生产销售侵权产品，并赔偿好孩子公司经济损失 30 万元。短短 3 个月，该案就得到圆满的处理。

上述种种专利纠纷案件的胜诉，究其原因，是好孩子重视知识产权、及时将设计申请外观设计专利的结果。公司在国内外申请的专利量，在行业中遥遥领先。同样，公司以拥有知识产权的创新产品占领和拓展国外市场，并且在与国外客户的交往中拥有一定的主动权和话语权。由于公司的坚持和执着，知识产权保护工作取得了一定的成效，使侵权者受到了震慑，净化了原先行业内互相抄袭、侵权现象比比皆是的不良风气。竞争者都知道，好孩子的专利碰不得，还是向好孩子学习，老老实实地搞创新。

君王以利剑平天下，企业以产品争市场。在短短的 20 年间，从一个校办工厂成长为国际化的产业巨擘，好孩子筑建了一个民族品牌的产业王国。纵观好孩子的国际化发展历程，不难看出其"以受欢迎的好产品打开市场，以有创意的好产品占领市场，以高品质的好产品巩固市场"这一发展战略。好孩子取得的成功，与扎根本土化需求、注重创意、坚持高品质标准的创新策略密不可分。正所谓，优秀产品的魅力不可阻挡，善于创新的企业成就辉煌。

【简评】

在短短的 20 年间，从一个校办工厂成长为国际化的产业巨擘，好孩子筑建了一个民族品牌的产业王国。在好孩子发展的历程中，扎根本土文化不断推陈出新的创新之路是其获得成功的根本，而知识产权的保护同样起着举足轻重的作用。好孩子的发展之路也成为企业谋求长远发展的楷模。

（撰稿人：好孩子集团　涂祖宏　国家知识产权局专利局　周芸）

案例五十八 中国手机赢得欧美青睐
外观设计提升品牌实力
——中兴加大外观设计投入，成功占领欧美高端市场

欧洲，GSM 和 WCDMA 的发源地，一向苛刻的准入市场标准让众多手机厂商却步。2010 年中兴通讯股份有限公司的 Blade 手机以其独特的时尚个性、简约的风尚主体及高端的系统配置被极具影响力的英国杂志 Smartphone Essentials 评选为 "Best Value Phone"（最具价值手机）。3 年之后，在 2013 年全球设计界顶级峰会 "IF 国际设计大奖" 上，中兴 Grand S 手机（见图 58—1）"征服" 了 49 位国际顶尖设计大师的挑剔眼光，从全球 51 个国家制造商的 4 325 件参选作品中脱颖而出，摘得全球年度设计大奖，这也是国产手机首次获得的最高殊荣。

图 58－1 中兴 Grand S 荣获 2013 年 IF 国际设计大奖（另见文前彩图 24）

与之形成对比的是，中兴手机几年前在国内一直都是低端、实用的品牌形象，与高端、时尚似乎有点距离。短短几年，是什么造就中兴手机的成功？

一、中兴手机品牌之惑

中兴通讯股份有限公司（以下简称中兴）于 1998 年开始从事手机产品的研发和生产，是全球少数有能力研发、制造 2G、3G、3.5G、4G 全系列终端产品的高科技企业之一，能够根据运营商的网络特点和业务特点，提供手机等终端的个性化定制服务。凭借在知识产权领域的长期积累，截至 2012 年年底，中兴已累计申请国内外专利超过 4.8 万件，已授权专利超过 1.3 万件，所持有专利 90％以上是覆盖国际通信技术标准的基本专利，以及覆盖通信产业关键技术的核心专利。在 4G 领域，目前中兴在 LTE（Long Term Evolution，长期演进）领域基本专利数量接近 2 000 项，占全球通信厂商的 7％。在

手机领域，中兴智能手机专利数量位居全球第四、中国第一。国际专利的申请，中兴更是从 2011 年起连续两年力压日本松下，稳居全球企业国际专利申请量第一位。

目前中兴手机已销往全球 160 个国家和地区，全球已有 230 多家主要运营商成为中兴手机合作伙伴，智能终端产品突破欧美日等高端战略市场。鲜为人知的是，中兴手机目前高居全球手机出货量第四位。

然而，历经 15 年的技术积累，在如此大出货量的前提下，中兴手机为什么没有相应的品牌影响力？

二、国产手机之痛

近两年来，随着 Android（安卓）系统的逐步成熟，手机研发与生产的门槛大幅度降低，众多手机厂商如雨后春笋般出现。据统计，2012 年我国智能手机出货量达到 2.24 亿部，已成为全球最大的智能手机生产国，国产手机占据了一半的市场份额。然而，虽然国产手机占据了相当大的市场份额，但就行业利润而言，三星与苹果占据了整个行业 99％的利润。究其原因，主要有以下方面。

（一）价格战盛行

随着国内智能机市场竞争的日益加剧，很多厂商不惜以低价抢市场，从双核之争到四核之争，从电商手机之战到运营商补贴之战，从千元机到大屏中档智能机等，国内手机厂商之间全面掀起价格之战，企图以规模优势换取成本优势，颇有赔本赚吆喝的意味。然而，价格战的盛行最终将会导致厂商为了降低成本而减少对手机的研发投入。

（二）过度依赖运营商渠道

国产手机的销售渠道主要分为 3 种：一是与运营商合作，根据运营商的需求生产定制手机；二是通过自建或寻找代理的形式从传统的渠道进行销售；三是电商销售，通过自建电商或加入国内的电商巨头等形式。相比较而言，由于运营商有庞大的销售渠道、强大的品牌优势及大规模的手机话费补贴，因此，国内手机厂商都倾向于搭上运营商这辆便车，通过运营商渠道的大规模出货量来获取成本优势，进而提高整体的利润。根据统计数据，2012 年国内销售手机出货量为 2.62 亿部，而中国移动、中国联通、中国电信 3 家运营商定制的合约机销售量占比达 3 成多，数量超过 1 亿部，销量相当可观。而国内的四大手机厂商中兴、华为、酷派、联想通过与运营商合作，在销售上取得了不错的成绩，其智能机发货量均超过 2 500 万部。运营商渠道虽然可以提高手机的销量，但定制机由于有运营商的销量保障和成本限制，导致厂商主要是以降低成本为首要目标，缺乏提高手机质量、外观及用户体验度的动力。

（三）缺乏软硬件协同设计能力

根据塞诺提供的统计数据，苹果与三星占据国内3 000元以上手机90％的份额，剩下的则由 HTC、索尼、诺基亚等其他国际品牌瓜分，国产手机在这一价格区间的市场份额几乎为零。客观地讲，国产手机不乏高端机，甚至部分手机硬件配置比三星、苹果高端机的配置更高，但却高端不高价，究其原因在于国产手机比较看重硬件等参数的比拼，缺乏对 UI、操作系统优化等实力。企图通过提升硬件参数来弥补软件上的不足，最终导致用户体验度差、高端但不高价的现状。

三、"橄榄型"结构调整从设计开始

为了减少对运营商渠道的依赖度，从高销量、低毛利的"白牌陷阱"中走出来，中兴推倒了以"卖低价"为重的金字塔形发展模式，重建"一大两小"的"智能家族"橄榄型发展模式。一大是指目前出货量较大、定位中端的机型，两小一头是指以 Grand S 为代表的高端机型，另一头是指入门型的智能手机。"一大两小"的重心在高端智能机型，这也是提升中兴手机品牌的重点。"橄榄型"结构调整的重点举措就是在提升软硬件协同开发的基础上，注重手机的设计。

一款手机的外观设计是用户首要感知到的对象，对用户的购买行为有至关重要的影响。从全球用户对苹果产品的狂热与推崇就可以看出优秀的产品外观设计对消费者购买行为的重要程度。除了外观设计之外，界面设计的好坏决定用户对软件的第一印象，手机界面是软件与用户交互的最直接的层面，而且设计良好的界面能够引导用户自己完成相应的操作，起到向导的作用。在行业内硬件之争日趋白热化的趋势之下，国产品牌在硬件上已逐渐完成对国际品牌的赶超，但设计领域往往被忽略，而事实上优秀的设计对于提升手机的价值有重要的作用。

（一）国际化设计团队

优秀的设计作品需要人才和眼界，中兴为打造更多 Grand S 类的旗舰产品，邀请了以范文迪为代表的多个国际顶尖设计大师加盟，而在内部设计策略及流程上面，强化国际化的视野，激发员工的创作激情。目前，中兴手机已经建立起一支近 400 人的设计团队，建立了以用户为中心、面向市场支持经营的设计流程，在中国大陆有 4 个设计中心，德国亦有一间工作室。2012年，中兴通讯部署全新设计战略，大量引进国际高端设计人才，并计划 2013年在美国、欧洲成立设计中心，打造一流国际化设计团队服务，进一步加速设计国际化进程。

（二）设计注重用户体验

现代主义设计大师密斯范德罗说，"魔鬼在细节中"。随着苹果手机的全球风靡，全球智能手机的设计也掀起了注重细节、注重人性化的设计新浪潮。同时，在手机同质化设计的今天，人们的关注点已经不在造型风格如何多变，色彩和曲面的拼接如何丰富，而是经过打磨的人性化细节，让设计呈现出的一切拥有必然性，这才是设计的意义所在。中兴手机设计团队通过深入研究用户特征和需求，根据自身特点选取目标市场，并制定针对性的品牌营销及产品策略。以 Grand Memo 手机为例，Grand Memo 整体形态简约稳重，并无矫饰。通过对使用者的观察，通过将侧键和卡盖微微翘起 15 度，刚好是让人打开盖子或按动侧键最舒适的角度，使得大屏手机有限的机械操作得到优化。

（三）注重全方位的外观设计保护

优秀的外观设计是产品成功的重要保障，对外观设计的保护也是保持市场竞争优势的重要手段，从苹果与三星的世纪之战中就可以看出加强外观设计专利保护的重要性。中兴非常注重对产品外观设计进行保护，将知识产权工作嵌入整个手机产品开发设计过程中，主要体现在以下方面。

1. 用战略眼光对待外观设计及相关专利

在智能手机时代，由于手机操作系统、功能高度相似，外观设计对手机产品的作用日益凸显。基于此，中兴通讯提高了对外观设计专利的重视程度，增加了对外观设计专利的投入，改变了以往由于外观设计专利创造性程度低而导致的普通不重视状况。

2. 注重设计人员与法务人员的协同配合

在产品设计过程中，知识产权工作人员会参与到项目设计中，为产品设计团队提供与知识产权有关的咨询，帮助其树立知识产权意识。在产品设计完成后，知识产权工作人员会及时将相关的产品设计完成专利申请。同时，为了获取最大的产品保护范围，知识产权工作人员会与设计人员进行沟通，并将产品有可能的相似设计都申请专利，从而使产品的保护范围最大化。

3. 及时进行功能性专利申请

由于知识产权的地域性，经过对未来手机可能的销售市场的评估，中兴除了在国内进行申请布局外，还在欧美日韩等地区也对相关的外观设计进行了专利布局，为将来手机在这些区域销售提前保驾护航。以 Grand 手机为例，在 Grand 系统手机的开发过程中，中兴在中国、欧洲、美国、日本、韩国及其他国家累计提交近百件外观设计专利申请，其中一半以上的专利均是为了使该产品得到最大限度保护的外围性防御专利。

4. 及时对其他类型专利进行申请

除了对外观设计进行及时申请专利之外，对于在产品研发、设计过程中产生的可以提高用户体验的一些设计，中兴也及时进行专利申请。据统计，从 2010 年到 2013 年，中兴已拥有累计 100 多项与手机相关的外观设计专利，其中大多数专利都在欧美等地区申请了专利。这些专利的提前布局对于未来产品的布局起了很好的保障作用，同时对于未来的市场竞争力增加了砝码。

四、外观设计市场广阔

经过长达 3 年的智能终端转型，中兴推倒以"卖低价"为重的金字塔形发展模式后，经历短暂阵痛，已全面重建"智能家族"的橄榄型发展模式，同时也硕果累累。

从知识产权风险角度来看，中兴手机近 3 年在欧美市场从未发生过相关的知识产权诉讼或争议，以外观设计为代表的知识产权提前布局为手机在欧美市场竞争起到了保驾护航的作用。

从销售市场来看，根据全球权威市场分析公司 IDC 的报告，中兴通讯在 2013 年第二季度继续保持全球智能手机市场排名第四的优异成绩。就美国市场而言，从名不见经传的品牌一跃成为美国知名品牌，成长为美国第三大智能手机供应商，中兴智能手机在美国 2012 年第一季度的销售额激增 85.7%，并被调查公司 Strategy Analytics 选为 2012 年美国市场增长速度最快的智能手机生产商。

从对企业的财务贡献来看，根据中兴通讯 2012 年财务报告，中兴手机在 2012 年营收 258 亿元人民币，利润率 16.8%，为整个集团公司贡献近 4 成利润，在通信行业整体不景气、净利润整体跳水的情况下，这一成绩已属不易。

繁华的背后总是暗藏危机，永不止步的中兴也不能沉溺于任何鲜花和掌声。通过近年来对手机战略的重大调整，凭借强大的知识产权硬实力，配合业界领先的手机设计、研发实力，中兴手机必将成为未来中兴通讯国际市场竞争中最锐利的竞争性产品。

【简评】

曾经，波导、熊猫等国产手机引领国内手机行业，那是一段真正"国货当自强"的时代，然而随着国际知名品牌手机的强势进入，在外观和功能上的抄袭、模仿，难以维持国产手机自身长期的生存和发展。

经历了几年的"阵痛"，以中兴为代表的很多国产手机厂商重新审视了行业发展的问题和契机，急功近利少了很多，以自主知识产权为导向，注重市场的差异化竞争，在技术和外观设计方面双管齐下。4G 牌照发放后，对众多国产手机厂商来说，不仅是挑战也是前所未有的机遇，重新树立竞争导向，打破洋品牌的垄断格局或将只是一个时间问题。

（撰稿人：中兴手机通讯有限公司　柯春磊　联络人：石岩　周芸）

案例五十九　灵感与创意　汇于一点
——爱国者公司的外观设计专利历程

一、创意设计——爱国者外观设计团队的起点

1997 年，北京，中关村，键盘、鼠标、机箱等计算机产品琳琅满目，然而，在消费者心中，国外电子产品是价高质优的代名词，中国制造的呢，难以吸引兴趣。原因何在？创意，设计。

1998 年，在"创新赢得市场"的战略下，在"产品上，要印上爱国者的创意标记"的公司决策下，爱国者数码科技有限公司（以下简称爱国者）延揽人才，成立了专业化的外观设计创新团队，专业设计和打造爱国者创意印记的数码产品。爱国者外观设计创新团队，从此开启了在数码领域的中国创意设计的征程。

2003 年，爱国者刻上"将爱国者建设成为令国人骄傲的国际品牌"的愿景，启用了国际化标识"aigo"，是爱国者在消费类电子领域的灵动和领军数码前沿的战略。创意，创新，爱国者的标记。

二、外观设计的经典之作——海洋之心 MP3 播放器

2004 年，爱国者外观设计创新团队推出专利号为 ZL200430109600.9 的海洋之心 MP3 播放器 F820（见图 59—1）。

图 59－1　爱国者海洋之心 MP3 播放器（另见文前彩图 25）

这款至今在 MP3 播放器产品设计史上的经典之作，当年引起了激烈的营销热潮，消费者，尤其是女性消费者更将其引为佩戴的艺术品。流畅的线条和圆润的造型，不再是传统印象中的冷冰冰的电子产品，颠覆了电子产品的工业化棱角分明的死板印象，原来工业品，也可以是艺术。

设计该款产品的设计师回忆说，他是在重温经典电影《泰坦尼克号》时，看到露西（ROSE）和杰克（JACKY）定情信物"海洋之心"，由此获得灵感，幻化出爱国者月光宝盒 F820 之"海洋之心"。圆润宝石的造型，蓝宝石般的梦幻光泽，如海洋的深邃，如爱的心声，爱的永恒。

　　这一偶发的灵感，激发了设计师内心的原动力，随即在工业设计软件上进行工业化再现设计，使得初稿设计有了创意的展现具象。然而，按键的设计却总有不完美的遗憾。在创意团队成员对设计初稿进行创意讨论时，有人提出了按键与机身的融合创意，浑然天成的一体设计，按键的部位不正好是海洋之心的精魂吗？在这一启发下，有了问世之作的设计图稿。

　　然而，完美的设计作品，在工业制造中却遇到了障碍，优美弧度和蓝色璀璨的光泽视觉工艺成了难题。好作品像自己的孩子一样珍贵，怎可在任何一个环节上放弃？设计创意团队、产品工程师与模具工程师组成了攻坚战的联合小组。为了这创意、灵感之作，在成本问题上，得到了公司最高决策者为公司的创新战略目标的特批首肯。为了完美呈现蓝宝石的璀璨和金属品质，攻坚团队几经试验，几经寻觅，最终找到了当时最为先进的 UV 喷涂工艺制作方案，运用三层 UV 工艺，底料、金属料和透明覆料，将深邃的璀璨光泽和实用耐磨性融合。历经艰辛带来了喜悦的成绩，在千篇一律的工业产品中，"海洋之心"散发出了优雅高贵的不凡光芒。

　　设计上的创意固然可有偶发灵感来源，而工业技术上的再现，却是时间和心血的付出。如果说外观创意设计是百分之一的灵感的话，那么技术和产品的开发生产过程就是百分之九十九的汗水，这才实现了海洋之心 F820 产品百分之百的完美艺术之作。

　　三、爱国者推出中国风系列设计

　　2008 年北京奥运会开幕式，千人表演的"和"字阵列舞蹈，是现代科技和古代中国哲学艺术融合的震撼诠释，世界感受到了中华民族的文化魅力。爱国者外观设计创意团队紧扣时代主题，充分运用百年之遇的奥运机缘，旋即推出了爱国者自己的中国风系列设计，将科技与民族美学的设计理念融合，尽显"科技以人为本"的科技理念。

　　2008 年，爱国者外观设计创新团队推出了爱国者妙笔（见图 59－2），先后申请并获得外观设计专利 ZL200730304891.0 和 ZL200830085455.3。该名称为"图形编码识别装置"的产品，运用"天圆地方"的中国古代传统理念的哲学思想，使得科技产品充分体现了独有的民族魅力。妙笔产品被公司介绍给奥运会主席罗格先生使用时，罗格连连赞赏"神奇美妙"。

图 59－2　爱国者妙笔

2009 年，爱国者推出了青花瓷系列作品。青花瓷是中国最具民族特色的瓷器装饰，也是中国陶瓷装饰中较早发明的方法之一，它是景德镇四大传统名瓷之一。其瓷白中泛青、其花青翠欲滴，是典雅素静的"人间瑰宝"。清代龚轼的《陶歌》中这样称赞青花瓷："白釉青花一火成，花从釉里透分明。可参造化先天妙，无极由来太极生。"

爱国者外观设计创意团队推出了青花瓷系列作品，堪称典范的是青花瓷 U 盘 8298（见图 59－3），该款外观专利号为 ZL200930205133.2 的"闪存装置（青花瓷）"成就了民族特色与现代科技的传神融合。U 盘的小巧体格与两头大中间小的形状设计宛如细腰苗条的美貌女子，而青花瓷的点缀，就像是穿在女子身上的别具风格的旗袍，衬托出恰如其分的曲线和美感。青花瓷 U 盘的外观设计图样一出来，就得到产品部门的极度喜爱，在销售部门竟然产生了预订单，恨不能即日上市。直至现在，该产品仍然保持领先的销售业绩。将产品与创意设计融合，让消费者的审美心理与产品实用性的结合点汇聚一点的设计，是灵感闪现，是可遇不可求。

图 59－3　爱国者青花瓷 U 盘

如果说爱国者妙笔产品的外观设计中所体现的尚是中国深邃哲学理念而有点阳春白雪的曲高和寡的话，那么，爱国者在翌年相继推出的青花瓷 U 盘系列，其外观设计创意灵感源于中国特色的明白晓畅的"青花"民族风，则是深入人心，深得消费者的普遍赞赏。这也是为何爱国者青花瓷 U 盘至今仍然引人喜爱而销售不衰的因缘了。

从妙笔外观设计的初航成功，到青花瓷 U 盘的经典传继，爱国者把握了民族风的精髓，于 2010 年又旋即推出了"哥窑"系列外观设计作品。哥窑数码相机（见图 59－4，外观设计专利号 ZL200930269170.X）更是将中国数码产品引领至艺术殿堂的层级。每每有参观团到爱国者公司拜访和观摩时，无不赞赏哥窑数码相机的文化创意。这是又一款将中国传统的文化艺术融入现代科技的杰作，是爱国者民族风系列设计的又一呈现。

图 59－4　爱国者哥窑数码相机

　　发轫于中国"天圆地方"哲学理念在外观设计创意中导入的成功，经历青花瓷历久弥新的民族共识的传统美感艺术，再到官方稀世珍品的"哥窑"收藏，爱国者外观设计创意团队凭着中国民族艺术的深厚积淀，不断在外观设计创意上融合中国民族风的元素和精神，赢得了一个又一个的外观设计创意的典范。

　　秉承中国民族艺术精神，爱国者外观设计创意团队的民族风系列，正印证了"民族的，就是世界的"。爱国者外观设计创意团队用一个又一个设计作品证明了，中国的民族艺术，正在现代科技历史上焕发出新的生命力和世界性的美丽光芒。

　　四、创新与保护相辅相成

　　为了保护外观设计创意成果，公司除了在内部制度上做到保密和严格责任人管理之外，还推动了外观设计创意成果的系统化管理，以充分应用知识产权法律保护体系保护外观设计创意成果，激励外观设计团队。

　　首先，在制度体系上针对外观设计创意成果在产品市场营销中的重要性，公司制定了《外观设计创新成果奖励办法》、《外观设计专利申请评审办法》、《产品上市的外观设计审查办法》、《外观设计创意成果保密管理制度》。为了管控产品在市场推出之前的外观设计知识产权风险，公司推动信息资讯系统管理部设计了《产品上市审批流程电子系统》，将知识产权的风险及申报流程放入电子流程的审批中，实现了产品推向市场之前的知识产权风险管控，将外观设计创意成果保护在公司的电子管理系统中统一化管理。

　　其次，将外观设计创新及知识产权保护意识融入企业文化中。在每一次的外观设计专利评审奖励会中，公司的最高层和高层决策人员参与评审环节或奖励环节。知识产权法务团队和人力资源团队同心协力，将评审会议作为公司企业文化的一部分来定期举办，每期均在企业内部刊物上公告，在公司办公环境中开辟知识产权公示展览区定期展评，在评审环节中将公开、公正和公平的原则做到最优化，将外观设计创新荣誉感与知识产权保护理念相互交融形成"全员参与，全员创新"的常态企业文化氛围。在外观专利设计评审体制中，让全公司最为翘首以待的是年度外观专利设计创新应用奖项，获奖者不仅可以直接从公司销售盈利中获得特定比例的提成，而且还能得到公司总裁亲自颁发的奖金和证书。丰厚的奖励是消费者市场对外观设计成就的肯定，公司最高层级的现场颁奖更能聚焦一种荣耀感。

再有，将外观设计作为公司产品规划战略内容，在每一次新项目或产品开发的立项会议中，外观设计创意中心部门都是重要核心成员，是公司最高决策层决策参考的核心意见来源。因此，外观设计创意中心部门充分运用其独立的创意或战略设计为公司的数码领域创新提供前瞻的建议参考，"项目未立，创意先行"已经成为爱国者产品立项的制度。爱国者充分利用外观设计创意团队自身具备的专业审美能力和创意能力，不断地在市场上推陈出新，为外观设计创意带来一个又一个惊喜和经典之作。

有人说"一流公司卖创意"，这句话用在爱国者数码领域外观设计的不断领先和创意成就上，可谓恰如其分。爱国者的数码类产品如 MP3、MP4 到当今的 U 盘、数码相机等，持续在数码领域享有的独特风格和成就，外观设计创意立下了不可磨灭的汗马功劳。在知识产权的保护成果上，爱国者的外观设计专利及申请数量和质量都名列北京市外观设计专利及申请的前列。爱国者外观设计创意也赢得了外观设计专业界的奖项和荣誉，红星奖、中央电视台 CCTV 创新盛典年度奖、IF 工业设计奖、中国外观设计专利奖等，都是对爱国者外观设计专利之外的荣誉和专业肯定。

【简评】

中国元素的外观设计为爱国者产品的定位增添了浓浓的文化气息和深厚的内涵，使其更有特色，更有深度，更有吸引力。同时也为爱国者的产品平添了很多附加值，使中华民族的文化历史与现代科技实现了成功融合。

（撰稿人：爱国者数码科技有限公司 卿高山 联络人：周佳 周芸）

案例六十　外观设计专利维权
商业合作的有力推手
——宇朔"风行系列"优盘的维权策略

根据《专利法》第 60 条的规定，未经专利权人许可，实施其专利，即侵犯其专利权，引起纠纷的，由当事人协商解决；不愿协商或者协商不成的，专利权人或者利害关系人可以向人民法院起诉，也可以请求管理专利工作的部门处理。

由此可见，专利权人可以根据情况采用协商、诉讼或请求行政管理等 3 种方式解决。无论哪一种方式的维权都不是最终目的，而只是手段，成功将专利转化为企业利益增长才应该是企业追求的真实目的，不同类型的公司、不同的竞争对手，企业会有不同的维权战略。对于依靠工业设计作为竞争力的企业，如何更好地用好外观设计专利维权，直接影响到公司发展的成败。

一、"风行系列"优盘的维权策略

宇朔发起于 2001 年，是以原中央工艺美术学院工业设计系老师和清华大学电子工程师为核心的设计研发团队，是以工业设计为核心竞争力，以先进的电子技术和成熟生产工艺为基础，整合技术和制造业资源，提供给客户产品整体解决方案的创新型服务企业。宇朔自成立至今，主动知识产权维权案经历了上百起。侵权方有国内外知名品牌和上市公司，维权区域涉及我国北京、广东、台湾以及欧洲和美国，其中最为人乐道的就是宇朔对"风行系列"优盘（U 盘）的成功维权。

很多用过 U 盘的人都曾有过这样的烦恼：在插拔 U 盘过程中，用着用着，就在不经意间把盘帽丢了。为解决这一问题，宇朔设计了"风行系列"U盘（见图 60－1），专利号为 ZL200430006471.0、名称为"移动闪存盘（2）"的外观设计专利。由宇朔公司于 2004 年 3 月 31 日向国家知识产权局提出申请，并于 2004 年 11 月 10 日被授权公告。此外观设计主要使得盘帽和盘身合二为一，盘帽可以围绕铆钉旋转以便于打开。这一设计得到了消费者的认可，因此相类似的产品层出不穷。

图60-1　宇朔"风行系列"移动闪存盘（另见文前彩图26）

宇朔在侵权面前没有退缩，而是通过法律维权，其中比较有影响力的是起诉紫光股份有限公司侵犯外观设计专利权。最终法院认定被告的U盘与原告享有专利的外观设计完全相同，U盘旋转外盖顶部为圆锐角形，宇朔的U盘为圆弧形，二者仅在此存在细微差别，其余部分则完全相同。根据整体观察、综合判断的原则，该细微差别并不能对产品的整体视觉效果产生显著影响，一般消费者仍会产生混淆和误认，因此，两项外观设计构成相近似，法院最终判决紫光股份有限公司自判决生效之日起停止侵权行为，并赔偿原告经济损失20万元。

类似这样的侵权诉讼案件还有很多，仅从2010年起被宇朔告上法庭的公司就有70多家，挽回经济损失400多万元，获得的授权许可使用权益金和维权诉讼赔偿金已累计超过300万元。更为重要的是，宇朔通过专利侵权诉讼不打不相识地赢得了很多渠道和合作伙伴。打官司对于宇朔来说，既是最有力的保护自己心血的方式，同时也成为减少损失的一种手段，更是成为扩大合作资源、吸纳更多合作伙伴的有效途径，这其中包括与全球多家著名品牌商的合作。目前宇朔为美国金士顿公司、德国麦德龙集团公司、用友软件股份有限公司、方正科技集团股份有限公司、奇虎360公司等知名企业提供自有知识产权产品，并和美国多家公司合作开发产品。

2006年，宇朔与金士顿合作生产的DT101系列U盘就是其代表作。这款U盘还是建立在宇朔的外观设计专利ZL200430006471.0的基础上，同时进行了图案设计。DT101主体是塑料，既节约成本，又能呈现各种漂亮的颜色；其盖帽为不锈钢，可以通过彩色丝网印刷和激光方式刻印各种图案。这个产品已成为全球最大的U盘商家金士顿U盘中最畅销的一种；宇朔通过向金士顿提供这款U盘的盖帽和塑料主体，获得外汇收入220多万美元。通过此项改良性设计创新的合作生产，已经为宇朔赚得了数千万元的利润，如今，每月宇朔都会从金士顿得到一笔20万美元左右的收入，这笔费用表面上看是产品设计费，实质是专利权使用费，因为宇朔与其他公司的合作方式是不卖图、不卖知识产权，而仅仅提供产品设计的使用。

二、宇朔模式的分析

工业设计为核心竞争力的企业比较常见的产业模式有以下几类：

第一类是单纯进行委托设计、承接设计订单的设计企业，没有能力在企业内部成立设计部门的中小企业会将设计外包给这类设计企业，设计企业根据对方的要求，提供设计方案。这是简单依靠提供设计图谋求发展的工业设计产业模型，但这种模式普遍存在着一种困境，就是在设计中常常要受到来自客户的种种设计限制，而且设计公司很少甚至不能获得知识产权。

第二类是设计带制造的模式 ODM（Original Design Manufacture，原始设计制造商），直接带动一批 OEM（Original Equipment Manufacture，原始设备制造商）企业，像李宁、华旗等都属于这种模式。这些企业不直接生产产品，而是利用自己掌握的设计创新能力，负责设计和开发、控制销售"渠道"，具体的加工任务交给别的企业去做，实质上是以设计为主的企业。这类企业需要在行业处于领军地位后，才能运转顺畅。

第三类是近期出现的一种较新的产业模式，可以称为"宇朔模式"。如拿自有知识产权的 U 盘设计，为国际大品牌商金士顿提供产品，获得产品利润的比例分成，来串联制造业产业链。这种模式实际上结合了 ODM 和资源合作。宇朔设计出一种产品后，可能会被另外一些品牌的制造商看中，要求配上后者的品牌名称来进行生产，又或者稍微修改一些设计（如按键位置）来生产。这样做的最大好处是其他厂商减少了自己研制的时间，而自身拥有单件优秀的设计权即可，不需要全面处于行业领军地位。宇朔以设计方案作为资本与其他企业实行资源合作，制造商可能有较强的加工制造能力、品牌商有丰富的市场渠道，而宇朔则擅长设计和品质监控。通过这种互补合作，从而使得产品在各环节都能够保持竞争力，而最终合作方再分配相关利润。

三、启示

（一）拥有外观设计专利权

对于工业设计公司来说，最有价值的就是设计本身，为防止抄袭，必须申请专利。宇朔对每一个创新性设计都申请专利，杜绝仿冒。同时，对于创新性强的知识产权，千万不可轻易出售，可以以授权许可实施的形式获得收益或者以合作的方式共同开发产品取得利润分成。宇朔在与全球著名大企业的合作中，既能保有独立的知识产权，还能长期分享经济利益，这点十分值得学习和借鉴。

（二）维权要坚决，方式要多样

专利权是独占权，其最重要的作用就是对抗侵权。从宇朔面对侵权的态度和获得的回报可以看出，维权越坚决，自身的生存发展空间才会越大。另外，维权的方式应该丰富多样，建议能够与专业知识产权律师建立合作，比如搞清维权流程、如何提交维权材料，如何尽快获得关键证据等。

同时，在与侵权方交涉过程中应该制定不同的战略目标，一部分可以通过协商解决。如对于有合作前景的企业，可以通过"不打不相识"多结交朋友，以通过有偿授权许可使用外观设计专利实现共创、共享、共赢。一部分可以通过法院起诉。如对于直接性竞争对手，或对本企业有至关重要影响的侵权事件，建议通过司法诉讼强制维权，一来排除不正当竞争，二来通过诉讼树立坚决维权的形象，以儆效尤。还有对一些有行业协会约束或侵权行为认定容易的当地企业，可以通过行政干涉的手段尽快解决，以尽量减少损失。

（三）主动设计开发，资源互补式合作

主动开发设计产品，才能拥有原创性设计，主动推销自己的外观设计专利，才能获得更多的授权许可。另外，对于特别出色的设计，完成设计后，可以亲自介入开发，通过掌握产品的质量控制关键点，以获取更多利益分成。对于设计公司来说，以自身专业优势或拥有的知识产权为资本获得资源互补式合作，从而弥补制造能力不足、市场渠道不多等不足，实现强强联合。

四、结语

维权战略决非打赢一场官司这么简单，知识产权的维权也是个系统工作，需要考虑自身的定位及具体的情况，整体规划，有时候实现商业合作可能是最好的结果。

【简评】

宇朔对"风行系列"优盘的成功维权，形成了独具一格的"宇朔模式"。本文通过对该模式的详细分析，得出该模式对工业设计公司所引发的启示，值得借鉴。

（撰稿人：国家知识产权局专利局 李晨 联络人：周芸）

案例六十一 成功维权 为企业打开市场
——杭州中艺"天鹅"吧台椅专利维权

一、行业现状

吧台椅是一种在室内和户外环境中广泛使用的坐式休闲家具，目前我国生产的吧台椅产品已经占据了全球 72％ 的市场份额，然而由于对原创设计和品牌建设的重视程度不足，我国大部分厂商都停留在 OEM（Original Equipment Manufacture，原始设备制造商）或者抄袭模仿的阶段，利润稀薄，在国际吧台椅舞台上一直缺乏中国设计师的身影。我们所见的 BOMBO、LEM 等著名吧台椅一般都来自欧美设计师，而国内外庞大的市场需求让我们看到吧台椅市场的巨大潜力。随着国内外对知识产权保护的重视，原材料和人工成本的提高，进一步影响了国内吧台椅厂商的生存环境，原来简单抄袭模仿的方式已越来越不适应市场的发展。

二、杭州中艺"天鹅"吧台椅

杭州中艺实业有限公司（以下简称中艺）自 1999 年成立以来，在"户外休闲用品"自营出口领域里一直保持健康、快速、持续发展的良好势头。自主研发的"天鹅"吧台椅荣获 2010 年"创意杭州"工业设计大赛产品组银奖。

"天鹅"吧台椅外形是设计师受天鹅的优美曲线激发得到的灵感，将自然界的自然之美融入造物之美中，两者浑然天成。人机舒适性一直是家具产品的基本核心，通过对消费者的使用情况做细致调查后，对吧台椅的座面经过长时间反复而又严格的人机模拟测试，使座面曲面能更好地适应消费者的使用，摆脱了传统吧台椅造型或曲线的框架，创造出柔和、优雅的视觉效果，展现出细腻、雅致的流畅设计风格。每个细节皆可看出设计师对人体工学的缜密考虑。该吧台椅整体造型独特而设计功能兼具实用性，优雅的曲线宛如天鹅，故取名"天鹅椅"（见图 61-1）。

设计师和结构师还在吧台椅的结构工艺上进行了大胆的尝试，使用双调节锁定机构，并改进了胶合方式，使其更加牢固可靠。此外，公司在推出炫目红、神秘黑、优雅白等七色系列 ABS 材质吧台椅的同时，也推出了 PU 革材质系列吧台椅，富有美感的外观设计与对材料科学的使用，使得"天鹅"吧台椅一经推出，就获得了巨大的成功。

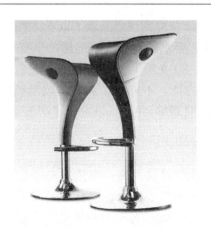

图 61-1　杭州中艺"天鹅"吧台椅（另见文前彩图 27）

三、"天鹅"吧台椅维权案例

中艺"天鹅"吧台椅出现热销，不可避免地会有一些企业为了缩小成本搭便车，在未经中艺许可的情况下擅自销售与中艺专利产品"天鹅"吧台椅相同或近似的产品。

（一）侵权案例一

2010 年 5 月，中艺业务员发现法国 Alspapan，Sas 公司在其官网许诺销售与中艺专利产品相同或近似的吧椅。

为了维护公司在国际市场的形象，保护中艺"天鹅"吧台椅的市场销售及市场占有率，中艺与法国 Alspapan，Sas 公司多次协商，希望它能撤掉"天鹅"吧台椅的销售，或者与中艺签订专利许可合同，双方合作共赢，但是协商没有达成一致。2010 年 5 月中艺向该公司发出警告函，也没有收到相应的回复。考虑到现实情况以及市场的变化，中艺决定采取诉讼的方式，主动出击，维护自身的合法权益。中艺联系了法国专业的知识产权诉讼律师，确定了具体有效的维权方案，采取了以下一系列的维权行动：

法国律师采用书面警告方式，要求 Alspapan，Sas 公司立即从网络撤除侵权产品，承诺立即停止该产品的销售与许诺销售；2010 年向侵权人所在地大审法院提出起诉。2012 年法国巴黎大审法院开庭。2012 年 6 月最终判决：认定侵权事实成立，接受杭州中艺实业有限公司合法享有专利的诉求，判定法国 Alspapan，Sas 公司剽窃中艺的劳动成果，赔偿总额 10 000 欧元。Alspapan，Sas 公司败诉，承担诉讼赔偿费 5 000 欧元。

（二）侵权案例二

2009 年 8 月，中艺业务员发现英国 Febland Group Limited 公司在其官网许诺销售与中艺专利产品相同或近似的吧台椅（欧盟专利号 000797733-0001）。

针对上述情况，中艺在 2009 年 10 月给该公司发警告函无果后，和英国律师事务所的 James Love 律师商议后采取了以下一系列的维权行动：

采用书面警告方式，要求其立即从网络撤除侵权产品，承诺立即停止该产品的销售与许诺销售；2010 年 10 月该案在英国伦敦专利法庭立案。一审阶段，英国法官要求双方协商，不庭审。和解协议经英国伦敦专利法庭认证，双方于 2011 年 11 月 18 日和解，Febland 公司于当天支付赔偿款 186 200 元给中艺。

四、案例评析

随着国际经济一体化的日益发展，中艺越来越意识到知识产权已成为衡量企业竞争力和综合实力的重要标志，仅有好的产品但缺乏合法的保护是远远不够的。公司自 2004 年开始实施专利战略管理，建立了比较完善的知识产权战略管理体系，促进了专利与企业发展的结合。到目前为止中艺共获得国内外授权专利 360 余项，荣获"浙江省专利示范企业"和"杭州市企业技术中心"称号。中艺设有维权行动小组，每年制订专利维权行动方案，为保护市场，产品推出前公司会制定周密的专利保管策略，向中国、欧盟、美国、澳大利亚、新西兰等知识产权局递交外观设计专利申请，运用各种渠道和资源维护自己的合法权益不被侵犯。

大量仿冒侵权在 2009～2010 年度令中艺订单锐减，损失惨重，很多企业仿冒中艺这款产品，严重影响了公司的经济效益和企业形象。侵权企业中不乏注册资本数百万甚至几千万的当地龙头企业。不少公司借助互联网（阿里巴巴、淘宝、易趣等）交易平台，或者在华交会、广交会、科隆家具展等国际性交易展上进行销售和许诺销售假冒吧台椅，以低价倾销方式抢占中艺重要客户，严重干扰到中艺的业务定价和营销体系，也给中艺海外市场造成很大损失。为维护公司的合法权益，防止他人仿冒公司已有的专利产品，保护公司的知识产权，提高公司在国际市场中的竞争优势，中艺积极拟定了专利维权方案，并在专业律师的帮助下大力开展了专利维权行动。中艺自 2008 年开始走上了一条漫长的维权道路，运用《专利法》等武器，打击侵权行为，先后在全球范围内启动了 30 余件侵权诉讼案件，其中中国 30 件、英国 1 件、法国 1 件、德国 1 件，2009 年中艺还向德国法院申请执行了 4 件临时禁令，大部分案件已终审结案，并获得法院支持。

专利维权取得了重大成果，中艺获得直接经济补偿，虽然赔偿数字远不足以弥补公司的经济损失，但这充分表明了公司保护创新和维护知识产权成果的决心，侵权方也为自己的侵权行为付出了代价，引起了当地企业和行业协会的普遍关注，一定程度上扼制了当地的仿冒之风，挽回了中艺的市场和客户。

近两年针对"天鹅"吧台椅进行的专利维权诉讼案件的成功，在很大程度上对其他仿冒中艺专利产品，侵犯中艺专利的企业起到了震慑和预警作用，对公司本身而言，案件的胜诉，加强了中艺以法律武器维护自身权益的信心与决心，给予了公司继续进行自主创新，研发新技术新产品的动力。专利维权方面取得的成功，不仅维护了公司自有知识产权、保护企业核心竞争力，同时间接地帮助企业打开市场，提高了企业在同类产品市场中的占有率，并且维护了企业长远持续的经济效益，进一步提升了企业形象。

为了提高公司自主创新的积极性，更好地保护公司的专利产品，中艺已经建立了专利检索数据库，其中包含了国内外同类产品中已经申请专利的情况，方便及时进行跟进和查询。利用该数据库不仅可以避免中艺发生侵权，还可以监测同行业中是否存在仿冒中艺已有专利产品、侵犯中艺知识产权的情况，一旦发现侵权的行为出现，公司会立即与专业律师联系，协商拟定维权方案，以便维护公司的合法权益，保障公司自主创新产品的新颖性和独特性。

未来，中艺将依旧以"发展拥有自己知识产权的领先企业"为目标，不断提高公司的核心竞争力，筑建知识产权长期保护，以在竞争激烈的市场上竖起民族企业的旗帜。

【简评】

家具行业知识产权的保护已经不再是一个新的课题。随着大众家具消费由实用型向艺术实用型转变，市场对家具的设计理念、家具文化和家具品牌等艺术品位消费因素的要求越来越高，家具的设计理念、家具文化等因素成为企业角逐家具市场的重要法宝。怎样在现有外观设计专利保护法律框架内寻求一种更为有效、快捷的保护方式，杭州中艺实业有限公司的经验值得借鉴。

（撰稿人：杭州中艺实业有限公司　李媛　联络人：黄婷婷　赵亮）

案例六十二 中国企业"走出去" 海外维权终胜诉
——宁波赛嘉：1件专利挽回千万元损失

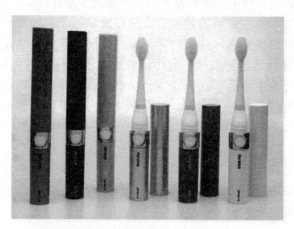

图 62-1 宁波赛嘉口红形状的便携式声波电动牙刷（另见文前彩图 28）

1件外观设计专利挽回每年2 000多万元，这在很多企业看来，也许是不可思议的事情。然而，在宁波赛嘉电器有限公司（以下简称宁波赛嘉）总经理罗宁心里，这件外观设计专利可是个宝贝。"这场官司花了我1年多时间，如果没有这件外观设计专利，我们就无法挽回每年在日本2 000多万元的生意!"罗宁在接受中国知识产权报记者采访时由衷地表示。

对此，业内专家表示，这场官司的胜利，也从侧面反映出从"中国制造"向"中国创造"的转变中，我国中小企业出口产品无论在品牌内涵还是外观设计水平上都有显著提升。随着专利海外维权的常态化和我国企业知识产权意识的增强，必将有更多的中小企业加入维权队伍中来，以自主知识产权在国际市场赢得一席之地。

一、反戈一击赢海外诉讼

宁波赛嘉的维权故事要从2010年说起，当时罗宁发现，在欧美、日本等国家和地区，办公室女性都习惯在自己随身包里放一支牙刷，午餐后、聚会前清新口腔。当时，罗宁想抓住这个商机，于是他让自己的技术团队抓紧研发，在2010年10月推出了口红形状的便携式声波电动牙刷，提交了外观设计专利申请并获得授权（专利号 ZL201030631894.7）。之后的半年多时间，这款牙刷在日本的销售情况异常火爆，所下的订单能排到4个月后，还有日本客商专程上门来拜访，要求尽早发货。

正当企业飞速发展时，意外发生了：2011 年 6 月底，罗宁突然连续几天接到十几家日本客商的投诉电话，原来他们全都收到了来自同一家日本企业的律师函，要求他们立刻停止销售宁波赛嘉的口红形状便携式声波电动牙刷，原因是侵权。

"我当时可纳闷了，明明是我们企业自主研发的产品，怎么却侵犯日本企业的知识产权呢？"罗宁立刻委托和他们合作的日本客商进行调查。

原来，日本丸隆株式会社在未经赛嘉电器有限公司允许下，私自利用该公司提供的样品，加上他们在广交会对牙刷新品拍摄的图片，在日本以创造者的名义申请了产品专利。而更让罗宁郁闷的是，丸隆在日本申请这款产品专利的时间居然比赛嘉在中国申请专利的时间早了一周。

日本丸隆株式会社发出律师函的第二天，赛嘉在日本的客商将口红形状的便携式声波电动牙刷全部下架了。"这款电动牙刷在日本的销量占公司总销量的一半，而囤积在客商那儿的货，当时超过 100 多万支，一旦他们全部退货，货款就有至少数千万元人民币，公司损失大了。"罗宁心里直打鼓，但到日本起诉丸隆的话，官司到底能不能胜诉，他没有把握。

2011 年 9 月，在咨询了国内 WTO 研究所专家和众多知识产权方面的律师后，罗宁去日本待了一周，和丸隆株式会社洽谈，要求日方停止非法行为，但受到对方要挟和讹诈。经过精心准备，2011 年 10 月，宁波赛嘉电器在日本正式起诉丸隆株式会社。

让罗宁没想到的是，这款牙刷的原设计文件起了关键作用：当初怎么会有这个创意的，产品是如何慢慢研发的，宁波赛嘉将研发过程中的每一次思想碰撞和成果都一点一滴记录了下来。"同时，牙刷造型设计的电脑数据是不能仿造的，可查看电脑里文件的生成时间来判断，而且对方申请专利时只凭借了 2 张图片，拿不出原设计文件。"罗宁说，当出示了原设计文件后，自己心中的那块石头也几乎落地了。

尽管官司判决结果不能马上出来，但根据当地法律规定，未判定任何一方侵权，赛嘉的日本客商可以将这款电动牙刷上架销售了。

历经 1 年多时间，2013 年 2 月 28 日，罗宁终于收到日本律师寄来的快递，判决结果出来了，日本法院下达的判决书上这样写道：被告在收到宁波赛嘉创造的产品 SG—923 的样品后，根据样品相关照片，然后以自己的名义在日本申请该产品的外观专利，这是一种假冒行为，违反了专利法的相关规定。

谈起这次在日本打知识产权官司的经历，罗宁颇有感慨："这场官司，让我感受到了专利的重要性，目前，我们公司提交了 40 多件外观设计专利申请及实用新型专利申请，在德国和日本也为一些拳头产品提交了专利申请。现在，宁波企业已经越来越重视专利保护，这是一个很好的现象。"

二、产品出海需专利先行

宁波赛嘉并不是第一家被丸隆株式会社"设计"的企业，此前，已有3家企业因类似事件而"中枪"。随着我国国际贸易的高速增长，专利纠纷呈现出高发趋势。专家表示，面对众多的贸易壁垒和不断出现的知识产权"拦路虎"，撤退意味着失去市场，认输意味着自毁家门。继商标屡遭国外抢注之后，又面临外观设计专利遭假冒的风险，这值得我国中小企业在"走出去"的过程中严加提防。

"抢注外观设计专利在技术上并不复杂，但外观设计专利案件在审理上存在更多的不确定性。比如苹果和三星的专利大战，在美国、韩国和日本的判决结果各不相同。"北京市柳沈律师事务所合伙人、律师陶凤波在接受中国知识产权报记者采访时表示，由于外观设计专利纠纷不像发明专利和实用新型专利纠纷那样有固定的抗辩模式，在不同的法庭判决中常常产生不同的结果。

我国中小企业出口产品以耐用消费品为主，长期以来，缺乏知识产权保护一直是中小企业开拓海外市场的短板之一。在陶凤波看来，外国企业正是利用了这一弱点。"及时在海外市场提交外观设计专利申请是最直接的保护措施。专利权的保护具有很强的地域性，必须事先分析目标市场的知识产权风险，以免在遇到专利纠纷时措手不及。专利检索可以快速了解市场现有的产品设计基本情况，如果出现问题，也完全可以在专利审查阶段提前规避。"陶凤波表示。

"即使挽回损失，也是一种损失。"中国社科院知识产权中心研究员张玉瑞表示，此次外观设计专利遭假冒事件再次说明了"产品未动，专利先行"的重要性。"市场营销层面的竞争和法律、知识产权层面的竞争同样重要，缺一不可。而与市场营销的损失比起来，知识产权层面的损失将产生更为严重的后果。"张玉瑞表示，我国中小企业在资本出海的同时，必须寻求知识产权的配合，敢于并且善于运用法律武器捍卫自身权益，保护自主知识产权。

【简评】

宁波赛嘉的海外维权路，体现了现阶段我国中小企业出口产品在质量上与外观设计上的提升。我国中小企业在进入国际市场时，既要学会如何运用知识产权，更要敢于维护自己的正当权益。

（撰稿人：中国知识产权报社　李群　联络人：黄婷婷　赵亮）

案例六十三　医疗器械之美
——南京普爱的 X 射线机设计原理

一、行业情况

南京普爱射线影像设备有限公司（以下简称南京普爱）依靠技术创新优势，在国内率先开发出与国外产品相媲美的高性能数字化医用 X 射线影像设备，现已成长为国内高端数字化医用 X 射线影像设备领域科研实力最强、产品线最广、成长最快的科技型创新企业之一。

目前市场上传统介入型 C 形臂 X 射线机整机体量较大，C 臂尺寸较小，导致整体使用起来不够方便，造型也不够美观。针对市场上同类产品缺陷，南京普爱从临床、审美、安全、环保等角度考虑，设计出新一代等中心 C 形臂 X 射线机。

等中心 C 形臂 X 射线机主要用于手术过程中针对患者 X 射线透视、摄影等功能，属于介入型 C 形臂产品，业界俗称"中 C"。其设计的系统性和操控的便捷性是其能够开展复杂手术的有力保障，同时增加 DSA（Digital subtraction angiography，数字减影血管造影）、3D 重建等相关功能，在临床上可完成大型血管机（大 C）80％以上手术需求。增加的三维 C 臂重建患者病灶的三维结构，手术医生能够直观看到病灶的具体情况，可有效缩短手术时间，提高手术精确性。

二、等中心 C 形臂 X 射线机

等中心 C 形臂 X 射线机整体设计理念是在传统 C 形臂外观造型基础上，采用了以"圆"为理念核心，结合实际工程机械要求，通过"圆"主体视觉来表达出一种素雅与平静气质，再贴合大众对传统"圆"形的理解和态度，通过设备形态感觉来营造一种亲和氛围，搭配上平直的面、线局部形态，淡雅又不失时尚和科技感。在外观表面及功能设计中相对传统产品在色彩搭配、材质选择、人机交互、安全性能等各个方面的细节都做了细致而周密的设计改进。外观设计如图 63-1 所示。

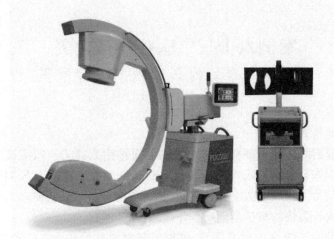

图 63-1 南京普爱等中心 C 形臂 X 射线机 (另见文前彩图 29)

设计要点主要体现在以下几个方面：

整体外观：相对传统老机型，等中心 C 形臂 X 射线机的整体外观造型更加简洁大方，整体用硬朗的线条来彰显设备的厚实与稳重。

选材方面：选用铸铝成型和 ABS（Acrylonitrile Butadiene Styrene，丙烯腈-丁二烯-苯乙烯）吸塑以及钣金制作整体配合而成，在符合移动式医疗器械的耐久性使用基础上，同时提升设备的整体形态美感。

细节设计：等中心 C 形臂 X 射线机设计时充分考虑产品的细节设计、人机交互的操作方式和使用环境。如颜色搭配上，设备整机采用蓝白搭配，简洁素净，与医疗场所使用环境相协调，淡雅色彩使人心情平静，消除心里紧张，对于操作者来说能减少误操作，对于患者更能减轻内心的焦躁恐慌；前后轮设计有挡线器，使得产品使用时更加安全可靠；工作站小车的把手设计成弧线形，以使其装置、操作更加轻松方便，同时工作站小车的安装高度及角度也符合人机工程学，操作起来相对比较舒适；对液晶操作屏的外观设计，摆脱了传统的固定式设计方法，采用轴式固定，可多方位旋转，更加方便使用者在不同方位不同角度的使用观察需求，操作起来更加方便快捷；设备控制模块的设计也充分考虑了颜色搭配，机器的操作面膜上的按键颜色对应着产品相应的运动部件处的标尺面膜，黄对黄，绿对绿等，明显易记，操作起来更加容易快捷，减少了误操作。

产品功能模拟：C 臂可实现自由的滑动，如水平转动、上下升降和前后移动等，实现多功能、全方位的操作，大大方便操作者的操控。

三、外观设计专利的运用

南京普爱的等中心 C 形臂 X 射线机产品外观一经确定，立刻向国家知识产权局提交了外观设计专利申请，并于 2012 年 2 月 15 日获得了授权，专利号为 ZL201130016486.5。

此外观设计专利在设计过程中的设计理念，得益于多学科交叉的技术团队的共同协作，其中有影像设计、机械结构及美工专业的专业技术人员，使外观设计专利产品不仅仅限于外观美观、方便，更增强了人机交互和避免误操作等功能的实用性。专利在申请前进行了全面系统的检索，规避了专利无效风险。

目前产品各项性能指标基本能与进口产品相媲美，但价格仅为后者的 1/3 左右，完全能够满足国内卫生系统对医疗设备这一产品价廉物美的需要。产品投放市场后销售情况良好，累计新增销售额过亿元，新增利润千万元，产品高性价比打破了国外大型医疗器械公司在高端医学影像设备市场的垄断地位。同时，该专利荣获第十五届中国外观设计专利金奖、江苏省首届工业设计大赛优秀奖、南京市外观设计优秀专利、南京市外观设计专利创意设计大赛优秀奖。

产品的热销促进了地方经济的发展，推动了地方产业机构调整，带动了一批上下游企业发展。直接增加了大量就业岗位，产生了巨大的经济效益和社会效益。

四、知识产权战略

为了保持并加强企业在国内外医学影像设备市场的竞争力，近年来，南京普爱始终坚持自主创新道路，加大创新与攻关力度，强化员工科技创新意识，利用新技术推广及老技术改造项目投资，推动了新产品研制和市场推广，产业化成果显著。在企业内部建立了专门知识产权管理机构，并建立健全了一系列知识产权相关管理制度，鼓励研发工程师积极参与专利等知识产权的申报工作，并实施奖励制度，形成良好的科技创新氛围。

（一）培养和提高知识产权意识

意识指导行为，把知识产权工作落到实处，大力培养和提高知识产权意识，对知识产权的认识从被动走向自觉。

通过组织学习知识产权法律法规、邀请专家举行知识产权相关讲座等多种方式全面培养和提高全体员工的知识产权意识，通过各种渠道方便员工及时了解所在行业与知识产权有关的最新情况，使其形成良好的知识产权思维习惯和工作方式。

（二）积极主动申请知识产权保护

公司在逐渐培养和提高知识产权意识时，积极主动申请知识产权保护。在专利申请方面，企业从项目立项、研发到成果转化等各环节，都力争抢先一步做好相关专利保护工作。

（三）敢于并且善于维护知识产权

一方面意识到，产品在申请知识产权保护后，并不意味着高枕无忧，仍会面临各种知识产权纠纷。因此随时做好对知识产权的跟踪保护工作，如发现侵权行为时，积极地运用各种合法手段，制止侵权行为，保护公司的无形资产。

另一方面，由于市场竞争的激烈性，竞争对手常常会以知识产权作为武器把对方送到被告席。遇到这种情况，如果畏缩后退的话，只会一味地被动挨打。公司遇到这种情况时，会从各方面搜集资料，聘请相关专业人员，以积极的态度去应诉，通过法律武器来进行反击。

总之，技术创新是一个公司发展的不竭动力，保护知识产权已经成为公司提高竞争力、实现长远发展的必然选择。

【简评】

南京普爱的等中心 C 形臂 X 射线机在传统 C 形臂外观造型基础上，结合实际工程机械要求，通过"圆"主体视觉来表达出一种素雅与平静气质，通过设备形态感觉来营造一种亲和氛围，搭配上平直的面、线局部形态，淡雅又不失时尚和科技感。该外观设计获得了外观设计专利金奖，充分说明医疗器械类产品可以实现功能与美的完美结合。

（撰稿人：南京普爱射线影像设备有限公司　李小玮　联络人：周芸　赵亮）

案例六十四 走创新之路 破专利困局
——嘉兰图的突围战

深圳市嘉兰图设计有限公司（以下简称嘉兰图），是一家在 Red Dot 至尊奖、IF 金奖、IDEA 设计奖等国际设计大奖均有斩获的本土设计机构。创建于 2000 年，总部基地位于深圳，并陆续在北京、成都、沈阳、佛山、荆州等地设立分公司，另有子公司雅器易用科技有限公司。嘉兰图服务领域涵盖市场与用户研究、品牌与产品策划、产品设计、设计成果产业化服务的产品创新全过程。其在消费电子、家用电器、通信终端、医疗器械、工业设备等领域树立了广泛的影响，长期为西门子、飞利浦、联想、美的、海尔、华为、中兴、迈瑞、正泰等国内外知名企业提供设计咨询服务。嘉兰图从最初几个人发展到现在的 400 多人，成功案例从零累积到 5 000 多个，服务对象从国内拓展到亚欧美非四大洲，"嘉人们"为嘉兰图今天的成功付出了艰辛的努力。除了努力，还有什么支撑嘉兰图屡创佳绩呢？那就是创新理念，创新是公司发展的核心竞争力，是进步的灵魂。

一、行业现状

自 2001 年中国加入世界贸易组织以来，中国逐渐成为世界制造大工厂，大家用的苹果手机、穿的耐克鞋、喝的可口可乐都是中国生产的，然而真正赚钱的却不是生产者，而是拥有这些产品专利和技术以及品牌的国外企业。知识产权在国际贸易中的地位越来越重要，成为跨国公司垄断国际市场的主要工具。全球竞争环境下知识产权已经成为企业竞争优势的来源，也成为提高国家核心竞争力的重要手段。外观设计专利作为知识产权的一部分，越来越受到中国政府和企业的重视，国家出台《专利法》保护创新，企业也竞相申请专利，保护自己的设计创新成果。据统计，中国的外观设计专利申请量高居世界榜首，社会知识产权意识不断提高，企业的自主创新能力不断增强。

为加速推进新型工业化进程，推动生产性服务业与现代制造业融合，促进工业设计发展，2010 年工信部联合 11 个部门印发了《关于促进工业设计发展的若干指导意见》。作为中国"设计之都"的深圳，也于 2012年出台了《关于加快工业设计业发展的若干措施》，为工业设计加大资金支持和政策优惠。深圳政府自 2013 年起连续 5 年，每年在市产业转型升级专项资金和市文化创意产业发展专项资金中各安排 5 000 万元（共 1 亿元），专项用于支持工业设计业发展。在良好的政策环境下，工业设计正良性发展。

但是，在良好的政策氛围中，追逐利益的市场里却有一些不自律的企业抄袭、模仿他人产品而攫取利益的行为。嘉兰图旗下的雅器易用科技有限公司作为国内老人手机的原始设计者，其产品简单易用的品质受到广大消费者的追捧，但由于外观设计容易被模仿、抄袭，嘉兰图在外观设计专利维权方面遇到巨大的挑战。

首先，国内市场上存在山寨之风，山寨公司不劳而获，恶意窃取别人的设计成果，在短时间内即可推出新产品山寨版，快速占领市场，这种行为严重损害专利所有者的利益。其次，手机的推出必须通过工信部的入网检测，获得入网证书，得到 IMEI（国际移动装备辨识码，也叫串码），才能拿到合法身份。然而，入网费高昂，一款手机的入网费通常是 20 万元左右。并且，入网检测周期长，耗时 1 个月以上，这就造成新品推出的滞后性，也让山寨公司有机可乘。最后，侵权行为难以判定，维权之路困难重重。判定外观专利是否被侵权，主观因素很强，没有一个十分确切的标准。因此，维权时间越长，便给山寨产品提供越多占领市场的时间，除了造成专利所有者的金钱损失外，也会影响权利人对专利维权的信心。

二、嘉兰图创新战略 破专利困局

中国用 30 年的时间迅速成为世界第二经济大国，其主要来源于低端的制造业和廉价的劳动力。然而，中国要从经济大国转变为经济强国，必须实现产业升级，经济转型，必须依靠知识经济和创新。作为一个有责任感的企业，嘉兰图肩负着经济转型的重任，高度重视知识产权的保护，实施全方位创新战略部署。

第一，将创新确立为企业发展核心战略。

嘉兰图总裁认为，一个设计机构要想立于不败之地，必须练好"内功"，即保持持续的设计创新能力。因此，提升创新能力是嘉兰图一直着力锻造的"内功"。在管理模式创新上，嘉兰图建立了以知识管理、项目管理和客户关系管理为主要内容的设计管理系统，以保证提供高品质的设计服务；在业务模式的创新上，嘉兰图首创了"主动设计"模式，即持续深入研究市场、客户品牌及消费者需求，主动提供设计创新方案；在设计流程的创新上，嘉兰图为客户提供包括品牌战略规划、产品战略、产品线规划及设计执行在内的全流程设计创新整合服务。

当前，不少企业缺乏系统的设计体系，创新能力不足，停留在产业链的低端。嘉兰图凭借系统的设计思维，为企业提供专业的设计创新整合服务。设计创新终归要靠有力的设计执行来确保成果落地，要靠制造企业自身优势与设计机构创新能力的有效结合，优势互补，共同来促进企业从 OEM（代工生产）向 ODM（原始设计制造商）再向 OBM（代工厂经营自有品牌）的升级与转型。

第二，"走出去，引进来"的人才战略。

一方面，让设计师"走出去"学习别人的优秀成果。公司通过加强和湖南大学、同济大学、广州美院、江南大学等国内设计强校进行科研、设计竞赛、设计项目等方面的合作，吸纳工业设计的前沿研究成果；和中科院深圳先进技术研究院等科研机构进行项目合作，消化先进技术成果并将其产品化，定期派遣优秀的设计师前往国外著名设计公司或设计展学习、邀请国际设计大师来公司授课，以拓宽设计师的视野、改善设计方法，从而提升自身的设计与设计管理能力。多年以来，嘉兰图公司一直是市、区两级政府的就业实习基地，2008 年 12 月嘉兰图公司还与团中央签订了就业基地协议。

另一方面，创造良好的公司环境，吸引人才"走进来"。公司特别注重有利于营造设计师创意发挥的文化氛围，在办公环境设计、管理制度规划、激励措施实施等各个方面的点点滴滴入手，处处都充满人情味、透着灵气，员工甚至可以在上班时间去寂静的海边、喧嚣的闹市、购物广场等收集创意素材、寻找创意源泉，而这一切都是生发创意的土壤。为提高专业人员的培训，嘉兰图还制订了"专才培养计划"，通过专业人才的引进、培养、提升，发扬中国优秀的文化艺术成果，培养具有独创设计能力的国际优秀设计人才，为更多的优秀设计奠定基础。

第三，稳健的专项资金支持，支撑知识产权战略。

资金是公司正常运营的重要保障，也为产品设计研发提供坚强的后盾。嘉兰图每年投入数百万元的研发经费，并逐年递增，以确保研发质量。经典案例有正泰诺雅克低压电器、瑞凌焊机、迈瑞监护仪、乐视盒子 C1S、玄道音箱、美的净水器等。大投入获得大回报，这些成功的案例不仅为客户带来可观的商业效益，同时获得很多国际国内大奖，充分肯定了嘉兰图的设计能力和创新能力。

为了不断探索工业设计发展的新模式，嘉兰图开拓"主动设计"服务，在 2008 年年初组织资源投入对老人产品的研发，经过一年多的努力，嘉兰图自行研发的第一代老人手机 CP09 在 2009 年年初上市，一上市就获得了市场和消费者的认可。2009 年下半年嘉兰图第二代老人手机 CP10 上市。截至 CP10 上市，投入研发费用近 300 万人民币。为应对快速变化的市场环境，嘉兰图 2011 年、2012 年分别投入 488 万、550 万研发经费，陆续推出 CP18、

CP21、CP15、CP32、CP50 和 VK66 等多台自主品牌老人手机。在 2013 年，嘉兰图研发经费同比增加 50%，未来几年，研发经费用将稳健增长，以保证产品品质，加速嘉兰图雅器品牌的成长。

第四，建立有效的专利激励机制。

品牌的长久经营需要员工源源不断的创新思维，需要更多的创新设计。那么如何保持员工的创造性呢？除了引进优秀人才，还要建立有效的专利激励机制，稳定"军心"。嘉兰图积极鼓励员工申请各项专利，并给予优厚的物质和精神奖励。

第五，建立知识产权管理体系。

为更好地保护和使用知识产权，嘉兰图计划每年申请 60～80 件专利，其中外观设计专利目标是 40～60 件，以确保公司活力。且有专门的法务部门负责专利申请，法务部门和研发部门紧密配合，项目开启即有法务跟进，这不仅有利于信息传递，还提高专利申请的效率，为专利使用争取时间，以防御山寨或模仿产品的出现。法务部门除了配合研发部门工作，还有自己的知识产权管理体系。成立嘉兰图专利库，对公司的专利使用情况进行跟踪，密切关注市场动态，发现有侵权的产品及时采取法律援助，以保护专利。此外，公司与每一位员工签订保密协议，向员工普及知识产权保护知识，从根源上杜绝专利的泄密。

三、外观设计专利的作用

中国设计，助力中国梦。习近平主席指出，实现中华民族伟大复兴的中国梦，就是要实现国家富强、民族振兴、人民幸福，就要走中国特色社会主义道路。建设中国特色社会主义社会必须以经济建设为中心，而工业经济是我国经济的重要支柱。为实现科学发展的要求，需加快经济转型升级，工业设计作为高增值的现代服务行业门类，是促进引领我国制造业从量的扩张到质的提升转变的利器。可见，工业设计在我国的社会主义建设进程中扮演的角色越来越重要。

嘉兰图曾多次获得中国外观设计专利优秀奖，如 2010 年老人手机 CP10 获第十二届中国外观专利设计优秀奖，2011 年获广东专利金奖；2011 年老人手机 CP21 获第十三届中国外观专利设计优秀奖；2012 年老人手机 CP18 获第十四届中国外观专利设计优秀奖；2013 年 ZL201130183713.3 移动终端（VK66－A）获广东专利奖优秀奖项目。

嘉兰图的部分产品设计如图 64－1 所示。

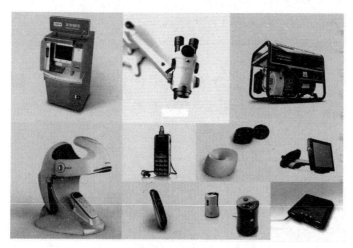

图 64-1　嘉兰图的部分产品设计（另见文前彩图 30）

各种荣誉对"嘉人们"是极大的鼓舞，也促使员工更加重视知识产权。

四、结语

创新是一个企业、一个民族乃至一个国家进步的灵魂，只有坚持走创新之路，重视知识产权保护，才能构建创新型国家，实现美丽中国梦！嘉兰图的积极探索与实践正是最好的证明！

【简评】

在经济全球化日趋深入、国际市场竞争激烈的背景下，产品的国际竞争力将首先取决于产品的设计开发能力。加速我国工业设计的成长不仅是提高我国现阶段制造业水平的需要，更是不断提高我国制造业自主设计能力、打造世界制造业强国的战略需要。这其中，像嘉兰图这样的设计公司也将扮演着越来越重要的角色。

（撰稿人：深圳市嘉兰图设计有限公司　罗卉莹　联络人：黄婷婷　赵亮）

案例六十五 稳健务实 开拓民族知识产权之路

——长城汽车"每天进步一点点"

长城汽车股份有限公司（以下简称长城汽车）是中国最大的 SUV（Sport Utility Vehicle，运动型多用途汽车）和皮卡制造企业，2003 年、2011 年分别在香港 H 股和内地 A 股上市，截至 2013 年 6 月总资产达到 448.82 亿元，目前旗下拥有哈弗、长城两个产品品牌，产品涵盖 SUV、轿车、皮卡三大品类。拥有 4 个整车生产基地，80 万辆产能，具备发动机、变速器、前桥、后桥等核心零部件自主配套能力，下属控股子公司 30 余家，员工 6 万余人。

自 1990 年成立以来，长城汽车迅速发展，凭借 SUV、皮卡两大品类优势，销量一路领先，尤其在近两年国内汽车行业整体势头低迷的环境下，长城汽车异军突起，销量猛增，远高于行业平均水平，成为民营企业中的一匹黑马。实现逆市增长主要靠长城汽车"聚焦发展，做专做精"的理念，并且始终坚持在产品研发上进行"过剩投入"，不断挑战新技术，坚持做最优的品质。长城汽车迅速发展背后，知识产权工作成为有力的后盾。截至 2013 年上半年，中国专利申请数量已达到 3 300 余项，海外专利 300 余项，已授权专利达 2 300 余项，增长速度居行业前列。2013 年长城汽车的"哈弗 H6"（见图 65-1）一举摘得外观设计专利金奖，成为行业内首次获此殊荣的"乘用车"车型。

图 65-1 长城汽车"哈弗 H6"（另见文前彩图 31）

一、行业现状

经历了将近两年的发展寒冬，汽车市场再次迎来了春天，据最新权威预测显示，2013 年中国汽车市场销量有望达到 2 100 余万辆，同比实现约 10% 左右的增长。然而，源于外资、合资品牌的竞争压力，自主品牌的市场表现却持续恶化，所占市场份额连续多月下滑。由于竞争加剧，自主品牌内部也出现了"两极分化"的现象，以长城汽车为代表的自主车企，通过持续不断的技术创新，连续推出哈弗 H6、M4 等精心打造拥有完全自主知识产权的车型，再次成为低迷车市中的一朵奇葩。这也验证了长城汽车董事长魏建军的那句话：不掌握核心技术，就只能永远受制于人；没有高附加值产品，就只能在低端市场徘徊；不走自主发展之路，中国的民族汽车工业就没有未来。

二、创新破重围，专利诞生

长城汽车成立初期，董事长魏建军就意识到"车企发展需要经历制造、技术和品牌 3 个阶段，由于国内企业做汽车较晚，品牌不行，就是要比研发技术，不谈别的。"正是对汽车技术如痴如醉的精神，其更加注重研发、注重创新。早在 1999 年，长城汽车申请了首件外观设计专利，实现了"零"的突破，接下来的几年间，长城汽车围绕不断上市的新车型陆续申请了几十件外观设计专利，但没有专职的主管部门，这种局面一直持续到 2005 年。随着长城汽车不断地发展壮大，领导意识到建立专利工作团队势在必行，于是在长城汽车技术中心成立了专利工作小组，负责集团内的专利管理工作，有计划地开展专利申请，着重专利意识的普及，于次年完成了首件海外专利申请。

随着国内及海外市场的拓展，专利业务迅速增长，专利队伍逐渐壮大，2007 年正式成立知识产权部门，并搭建起知识产权业务框架，陆续建立了专利工作流程及相关标准体系，包括《专利工作管理规定》、《专利检索流程》、《专利申请流程》、《海外专利申请流程》等，专利工作取得阶段性进展。

三、"诉讼"中成长

长城汽车的快速发展，引起众多竞争对手不安。从 2007 年开始，长城汽车陆续经历了菲亚特熊猫与长城精灵的侵权诉讼、丰田雅力士与长城炫丽相互无效等事件，使公司高层领导充分意识到控制专利风险对企业发展的重要性。如果知识产权做不好，竞争对手就把这个当武器来进攻，所以研发过程中必须识别专利风险，规避侵权，做好专利预警工作，且必须对创新进行专利保护，给竞争对手设置壁垒，当积累了一定数量的专利后，其他企业如再发起诉讼，就不再担心反诉讼问题了。因此长城汽车组建了由公司高层、知识产权部门、集团各单位接口部门组成的三级管理体系，在专利布局、侵权预警、人员技能强化等方面实施了多项举措。

一方面，知识产权部门成立了攻关小组，对汽车行业的专利布局情况进行分析，总结各企业整车及零部件的申请数量及近年来的申请变化趋势，结合公司的研发情况，制定了符合公司发展的《外观设计专利申请管理规定》，对公司后期的专利申请给予了全面、系统的指导，使公司的各创新成果得到有效布局。

另一方面，对国内相关的专利侵权、无效案例及汽车零部件相似外观专利的申请情况进行研究，通过总结外观设计专利相似性的判断尺度，以大量的实际案例作为依据，有效地控制车型上市前的风险。

同时，聘请资深外观专家对专利工程师进行专利工作指导，对侵权、无效案例进行详细剖析，使长城汽车的专利工作朝着更加专业化的方向发展；并对造型师进行相关的专利知识培训，提升研发人员的专利意识，使专利预警工作的开展渗入研发各个环节。

长城汽车通过诉讼后，意识到专利已成为市场竞争中打击竞争对手的重要手段，拥有一定数量的专利，既能有效震慑竞争对手，为公司赢得稳定的经营环境，又能提升自主创新能力和技术实力。

四、契合发展，制定知识产权策略

长城汽车迅速发展的背后，知识产权工作成为有力的后盾。截至 2013 年上半年，累计中国专利申请数量已达到 3 300 余项，海外专利 300 余项，已授权专利达 2 300 余项，增长速度居行业前列。

在不断的探索总结中，长城汽车摸索出了适合自身发展的知识产权方针："激励创新、提质增量、科学布局、有效运用"。

加大对研发人员的创新奖励额度，通过制定发明、实用新型、外观设计 3 种类型不同的奖励标准，激发研发人员的创新热情；在保障创新成果不断产出的同时，更注重专利申请质量，在外观设计申请方面，长城汽车采取自行申请策略，严格把控外观设计申请图片的质量；在技术类专利方面，内部制定交底书审核机制，外部制定对专利代理机构案件撰写质量的考核机制，并建立专利撰写质量审核流程及标准，确保每一个创新技术方案拥有合理的保护范围，从而提升了专利的整体质量；在专利布局方面，知识产权部门对每年度公司的重点研发项目进行持续跟踪，及时了解项目进度，并对各阶段输出的创新成果进行评价，综合考虑每个项目的未来投产情况、核心程度、能够带来的经济效益等因素，进行整体评估，并合理取舍，进行科学布局。在专利运用方面，公司正在努力探索，在交叉许可、主动预警等方面取得了一些成果，为公司的运营发挥着积极的作用。

另外，在知识产权方针的指引下，长城汽车知识产权部门以指引创新为基础、以零侵权率为目标、以国际化运营为方向制定了"三步走"策略。

第一步，将专利工作植入新车型研发的每个环节，在新车型的各个研发阶段，知识产权部门按照效果图阶段、油泥造型阶段、数模冻结阶段等时间节点对外观设计进行监控，结合车型拟进入的市场，进行专利性、侵权性检索分析，作出专利性评价、侵权风险评估。针对有侵权风险的设计，知识产权部门与研发部门共同商讨侵权规避措施，直至风险降到最低。

第二步，制定专利申请策略，对设计成果进行科学布局，构建专利保护网。在国内，研究竞争对手的专利布局情况，并结合创新成果，制定出"整车＋主要零部件"的申请策略；在国外，对不同国家的知识产权环境进行研究，根据知识产权环境的不同，结合车型销售市场规划，采取不同的申请策略，对于后期改款车型，知识产权部门会针对创新点进行分析，并结合整车保护策略，形成完善的知识产权保护网。

第三步，建立专利预警平台，结合各国知识产权环境，实时跟踪行业专利动态，及时发现竞争对手的专利威胁，预先制订应对方案，以核心专利为基础形成专利组合，提升专利攻防及布局能力，为新车型的上市及国际化运营保驾护航。

在公司知识产权方针的指导下，经过执行"三步走"策略，长城汽车的专利工作有了显著的进步，目前已拥有百余人的知识产权团队，在专利挖掘、检索、申请、布局、侵权预警、信息运用及运营等业务上形成完整的体系。

五、稳健前进

正如公司企业文化精神"每天进步一点点"，长城汽车一直在踏踏实实地前进，稳健务实地走好每一步，作为民族车企的代表，长城汽车更熟悉国内的市场需求和文化，因此汽车设计符合中国特色的新趋势。

从 2011 年哈弗系列相关车型荣获"中国第六届外观设计大赛优秀奖"，到 2012 年哈弗 H6 荣膺 CCTV 2012 年度 SUV 桂冠，再到 2013 年哈弗 H6 获得"第十五届中国外观专利金奖"等荣誉，正是长城汽车近几年坚持自主创新、重视知识产权的成果体现。但不能否认的是，未来的知识产权发展道路还存在很多困难和阻碍，在汽车市场逐渐趋于饱和的大环境下，来自外资、合资乃至其他自主品牌的竞争越来越激烈，知识产权的重要性日益凸显。而如何在竞争中立于不败，除了坚持自主创新，更重要的是将创新成果进行转化，并科学管理和运用知识产权，发挥它的潜在价值。

自建立知识产权管理体系及实施"三步走"战略以来，长城汽车每年都会有几百件的外观设计专利申请，知识产权工作也在不断地健全与完善，长城汽车在努力为民族汽车的知识产权发展开拓出新的道路。

【简评】

长城汽车经历了一开始以模仿为主到现在形成自己汽车造型元素的过程。长城汽车哈弗 H6 获得中国专利外观设计金奖，从一个侧面体现出我国自主汽车品牌不断发展的历程。

（撰稿：长城汽车公司　联络人：张跃平　赵亮）

案例六十六　知识产权成就品牌之路
——宇通的护航舰

一、行业现状

客车，不仅是中国汽车产业中最具自主创新力的行业，中国客车更是影响着世界客车行业的格局和发展。到目前为止，世界客车销量前 10 位的企业，中国至少有 4 家；世界级客车生产基地，中国有 4 家；1 万辆以上销量规模的企业中，中国有 5 家。这一世界上绝无仅有的竞争力要素，构成了中国客车强国的禀赋。就连前任世界客车联盟主席 LUK 都不得不感慨：世界客车的未来在中国。

2012 年，郑州宇通客车股份有限公司（以下简称宇通）客车产品产量实现销售51 688辆，较 2011 年同比增长 10.71%；销售收入 197.63 亿元，较 2011 年同比增长 16.72%。宇通还将民族品牌带向了海外，2012年共出口客车5 055辆，同比增长 36.1%，用一种令世人瞩目的速度逐步走向全球。

科技创新是宇通高速发展的"第一引擎"，也是宇通构建"和谐企业"的活力之源。坚持自主创新，宇通连续 10 年实现平均 50% 的增长，在激烈的市场竞争中始终处于"领头雁"的位置，为其快速发展保驾护航的正是日臻完善的知识产权体系。

二、知识产权体系护卫企业创新成果

多年快速发展过程中，宇通公司始终把知识产权的保护工作摆在一个战略的高度，一手抓科技创新，一手抓知识产权保护，坚持将知识产权保护战略贯穿到从研发到市场的整个过程，形成了运行高效、充满活力的科技创新与知识产权保护体系，有力地促进了企业的和谐发展。

（一）扎实的研发体系，企业发展的基石

首先，在科技创新方面，宇通率先建立了基础研究体系，这是技术能力持续提升、形成技术核心优势的保障。宇通公司拥有两个"国字号"的科研平台，即国家级技术中心和行业内首家博士后科研工作站，针对行业的技术发展趋势和共性问题进行研究，现已承担了 10 余项具有国内领先乃至国际水平的客车研究项目。这些研究项目的成果在产品开发工作中得到应用，不仅可以解决大量的技术难题，而且为产品设计提供坚实的理论基础和指导，为企业核心竞争力的提升提供有力保证。

同时，宇通还坚持开放式的研发方法，与大专院校建立横向开发的联合模式。宇通与长安大学、同济大学、清华大学、IBM、达索、罗兰－贝格等组织机构进行了一系列的项目合作。宇通的外部专家覆盖了企业、高校、行业专家等多个层面。通过企业专家能够及时了解到市场需求的变化和趋势；通过高校专家能够及时掌握国内和国际客车行业的先进技术和发展方向；通过行业专家能够对技术创新工作尤其是新产品开发工作、新技术研究、应用进行专业评审和指导，从而不断提高产品的科技含量，促进企业技术创新，推动行业技术的进步。

在强大的科研体系支撑下，宇通的创新能力有目共睹。它在国内同行中最先采用车身侧蒙皮液压冷胀拉和自动双面双点焊接新工艺，使车身更加平整美观；在国内外同行中最先自主开发并采用轿车车身整体浸渍和出槽喷淋磷化新工艺，使车身抗腐蚀能力提高 10 倍。近几年来，宇通公司每年开发的客车品种都在 20 个以上，宇通以"4％"的科研投入撬起了"50％"的年增长率，以自主创新为核心的科技实力，是宇通得以快速稳健发展的关键所在。

（二）完备的知识产权体系，企业发展护航舰

曾经，宇通也因为缺乏知识产权保护意识而摔过跤。几年前，卧铺客车在国内还是一片空白，宇通公司率先在全国研制开发了一种造型新颖、美观大方的卧铺客车，一度非常畅销。但由于没有申报专利，被一家客车企业仿造并马上申报了专利。在取得专利后，对方起诉宇通侵权，要求赔偿。此事经过 1 年多的艰难取证，宇通虽未赔偿，但却经历了自己的创造成果为他人所剽窃、自身产品的市场安全受到冲击的痛苦，且前后 1 年消耗了无法挽回的大量人力、物力。

痛苦的经历让宇通意识到，有了创新成果，还需要强大的保护体系，知识产权保护对于一个企业乃至对民族工业发展都具有重大意义。宇通迅速开始了从战略高度开展自己的知识产权保护工作，并逐步形成了如下举措。

首先，完善了专利管理制度，配备高素质的知识产权工作人员，设立知识产权专项工作经费，加强对专利的申请工作的落实，由技术中心负责，提出每开发一种新产品都要至少拥有一项专利的最低要求，做到每开发一种、就要保护一种。

其次，定期在公司内部举办知识产权知识讲座，邀请行业知名专家和律师对员工进行专业知识和法律知识培训，从思想认识上提升员工的知识产权保护意识，和掌握公司一定核心机密的从业人员签订竞业禁止与保密协议，有效防止公司技术和商业机密外泄。

第三，在公司内部注重调动职工的积极性，通过各类奖励活动，加大对专利发明人的奖励，营造公司的创新气氛，调动职工的创新积极性。

第四，建立了自己的知识产权网站，安装了"企事业单位专利专业数据库"软件，定期为公司技术人员查询和下载相关的专利技术文献，使企业技术人员能尽快了解技术发展趋势。

最后，公司还聘请专业的知识产权律师负责维权，运用法律武器与形形色色的侵权行为做斗争，最大限度地保护了公司的自主知识产权。

"十一五"期间宇通已申报的专利呈逐年上升态势，截至2011年12月底，先后获得专利授权316件，其中发明专利3件，实用新型专利58件，外观设计专利255件。宇通已成为国内真正拥有整车核心技术和自主知识产权的客车企业，拥有多项整车核心技术和完全自主知识产权，拥有近百项核心技术专利。

在完备的知识产权体系下，当专利侵权纠纷再次出现时，宇通已不再惧怕。2004年宇通在和南京跃进集团的专利侵权纠纷案中，通过努力，取得了能证明对方侵权的有力证据，并在南京中级人民法院开庭审理，最终在对方同意停止侵权并赔偿损失的前提下，双方和解。宇通通过知识产权和法律武器最大限度地保护了自身产品的市场安全。

三、外观设计专利领域成绩斐然

客车车身的开发首先是外观造型，汽车造型给钢铁注以生命和灵魂，给人以美感。一个成功的汽车造型不仅是美学造型和气动造型的和谐体，更集仿生学、机械工程学、人机工程学和工艺学等优势于一身，是运动的艺术品。

随着客车企业的迅猛发展和客车行业竞争的日益加剧，客车的外观质量也日益受到生产商和用户的重视。客户的眼光不再局限于内在质量，客车的外观质量也成为客户衡量客车质量的一个重要部分。外观质量的改善已成为缩短企业相互间质量差距及适应市场的重要内涵。在客车内在质量基本相当的情况下，外形美观程度作为客户选购客车时的第一印象，也开始成为影响用户购车欲的重要因素。对于制造者，产品风格和个性化成为扩大销售的有力手段。

有关数据表明，外资汽车企业非常重视在我国申请外观设计专利，由于国内部分企业对于外观设计专利保护意识不够，使其在参与市场竞争时处于被动地位。据报道，国内多家车企曾多次遭到外企的外观设计专利诉讼。其中最具代表性的当属"尼欧普兰诉中大案件"。2006年，我国江苏中大集团遭到德国尼欧普兰公司的外观设计专利诉讼，法院判定中大"A9客车"侵犯德国尼欧普兰公司"欧洲星航线客车"的外观设计专利，并处以2 116万元的巨额罚金。最后在中大的全力反击下，尼欧普兰公司用以起诉中大客车侵权的外观设计专利权全部被宣告无效，中大避免了巨额赔偿，也极大地消除了我国企业侵犯发达国家在华知识产权的负面影响。

中大客车所遭遇的问题也是我国汽车企业在发展过程中存在的较为普遍的问题，并为一些企业敲响了警钟：外观设计专利在知识产权保护中所占的角色分量凸显，并且会直接导致经济震荡，对于产品外观设计的知识产权保护意识应予以加强。

宇通在加大产品外观保护力度方面身先士卒，截至 2013 年 10 月，宇通公司已经获得 300 余件汽车相关外观设计专利，是我国汽车行业申请汽车外观设计专利最多的企业。上述专利涵盖客车造型、底盘、座椅、内饰、零部件等各个方面。公司所有主要销售产品都具备数项专利，这在行业内首屈一指，不仅提高了产品竞争力，更在战略层面为公司的集团化经营、专业化发展提供了技术和法律保障，成为企业稳健发展的护航舰。

一项外观设计专利，蕴含着设计者精巧的设计构思，同时也会带来巨大的社会经济影响。让我们从一项宇通获奖外观设计专利，感受下专利所蕴含的丰富内涵及其带来的巨大产业和经济影响。

四、宇通获奖外观设计专利评鉴

2012 年，宇通申报的外观设计"客车（f）"（专利号 ZL03336167.3）经过层层筛选和评审，最终从 108 项入围外观设计中脱颖而出，荣获首个国家外观设计专利金奖。

正是这次获奖的专利设计，宇通将经典设计理念以及市场的独特审美需求完美融合，用充满前瞻性的设计语言为客车注入了更多的时尚大气感，改写了消费者对于客车产品的传统印象，使其获得了广大消费者的青睐，也使其得到了业内专家的认可。

（一）设计背景

"好的设计就是生产力，这款'笑脸'产品拥有精湛的工业设计，对我们而言不只是一辆客车，更是一件艺术品。"宇通造型设计师表示，在产品日益同质化的客车行业，宇通客车不仅强调产品性能技术突围，更将产品外观创新设计列为差异化品牌的主要支撑点。

起初，宇通所设计生产的车都偏重于结实耐用，外观造型上方方正正，棱角分明，展示的是北方地域的粗犷之风，全无半点婉约秀丽之气。特别是当公司客车与国外具有流畅车身造型的客车放在一起作对比时，就像农村的土小伙与城里的俏姑娘，两种形象的差异一目了然。

2003 年年初国内客车市场需求旺盛、市场竞争日益激烈，当时宇通看到业内产品造型与市场需要有一定差距，遂决定研发一款体现民族元素并具有民族特色造型风格的产品。

秉承"系心于人，用心于车"的理念，宇通的造型设计团队充分研究市场调研信息，详细揣摩国外优秀客车的造型，不断寻找设计灵感，创造性地将"笑脸"融入客车外观设计之中，最终创新形成了笑脸、圆润、饱满、流线的造型风格（见图66－1）。此举奠定了宇通大中型车产品设计的 DNA，也成为社会和公众关注的焦点。

图 66－1　宇通笑脸客车获外观设计专利金奖（另见文前彩图 32）

（二）设计亮点

此次获奖外观设计专利创造性地采用"笑脸"前围，流线型圆基调的造型使整车动感与美感兼备，外形时尚、亲切；通体流畅的线条减少了车辆在行驶过程中的风阻，有效降低了车辆燃油消耗；人性化乘客座椅结合超大观景侧窗更符合旅游市场需求；侧围前部弧形装饰曲线从外观上区分驾驶区与乘客区；无盲区大视野兔耳式后视镜，既增强了美观性，又具有较高的实用价值；条形 LED 装饰与前大灯一起整体构成前围隔离带，使前围造型富有层次感，并与整车造型和谐统一；流线型后围大灯、装饰灯与前围设计遥相呼应，贴合车身曲线，更凸显美感。前围大灯、装饰灯、乘客门侧围曲线的完美融合，使饱满的前围稳重而不失灵性，使人倍感亲切。

（三）获奖专利应用及影响

以该外观设计专利为基础，宇通客车已开发了第一代产品系列，包括ZK6831H、ZK6860H、ZK6898H、ZK6100H 等 7 个产品系列（见图66－2），50 多个细分产品，凭借其新颖的造型、卓越的配置、可靠的性能获得了良好的市场口碑。从 2003 年至今，该造型系列的产品累计销售超过 3.2 万台，除在中国大陆之外，还远销东南亚、中东、欧洲、南美洲等 50 多个国家和地区，累计销售额达到 100 多亿元，创造利润 10 多亿元。

ZK6831H

ZK6898H

ZK6831HGA

图 66-2 宇通笑脸客车第一代系列产品

该系列产品外形设计上主要有以下 3 个特点：

（1）整车线条流畅，流线型设计美观和谐、威猛时尚，弧度搭配合理顺畅、协调统一，通体流畅的线条尽量减少车辆在行驶过程中的风阻，减少车辆的油消耗，能有效节约运营成本。

（2）前围整体式前大灯（见图 66-3）通过 LED 装饰灯相连，和谐统一，使整车外观洋溢出灵性与活泼；尤其在夜间更为抢眼，使车辆更容易识别，有效增强夜间行驶安全系数，全新开发的绿色 LED 装饰灯，节能高效、照明亮度强、使用寿命长，节约了用户的使用成本。

图 66-3 宇通 ZK6831HGA 前大灯设计细节

（3）前围造型引入仿生学的概念，形似一张微笑的面孔，使人感觉温馨可亲，采用超大前风挡玻璃、加大弧线侧窗，便于乘客观光，特殊设计的轿车组合式牌照灯、无盲区大视野兔耳式后视镜，既增强了美观性，又具有较高的实用价值（见图 66-4）。

图66-4 宇通 ZK6898HE 前脸设计

该系列产品的出现，改变了我国国产客车在外形设计上长期缺乏独特风格的局面，开创了国内第一代流线型圆基调造型风格的先河，获得了国内外不少用户的认同，成为宇通客车家庭的畅销产品，也为中国客车市场开创了一个全新的时代，在同级市场已经树立起不容撼动的稳固地位。

同时该系列产品还奠定了宇通客车的系列换代产品的基础，目前，基于此外观设计造型风格的第二代、第三代产品正延续着第一代产品的良好口碑，赢得更多用户的信赖。

五、结语

以"有形物质资料"为基础的"工业经济"时代，已逐渐转变为以"无形知识产权"竞争为主体的"知识经济"时代。知识产权是智力劳动的创造性成果，属于无形财产权。如何更好地利用知识产权为企业发展保驾护航，体现了一个企业的眼光与智慧。宇通用过去十几年的发展给我们做了很好的示范，通过自主创新获得核心技术，取得市场竞争优势，同时将创新成果知识产权化，护卫自身产品的市场安全。优秀的创新机制配以完善的知识产权体系必然给企业带来可持续发展的动力，推动企业走上迅猛发展的轨道，在日益激烈的市场竞争中立于不败之地

【简评】

宇通客车设计团队，创造性地将"笑脸"融入客车外观设计，奠定了宇通大中型车设计的 DNA。在日益激烈的市场竞争中，宇通始终立于不败之地，用实际行动诠释了知识产权尤其是外观设计专利在企业发展中的重要性。

（撰稿人：专利审查协作北京中心 曾贞 关健 联络人：张威 周芸）